李白：融汇百川的杰出思想家

吴达云/著

线装书局

图书在版编目（CIP）数据

李白：融汇百川的杰出思想家 / 吴达云著． -- 北京：线装书局，2024.6
ISBN 978-7-5120-5845-3

Ⅰ．①李… Ⅱ．①吴… Ⅲ．①李白（701-762）—人物研究—文集 Ⅳ．①K825.6-53

中国国家版本馆CIP数据核字（2024）第033095号

李白：融汇百川的杰出思想家
LIBAI:RONGHUI BAICHUAN DE JIECHU SIXIANGJIA

著　　者：	吴达云
责任编辑：	姚　欣
出版发行：	线装书局
地　　址：	北京市丰台区方庄日月天地大厦B座17层（100078）
电　　话：	010-58077126（发行部）010-58076938（总编室）
网　　址：	www.zgxzsj.com
经　　销：	新华书店
印　　制：	成都市兴雅致印务有限责任公司
开　　本：	880mm×1230mm　1/32
印　　张：	17.25
字　　数：	382千字
版　　次：	2024年6月第1版第1次印刷

定　　价：98.00元

李白画像

四川江油李白故里　摄影 / 赵斌

四川江油太白楼　摄影 / 赵斌

四川江油太白堂　摄影／赵斌

四川江油李白碑林　摄影／赵斌

湖北安陆白兆山李白纪念馆
图片来自网络

山东济宁市李白纪念馆
图片来自网络

安徽采石矶李白纪念馆
图片来自网络

安徽宣城敬亭山
图片来自网络

安徽当涂李白墓（诗仙圣境）
图片来自网络

安徽敬亭山玉真公主塑像
图片来自网络

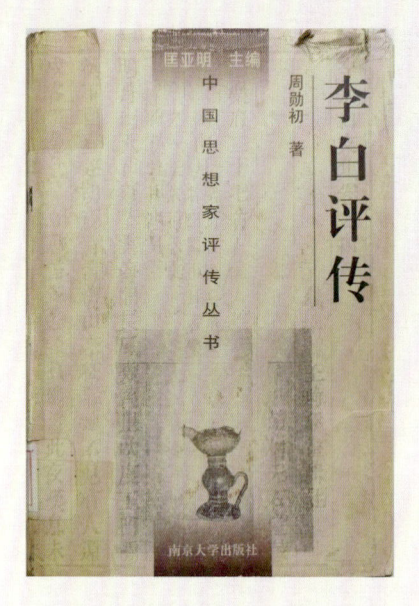

《中国思想家评传丛书·李白评传》 周勋初 著

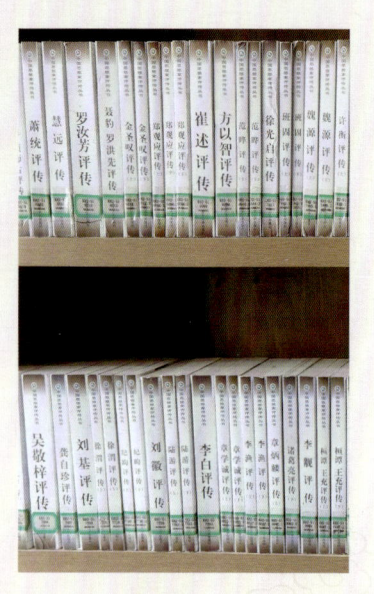

《中国思想家评传丛书》201部一览 供图／吴达云

本书写作参考文献之一角 供图／吴达云

作者行草书李白《将进酒》墨迹　供图 / 吴达云

噫吁嚱危乎高哉蜀道之難難於上青天蠶叢及魚鳧開國何茫然爾來四萬八千歲不與秦塞通人煙西當太白有鳥道可以橫絕峨眉巔地崩山摧壯士死然後天梯石棧相鉤連上有六龍回日之高標下有衝波逆折之回川黃鶴之飛尚不得過猿猱欲度愁攀援青泥何盤盤百步九折縈巖巒捫參歷井仰脅息以手撫膺坐長歎問君西遊何時還畏途巉巖不可攀但見悲鳥號古木雄飛雌從繞林間又聞子規啼夜月愁空山蜀道之難難于上青天使人聽此凋朱顏連峯去天不盈尺枯松倒挂倚絕壁飛湍瀑流爭喧豗砯崖轉石萬壑雷其險也若此嗟爾遠道之人胡為乎來哉劍閣崢嶸而崔嵬一夫當關萬夫莫開所守或匪親化為狼與豺朝避猛虎夕避長蛇磨牙吮血殺人如麻錦城雖云樂不如早還家蜀道之難難於上青天側身西望長咨嗟

歲在癸卯秋月錄李白蜀道難詩 吳達雲書於北京海淀翠微北里

作者楷书《蜀道难》墨迹　供图／吴达云

序

何东君

一沓厚重的书稿，摆在了我的书案上，邀我作序。说它厚重，不仅因为它有三十多万字，而且因为作者耗了十年心血。

这是一本谈李白的书，然而它没有谈我们大家熟知的那个伟大诗人，而是专门介绍我们很不熟悉的一位"思想家"！

李白是"中国思想家"，这个身份认定来自国家权威机构"中国思想家研究中心"。2005年，《中国思想家评传丛书·李白评传》出版，遂使李白的"中国思想家"身份，真正"名见于经传"。

按理，李白的"思想家"身份应和其"诗人"身份一样妇孺皆知，然而令人意外的是，李白的这一身份似乎遭到一种莫名其妙的"集体忽视"：在李白被认定为中国思想家已36年、《李白评传》已出版18年的今天，国内几乎所有媒体和各种文化载体，甚至一些专门研究李白思想的专著，依然忽略这位思想家的存在。致使无数李白爱好者对于李白思想——包括其思想观点和体系，对中国优秀传统文化的贡献，与社会主义核心价值观的契合，及其对中国精神文明建设的意义——的认知，至今茫然。

吴达云的这部著作，是《中国思想家评传丛书·李白评传》

出版18年来，以专著形式系统论证李白"思想家"身份的第一部。

（一）

本书作者在序章开篇就综述了学者对李白思想的研究成果。这个成果呈现了当代李白研究"百花齐放，百家争鸣"的可喜局面。有趣的是，人们在占据同一材料的情况下，却能"研究"出"众说纷纭，莫衷一是"的结论，或者干脆断言李白没有什么思想，更没有体系，称不上思想家！

本书作者没有从主观的臆测和现成的结论出发，而是从微观着手，小心翼翼地打开中国传统思想文化的宝库，耙梳诸子百家的思想源流，了解大唐的时代精神，分析盛唐的文人思潮，追踪李白的生平事迹，审视李白的心路历程，然后从李白1000多篇诗歌文章中遴选出100个"微观"的支点，交叉观照"思想家"李白的立体像。这样大费周章——用了十年业余时间——的折腾，使他有了异常的发现：他发现那位无人不晓的天才诗人，其实亦是一位杰出的思想家。

作者认为，李白用诗的语言构筑了一个以"建功济世"理想为主导，以"辅弼明主""事君荣亲"为途径，以"安社稷、济苍生"和"大同社会"为目标，以"功成身退"为个人归宿的思想体系。它涵盖了励精图治的政治思想、富民强国的经济思想、怀德绥远的外交思想、慎重用兵的军事思想、谋略制胜的强国思想、勤政廉洁的为官思想、诚意正身的修身思想、平等正义的伦理思想、唯物辩证的哲学思想和继承创新的文学思想等十个领域，每个领域都有多个观点或理念支撑，因此李白思想是一个珍藏上百颗思想"明珠"（观点、观念或理念）的宝库！李白思想体系境界崇高，内容务实，气象博大，犹如一座矗立于东方思想之林的巍峨山峰。

——梳理并揭示李白崇高博大的思想体系，是本书对李白研究的一个重要贡献。

（二）

在展示了李白理想与思想体系之后，本书引导读者进一步走进李白的精神世界。作者发现，与李白思想体系一样，李白的精神世界同样是一个值得挖掘的宝藏。正是李白精神，使这位出生在西域、生长在巴蜀之地的"草野之士"，为"安社稷、济苍生"的政治理想历尽坎坷，创造了卓然独立的思想体系，登上了中国文坛的顶峰，在中国思想史、文化史上创造了常人难以企及的奇迹。

许多李白研究者都注意到李白精神的可贵，并有多种不同的表达。有的认为李白有"三种精神"（英雄精神、解放精神、人性精神），有的认为李白有"四种精神"（积极进取精神、青春精神、崇文精神、创新精神），还有的认为李白精神是"天真精神""叛逆精神""自由精神""批判精神"或"奋斗精神"等等。作者综合先贤之见，概括为以下"李白精神谱系"：

爱国主义精神——匡时济世，建功报国。
英雄主义精神——经世安民，兼济天下。
个性解放精神——风流飘逸，功成身退。
人道人性精神——播扬人道，尊重人性。
包容开放精神——不拘门派，学宗百家。
勤奋苦学精神——博览古今，三拟文选。

自信自尊精神——自信才能，傲然独立。
自由平等精神——平交王侯，蔑视权贵。
追求理想精神——终生执一，不改初心。
顽强奋斗精神——屡败屡战，百折不挠。
勇于批判精神——批判传统，扬弃诸子。
创新创造精神——与时通变，推陈出新。

"李杜文章在，光焰万丈长。不知群儿愚，那用故谤伤。蚍蜉撼大树，可笑不自量！"（韩愈《调张籍》）以爱国主义和英雄主义为核心的精神谱系，使李白的个性和才能在不同领域、不同时段、不同事件面前，都有不同凡响的表现。李白精神不但使他的诗文具有激动人心的力量，使他成为中国历史上最受人民喜爱的伟人，也使那些恶搞和污蔑李白，企图"撼大树"的"蚍蜉"们黯然失色。

——全面展示李白的精神面貌，洗刷蒙蔽李白精神的千年尘垢，是本书的又一贡献。

（三）

本书还从现实针对性、行为导向性和历史进步性三个维度，探索了李白思想体系和精神谱系的进步意义与价值。

李白的许多诗文是以文学作品为形式，以政治理念为内容，表达其治国政见之作。李白丰富而深远的"治国理政"思想，不是空洞的理论，而是着眼于现实的务实政见。例如，往时许多人认为李白屡屡"言策"是"说大话"，而实际上李白一生在"谋策"中倾注了他高昂的政治热情和伟大的爱国之心。本书表15"谋略思想"一项所述"李白四策"，即安民富国的"经济策"，强国弱敌的"五饵策"，见于未萌的"绕朝策"，克敌制胜的"龙韬策"，即涵盖了具有现实意义的治国之方、克敌之计、先见之谋、用兵之略。

李白的思想和精神，是其全部行动的指南。其崇高政治理想和博大思想体系，不但为其坎坷的政治活动提供动能，而且为其旺盛的诗歌创作提供导向，是其文学成就登峰造极的强大支柱。李白诗歌以"奇""气""豪""逸"著称，在中国文学史上独步千载，无数人追踪其成功之源，多从"庄骚"那里寻根。而本书发现李白诗文之成功，其兼收并蓄的多元思想和全面系统的文学思想之导向，最是关键之因素。

李白思想与精神之最大意义，在于提出了积极进步、领先时代的价值观体系。李白于8世纪建立的思想体系和精神谱系，不但对比其同时代的其他诗人具有毫无疑义的先进性，而且对比正陷于"中世纪黑暗"（5世纪—14世纪）的欧洲与全世界，更具有巨大的进步意义。李白思想与精神穿越1200多年的时空，直接与当代社会主义核心价值观体系相契，表现了李白思想在中华民族优秀传统文化中的特殊地位和价值。因为今天社会主义核心价值观的12项理念，无论是国家层面的价值目标（富强、民主、文明、和谐），社会层面的价值取向（自由、平等、公正、法治），公民个人层面的价值准则（爱国、敬业、诚信、友善），全为1200年前的李白所认同、赞美、讴歌和践行。这一令人惊异的事实，对于无视和污蔑李白识见的历代名人及当代学者，是多么大的讽刺！

——指出李白思想和精神的历史进步性，应是本书的第三个贡献。

（四）

本书还揭示了李白成为杰出思想家的三大秘籍。

一曰开放包容、兼收并蓄。李白凭此使其"览千载、观百家"的"有字书"，"万里行"而读的"无字书"，以及家庭教育、成长环境、业师教导、友朋切磋，社会潮流、时代精神的影响，都成为其开放型思想体系的组成部分。本书梳理的李白16位思想政治导师，16位谋臣策士导师，16位军事家导师，16位文学家导师，为李白的这一秘籍作了最好的脚注。

二曰取其精华、去其糟粕。李白善于围绕自己的政治理想和人生目标，从"万物皆备于我"的高度，用自己的独立审视和选择，对各种思想进行"取其精华、去其糟粕"的"扬弃"和改造，从而形成立异标新、风骚独具的思想体系。李白对儒学、道学和道教、纵横家、侠士、墨家、释家以及魏晋名士等传统的继承，都是有选择的"取舍"并用。而其作为思想家的进步性，正从其选择性中体现出来：他睿智地选择和吸收了中华民族传统文化中具有进步价值的一面，又勇敢地批判与抛弃了其消极落后的另一面。"取其精华、去其糟粕"无疑是继承历史和传统之最正确的方针，令人讶异的是，诞生于1300多年前的李白，竟然已自觉而熟练地做到了这一点。

三曰吞吐百川、融汇一体。李白善于对互相"排他"的"诸子"思想进行"熔铸""融汇"和"加工"，从而使各种优秀思想以"结晶"的形式"统一"于自己的思想体系。李白思想中许多著名的观点理念都有明显的多元结晶特色，例如他的积极入世、建功报国思想，来源于盛唐昂扬的精神状态＋儒家＋纵横家＋侠士等思想的综合；他的寄望际遇、布衣卿相思想，是基于卓越才能的自信+纵横家+侠士之风+姜太公、诸葛亮等历史榜样的鼓励；他的立功不居、功成身退思想，不但有道家+名士+英雄意识的背景，更有范蠡、鲁仲连等高士之榜样和当朝现实教训的加持；他的平交王侯、蔑视富贵思想，追求自由、崇尚自然思想，等等，无不呈现多元结晶、百川融汇的内涵。尤其宝贵的是，许多传统思想经李白的"融汇""加工"而得到升华与净化，上升为中华文明库中一颗颗新的"明珠"，例如纵横家思想，即被升华为大济苍生的英雄主义，以鲁仲连为"形象大使"见于李白歌诗之中。

——道出李白成为杰出思想家的要诀，是本书对李白研究的第四个贡献。

吴达云是我浙江江山的同乡，我们既同是李白热爱者，又同是书法爱好者。他二十多年在军旅，十多年搞教育，后来四分之一世纪在做企业管理，直至今天还在一个大型企业供职。我过去听说他想读李白，后来却在2021年初收到他的《李白：匡时济世的悲剧政治家——兼谈李白诗文以外的卓越才艺》一书，观点奇葩，令我诧异。谁知今天又有新著付梓，真是可喜可贺！

李白的思想和精神是一个宝库，弘扬李白思想精神的正能量，是新时代中国特色社会主义文化建设的一项重要工程。但是，中国人研究李白思想100年了，有谁论证过李白的思想体系吗？没有！从宋人算起，贬损李白形象的谬论横行近1000年了，有谁认真系统批驳过这些谬论吗？没有！权威机构认定李白思想家身份36年了，有谁探讨过李白思想体系的进步意义、研究过李白价值观与社会主义核心价值观的关联吗？也没有！一个古稀老翁，凭着对李白的热爱，敢于涉足专家学者们"莫衷一是"的话题，不惜用十年时间来学习和钻研，最后以实锤展示李白思想精神的伟大，驳斥对李白的种种"隔膜"认知，扫除李白长期蒙受的污泥浊水，察其用心，难能可贵！

　　读作者新作，是一大快事，破空之论，令人豁然开悟。不避力弱，哓哓多言，是为序。

2023年7月9日于北京

　　（何东君：新华通讯社原副社长，第十届全国政协委员，新华诗叶社长。）

名家点评

李松晨

我和达云先生未曾谋面,但早已是网上挚友。先生在本书完稿的第一时间发我,拜读后深为感动。我说:"老兄好!大作已拜读,深深感到这是一部力作。老兄下了很大功夫,读了很多书查阅了大量资料,已成研究李白大诗人之专家学者。有以下几点,排版和修订时参考……"而达云先生则回我:"李大师您好!这真叫过奖了!我现在还在舜宇光学科技公司上班(任职公司董事会顾问)。拙稿是业余鼓捣的初级阶段产品,而年纪已这么大,再努力也爬不到'学者'的位子上去的!"

达云先生还自称是"草根",称我为"大师",而在李白研究领域里,先生是大师,我是学生。先生在完成《李白:匡时济世的悲剧政治家——兼谈李白诗文以外的卓越才艺》等大作后,又完成了姊妹篇《李白——融汇百川的杰出思想家》鸿篇巨制,实在是可喜可贺!故题词"翰逸神飞"——孙过庭《书谱》里的一句成语,来表达我的心声!"翰逸神飞"本是形容书法的一种境界,意思是书法流畅潇洒、生动有神韵,笔致飘逸灵动，神采飞扬。达云先生文章、书法皆佳，不用此语，其有他哉！

2023年7月11日于北京

（李松晨：全国政协原文史办主任。现任中央部委出版社联合体名誉理事长，中国人民大学特邀教授，全国政协干部培训中心特约教授，中国人民艺术网顾问，中国书法艺术研究院名誉院长，人民艺术诗社名誉社长，全国毛体书法家评选活动组委会名誉主席，北京书画院艺术联盟主席团荣誉主席。先后被中国社会科学院、国家教委和国务院学位委员会授予"全国有突出贡献的博士硕士学位获得者"荣誉称号。）

名家点评

陈博君

继反响良好的《李白：匡时济世的悲剧政治家》一书后，作者在古稀之年又接连推出了一部十年磨一剑的厚重新著《李白：融汇百川的杰出思想家》，可喜可贺，令人敬佩！

写"诗人李白"，相对会比较容易，因为大家对李白的诗人形象耳熟能详，可参考的资料也较多；但要想写"思想家李白"，难度就大了，假如作者自身没有足够的哲学功底和思辨实力作支撑，即便有再多的素材、再好的文笔，也是难以塑造出一个令人信服的"思想家"形象的。

而《李白：融汇百川的杰出思想家》一书却以十足的底气，向这样的难度发起了成功的挑战。这部著作从一个又一个独特的视角入手，系统全面地论述了李白的政治思想、经济思想、外交思想、军事思想、谋略思想、为官思想、修身思想、伦理思想、哲学思想和文学思想，全方位展现了李白的精神风貌，为读者呈现了一个丰富而又立体的"杰出思想家"形象，令人眼界大开、拍案叫绝。

2023年7月27日于杭州

（陈博君：中国作家协会会员，中国文艺评论家协会会员，中国报告文学学会会员，杭州市作家协会副主席。出版有《商战不倒翁》《国医骨气》《一曲溪流一曲烟》《中国光电之星》《天空之城》等作品50余部。）

飘逸神龙

贺吴达云先生李白研究新作问世

癸卯之月 李松晟书于北京

目 录

序章 众说纷纭的李白思想

一、一位被长期忽视的思想家 …………………… 001
二、一个众说纷纭的思想体系 …………………… 003
三、一座蒙垢千年的精神宝库 …………………… 006
四、一项泽被后代的文化工程 …………………… 009

第一章 匡时济世的博学儒士

一、自称小儒的孔门之士 …………………… 014
二、"少颇周慎"的修身之士 …………………… 019
三、铁杵磨针的博学之士 …………………… 022
四、书剑双修的报国之士 …………………… 026
五、席不暇暖的建功之士 …………………… 030
六、忧国忧民的济世之士 …………………… 035
七、逆鳞敢谏的坚贞之士 …………………… 044
八、威武不屈的节慨之士 …………………… 048
九、再复鲁道的仁政之士 …………………… 052
十、鞭挞贪腐的廉洁之士 …………………… 056

十一、步武孔子的立言之士 …… 060
十二、九死无悔的爱国志士 …… 062
十三、扬弃儒学的革新之士 …… 083
本章小结 …… 088

第二章　志在辅弼的纵横策士

一、得天独厚的大师嫡传 …… 091
二、"游说万乘"的策士梦想 …… 097
三、大济苍生的英雄意识 …… 100
四、布衣卿相的取仕之路 …… 105
五、与时推移的通变理念 …… 108
六、刑德兼用的王霸之略 …… 111
七、去奸用贤的强国之方 …… 116
八、奇谋妙策的取胜之道 …… 119
九、悬梁刺股的奋斗精神 …… 130
十、以身殉志的浩然之气 …… 135
十一、舌敌雄师的雄辩之功 …… 137
十二、兼容并包的百家之学 …… 141
本章小结 …… 142

第三章　酷爱神仙的道家方士

一、唯物辩证的哲学思维 …… 146
二、运动变化的发展理念 …… 149
三、超越世俗的宇宙境界 …… 153
四、功成身退的人生设计 …… 155
五、无为而治的治国理念 …… 161

六、自由开放的人性追求 …………………………… 165
七、平交王侯的民主思想 …………………………… 171
八、反抗权贵的斗争精神 …………………………… 180
九、乐观自信的思想性格 …………………………… 182
十、游移恍惚的神仙信仰 …………………………… 186
本章小结 ……………………………………………… 193

第四章　豪气凌云的剑客侠士

一、雄心千里、腰挎龙泉的剑气 …………………… 198
二、轻财好施、扶危济困的豪气 …………………… 201
三、拯人急难、不图回报的侠气 …………………… 203
四、重信然诺、知恩必报的义气 …………………… 208
五、洒血流沙、为国赴难的正气 …………………… 212
六、笃于友谊、广交天下的大气 …………………… 217
七、路见不平、拔刀相助的勇气 …………………… 221
八、惩恶扬善、除暴安良的血气 …………………… 223
九、平交王侯、藐视礼法的傲气 …………………… 226
十、追求理想、放纵逸乐的奢气 …………………… 235
本章小结 ……………………………………………… 239

第五章　兼爱尚贤的墨家斗士

一、兼利天下的博爱思想 …………………………… 242
二、尚贤使能的治国思想 …………………………… 244
三、防奢节用的爱民思想 …………………………… 247
四、大利天下的"非攻"思想 ……………………… 251
五、交道险恶的"悲丝"思想 ……………………… 253

六、殉其主义的高洁本性 ………………………………… 255
七、摩顶放踵的牺牲精神 ………………………………… 257
本章小结 …………………………………………………… 259

第六章　腹有良谋的兵家壮士

一、崇武报国的将门后代 ………………………………… 261
二、不能忘战的战略思想 ………………………………… 265
三、御敌戍边的建功思想 ………………………………… 268
四、兵是凶器的慎战思想 ………………………………… 274
五、睦邻和藩的安边思想 ………………………………… 276
六、择将用贤的强军思想 ………………………………… 278
七、奇谋巧计的制胜思想 ………………………………… 281
八、矢志不渝的治平思想 ………………………………… 286
本章小结 …………………………………………………… 288

第七章　融佛于道的青莲居士

一、青莲居士的自号者 …………………………………… 291
二、佛门功德的认同者 …………………………………… 292
三、空无观念的宣扬者 …………………………………… 295
四、自性清净的向慕者 …………………………………… 297
五、超脱尘世的同路者 …………………………………… 299
六、佛道融合的践行者 …………………………………… 301
七、禅境审美的创作者 …………………………………… 305
八、佛教浪漫的吸取者 …………………………………… 306
本章小结 …………………………………………………… 309

第八章　旷达放浪的魏晋名士

一、拯救苍生的济世情怀 …………………………… 313
二、不畏权势的英雄品性 …………………………… 316
三、蔑视礼法的挑战精神 …………………………… 320
四、超尘绝俗的人生态度 …………………………… 322
五、清谈三玄的名士风范 …………………………… 325
六、嗜酒任诞的享乐作风 …………………………… 328
七、任情丘壑的高雅情趣 …………………………… 334
八、简傲慢世的独立个性 …………………………… 338
九、超迈古人的才性追求 …………………………… 343
本章小结 …………………………………………… 348

第九章　关情女性的博爱男士

一、美丽女性的欣赏者 ……………………………… 351
二、劳动女性的赞美者 ……………………………… 354
三、功勋女性的褒扬者 ……………………………… 356
四、纯真爱情的称颂者 ……………………………… 359
五、飘逸女性的爱慕者 ……………………………… 365
六、侠义女性的讴歌者 ……………………………… 367
七、叛逆女性的声援者 ……………………………… 368
八、悲剧女性的鸣冤者 ……………………………… 370
九、美人比兴的言志者 ……………………………… 372
本章小结 …………………………………………… 376

第十章　学究天人的四海游士

一、观山河见天地之大美 …… 381
二、尊卑贱见人性之大善 …… 385
三、察交道得豪俊之大观 …… 387
四、重友情遂入朝之大愿 …… 389
五、悲徭役知黎民之大苦 …… 390
六、哭白骨知朝廷之大恶 …… 393
七、探虎穴惊社稷之大祸 …… 397
八、栖林泉得洗心之大法 …… 399
九、览宇宙得创作之大源 …… 401
本章小结 …… 403

第十一章　独步千载的诗国天才

一、俯视八代源流，振起诗论大纲 …… 406
二、弘扬大雅传统，践行现实主义 …… 410
三、继承楚辞范式，登上浪漫顶峰 …… 415
四、接受乐府成果，强调比兴讽喻 …… 424
五、坚守汉魏风骨，扫荡齐梁浮华 …… 427
六、博采众家之长，熔铸先贤之功 …… 430
七、崇尚清真自然，造就阳刚之气 …… 447
八、树立宇宙境界，追求壮柔并美 …… 452
九、突破形式束缚，追求自由创造 …… 458
十、高擎革新大旗，领导群雄建功 …… 465
本章小结 …… 469

第十二章　融汇百川的杰出思想家

一、李白的主导思想与体系 …………………… 473
二、李白思想的形成和特点 …………………… 483
三、李白思想体系的进步意义 ………………… 490
四、李白思想精神万古流芳 …………………… 499

引注说明 …………………………………………… 505
参考文献 …………………………………………… 506
后　记 ……………………………………………… 516

序章

众说纷纭的李白思想

一、一位被长期忽视的思想家

  伟大的中华民族在长达五千年连绵不断的曲折发展过程中，像滚滚东流的长江那样，以磅礴之势，冲破重重险阻，奔腾向前，现在更以崭新面貌，雄姿英发，屹立于世界民族之林。这是人类历史上的一个奇迹。产生这一奇迹有诸多原因，其中十分重要的一点，就是我们勤劳、勇敢、智慧的各族人民，在长期的生产活动、社会活动、思维活动和对外交往以及抗击外来侵略过程中，逐渐创造、积累、发展具有以生生不息的内在思想活力为核心的优秀传统思想文化。这是一种伟大、坚强的精神支柱，是我们民族凝聚力和生命力之所在，是历史留给我们所有海内外炎黄子孙引以为自豪的无价之宝。

（匡亚明《中国思想家评传丛书》序）

李白：融汇百川的杰出思想家

1986年1月，国务院教育委员会批准在南京大学建立中国思想家研究中心，组织编撰《中国思想家评传丛书》，遴选从孔子到孙中山两千五百年间各历史时期、各领域、各学科有杰出成就的270位人物作为"思想家"的传主，通过对每位传主的评述，勾勒中国传统思想文化的总体面貌。这套被学术界和新闻界誉为"我国规模最大的传统思想文化工程"的《中国思想家评传丛书》，共200部，6000万言，于2006年全部出版，2007年荣获"首届中国出版政府奖"。其中，周勋初先生的《李白评传》于2005年出版，在《中国思想家评传丛书目录》中，序列62（见本书后参考文献）。于是我们知道：李白，是经国家权威机构确认而名列"经传"的中国思想家。

李白作为中国最伟大的诗人，可谓妇孺皆知；然而，李白作为一位杰出的思想家，却知者甚寡。在李白名列"中国思想家"名单37年，《李白评传》业已出版18年的今天，笔者曾做过一次"民意调查"，结果却令人十分意外：认为李白不是思想家或表示从未听说李白是思想家的，竟占90%以上！

李白作为一个思想家长期以来被忽略，是显然的。至今，在我国的辞典、报刊、网络等各种形式的文化载体中，罕见有对李白思想作正面和系统的介绍。中国最大的综合性辞典、被称为"可以传世的宝藏工具书"《辞海》，2009年版这样介绍"李白"：

李白（701—762）。唐诗人。字太白，号青莲居士。自称祖籍陇西成纪（今甘肃静宁西南），隋末其先人流寓碎叶（唐时属安西都护府，在今吉尔吉斯斯坦北部托克马克附近）。幼时随父迁居绵州昌隆（今四川江油）青莲乡。少年即显露才华，吟诗作赋，博学广览并好行侠。从25岁起离川，长期在各地漫游，对社会生活多所体验。天宝初曾供奉翰林，但在政治上不受重视又遭权贵谗毁，仅一年余即离开长安。天宝三载（公元744年），在洛阳与杜甫结交。安史之乱中，怀着平乱的志愿曾为永王李璘幕僚，因璘败牵累，流放夜郎。中途遇赦东还。晚年漂泊困苦，卒于当涂。其诗表现出蔑视权贵的傲岸精神，对当时政治的腐败作了尖锐的批判；对人民的疾苦表示同情；对安史叛乱势力予以斥责，讴歌维护国家统一的正义战争；又善于描绘壮丽的自然景色，表达对祖国山河的热爱。诗风雄奇豪放，想象丰富，语言流转自然，音律和谐多变。善于从民歌、神话中吸取营养和素材，构成其特有的瑰玮绚烂色彩，是屈原以来最具个性特色和浪漫精神的诗人，达到盛唐诗歌艺术的巅峰。与杜甫齐名，世称"李杜"。《蜀道难》《行路难》《梦游天姥吟留别》《静夜思》《早发白帝城》等诗，皆为人传诵。有《李太白集》。

可见，直到2009年版，《辞海》依然只字不提李白是"思想家"。

二、一个众说纷纭的思想体系

一方面是大众对李白的思想家身份茫然无知，另一方面是学界对李白思想究竟是什么众说纷纭。朱玉麟、孟祥光合编的《李白研究论著目录》表明，前贤关于李白的研究，大约自20世纪二三十年代起进入其思想领域，至今已近100年。但由于李白思想十分复杂，学界对于李白思想的内容、流派及其渊源，对于李白思想的积极因素与消极因素，至今依然"众说纷纭，莫衷一是"（周勋初）。郁贤皓说："关于李白的思想，学术界讨论多次，但始终未能取得一致认识"。安旗甚至用"一团乱麻"来形容李白思想的复杂与矛盾："李白的思想，确如一些论者所说，十分复杂，充满矛盾。他集儒、道、释、纵横等各家思想于一身，又好击剑任侠，又想弃文从武，又曾宣扬人生若梦、主张及时行乐，而且被人视为'甘酒好色'。他多次以孔子自喻，却又多次嘲笑孔子，更看不起'白发死章句'的小儒。他热衷于学道求仙，而且受过道箓炼过丹，但他对神仙之事又表示怀疑……而且多次批判唐玄宗迷信神仙。他'遍干诸侯''历抵卿相'，满世界寻求政治出路，却又多次说要隐居，要出世，要去寻找桃花源。李白的思想真像一个大杂烩，甚至是一团乱麻。"（《李白全集编年笺注·论李白》，中华书局2015年版，第8页）

李白研究专家对李白思想内容及其渊源的看法，归纳起来约略为五：一是单一说；二是合成说；三是兼收并蓄说；四是矛盾主次、发展阶段说；五是独特个性说。表1简要罗列中国李白研究专家的观点，以见李白思想"众说纷纭、莫衷一是"之一斑。

表1　李白研究专家关于李白思想及其源流之观点一览

观点类别	基本观点	论者代表
单一说	儒家 道家与道教 佛教 隐士 侠士 法家 政治家 布衣民主思想	王运熙、安旗 李长久、郭沫若 浩乘 胡适 张志岳 刘大杰、吴如煜 幽谷 林庚

续表

观点类别	基本观点	论者代表
合成说	二合论：庄+屈（合为心） 儒+道 道+纵横 三合论：儒+仙+侠（并为气） 儒+道+释 儒+道+墨 儒+道+纵横 儒+道+名士传统	龚自珍 罗宗强 周勋初 龚自珍 章继光 黄海章 詹福瑞、林邦均 贾晋华
兼收并蓄说	兼收并蓄、诸说并存 诸家互补、为我所用 不守门派、自取所需 开放体系、熔铸一体：儒道佛纵横任侠 兵杂	周勋初 杨海波 郁贤皓 葛景春
矛盾变化说	主要矛盾 主线红线 发展变化	马克垚 安旗 郁贤皓
独特个性说	反中庸：自我意识 独立人格	裴斐

对李白思想研究的"众说纷纭"，体现我国学术上的"百花齐放，百家争鸣"，是学术繁荣的一种好气象。然而对于热爱李白的亿万读者来说，李白的思想到底是什么？这些思想的源头又在何处？李白思想对于中华民族文化的贡献是什么？有什么价值和意义？等等，都成为我们阅读欣赏李白诗文中挥之不去的谜团和困惑。

三、一座蒙垢千年的精神宝库

与上述"众说纷纭"的情况密切相联系的是,历史上一些误解、曲解、贬低、污蔑和诋毁李白的看法和评论却十分盛行,使李白的思想、作品和精神形象蒙垢千年。中国李白研究会会长钱志熙教授指出:

在李白的认识和评价中,存在着一种轻视甚至污蔑李白的天才的看法。认为李白的文学天才与其在现实方面的无知是并存的。不少人认为李白的政治理想是一种不切实际的狂想,李白对于政治事实上是幼稚甚至无知的。这种看法,往往或多或少援引近代实验心理学的一些观点,如"天才即白痴"这样的看法。也有一些质疑来自对李白诗歌内容上存在着浅薄、庸俗的倾向。这种观点其来甚久,以王安石批评李诗"十之八九,醇酒妇人而已"最为著名……据此来贬低甚至否定李白诗歌的内容价值,显然是一种轻率、隔膜的认识。

(《李白人生及诗歌理想和复古的艺术实践——由对李白的误解而引发的一些思考》,《中国李白研究》2017年集)

在表2中,我们列举一些历史名人和现代学者对李白思想、诗歌及为人的评价,领略一下千年来人们对于李白"轻率、隔膜的认识"。

表2 唐宋以来对李白"隔膜"认知之一瞥

序	人名	对李白的"隔膜"认识	出处
1	（唐）元稹	时山东人李白，亦以奇文取称，时人谓之"李杜"。余观其壮浪纵恣，摆去拘束，摹写物象，及乐府歌诗，诚亦差肩于子美矣。至若铺陈终始，排比声韵，大或千言，次犹数百，词气豪迈而风调清新，属对律切而脱弃凡近，则李尚不能历其藩翰，况堂奥乎？	《唐故工部员外郎杜君墓系铭并序》
2	（唐）白居易	李之作，才矣奇矣，人不逮矣。索其风雅比兴，十无一焉。	《与元九书》
3	（宋）王安石	太白词语迅快，无疏脱处。然其识见污下，诗词十句九句言妇人酒耳。	见释惠洪《冷斋夜话》
4	（宋）苏轼	李太白，狂士也！又尝失节于永王璘，此岂济世之人哉！	《李太白碑阴记》
5	（宋）苏辙	李白诗类其为人：骏发豪放，华而不实，好事喜名，不知义理之所在也。	《栾城三集》卷八
6	（宋）罗大经	李太白当王事多难、海宇横溃之时，作为歌诗，不过豪侠使气，社稷苍生，曾不系其心膂。其视杜少陵之忧国忧民，岂可同年语哉！	《鹤林玉露》卷十八
7	（宋）陆游	白识度甚浅，……但以其辞豪俊动人故，不深考耳。	《老学庵笔记》
8	（宋）李纲	杜甫诗"质胜文"，李白诗"文而无质"。	《书四家诗选后》

续表

序	人名	对李白的"隔膜"认识	出处
9	(宋)赵次公	李杜号诗人之雄,而白之诗多在于风月草木之间,神仙虚幻之说,亦何补于教化哉!	《杜工部草堂记略》
10	(宋)朱熹	李白见永王反,便从臾之,诗人没头脑至于如此。	转引自郁贤皓《李太白全集校注》前言
11	(当)徐嘉瑞	李白"小的时候非常下流""所描写的都是很下等的女子和肉感。"他身上"具备犯罪和'天才'的两种素质。"	《颓废派文人之李白》,载1927《小说月报》17卷号外
12	(当)刘大杰	李白是一个彻底的纵欲享乐者,他对过去未来从不关心,只追求现世的快乐与官能的满足,而造成他那酒徒色鬼的颓废生活。	《中国文学发展史》1999年版
13	(当)刘大杰	(李白)他一生没有做过一点正经事。	同上
14	(当)毛志成	李白过分作秀,尤其是想用"秀"谋取社会效益以及个人功利,落到最后饿死于当涂县的命运。	《中国文人千年作秀史》,2004年发表
15	(当)檀作文	李白是一个组织黑社会、吃软饭的流氓和想在闹市杀人的罪犯。	《唐朝第一古惑仔李白实录》2007年版,已公开道歉
16	(当)刀尔登	李白是一个"令人讨厌"的"牛皮大王"。	《不读李白》,见《不必读书目》2012年版
17	(当)马睿	李白虽是文坛的天才,却是政坛的白痴。	见《中国李白研究》2019年集

网络文章中也有不少喜欢"佛头泼粪"的恶搞者，不烦赘引。

从唐人认为李白诗文"差肩"子美、讽喻篇数不及杜甫；到宋人认为李白政治失节、识见污下；到今人认为李白是颓废文人、酒徒色鬼、政治白痴和"杀人罪犯"，我们看到了一个奇怪的现象，即随着时代的演进和阅读研究条件的改善，学者和社会大众对李白的思想性格和精神品格的评价，竟然出现了巨大"滑坡"。这反映了一个令人震惊的现实，即作为中国思想家的李白，他的进步思想体系及其崇高的精神品格，对于社会大众而言，依然被重重的污垢所笼罩。廓清玷污李白思想和精神的污垢，不但是学习理解李白诗文的需要，也是开掘发扬李白思想和精神宝藏的需要。

四、一项泽被后代的文化工程

从李白思想"众说纷纭"的研究现状，从对李白思想"低估""隔膜"的思潮流毒千年，从当今众多李白"粉丝"对李白思想的茫然无知，说明进一步研究李白思想，弘扬李白精神，是一项明历史、利当今、泽后世，同时具有某种紧迫性的文化工程。

要努力改进李白研究的方式方法。有专家指出："李白是中国文学史上的一个向称思想复杂的人物。过去的一些研究者，各抓其一面，或称其为道教徒，或攀其为佛居士；或诬其为杀人罪犯，或赞其为仗义侠士；或罪其为叛逆，或尊其为爱国志士；或诋其为酒徒，或美其为独醒者；或毁其为颓废的文人，或誉其为思想解放之先驱；或认为他反儒，或认为他尊孔；或指斥他只识醇酒妇人，或赞扬他是最能认识美、歌颂美的浪漫诗人；等等。以上种种看法，是把李白的各种思想面貌割裂对立起来，没有辩证地全面地看问题，所以才不识庐山真面目。如果我们把李白思想看成一个整体系统，做一番全面系统的静态和动态考察，……就可以避免产生简单化、片面化、僵化的毛病，就能更清楚地了解李白。"（葛景春《李白思想艺术探骊·自序》，中州古籍出版社1991年版2—3页）

要深层次地挖掘李白思想的积极内容和积极因素。中华人民共和国以来，学界尤其是中国李白研究会对于李白的研究，成果多达数千项。但为何至今社会大众对李白思想的基本内容茫然无知？其中一个重要原因，是对李白思想的积极因素挖掘不够。李白思想与儒、道、释，与纵横、墨、侠，与名、法、杂都有关系，但是每一种思想派系，其实都有积极的进步因素，也有落后或消极因素。区别和扬弃传统思想中的积极因素与消极因素，是李白思想研究的重要课题，也是弘扬中国传统文化，提升青年一代文化自信，实现中华民族伟大复兴的需要。

要宣传和弘扬李白的进步思想和宝贵精神。我们崇拜李白的天才，但天才无法学习也无法研究。李白的真正价值在于他的进步思想、崇高精神和艺术创造。李白的进步思想，无论是忧国忧民的爱国主义，捐躯拯乱的济世思想，反对礼教束缚的自由思想，追求清明和谐的大同理想，对于我们都是一份爱国主义的示范教材。李白的崇高精神，无论是英雄主义精神、自由解放精神、批判创新精神、不懈奋斗精神，对于我们都具有强大的激励作用。从某些现代学者视李白为"酒徒色鬼"的"颓废文人"，某些学者认为李白从璘有"谋反"罪，某些年轻干部视李白为"政治白痴"，说明我们的学术界、教育界、新闻界，对于李白正能量的思想观念和崇高的精神品质，介绍、宣传和弘扬非常不够，以至众多学者苦心孤诣的研究成果,未能为社会所共享。

李白逝世已1200多年,由于其作品"十丧其九",今天我们要复原李白思想的"历史原貌"当然是不可能的。本书希望基于上述思路探索和分析李白的主要思想观点、体系及其渊源,尽可能地"接近"李白思想之历史面目。

本书章目所用的"儒士""策士""侠士""方士""壮士"等称谓,多是李白自己的"自号"或自我"定位",笔者借以专指李白作为杰出思想家立体像的一个侧面或一个相对独立的视角,并非真正给李白的"身份"或思想定论。"言此非此,似彼非彼"的情况,在李白的角色和身份中,是频频出现的,但这些不同侧面和视角的交叉观照,正是我们得以探索李白诗文奥秘、理解其思想体系的基础。多侧面多角度的观察使我们得以认识李白思想的丰富性、多元性和特殊性,证明李白不但是千载独步的伟大诗人,而且是融汇百川的杰出思想家。

第一章

匡时济世的博学儒士

本章专谈李白对儒家思想的接受。

谈到儒家，我们会立刻想到孔子、孟子，想到"五经""六艺"，想到"祖述尧舜、宪章文武"。同时，无论我们读书多少，似乎都晓得"三纲五常""三纲八目""三从四德"的儒家教条，"君君臣臣、父父子子"的尊卑等级，以及"修身、齐家、治国、平天下"的士大夫使命。

儒学从"大圣"孔子创立，到分立"八派"；从"亚圣"孟子创新，到"后圣"荀卿批判集成；从秦始皇"焚书坑儒"，到汉武帝"罢黜百家，独尊儒术"；从魏晋时代儒学衰微、玄学兴起，到大唐一朝儒、释、道"三教并重"——至李白生活的盛唐时代，1200多年间几起几落，终于重新回到中国思想文化领域的主流地位。在这样的背景下，李白对儒家思想有所接受，应该说是十分自然的。因此在李白思想研究中，不少人认为，李白的基本思想属于儒家，他对于儒家的圣人是尊崇的，对于儒家的核心理念是践履的，其思想表现虽然复杂多元，但九九归一，还是儒家的思想占上风。我们读多数李白研究专家的著作，都会得到如上的结论。

但李白在许多方面似乎又不像儒家。《中国思想家评传丛书·李白评传》认为：李白"非圣无法"，蔑视礼教，嘲笑孔子，主张平等，又突破夷夏之防，早就背离了儒家的核心理念和中国传统的士大夫那一套。李白受道教影响很深，受纵横家影响颇大，而与儒家的关系甚浅。李白的主要思想与儒家是"背违"的，虽然有诗文表示对孔子和儒家的尊崇，但终究以与纵横家为近而与儒家为远。因此结论："既不受儒家思想的束缚，显然不能将李白归为儒家中人。"（《李白评传》，南京大学出版社2005年版，第242页）

带着如上的分歧，笔者于最近几年认真阅读李白的诗文，同时阅读儒家的"四书""五经"与诸子的经典作品，阅读许多李白思想研究者的专著与论文，发现这位被李长久定位于"道教徒"，被胡适定位于"终究是山林道士"、被郭沫若断为"道教方士"、被周勋初定位于"断非儒家中人"的李白，其实倒是一位崇孔而笃学的"孔门优等生"！不过，李白作为"孔门儒士"的最大特色，并非他的"纯粹"，而是他能取儒家思想之精华、弃儒家理论之糟粕。

本文跳出"李白是否儒家"的思考模式，而拟从多个角度探求李白对于儒家思想的接受与批判的具体内容。笔者认为，与其争论李白所属"门派"，不如探其具体思想之表现与来因。因为，李白思想开放包容，从来不纯属哪一家。

一、自称小儒的孔门之士

大圣犹不遇，小儒安足悲。

（李白：《书怀赠南陵常赞府》）

李白全集中涉及孔子的诗文凡30处。认真品读这些诗文，笔者发现李白并不是"非圣"之人。相反，他对孔子这位"大圣"其实非常爱戴和崇敬。

（一）自我定位的孔门"小儒"

据赵斌先生统计，现存李白千余首诗文涉及历史人物约460人，提及次数最多的是孔子，远远超过道家始祖老子。李白尊孔子为"宣父""尼父"，称孔子为"圣人""大圣"，或敬仰追思，或以其自况，表达了对儒家思想鼻祖孔子的一以贯之的尊重和崇敬。

李白称孔子为"大圣"，而自称"小儒"，态度十分恭谨。他在《武昌宰韩君去思颂碑并序》中说："仲尼，大圣也，宰中都而四方取则。"按，孔子51岁时，曾被鲁定公任命为"中都宰"（中都县长）一年，因为治绩显著，"四方取则"，为周边所仿效。在《答王十二寒夜独酌有怀》诗中，又有"孔圣犹闻伤凤麟，董龙更是何鸡狗"之句，也是尊孔子为"孔圣"。与此同时，他却自称"小儒"，在《书怀赠南陵常赞府》（755）的诗中，明确说自己的才能与"大圣"难以相比，其诗云：

君看我才能，何似鲁仲尼。大圣犹不遇，小儒安足悲。

按这首诗写在李白去朝后的政治低谷期，失去政治平台的李白，其时悲情浓重，但当他用"大圣"孔子的"不遇"自比，就马上卸掉了自己的悲情包袱，因而重新关心起国家的大事来了。

李白对孔子的尊崇，不只是从对孔子的尊号称谓上表现出来，更从对孔子的能力和事业的评价上表现出来。李白在《崇明寺佛顶尊胜陀罗尼幢颂并序》里说："共工不触山，娲皇不补天，其洪波汩汩流；伯禹不治水，万人其鱼乎？礼乐大坏，孔子不作，王道其昏乎？"即认为孔子恢复礼乐，提倡王道，是与"娲皇补天""大禹治水"一样伟大的业绩。

李白对孔子的尊崇是由衷的。他在《送方士赵叟之东平》的诗中，有"西过获麟台，为我吊孔丘"句，是请朋友替自己凭吊孔子，以表达对先师的敬仰。可见他对孔子的崇敬之情并非"入乡随俗"，而是出于内心的。

自称"小儒"，是李白的"自我定位"。

（二）遥隔千年的人生导师

李白和孔子一样，具有极大极高的政治抱负，这个抱负比较系统地表述在《代寿山答孟少府移文书》一文中："穷则独善一身，达则兼济天下……申管晏之谈，谋帝王之术，奋其智能，愿为辅弼，使寰区大定，海县请一。"这段表述集中体现了他襟抱儒家入世思想的责任担当和人格理想。李白有大量的诗文，表达自己强烈的家国情怀和积极入世的高度热情：

莫怪无心恋清境，已将书剑许明时。

(《别匡山》)

东山高卧时起来，欲济苍生未应晚。

(《梁园吟》)

谢公终一起，相与济苍生。

(《送裴十八图南归嵩山》)

暂因苍生起，谈笑安黎元。

(《书情题蔡舍人雄》)

终与安社稷，功成去五湖。

(《赠韦秘书子春二首》)

壮士怀远略，志存解世纷。

(《送张秀才从军》)

有时忽惆怅，匡坐至夜分。
平明空啸咤，思欲解世纷。
心随长风去，吹散万里云。
羞作济南生，九十诵古文。
不然拂剑起，沙漠收奇勋。
老死阡陌间，何因扬清芬。

(《赠何七判官昌浩》)

"安黎元""安社稷""济苍生""解世纷""扬清芬"，李白诗中表现家国情怀、入世理想的词语非常多。我们知道，"穷则独善一身，达则兼济天下"正是儒家"亚圣"孟子的名句，可见李白政治理想的源头，来自对儒家思想的继承。李白像先师孔子一样，为伟大而崇高的政治理想，百折不回，奋斗了一生。当他的政治理想失败时，李白也像孔子那样"立志删述"，他在《古风》其一中说："我志在删述，垂辉映千春。希圣如有立，绝笔于获麟。"追踪儒家先师的政治理念，也追踪先师的人生规划，是李白尊崇儒家的又一侧面。

（三）终其一生的精神动力

孔子为了传播和推行自己的思想，入世之路异常艰辛。他在55岁那年率众弟子周游列国求用，六十九岁回到鲁国，在长达十四年里四处碰壁，"惶惶然如丧家之犬"，却未放弃自己的理想追求，司马迁说"仲尼厄而作《春秋》……大抵圣贤发愤之所为作也"。

无独有偶。李白对理想的追求和奋斗的人生，同孔子十分相似。他一生饱尝困厄、灾难和打击，从出道之初就遭受冷遇，终其一生未尝如愿。但他的报国之志、立功之心始终不渝，为什么？因他为一种强大的精神力量所驱策。每当他遭遇悲情、陷入痛苦之时，他都会想到孔子，从孔子身上找到战胜困难的武器，鼓起前进的动力。据此，赵斌先生称"孔子是李白遥隔数十代的启蒙老师和人生导师"（《李白的意义》），我以为相当确切。

"宣父犹能畏后生，丈夫未可轻年少。"（《上李邕》，720）这是20岁的李白，在初次干谒失败后，用孔子的风范反击李邕的轻视，激励自己直面困难。

"仲尼七十说，历聘莫见收"（《赠崔郎中宗之》，747），这是壮年李白，借孔子年及七十游说天下，结果无人理会的悲剧，为自己求仕的失败自慰。

"仲尼欲浮海，吾祖之流沙"（《古风》其二十九，753），这是晚年李白，把孔子遭遇与"吾祖"老聃的厄运对举，比喻自己遭遇孔子相似的命运。

李白在《临终歌》中曾遗憾地感叹："后人得之传此，仲尼亡兮谁为出涕？"可见李白在生命的最终一刻，念叨的仍然是孔子，因为他认定孔子是自己远隔千年的"知音"！

李白对于孔子的尊崇是一贯的，终其一生的。葛景春先生指出：

> 值得注意的是，李白对孔子的尊崇，有一贯性。从他未出蜀在渝州《上李邕》（李邕在开元七年前后为渝州刺史，时李白年十九游蜀中时见李邕）诗及太白临终前所作的绝命诗《临路（终）歌》来看，尊崇孔子、思念孔子、将孔子视为伯乐知己，这种思想贯穿太白的一生。在太白遭遇困厄，身陷囹圄时，他所呼唤的不是天，不是地，不是皇帝，也不是道家的始祖、李唐的"先祖"老子，而是儒家的祖师孔子（见《上崔相百忧章》）！在临终前所呼唤的也不是别人，又是孔子（见《临终歌》）！孔子在李白思想上的地位，可以说是至高无上的。李白对孔子之为人、遭遇和事业，怀着如此崇高敬意和深厚同情，相比之下，不管是哲人老子还是"达人"庄子，在他心目中都显然无法与之相比的。这恐怕不仅是对孔子个人的情感和态度问题，而是孔子儒家积极入世的思想与人生观，在李白头脑中占据重要地位的缘故。
>
> （《李白思想艺术探骊》，中州古籍出版社1991年版，第21—22页）

以下，我们通过学习李白的部分诗文，分析李白对于儒家思想的接受情况。

二、"少颇周慎"的修身之士

> 白少颇周慎,悉闻义方,入暗室而无欺,属昏行而不变。
> （李白：《上安州李长史书》）

儒家学说至于唐,已扩大为"九经","三礼"之一的《礼记》即为"九经"之一。《礼记》中的《大学》《中庸》两篇都论及儒家的"修身"这个大题目,《中庸》更把"修身"抬到"治国九经"的首位：

> 子曰："文武之道,布在方策。""为政在人,取人以身,修身以道,修道以仁……故君子不可以不修身。""好学近乎智,力行近乎仁,知耻近乎勇。知是三者,则知所以修身;知所以修身,则知所以治人;知所以治人,则知所以治天下国家矣！""凡为天下国家有九经,曰：修身也,尊贤也,亲亲也,敬大臣也,体群臣也,子庶民也,来百工也,柔远人也,怀诸侯也。"
> （《论语·大学·中庸》,徐儒宗译注,中华书局2011年版）

"修身"是儒家治国理政九项原则的第一条,最能体现儒家的精神传统,彰显儒学的特质。那么,李白有符合儒家理念的"修身"之行吗？

历来都有论者批评李白修身不严,似乎李白从小就是一个"浪子"。郭沫若先生在《李白与杜甫》一书中说："他（李客）入蜀以后,把李白养成了一个漫游成癖、挥霍任性、游手好闲、重义好施的人。"而刘大杰在《中国文学发展史》中,则称李白是"天才、浪子、道人、神仙、豪侠、隐士、酒徒、色鬼、革命家……他把孔孟那一般人，看作是礼教的奴隶，是人间的笨汉"。

给李白戴的这些"帽子"，倘李白地下有灵，恐怕也要愤然抗议。因为实际上李白不但是一个尊崇孔子的人，而且也是尊崇儒家"修齐治平"理念、认真进行修身的人。笔者曾在拙作《李白：匡时济世的悲剧政治家》一书中谈到李白为修养品性做的三件大事：

李白修身的第一件大事，是修炼光明磊落之性。

他在干谒官员时，就拿"轻财好施，存交重义"等等品性方面的优点填写于"求职书"，比如他在安州写的求荐信里说：我李白"少颇周慎，悉闻义方"，是个遵守礼仪、光明磊落的人；不到一年散金三十万救济落魄公子，是个"轻财好施"的人；友人病故，伏尸痛哭，猛虎临前而不动，后又剔骨洗削、丐贷重葬，是个"存交重义"的人；隐居岷山之阳，巢居数年不迹城市，"养高忘机"，太守来举有道而不起，是个志趣高洁的人。以上凡四端，皆说明李白之于修养品性，亦曾下过"铁杵磨针"的修炼之功，有超越常人之处！

李白修身的第二件大事，是树立立功报国之志。

李白在20岁的渝州之行，在《上李邕》诗中即表示了"大鹏之志"，而在27岁的《代寿山答孟少府移文书》中称"以为士生则桑弧蓬矢，射乎四方，故知大丈夫必有四方之志。乃仗剑去国，辞亲远游。南穷苍梧，东涉溟海"。"穷则独善其身，达则兼济天下……申管、晏之谈，谋帝王之术。奋其智能，愿为辅弼，使寰区大定，海县清一。"完整地表达宏大抱负，前后历经近十年。足见李白的大志，是一个深思熟虑的过程。"事君之道成，荣亲之义毕，然后与陶朱、留侯，浮五湖，戏沧洲……"则说明他有一个明确的国与家、人与己、进与退之关系，并有一个清晰的先后安排。特点有三：其一，李白的从政，首先是为国家、为社稷，不是为小家；其二，是为苍生黎民，不是为个体、一己之私；其三，不是要居功、图富贵，而是要功成名遂即身退。所谓"愿一佐明主，功成还旧林"（《留别王司马嵩》），"终与安社稷，功成去五胡"（《赠韦秘书子春二首》），"我以一箭书，能取聊城功。终然不受赏，羞与时人同"（《五月东鲁行答汶上翁》），等等，都表明他追求的不是个人的"升官发财""功名富贵"。他的政治理想，是"安社稷""安黎元""济苍生"，与一般士人的谋取功名富贵是大有区别的，具有道德高度的。

李白修身的第三件大事，是养成松柏鸾凤之德。

松柏本孤直，难为桃李颜。

（《古风》其十二）

桃花开东园，含笑夸白日。偶蒙春风荣，生此艳阳质。
岂无佳人色，但恐花不实。宛转龙火飞，零落早相失。
岂知南山松，独立自萧瑟。

（《古风》其四十七）

太华生长松，亭亭领霜雪。天与百尺高，岂为微飙折。
桃李卖阳艳，路人行且迷。春光扫地尽，碧叶成黄泥，
愿君学长松，慎勿学桃李。受屈不改心，然后知君子。

（《赠韦侍御黄裳》其一）

李白崇尚松柏之正直，更强调幽兰和鸾凤之高洁：

为草当作兰，为木当作松。兰幽香风远，松寒不改容。

松兰相因依，萧艾徒丰茸。鸡与鸡并食，鸾与鸾同枝。

（《于五松山赠南陵常赞府》）

鸡聚族以争食，凤孤飞而无邻。

（《鸣皋歌送岑征君》）

凤饥不啄粟，所食唯琅玕。焉能与群鸡，蹙促争一餐？
朝鸣昆邱树，夕饮砥柱湍。归飞海路远，独宿天霄寒。

（《古风》其四十）

耻将鸡并食，长与凤为群。一击九千仞，相期凌紫氛。

（《赠郭季鹰》）

即使处于人生最为狼狈的流放途中，李白仍然坚守自己的"松柏"之志。他在《赠易秀才》诗中有言："地远虞翻老，秋深宋玉悲。空摧芳桂色，不屈古松姿。"可见李白的"修身"成果，已经化为高尚的灵魂，并非纸上谈兵。

仰慕孔子的李白，以少颇周慎的品性修行，建功报国的高远之志，松柏兰蕙的德行定位，接受了儒家修身的基本标准。李白一生正大光明的性格品性，则印证了李白"修身"的巨大成功。

儒家以"修身"为第一要务，修身之义本含两端："一是修德，二是修智，要求德才兼备。"（孔令刚《"修齐治平"思想源流及解析》）我们在后面将看到，李白为"修智"下的狠功。

三、铁杵磨针的博学之士

白，坎坷历落可笑之人也。虽然，颇尝览千载，观百家……

（《上安州李长史书》）

第一章　匡时济世的博学儒士

李白自称"文可以变风俗,学可以究天人"(《代宋中丞自荐表》),这样大的学问从何而来?以李白为主人翁的"铁杵磨针"故事给我们提供了答案。

"博学"是儒家对于儒士的要求之一。儒学经典《礼记》的《中庸》篇第二十章,就有"博学之,审问之,慎思之,明辨之,笃行之"的教诲(《论语·大学·中庸》,中华书局2011年版,第331页);第二十六章专谈"博学",认为"至诚无息。不息则久,久则征,征则悠远,悠远则博厚,博厚则高明。博厚,所以载物也;高明,所以覆物也;悠久,所以成物也。博厚配地,高明配天,悠久无疆。如此者,不见而章,不动而变,无为而成。"(《论语·大学·中庸》,中华书局2011年版,第340页)而博学多闻,也是孔子活着时得到"圣人"之称的来源。据司马迁在《史记·孔子世家》记载:

> 吴伐越,堕会稽,得骨节专车。吴使使问仲尼:"骨何者最大?"仲尼曰:"禹致群神于会稽山,防风氏后至,禹杀而戮之,其节专车,此为大矣。"吴客曰:"谁为神?"仲尼曰:"山川之神足以纲纪天下,其守为神,社稷为公侯,皆属于王者。"客曰:"防风何守?"仲尼曰:"汪罔之君守封、禹之山,为釐姓。在虞、夏、商为汪罔,于周为长翟,今谓之大人。"客曰:"人长几何?"仲尼曰:"僬侥氏三尺,短之至也。长者不过十之,数之极也。"于是吴客曰:"善哉圣人!"
>
> 孔子布衣,传十余世,学者宗之。自天子王侯,中国言六艺者折中于夫子,可谓至圣矣!
>
> (司马迁:《史记》,中华书局1959年版,第1913、1947页)

司马迁所记的吴客对孔子的"圣人"之称,以及本传后"至圣"的赞语,重点尊孔子的博学和六艺,由而"学者宗之"。孔子是"博学"的典范。

在四川江油李白纪念馆,笔者看到一本1981年出版的《李白故里》的小书,主要介绍《太白故里的遗迹与传说》。其中有《陇西院》《粉竹楼》《洗墨池》《磨针溪》等篇,介绍青少年的李白,正是一位寒窗苦读的博学之士,是儒家"博学"之教的传承者和践行者。

许多论者谈李白,都引用其自称"五岁诵六甲,十岁观百家,轩辕以来,颇得闻矣"(《上安州裴长史书》),"十五观奇书"(《赠张相镐二首》),"十五好剑术,遍干诸侯"(《与韩荆州书》),"十五游神仙,仙游未曾歇"(《感兴》),来证明李白少时没有正规的儒学教育,心眼儿都跑到"百家""奇书""剑术"和"仙游"上去了,因而"儒学的修养甚浅",思想上受儒学之影响远不及道教或纵横家。但其实,李白本有"常横经籍卷,制作不倦"的说明,这个"经籍"当属儒家。近年有康怀远教授的《〈易〉读李白刍议》一书问世,详细考察李白对《易经》的接受,透视李白与儒学的关系,为李白自称的"小儒"身份提供了新论据。

按,儒家经典中,《易经》被尊为"诸经之首,大道之源",享受着无比崇高的地位。孔子说:"居则观其象而玩其辞,动则观其变而玩其占。"(转引自《中华国学经典精粹·易经》前言,北京联合出版公司2015年版)唐代《易经》为儒家"九经"之一,虞世南说"不读《易》不可为将相"。足见《易经》在当时的重大影响和吸引力。

康怀远先生的研究证明,李白对于《易经》的学习和研究非常充分。李白以易入诗文,其诗、赋、序、书、记、表中见之于《易经》的语典、事典,竟有166处之多。他说:"易象、易道、易卦及其象、象、爻、文言、系辞和相关故事的文句出现在上列诗、赋、序、书、记、表中的50多篇（首）中，李白大都直接拈来，轻车熟路。和同时代的其他诗人相比，这种文化接受不同寻常，直接关乎着李白的诗文创作。"确实，这种情况在大唐诗人中，可谓绝无仅有。

按《周易》蕴含着极为丰富的思想。陈望衡先生的《周易精解》（人民出版社2019年版）在详细分析六十四卦后指出《周易》的十六个要点：一、天地皆变；二、大地崇拜；三、人为中心；四、唯变所适，五、顺天而动；六、与时偕行；七、祸福无常；八、乐天知命；九、崇阳恋阴；十、阴阳之和；十一、执中而和；十二、诚者至贵；十三、大同社会；十四、自强不息；十五、厚德载物；十六、山水情怀。（《周易精解·易理综说》，第268—342页）这些"要点"，每一个都包含了极其丰富的思想内容。我们在李白诗中，常常会读出《易经》如上的思想元素，比如"自强不息"一义，可说贯穿李白的一生。

《周易》是我们祖先早在2500前创造的人类文明金字塔，这非常值得我们骄傲。康怀远说："假如我们承认，《周易》是人类文明的金字塔，那么我们也就有理由承认为中国诗歌创造黄金时代而做出贡献的伟大诗人李白恰好回应了那座金字塔。"

李白不仅从学习儒家经典见其博，而且从其纵览群史见其博。有人统计了李白在《代寿山答孟少府移文书》等三封书信中的用典情况，发现其中涉及历史人物49人。其中《代寿山答孟少府移文书》中有随侯、卞和、庄子、吕尚、傅说、周文王、武丁、巢父、许由、管仲、晏子、范蠡、张良等13人。在《上安州裴长史书》中有桓彝、有若、孔子、纪信、刘邦、刘牢之、何无忌、宋玉、屈原、离娄、王戎、阮籍、齐庄公、徐邈、曹操、无盐、齐宣王、宁越、王安期、陆机、曹植、嵇康、祢衡、廉颇、魏绛等25人。在《与韩荆州书》中有周公、毛遂、钟嵘、袁虎、王允、荀爽、孔融、山涛、尧、舜、薛烛、卞和等12人。（王辉斌：《李白散文中的典故运用》，《中国李白研究》2017年集，第83页）

  上述50人典故的出处，所涉之载籍计有26种（除重复者外），时间由上古而及南朝，如无名氏《尚书》、庄周《庄子》、左丘明《左传》、无名氏《战国策》、刘向《新序》《说苑》、王逸《楚辞章句》、韩婴《韩诗外传》、刘安《淮南子》、司马迁《史记》、班固《汉书》、陈寿《三国志》、佚名《魏略》、佚名《汉武帝外传》、孔安国《尚书传》、范晔《后汉书》、沈约《宋书》、刘义庆《世说新语》、刘孝标《世说注》、皇甫谧《高士传》、萧统《文选》、习凿齿《襄阳耆旧传》、赵岐《孟子注》、钟嵘《诗品》、袁康《赵绝书》等。上述书籍中，以儒家思想为规范的史学著作居多，占三分之二以上。

  以上仅是三篇书信中所涉的人物典故，而李白诗文用典除人物典外还有各类事典和语典。李白现存诗文千余篇，各种用典，数达几千，观其对各种人、事、语典之运用，竟灵活生动，犹如己出。如果考虑到李白诗文"十丧其九"，可知李白之博学"修智"，世所罕见。

四、书剑双修的报国之士

  莫怪无心恋清境，已将书剑许明时。

（李白：《别匡山》）

第一章 匡时济世的博学儒士

我们读孔子、孟子、荀子，读论语、大学、中庸，知道儒家都是心系社稷、积极入世并胸有大志的。我们前面谈到李白修身、修智，他的目的和孔子一样，都是要干一番大事业。开元十二年，24岁的李白，满怀大丈夫的"四方之志"，告别父母兄弟，告别朋友师长，"辞亲远游"，出蜀求仕。临行，有《别匡山》一诗：

> 晓峰如画碧参差，藤影风摇拂槛垂。
> 野径来多将犬伴，人间归晚带樵随。
> 看云客倚啼猿树，洗钵僧临失鹤池。
> 莫怪无心恋清境，已将书剑许明时。

这首诗带给我们两个十分重大的信息。其一，李白经过长期的修身、修智，大道已成，决定"以身许国"，建功立业；其二，他的建功立业之资本有二，一谓书，二谓剑，他是文武兼修的报国之士！

唐人段成式《西游杂俎》前集卷十二《语资》曰："（李）白前后三拟文选，不如意，悉焚之。唯留《恨》《别赋》。"今李白《拟恨赋》尚存。周勋初先生说：

> 宋祝穆《方舆胜览》卷五三"眉州"下有"磨针溪"，曰："在象耳山下，世传李太白读书上中，未成，弃去。过是溪，逢老媪方磨铁杵，问之，曰'欲作针'。李白感其意，还卒业。媪自言武姓，今溪旁有武氏岩。"这是一种民间传说，意思是李白之所以事业有成，有赖他下过铁杵磨成针的功夫。这个传说很有教育意义，其精神颇合乎实际。李白的赋、乐府以及古诗等众多作品，都曾广泛地向前人学习，留下很多模拟的痕迹。
>
> （《李白评传》，第279页）

李白：融汇百川的杰出思想家

李白曾经"三拟"的《昭明文选》，是南朝梁时萧统所编撰的一部大型文集，收集先秦至齐梁时期具有文学价值的各类作品700余篇，被誉为"总集之弁冕""文章之渊薮"，蕴藏极其丰富。李白"三拟文选"，那就得作文千余篇，可知其志超迈常人，何止千里！

李白禀赋卓异，他的苦学苦练，成果很快展现出来，我们从其干谒自荐中，可以看出他猛攻诗赋取得巨大成功。他在几份现存的求荐书中，都以诗赋为主要的敲门砖：

前礼部尚书苏公出为益州长史，白于路中投刺，待以布衣之礼。因谓群寮曰："此子天才英丽，下笔不休，虽风力未成，且见专车之骨。若广之以学，可以相如比肩也。"四海明识，具知此谈。前此郡督马公，朝野豪彦；一见尽礼，许为奇才。因谓长史李京之曰："诸人之文，犹山无烟霞，春无草树。李白之文，清雄奔放，名章俊语，络绎间起，光明洞澈，句句动人。"此则故交元丹，亲接斯议。若苏、马二公愚人也，复何足尽陈？倘贤贤也，白有可尚。

夫唐虞之际，于斯为盛，有妇人焉，九人而已。是知才难不可多得。白，野人也，颇工于文，惟君侯顾之，无按剑也。

（以上见《上安州裴长史书》）

白，陇西布衣，流落楚、汉。十五好剑术，遍干诸侯。三十成文章，历抵卿相。虽长不满七尺，而心雄万夫。皆王公大人许与气义。此畴曩心迹，安敢不尽于君侯哉！

必若接之以高宴，纵之以清谈，请日试万言，倚马可待。

（以上见《与韩荆州书》）

李白自称"颇工于文"，"日试万言，倚马可待"；外部评价则有"豪彦"赞语:"天才英丽","可以相如比肩"。足见李白文功之准备,十分成功。

同时,李白亦苦练武功。

历来我们只当李白是一介文士,他其实同时是一员武将。李白自称"十五好剑术,遍干诸侯;三十成文章,历抵卿相"(《与韩荆州书》),就是要突出他是才兼文武,双峰并立。"高冠佩雄剑,长揖韩荆州"的李白,正是那个持有武艺的剑术家。而且,李白不只练剑,骑马射箭也十分厉害!诗人53岁那年有诗《赠宣城宇文太守兼呈崔侍御》,道其生平理想和才略武艺,兹录其相关诗句于后:

昔攀六龙飞,今作百炼铅。怀恩欲报主,投佩向北燕。
弯弓绿弦开,满月不惮坚。闲骑骏马猎,一射两虎穿。
回旋若流光,转背落双鸢。胡虏三叹息,兼知五兵权。……
据鞍空矍铄,壮志竟谁宣。……良图扫沙漠,别梦绕旌旃。

这是李白在十分潦倒的情况下,写给朋友(宣城太守)的一封求援信。细读此诗,有三点特别值得注意:第一,李白写这首诗时已年过半百,却依然"怀恩欲报主"。第二,李白"报主"的方式和路径,并非"雄笔丽藻"、诗赋文章,而是"投佩向北燕""良图扫沙漠,别梦绕旌旃",即弃文从武去扫平胡虏。第三,诗人弃文从武的依据,是有开得强弓如满月,下射猛虎、上射飞鸢的高强武艺。"据鞍空矍铄,壮志竟谁宣",是李白以垂老之年还有做矍铄的马上将军的壮志,因而向宇文太守求助。事实上,李白早在青年时代写的《梁甫吟》中,就谈到自己有许多"绝技",自称"手接飞猱搏雕虎,侧足焦原未言苦"。说自己具有空中接飞猱、徒手搏猛虎的功夫,有敢在焦原危石上倒着走的勇气。这些武艺,显然来自李白在蜀中青年时代的准备。

记得司马迁对孔子的礼赞是:"天下君王至于贤人众矣,当时则荣,没则已焉。孔子布衣,传十余世,学者宗之。自天子王侯,中国言六艺者折中于夫子,可谓至圣矣!"(《史记·孔子世家》)最为称道者乃孔子的六艺。李白文武兼备以立功报国,也许正是师从孔子习"六艺"的用心,以为其宏大从政理想之基石。

五、席不暇暖的建功之士

白孤剑谁托,悲歌自怜,迫于栖惶,席不暇暖。寄绝国而何仰,若浮云而无依,南徙莫从,北游失路。

(李白:《上安州李长史书》)

(一) 兼善天下的孟子理念

孟子说:"古之人,得志,泽加于民;不得志,修身见于世。穷则独善其身,达则兼善天下。"(《孟子·尽心上》)这句话,成为后来儒士的重要信条,李白对此亦情有独钟。

李白的岗位目标是做"帝王师",当皇帝老儿的"辅弼"之臣。但怎样才能成为"辅弼之臣"呢?关键是取得皇帝的信任。而这种"信任",往往来自各种关系,如血亲、姻亲,功臣、旧臣,以及皇帝的亲信。

有人研究,一位士子要当上宰相,必须一步一个脚印地往上爬,而最理想的途径则是出任"八俊"。所谓"八俊",就是通往宰相之路上八类最热门、最抢手的职务。一是进士出身、制策；二是校书（秘书省正九品上）、正字（秘书省正九品下）；三是畿尉（正九品下）、京尉（正八品下）；四是监察御史（正八品上）、殿中侍御史（从七品上）；五是拾遗（从八品上）、补阙（从七品上）；六是员外郎（从六品上）、郎中（从五品上）；七是中书舍人（正五品上）、给事中（正五品上）；八是中书侍郎（正四品上）、中书令（正三品）。"言此八者尤加俊捷，直登宰相，不要历除官也"（封演《封氏闻见记》卷三，周勋初《唐语林校注》卷八）。这"八俊"都是唐代士人梦寐以求的"清望官"，属于"美差+捷径"。

但李白因家无"谱牒"，无法提供"科举"所必需的"家状"，所以无法参加科举考试，这"八俊"中的第一关"进士出身、制策"阙如；李白又不是皇亲、国戚或旧臣，没有"制举"的可能。究竟如何来实现自己的宏大抱负？李白有什么路径和步骤的规划吗？有的！这就是谋求"荐举"。

唐代为了加强和巩固统治，从太宗时起，历高宗、武后各朝直到玄宗，都有皇帝要求州县荐举贤才的诏令，玄宗开元期间，对此尤加致力。除每年设置进士、明经科外，还随时设置一些特殊科目，以便广泛地罗致人才。唐太宗曾下过8次"求贤令"，玄宗下诏求贤也先后有6次。如开元二年特设"哲人奇士隐沦科"（见徐松《登科记考》卷五）；开元三年诏："有怀才抱器、沉沦草泽、不能自达者，具以名闻。"（《册府元龟》）开元十一年敕："其有沉沦草泽、抱德栖迟，及武德功臣子孙并元从子孙才堪文武、未有官者，并委府县搜扬，具以名荐。"（《册府元龟》）开元十五年特设"高才沉沦草泽自举科"。（见《登科纪考》卷七）天宝元年（李白42岁）诏"前资官及白身人有儒学博通、文辞秀逸及军谋武艺者，所在具以名荐。"（《旧唐书》卷九《玄宗本纪》下）天宝六载

031

命"通一艺以上者皆可诣京师"。

有论者把李白不从科举求仕作为"背违"儒门证据,殊不知这既忽略了李白的家庭背景,也忽略了玄宗在开元、天宝年间的求贤政策。我们查阅李白集中全部诗文,未见李白有半句蔑视科举的话,所以"不屑科举"云云,实是臆测。由于玄宗的求贤令聚焦在"沉沦草泽""白身""通一艺以上"而"不能自达"者,作为"蓬蒿人"而"有儒学博通、文辞秀逸及军谋武艺"的李白,产生布衣卿相、兼善天下的希冀未尝只是幻想,因为唐朝名相马周等人,也并非以科举入相。

(二)席不暇暖的干谒建功

从政报国,必须创造建功立业的政治平台。为此,李白设定了"五道并举"的路线图:漫游交友、求仙访道、隐居养誉、诗文扬名、干谒求荐。干谒即交接名流、官宦以求闻达,是当时仕进的方式之一。天才李白,就在这"五大道"的奔逐中,耗尽一生。

这里,笔者将李白20岁蜀中干谒苏颋起,至42岁入朝供奉翰林前,22年间干谒活动的"十个起落点"梳理如下:

1. 20岁,从戴天山—成都—于路中投刺由礼部尚书出为益州长史的大文豪苏颋—同年拜谒渝州刺史李邕。

2. 24岁,别匡山出蜀—江陵—扬州—越州……两年多里,以诗文造势,轻财好施,行侠造名,散钱三十余万,以营造声誉。

3. 27岁,定居湖北安陆—谒安陆都督马公;29岁,上书安陆李长史壮心受辱;30岁,上书安陆裴长史再次受辱,于是决定到京师"一观国风"。

4. 是年春夏从安陆—经南阳—入长安，拜会张说之子、玄宗女婿、卫尉卿张垍，被张垍安排到已经荒废的终南山"玉真别馆"，受尽冷遇—谒京畿长安县崔少府—别长安至岐州武功—冬至邠州，受尽屈辱。

5. 31岁，春至坊州谒王司马嵩—同年自坊州归至终南山—误入长安"五陵豪"虎狼圈—离长安至梁宋，有《梁园吟》悲慨浓厚。

6. 34岁，自安陆—襄州，谒文豪襄州刺史韩朝宗，悲吟《襄阳歌》。

7. 36岁，闻玄宗幸洛阳，赴洛阳进献《大猎赋》无果，悲呼《将进酒》。

8. 38岁，勃然决心"孤蓬万里征"：安陆—到陈州，饿肚子自比孔子—至下邳，自比张良，叹无黄石公—至淮阴，以韩信自喻求援—至淮南安宜县—39岁，至扬州—同年至杭州—又西行至荆州，有《郢门秋怀》诗，叹"空谒苍梧帝，徒寻溟海仙。已闻海水浅，岂见三桃圆。"此次"孤蓬万里征"为时近两年，行程近万里，一事无成。

9. 40岁，自安陆—移家东鲁，"顾余不及仕，学剑来山东"—访金乡—瑕丘—中都等地，均无果—秋与韩准、裴政、孔巢父等结为"竹溪六逸"，隐徂徕山。

10. 41岁，于东鲁继续干谒，对象有从弟李冽、鲁郡刘长史等。

42岁，奉诏入京，供奉翰林。

按李白从20岁干谒求官，到42岁入京为翰林，用了22年。笔者所列十个起落的干谒经历，仅是其诗文所展示者，其实际干谒的对象，34岁前即以"遍干诸侯""历抵卿相"来形容，倘以"十散其九"的现存诗作来统计,则李白为建功而干谒的"起落"何止百十?其谬托之诸侯卿相、地方官吏何止百千?其所受之屈辱何堪历历细述哉!"席不暇暖"(《上安州裴长史书》)虽说的是李白出蜀最初几年的情况,却是其一生的缩影。宋洪迈论李白之悲辛,曰:"大贤不偶,神龙困于蝼蚁。"可谓知音!

干谒求荐,不过是李白求仕用世的"五道"之一。然而即以此"一道",也足见李白的一生是铁心从政建功立业的一生,虽频遭挫折却仍忠心耿耿的一生。

李白42岁奉诏入京做了供奉翰林,44岁被逐而乞归。然一介布衣,身在江湖,却心在魏阙,对建功济世依然念念不忘:

1. 45岁有诗:"客从长安来,还归长安去。狂风吹我心,西挂咸阳树。"(《金乡送韦八之西京》)

2. 46岁有诗:"鲁客向西笑,君门若梦中。霜凋逐臣发,日忆明光宫。"(《鲁中送二从弟赴举之西京》)

3. 47岁有诗:"长安如梦里,何日是归期?"(《送陆判官往琵琶峡》)"总为浮云能蔽日,长安不见使人愁。"(《登金陵凤凰台》)

4. 48岁有诗:"小子悉枝叶,亦攀丹桂丛。谬以辞赋重,而将枚马同。何日背淮水,东之观土风。"(《寄上吴王三首》其一)"客曾与天通,出入清禁中。襄王怜宋玉,愿入兰台宫。"(《寄上吴王三首》其三)

李白用饱经屈辱、屡败屡战、可歌可泣的政治活动,表现了他出仕入世的滔天热情,证明自己是和孔子一样席不暇暖的建功之士。

六、忧国忧民的济世之士

生于忧患,死于安乐。

(《孟子·告子下》)

中夜四五叹,常为大国忧。

(《经乱离后天恩流夜郎忆旧游书怀赠江夏太守良宰》)

忧国忧民,是以"治国平天下"为己任的儒家的重要特点。所以,李白匡时济世之抱负,不但表现在建功立业的执着上,也表现在他不离不弃的忧国忧民上。这一点他与另一位伟大诗人杜甫,可谓不分颉颃!

在《李白全集》中,我们发现其固然有很多自信乐观、昂扬励志之作,但其实有更多忧郁苦闷、愤懑控诉之诗。李白出蜀之后,"孤剑谁托,悲歌自怜。迫于栖惶,席不暇暖。寄绝国而何仰,若浮云而无依,南徙莫从,北游失路。"(《上安州李长史书》)经历无数凄风苦雨,遭遇无数白眼冷笑。他的遭遇本身已经说明,社会远非自己想象中的"明时"景象。在天宝初年经历朝廷供奉翰林以后,随着对社会黑暗现象的深刻了解,李白对君国和黎民的忧虑,更升华为一种爱恨交织的忧愁怨愤。他和杜甫一样,忧国忧民之情深重而广大。笔者曾在拙作《李白:匡时济世的悲剧政治家》中,概括了李白心中的"十忧":

怀才不遇、仕途坎坷之忧;
功业未成、青春易逝之忧;

人心不古、世风浇薄之忧；
弃贤不用、奸佞当道之忧；
好大喜功、穷兵黩武之忧；
皇帝荒淫、朝廷腐败之忧；
奸臣弄权、皇权旁落之忧；
藩镇坐大、诸侯割据之忧；
横征暴敛、劳工悲苦之忧；
时荒兵乱、黎民涂炭之忧。

限于篇幅，笔者把李白之深广的忧虑聚焦为三：一曰忧贤才之不用；二曰忧社稷之不安；三曰忧苍生之不幸！

（一）忧贤才之不用

晏子说：国家最大的"不祥"有三："有贤而不知，一不祥；知而不用，二不祥；用而不任，三不祥也。"[《晏子·谏（下）第十》]中国数千年的文明史，是一部人才发展史。人才的选拔和任用，对于任何朝代，都是一个不变的话题。《吕氏春秋》说："得贤人，国无不安，名无不荣；失贤人，国无不危，名无不辱。"一个国家用贤还是用奸，历来是国运兴衰的标志，这个道理，大唐统治者可谓得其精髓。唐太宗李世民说："致安之本，唯在得人。"其即位以来屡有求贤之诏，据《唐太宗全集》所载就有七八次，并以《帝范·求贤篇》系统地论述"求贤"，作为儿子当皇帝的必修课。玄宗为帝，继承太宗遗风，初也"求贤若渴"，如我们在前文所说，曾有六番"求贤"之举。问题是，朝廷有"求贤诏"，官场真的重用贤才了吗？李白用自己怀奇才而不遇的典型案例，及无数怀才不遇的呐喊、控诉和抗议，无情地揭开了盛唐官场用人腐败的真相。

从青年负气怒怼李邕的"前贤畏后生"（《上李邕》），到《临终歌》的"大鹏飞兮振八裔，中天摧兮力不济"，李白几乎一生都在"怀才不遇"的阴霾中度过。因而"怀才不遇"成为李白大量政治抒情诗的一个重要主题，"卞和献宝"也成为李白诗中反复吟咏的故事，李白全集中或明或暗哀叹怀才不遇的诗，竟达近百篇！例如《古风》其十二、十五、廿七、卅七、卅八、四十九、五十、《行路难三首》《门有车马客行》《玉壶吟》《赠从弟冽》《邺中赠王大劝入高凤石门幽居》《于五松山赠南陵常赞府》《赠韦侍御黄裳》《鞠歌行》《远别离》《梁甫吟》《梁园吟》《襄阳歌》等等。请看作于开元十九年（731）的《行路难》（其二）：

> 大道如青天，我独不得出。
> 羞逐长安社中儿，赤鸡白雉赌梨栗。
> 弹剑作歌奏苦声，曳裾王门不称情。
> 淮阴市井笑韩信，汉朝公卿忌贾生。
> 君不见昔时燕家重郭隗，拥篲折节无嫌猜。
> 剧辛乐毅感恩分，输肝剖胆效英才。
> 昭王白骨萦蔓草，谁人更扫黄金台？
> 行路难，归去来！

李白写这首诗的时候，离他辞亲出蜀、"仗剑去国"已经7年，这是他在"遍干诸侯"，尤其是在长安"历抵卿相"后对自己"献宝"结果的一个小结。李白在长安落魄受辱，以此诗大抒愤懑。作于同时的《梁甫吟》，则用神话传说与历史和现实相杂糅的方法，表达怀才不遇的强烈愤慨：

> 长啸梁甫吟,何时见阳春?……
> 我欲攀龙见明主,雷公砰訇震天鼓。……
> 阊阖九门不可通,以额叩关阍者怒。
> 白日不照吾精诚,杞国无事忧天倾。……
> 智者可卷愚者豪,世人见我轻鸿毛。

(《梁甫吟》)

而被称誉千年的巨作《蜀道难》,其背景究竟是何?安旗先生认为——

> 太白辞亲远游以来,虽遍干诸侯,历抵卿相,皆无所遇,故每有失路之叹,尤以此次长安之行遭遇最为难堪。虽已至天子足下,然君门九重,君堂千里。卿相实无荐贤之心,诸侯唯有嗟来之食。贵公子既欺之于前,五陵豪又辱之于后。始终徘徊魏阙之下,不得其门而入。故时结幽思,屡兴浩叹。甚至沦为斗鸡赌狗之徒,实亦因愤懑至极,不得已而为之。前此之《玉真别馆苦雨》《长相思》《行路难》诸作皆历历可考,后此之《梁园吟》《梁甫吟》以及天宝年间忆旧游之作,亦皆可证。遭遇如此,则其将离长安之际,心情可知。虽已作《行路难》诸诗,而意犹未已;复以送友人入蜀一事触发,又以比兴出之,而有《蜀道难》之作。

(《李太白别传》增订版,第48—49页)

李白以自己无数干求屈辱的经历,记录了以"盛唐""圣朝""明时"著称的开元、天宝时期,朝廷忠奸不别、贤愚不分、弃贤用奸、贤士"怀才不遇"的严重弊端。李白满怀忧愤,抨击这个玉石不分、"怀璧其罪"、黑白颠倒的社会。

有人认为,对"圣主"和"明时"无比忠心的李白和杜甫其建功立业之路的坎坷，说明"大唐吏治制度的规范和完善"。然而我们如果注意一下大唐官吏"选举"的资料，就会明白这一说法根本站不住脚：

> 为满足地主阶级求官的欲望，统治者便增置官职，弄得机关林立，冗员充斥，这个问题从武则天开始就日益严重起来……当时有歌谣说："补阙连车载，拾遗平斗量，欋椎侍御史，碗脱校书郎。"（《纲监易知录》四十六卷，第1227页）唐中期以后，问题更为严重。《通典·选举典》说："开元、天宝中，一岁贡举凡数千，凡门荫、武功、艺术、胥吏、众名杂目，百户千途，入为仕者不可胜记。比于汉代，且增数十百倍。"唐玄宗开元二十一年（733），官自三品以下17686员，吏自佐史以上57416员，要是把流外官都算在内，全国共有官吏368668员。当时全国户数为900万，平均二十余户就要养一个官吏。外戚、宦官、侍从学士，这几类人因与皇帝关系特别密切，常常被授予要职而不须经过科举考试之类的程序，由皇帝直接任用。
>
> （《中国政治制度史》，第265页）

所以，李白"忧贤才之不用"，其意义于上可见。

（二）忧社稷之不安

国家的兴旺，人民的福祉，都必须建立在社稷安宁上。李白的理想既然是"使寰区大定，海县清一"，就决定了社稷安宁是李白关注的焦点。事实上，李白正是以此决定自己的喜怒忧乐。

李白于天宝初年（742）入翰林，这时玄宗在位已30年，不再像过去那样奋发有为，而是宠幸杨贵妃，沉湎酒色，信用奸相李林甫，以致政治日趋黑暗腐败。开元二十四年（736），贤相张九龄被罢黜，李林甫掌握政治大权，"自是朝廷之士，皆容身保位，无复直言。……其以巧谗邪险自进者，则超腾不次，自有他蹊矣"。（《资治通鉴》卷二一四）唐玄宗时期的开明政治从此结束，走向下坡路。大量政治黑暗、奸臣当道、横征暴敛、穷兵黩武、黑白不分、贤愚倒置、皇帝昏庸、皇权旁落等社会危机，渐渐显现，引起以"安社稷"为己任的李白的无比忧虑。

忧奸佞当道。如果说李白在一入长安的前后，常常慨叹个人的怀才不遇；那么他在二入长安供奉翰林之后，更多的忧虑则是社会的危机。前后三年的翰林生活，使他深刻地看到了奸佞当道的朝廷政治，看到的正直而有才能的人没有出路，奸邪阿谀的权佞之臣骄横不可一世的黑暗事实。

群沙秽明珠，众草凌孤芳。

（《古风》其三十七）

梧桐巢燕雀，枳棘栖鸳鸯。

（《古风》其三十九）

苍榛蔽层丘，琼草隐深谷。凤鸟鸣西海，欲集无珍木。鸒斯得所居，蒿下盈万族。晋风日已颓，穷途方恸哭。

（《古风》其五十四）

忧朝廷腐败。李白还有一些诗歌，直接揭露和咒骂宦官弄权、斗鸡之戏风靡一时的腐败。如在《古风》其二十四言："大风扬飞尘，亭午暗阡陌。中贵多黄金，连云开甲宅。路逢斗鸡者，冠盖何显赫。鼻息干虹霓，行人皆怵惕。世无洗耳翁，谁知尧与跖。"在《行路难》（其二）中言："羞逐长安社中儿,赤鸡白狗赌梨栗。"在《一百四十年》(《古风》其四十六)言:"斗鸡金宫里,蹴鞠瑶台边。举动摇白日,指挥回青天。"在《咸阳二三月》(《古风》其八)中道"咸阳二三月,宫柳黄金枝。绿帻谁家子?卖珠轻薄儿。日暮醉酒归,白马骄且驰。……投阁良可叹,但为此辈嗤",等等,都借咏史之名义,或比兴之手法,影射天宝年间重宦官和斗鸡徒的宫廷腐败。

忧皇权旁落。据考,李白于天宝十一年的幽州之行,使他看到了"戈鋋若罗星"(《经乱离后天恩流夜郎忆旧游书怀赠江夏韦太守良宰》)的惊人现实,预示奸臣专权,皇权旁落,安禄山蓄谋已久,天下必将大乱,于是三入长安,欲陈济世之策。计划失败,有《远别离》(753)一诗。这首诗通过娥皇、女英二妃和舜帝生离死别的故事,引出"君失臣兮龙为鱼,权归臣兮鼠变虎"的结论,形象地表现了诗人对唐王朝前途的忧虑。诗人用比兴手法,写自己忠诚而不被认同的殷忧,眼看君权失落,臣势嚣张,应系针对天宝间李林甫、杨国忠相继专权跋扈而发,意在告诫玄宗。

李白从一入长安时的"白日不照吾精诚,杞国无事忧天倾"(《梁甫吟》);到二入长安后的"长风吹我心,西挂咸阳树"(《金乡送韦八之西京》);到幽州探险后的"揽涕黄金台,呼天哭昭王"(《经乱离后天恩流夜郎忆旧游书怀赠江夏韦太守良宰》);到流放夜郎途中的"一生欲报主,百代期荣亲"(《赠张相镐二首》其一);到安史之乱中的"中夜四五叹,常为大国忧"(《赠江夏韦太守良宰》):表明他的一生,对国家倾注了何等的深情,表达了何等的关切与忧心!

（三）忧苍生之不幸

李白生于史称"盛唐"的时代。李隆基即位后，改弦更张，励精图治，任用贤相姚崇、宋璟、张说、张九龄等，使贞观之治，一朝复兴。不到十年而成效见，越十年而大告成功。后来杜甫有《忆昔》诗云："忆昔开元全盛日，小邑犹藏万家室，稻米流脂粟米白，公私仓廪俱丰实。九州道路无豺虎，远行不劳吉日出。齐纨鲁缟车班班，男耕女桑不相失。"而在开元十二年李白出蜀后的次年（725），玄宗驾发东都，第二年自撰《纪泰山铭》，说"朕唯实行三德：慈、俭、谦，百世气勿忘"。不过，开元的"盛世"其实时间不长。在李白出蜀后不久，玄宗便忘了"三德"，先是大兴宫室，继而大事边功，西拓河陇，东讨契丹，再而罢贤相任奸佞，重用酷吏，诛逐忠良，直到"渔阳鼙鼓动地来，惊破霓裳羽衣曲"。天下大乱，民不聊生。

李白为干谒求荐而漫游祖国各地，同时也得以诗人的敏锐，了解人民生活，了解社会现象，写下不少关心人民生活、同情人民疾苦的诗篇，我们从中可以感知诗人关怀民疾的思想脉搏。以下是诗人作于天宝六载（747）的《丁督护歌》：

云阳上征去，两岸饶商贾。吴牛喘月时，拖船一何苦。
水浊不可饮，壶浆半成土。一唱都护歌，心摧泪如雨。
万人凿磐石，无由达江浒。君看石芒砀，掩泪悲千古。

这是一幅令人心酸的河工拉纤图，透过诗句读者仿佛看见了当时两岸冶游的富商豪门子弟，瘦骨伶仃的船工；仿佛听到了河工的劳动号子，伤心的歌声，催人泪下的呻吟；也仿佛听到了舟中诗人发自肺腑的悲叹。

阅读和分析李白写于天宝十三载（754）的《书怀赠南陵常赞府》一诗，我们可以了然诗人忧国忧民的崇高情怀。

> 岁星入汉年，方朔见明主。调笑当时人，中天谢云雨。
> 一去麒麟阁，遂将朝市乖。故交不过门，秋草日上阶。
> 当时何特达，独与我心谐。置酒凌歊台，欢娱未曾歇。
> 歌动白纻山，舞回天门月。问我心中事，为君前致辞。
> 君看我才能，何似鲁仲尼。大圣犹不遇，小儒安足悲。
> 云南五月中，频丧渡泸师。毒草杀汉马，张兵夺云旗。
> 至今西二河，流血拥僵尸。将无七擒略，鲁女惜园葵。
> 咸阳天下枢，累岁人不足。虽有数斗玉，不如一盘粟。
> 赖得契宰衡，持钧慰风俗。自顾无所用，辞家方来归。
> 霜惊壮士发，泪满逐臣衣。以此不安席，蹉跎身世违。
> 终当灭卫谤，不受鲁人讥。

这首诗首先以东方朔自况，写了自己的怀才不遇。但诗人不是局限于自己的遭遇来"书怀"，而是着眼于当世大事，写出了自己忧国忧民的情怀。诗人写了战争，写了"频丧渡泸师""流血拥僵尸"带给人民的灾难；诗人写了民情，写了人民忧虑着饥饿，而统治者还好大喜功，爱开边衅；接着诗人写了饥馑："咸阳天下枢，累岁人不足"，"虽有数斗玉，不如一盘粟"的京城饥馑惨象；诗人写了希望："赖得契宰衡，持钧慰风俗"，希望有契一样的贤宰相来斡旋运转安定风俗。可当时就在安史之乱之前夕，朝廷只有大奸相杨国忠啊！最后诗人说："霜惊壮士发，泪满逐臣衣"，忧虑使诗人发如秋霜，泪湿长衫。这忧虑不是个人政治上的不遇，而是从自己的"不遇"，透视了现实的黑暗。

三百年后，宋人范仲淹的《岳阳楼记》有言："居庙堂之高，则忧其民；处江湖之远，则忧其君。是进亦忧，退亦忧。然则何时而乐耶？其必曰，先天下之忧而忧，后天下之乐而乐。"李白，不正是范公所期的那个"先天下之忧而忧"的人吗？！

七、逆鳞敢谏的坚贞之士

落羽辞金殿，孤鸣咤绣衣。能言终见弃，还向陇西飞。

（李白：《初出金门寻王侍御不遇咏壁上鹦鹉》）

在中国古代，士大夫阶层为了实现自己的抱负，不断奋起反抗，以引起皇帝重视，"死谏"便成了一个光荣的传统。死谏成功者，则国家危机得救；死谏不成功，则身死留青史。清朝钱谦益在《尚宝司少卿王之寀授奉直大夫制》写道："尚终念生全之德，其无忘死谏之时。"可见士人对死谏的崇高敬意。中国的死谏历史，可以说是中国历史上最荡气回肠的篇章。自称曾为玄宗"近臣"的李白，也是一个"能言敢谏"者。

阅读李白诗文，我们发现，李白其实不是入朝以后才有"敢谏"之举，他早在入朝之前就已有谏议之行了，这在李白的"献赋"可得到证明。葛景春先生指出：

他（李白）曾在开元末天宝初所写的《明堂赋》《大猎赋》中，针对唐玄宗日趋奢侈腐化、不关心民瘼的腐败政治之风，开出了医治的药方。他要求朝廷"下明诏，班旧章，振穷乏，散敖仓。毁玉沉珠，卑宫颓墙。使山泽无间，往来相望。帝躬乎天田，后亲于郊桑。弃末返本，人和时康"。（《明堂赋》）"使天人晏安，草木繁殖。六宫斥其珠玉，百姓乐于耕织。寝郑卫之声，却靡曼之色。天老掌图，风后侍侧。是三阶砥平而皇猷允塞。"（《大猎赋》）太白建议玄宗"毁玉沉珠，卑宫颓墙"和"寝郑卫之声，却靡曼之色"来反对和取消统治者声色犬马奢侈糜烂的腐朽生活，以恢复开元初期的清明之治。（《李白思想艺术探骊》）

天宝元年，42岁的李白获得了第一个政治平台：待诏翰林。关于李白在供奉翰林期间的活动，后人研究似乎比较侧重在玄宗对其定位为"文学侍从"，认为他不过是一个写点"马屁诗"的角色，其实是与政治活动隔膜的。但从李白自己的诗文，相关的史传、碑记、传记类文章来看，李白在一年多的翰林生涯中，其实参与了不少政治活动。如李白自己所说：

献纳少成事，归休辞建章。

（《留别曹南群官之江南》）

谬挥紫泥诏，献纳青云际。

（《答高山人兼呈权顾二侯》）

布衣侍丹墀，密勿草丝纶。

（《赠崔司户文昆季》）

以上似乎就是"翰林待诏"的正常工作，不过，李白另外还特别谈到他的多次"献赋"和"谏猎"：

汉帝长杨苑，夸胡羽猎归。子云叨侍从，献赋有光辉。

（《温泉侍从归逢故人》）

入侍瑶池宴，出陪玉辇行。夸胡新赋作，谏猎短书成。

（《秋夜独坐怀故山》）

李白：融汇百川的杰出思想家

> 昔献长杨赋，天开云雨欢。当时待诏承明里，皆道扬雄才可观。
>
> （《答杜秀才五松山见赠》）

> 因学杨子云，献赋甘泉宫。天书美片言，清芬播无穷。
>
> （《还山留别金门知己》）

上面四处诗里说的"献赋"，时间都是在李白入朝以后。这些赋的内容，李白集里未见详细说明，但从"献赋有光辉""天开云雨欢""扬雄才可观""天书美片言，清芬播无穷"的字面来看，李白的多次献赋，是成功的。

然而我们知道，李白在翰林岗位不久就辞职不干了，那是为什么？原来，李白不仅有献赋讽谏的动作，还有"敢进兴亡言"的一手。

> 尝高谢太傅，携妓东山门。楚舞醉碧云，吴歌断清猿。
> 暂因苍生起，谈笑安黎元。余亦爱此人，丹霄冀飞翻。
> 遭逢圣明主，敢进兴亡言。白璧竟何辜，青蝇遂成冤。
> 一朝去京国，十载客梁园。
>
> （《书情题蔡舍人雄》）

> 落羽辞金殿，孤鸣咤绣衣。
> 能言终见弃，还向陇西飞。
>
> （《初出金门寻王侍御不遇咏壁上鹦鹉》）

我们从"遭逢圣明主，敢进兴亡言"中的"敢"字，从"能言终见弃"中的"弃"字，可知李白之"谏"是"逆鳞之谏"。这些"谏"的后果是什么？用李阳冰《草堂集序》中的话来说，是"格言不入，帝用疏之"。这就说明，李白在玄宗面前确有"逆鳞"之谏，内容正是为社稷的"兴亡"而发。因此，李白的"敢谏""能言"，正是被"赐金还山"的根源所在。

李白在应诏入朝之时，即言"游说万乘苦不早"，入朝后，也确有"敢谏"之举。但在家天下的封建王朝，"逆鳞敢谏"的后果，往往很惨。韩非子曾经谈到进说人君之难，他说：法则虽然正确，未必被听取；道理虽然完美，未必被采用。所以，以极其聪明的伊尹去进说极其圣明的汤，尚且70次进说不被采纳。那么，用聪明的去进说愚蠢的君王怎么样呢？那就一个字：惨！韩非子说：

> 文王进说纣而纣囚禁了他；翼侯被烤死；鬼侯被做成肉干；比干被剖心；梅伯被剁成肉酱；管仲被捆绑；曹羁逃奔陈国；伯里子沿路乞讨；傅说被转卖；孙子在魏遭受膑刑；吴起在岸门拭泪，痛心西河将成为秦地，最后在楚国被肢解；公叔痤推荐国中杰出人才反被认作糊涂，公孙鞅出奔到秦；关龙逢被斩；苌弘被剖腹；尹子陷入牢狱；司马子期死后尸首浮在江上；田明被分尸；芯子贱、西门豹不斗而被人杀害；董安于死后被陈尸市中；宰予不能逃避田常政变；范雎在魏被打断肋骨。这十几个人，都是仁义、贤能、忠良而有本领的人，不幸遇到荒谬昏庸的君主而死去。那么即使贤圣也不能逃避死亡和刑辱，为什么呢？就是昏君难以劝谏，所以君子难以进言。况且合情合理的话是逆耳冲撞的，除非贤圣没人能听进去。

（《韩非·难言》，中华书局2010年版）

韩非用冷酷的史实论证了"进说万乘"这活儿的高危性质。李白一生忧国忧民，颇有"治国平天下"的丈夫气概。但他入朝后进说的对象，是已荒谬昏庸的唐玄宗，他的"敢谏"

风险极大，由此可见其受儒家"文死谏，武死战"观念的浸染之深。

以武则天《臣轨》"六正"硬杠来考核，李白"敢进兴亡言"这一项，不仅符合"萌牙未动，形兆未见，昭然独见存亡之机、得失之要，豫禁乎未然之前，使主超然立乎显荣之处"的"圣臣"标准；符合"谕主以长策，将顺其美，匡救其恶"的"大臣"标准；符合"数称往古之行事，以厉主意"的"忠臣"标准；符合"明察成败，早防而救之"的"智臣"标准；也符合"国家昏乱，所为不谀，敢犯主之严颜，面言主之过失"之"直臣"的评价——可见是多么难能可贵！

八、威武不屈的节慨之士

乍向草中耿介死，不求黄金笼下生。

（李白：《设辟邪伎鼓吹雉子班曲辞》）

郭沫若在《李白与杜甫》一书中，称"平允而论，李白是一个比较有节慨的人"。节慨，即"志节气概"，有志气、节操、气概的综合之义。

志向和操守，是儒家的重要理念之一。孟子曰："柳下惠不以三公易其介。"（《孟子·尽心上》）说的是柳下惠这个人，即使用"三公"（太师、太傅、太保）的崇高地位去换取他的节操，他也不会干。孟子还说："富贵不能淫，贫贱不能移，威武不能屈，此之谓大丈夫。"（同上）可见，亚圣认为气节是"大丈夫"的标志。我们可以从李白"翰林乞归"一事看到，坚守节操正是李白的人生哲学之一。

说李白有儒者所提倡的"气节",可从李白在翰林岗位上"敢怒""敢言""敢辞"三点得到证明。

(一)敢怒

李白入朝不久,他的才华、性格,很快受到朝廷佞臣群小的攻击。论者以为,李白既然珍惜朝廷地位,那么应该在"群小"的压力下,放弃自己的"傲气","夹着尾巴做人"。然而李白不,他公然给"诸学士"爆出自己对这些"青蝇"的不满。《翰林读书言怀呈集贤诸学士》这首诗,学者考为李白作于天宝二年(载),即写在李白待诏翰林在一年左右的时候,诗中说:

晨趋紫禁中,夕侍金门诏。观书散遗帙,探古穷至妙。
片言苟会心,掩卷忽而笑。青蝇易相点,白雪难同调。
本是萧散人,屡贻偏促诮。云天属清明,林壑忆游眺。
或时清风来,闲倚栏下啸。严光桐庐溪,谢客临海峤。
功成谢人间,从此一投钓。

"青蝇易相点,白雪难同调。"表达了李白对青蝇相点的愤怒,却宣示阳春白雪的自己决不与他们"同调"。而在另一首诗中,诗人直接表达了对于"谗巧生缁磷"的愤慨:

攀龙九天上,别忝岁星臣。布衣侍丹墀,密勿草丝纶。
才微惠渥重,谗巧生缁磷。

(《崔司户文昆季》)

于是许多读者都纷纷叹息李白缺乏"政治素质",不晓得"以屈求申";有人说此处显得李白"傻气",他"忍不住"

说的这些话，源于其"情商太低"。殊不知此处所展示的，正是李白难能可贵的士人气节！

（二）敢言

表现李白气节的第二个特点，是作为一个并无职权的"文学侍从"，竟然是一个在皇上面前的"敢言"之士。著者在本文前面有"逆鳞敢谏的坚贞之士"一节，已经谈及李白的逆鳞敢谏之举，此处不赘述。

我们知道，儒家关于处理君臣关系的难点，在于"敢谏"二字，无数坚贞之士作为臣子的节概，都从有无"犯上敢谏"的镜子中得到观照。唐初的魏征等人亦是因此受人尊重和史家称颂。

（三）敢辞

敢于抛弃自己之所爱，敢于放弃时人之所重，借以坚守自己的志向与人格，是李白节概的第三个特点。

李白在天宝元年入京，天宝三载赐金还山，前后跨有三个年头，但真正"著书金銮殿"的时间其实很短。李白离开朝廷，并非被玄宗"逐"出朝廷，而是李白主动"乞归"的。李阳冰《草堂集序》："天子知其不可留，乃赐金归之。"天子为何知其"不可留"？因为李白已有"不愿留"的表示。范传正《碑序》："既而上疏请辞还旧山，玄宗甚爱其才，或虑乘醉出入省中，不能不言温室树，恐掇后患，惜而遂之。"注意，是"上疏请辞"。杜甫《寄李十二白二十韵》："乞归优招许，与我凤心亲。"杜甫所记录的"乞归优诏许"，应得自

第一章 匡时济世的博学儒士

李白之口述。

千多年来，无数人对李白在供奉翰林期间的行为表示惋惜，以为李白乞归丧失了唯一一次接近皇上的机会，同时丧失了政治上施展雄才大略的可能。其实李白对自己的行为随时都在深思，他的自我总结是："一生傲岸苦不谐，恩疏媒劳志多乖。"（《答王十二寒夜独酌有怀》）是"乍向草中耿介死，不为黄金笼下生""所贵旷士怀，朗然合太清"（《设辟邪伎鼓吹雉子斑曲辞》），是"彼尧舜之耿介（光大圣明）兮，既遵道而得路。"（屈原《离骚》）他的翰林乞归，乃是"众人皆醉我独醒"的选择，更是他"威武不能屈"的节操的展现：

当独立自由的人格与功名富贵发生矛盾时，李白就会毫不犹豫地抛弃功名富贵。当独立自由的人格与封建礼教发生矛盾时，李白就会毫不犹豫地抛弃封建礼教。当独立自由的人格与世俗时风发生矛盾时，李白就会毫不犹豫地抛弃世俗时风。

李白从政的悲剧证明，贯穿在李白胸中的是来自儒家节气、纵横家豪气和侠士义气的不凡气概。"当时豪侠应一人，岂受富贵留其身。"（明方孝孺《逊志斋集》卷二十四《吊李白》）方孝孺，可谓识李白者！

安旗先生在《李太白别传》的"引言"中深刻地揭示了李白在翰林生活之"全节而去"的人格意义：

李白终其一身只是一介布衣，而他"五岁诵六甲，十岁观百家"，匡山苦读，前后十年，轩辕以来，颇得而闻。辞亲去国以后，更是行万里路，读万卷书，游踪遍天下，读书台亦遍天下。以其天纵之资又博览群书，自然使其心志远出时人之上。犹堪注意者，其所追慕之先圣先贤，多是为国为民立德、立功、立言之人物，诸如倡言仁政之孔孟，傲视权贵之老庄，鞠躬尽瘁死而后已之诸葛，不出则已、出则安天下之谢安……时时在他心中，出其笔下；战国时期之高士，为世排大难，解大纷，而又不受赏之鲁仲连，更是他"寸心无间然"之人物。总而言之，中国伟大文化传统中之精华，民本思想与仁政思想，铸造成李白之灵魂，因而使其具有：富贵不能淫，贫贱不能移，威武不能屈之人格。三年待诏翰林生活之全节而去，即是证明。当时，正是跻身"天人"之际，成为"达者"之时，中书舍人已是唾手而得，再攀高处亦属可能。只需勤于侍奉帝妃，随时准备应制，做到：天子呼来即上船；休去：长安市上酒家眠。若能再与李林甫、高力士、张垍辈稍事虚与委蛇，李白满可以继续在官廷中混下去。偏他禀性难移，傲骨已成，竟然未及半年即心生厌倦。咏歌之际，屡称东山。甚至写出如此放肆之诗句："乍向草中耿介死，不求黄金笼中生。""安能摧眉折腰事权贵，使我不得开心颜！"龙首原上，含元殿前，"苑路高高驿路低"，李白终于从高高苑路上走下来，走下驿路、走向江湖、走向人民。

（《李太白别传》，西北大学2005年版，第6—7页）

飘蓬下的入世之心，丹墀上的进退选择，利害中的人格坚守，悲剧中的目标坚持，像一面面镜子，观照出李白"威武不能屈"的高尚节操和人格。

九、再复鲁道的仁政之士

扶老携幼，尊尊亲亲，千载百年，再复鲁道。非神明博远，孰能契于此乎？

（李白：《任城县厅壁记》）

李白的一生，足迹遍天下。其所到之处，多以自己的春秋大笔，记录社会风尚，品评政治生活，体验民生艰辛。而其此类诗文，常常明确地展现他清明政治理想与仁政德治思想。

（一）美俗良序的讴歌者

李白有《赠徐安宜》（738）诗，云：

白田见楚老，歌咏徐安宜。制锦不择地，操刀良在兹。
清风动百里，惠化闻京师。浮人若云归，耕种满郊岐。
川光净麦陇，日色明桑枝。讼息但长啸，宾来或解颐。
青橙拂户牖，白水流园池。游子滞安邑，怀恩未忍辞。
翳君树桃李，岁晚托深期。

李白又有《赠范金卿二首》（其二）云：

范宰不买名，弦歌对前楹。为邦默自化，日觉冰壶清。
百里鸡犬静，千庐机杼鸣。浮人少荡析，爱客多逢迎。
游子睹嘉政，因之听颂声。

前诗写于开元十六年（728），时李白游淮南道楚州安宜县（今江苏宝应）。作者说：我在白田见到不少老人，他们都在歌颂你的事迹。说你治理政务游刃有余，不用择地而治。你的清明之治犹如春风，使这方圆百里的百姓向风惠化，清廉之名声闻京师。外地逃亡的人纷纷来归如云，到处开垦耕种。麦垄青青使川原一片明亮，桑树在太阳的照耀下生机昂然。百姓和睦相处，您却政简讼息闲于无事，吟诗长啸消闲自在，宾客临门你就笑逐颜开。庭院中青橙拂窗，田野中清水绕地。我作为他乡游子在安宜留滞不归，是怀有您的关爱，不忍辞别。

后诗写于李白初到东鲁的开元二十八年（740）。诗中赞扬范县令不沽名钓誉，弹琴唱歌，清净高雅。用无为之道治理县政，心境犹如冰壶之水清澈见底。治理的县境，没有盗窃，每家都是男耕女织。没有游荡闲逛的人，风气淳朴，客至如宾，殷勤招待。表示自己来到范县，深为其出色政绩所感动，因之向他献一曲颂歌。

这两首诗，都是通过对县令的歌颂，表达诗人对清明嘉政的渴望，对造就美俗良序的贤人政治的向往。

（二）为官清正的赞美者

李白有《赠从孙义兴宰铭》（761）诗，云：

天子思茂宰，天枝得英才。朗然清秋月，独出映吴台。
落笔生绮绣，操刀振风雷。蠖屈虽百里，鹏骞望三台。
退食无外事，琴堂向山开。绿水寂以闲，白云有时来。
河阳富奇藻，彭泽纵名杯。所恨不见之，犹如仰昭回。
元恶昔滔天，疲人散幽草。惊川无活鳞，举邑罕遗老。
誓雪会稽耻，将奔宛陵道。亚相素所重，投刃应桑林。
独坐伤激扬，神融一开襟。弦歌欣再理，和乐醉人心。
蠹政除害马，倾巢有归禽。壶浆候君来，聚舞共讴吟。
农人弃蓑笠，蚕女堕缨簪。欢笑相拜贺，则知惠爱深。
历职吾所闻，称贤尔为最。化洽一邦上，名驰三江外。
峻节贯云霄，通方堪远大。能文变风俗，好客留轩盖。
他日一来游，因之严光濑。

据考，此诗作于上元二年（761）刘展乱平之后。诗题下李白原注："亚相李公重之以能政，中丞李公免罢以移官。"刘展作乱,李铭因避难奔走而失官,幸得二李公而复官。此诗叙述了李铭的这段经历,赞赏他任职期间教化一方、移风易俗的政绩。从李白对孙辈李铭政绩的赞扬和鼓励,可以看到诗人对黎民百姓的古道热肠,他的爱国,自是和爱民忧民紧密联系的。

李白有不少诗篇,热情赞扬为官清正有政绩的州县官佐,表现了他匡时济世的博大情怀。

(三)大同理想的倡导者

李白有《任城县厅壁记》一文,十分清楚地表达了对儒家之道的赞扬与肯定。作者在文中说:

> 帝择明德,以贺公宰之。公温恭克修,俨硕有立。季野备四时之气,士元非百里之才。拨烦弥闲,剖剧无滞。镝百发克破于杨叶,九一鼓必合子桑林。宽猛相济,弦韦适中。一之岁肃而教之,二之岁惠而安之,三之岁富而乐之。然后青衿向训,黄发履礼。耒耜就役,农无游手之夫;杼轴和鸣,机罕颦蛾之女。物不知化,陶然自春。权豪锄纵暴之心,黠吏返淳和之性。行者让于道路,任者并于轻重。扶老携幼,尊尊亲亲,千载百年,再复鲁道。非神明博远,孰能契于此乎?

关于李白此《记》,往时论家多以为是李白为表彰贺公的政绩,或者不过是一篇入乡随俗的应景文章:"这番颂词,虽然冠冕堂皇,却了无新意,不能不说只是拾掇陈词。联系李白撰文的时地来看,更会产生此举只是一种入乡随俗的表面文章的感觉。"(周勋初:《李白评传》,第232页)然而笔者细读的结果,却似乎窥见作者十分重要的政治理想,因为从"千载百年,再复鲁道,非神明博远,孰能契于此乎"的文意来看，李白写《厅壁记》，倒是想做一个传承"鲁道"的"神明博远"者呢。儒家经典的《礼记·礼运》中，对于理想社会有这样的描述：

>　　大道之行也，天下为公。选贤与能，讲信修睦。故人不独亲其亲，不独子其子；使老有所终，壮有所用，幼有所长，矜寡孤独废疾者，皆有所养。男有分，女有归。货，恶于弃于地也，不必藏于己；力，恶其不出于身也，不必为己。是故谋闭而不兴，盗窃乱贼而不作，故外户而不闭。是谓大同。

可见，若说李白的《厅壁记》是"拾掇陈词""入乡随俗"，那么，李白拾掇的，正是儒家经典的"大同书"！李白不但是儒家大同理想的接受者，而且是歌颂者和传播者。千年后的人们，之所以又将其镌刻于石，立于任城的太白楼、太白湖新区等重要的旅游点上，固然是因为它对研究任城的历史有重要价值，更重要的还是因为它是辩证地传承儒学文化的代表作。

十、鞭挞贪腐的廉洁之士

>　　见客但倾酒，为官不爱钱。
>
>　　　　　　　　　　　　（《赠崔秋浦三首》）

李白一介布衣，却有"为官不爱钱"的廉洁理念。笔者今天读去，也生出无限感慨！

儒家学说，讲究仁义礼智信、温良恭俭让、忠孝廉耻勇，其中有一"廉"字。"廉"与"贪"相对，是古往今来，官场哲学中的一对永久性矛盾。我们都知道李白"蔑视权贵"，不过其实李白真正蔑视的，是权贵中的贪腐奸佞之辈。李白一生虽"一命不沾"，然而却有官场朋友无数，说明李白对于"权贵"并非一概蔑视排斥。他严格区别清正廉洁之官与贪腐奸佞之官，对前者的赞颂与对后者的鞭挞，不但是李白诗歌的一个重要内容，也是李白诗歌具有高度思想性的重要标志。请读《赠崔秋浦三首》：

吾爱崔秋浦，宛然陶令风。门前五杨柳，井上二梧桐。
山鸟下厅事，檐花落酒中。怀君未忍去，惆怅意无穷。

崔令学陶令，北窗常昼眠。抱琴时弄月，取意任无弦。
见客但倾酒，为官不爱钱。东皋春事起，种黍早归田。

河阳花作县，秋浦玉为人。地逐名贤好，风随惠化春。
水从天汉落，山逼画屏新。应念金门客，投沙吊楚臣。

这三首诗，是一组对秋浦县令崔某的热情赞歌。李白在诗的开篇就直接说他热爱崔秋浦。为什么？因为这个崔县令，非常像做过彭泽县令的陶潜。陶渊明因刘宋灭晋，而改名潜，他生于世家大族，幼有大志拯时济物，但身处丧乱之世，权贵倾轧，谋夺帝位。虽曾为镇军、建威将军的参军，但无从展志，后又任彭泽令。李白所赞美的陶令之风，是他为官行无为而治，礼乐之教，不慕荣利，忘怀得失，任真自得，不为权贵折腰。质性自然，性爱丘山，故而于易代之际，弃官归隐，保全真性。陶令是李白理想中的官吏形象，做人的典范。况且李白也与陶渊明思想有相似之处，性格有相像的地方。在黑暗的朝廷中，李白在朝廷屡遭排挤打击，被迫上疏请求还山。出朝后的李白在地方官吏中发现崔某这位"陶令"式的官吏，一如找到知音，于是由惊呼而深爱。

李白赞美崔秋浦为官清简，治民有道，"地逐名贤好，风随惠化春。水从天汉落，山逼画屏新"，表现了崔令的贤能政治，但他最想表达的，是崔秋浦"为官不爱钱"的可贵品质。在封建社会士人做官，多追求功名，又贪图利禄，以致成为搜刮民脂民膏的吃人凶兽。李白赞美崔令做官，不是追求利禄，而是淡泊名利；做官不为名利，自然是为庶民，于是突出了崔令是为民做官，以解民困的崇高境界，塑造了一位廉洁的"清官形象"。

李白对"为官不爱钱"的官德大加赞赏，表现了李白的人生价值观念与政治理想，从中可见李白对于廉洁为官的强烈倾向。这样的理念，与后来柳宗元提出做官"盖民之役（仆役），非以役民而已也"的思想，与今天共产党人所倡导的"领导就是服务""官员是人民的仆人"的光辉思想，是非常契合的。

李白有许多诗作，都表达了对于廉洁官僚的称颂。在《赠清彰明府侄聿》中，李白赞扬了"赵北美佳政，燕南播高名"的清彰县令李聿；在《赠徐安宜》中，李白歌颂了"清风动百里，惠化闻京师"的徐安宜；在《赠从孙义兴宰铭》中，李白歌颂了"峻节贯云霄，通方堪远大"的义兴宰铭——读李白的诗，我们似乎觉得，诗人的心目中，始终有"正与邪""清与贪""善与恶"的泾渭分明的"官德"标准。

李白在《题东谿公幽居》诗云：

杜陵贤人清且廉，东谿卜筑岁将淹。
宅近青山同谢朓，门垂杨柳似陶潜。

据林东海先生考证，这个东谿公，是籍贯杜陵而移居宣城青山附近之东谿，是亦县令之挂冠归隐者。在李白眼里，这个"清且廉"的县令，是一个品质清廉的贤人也。

李白一方面歌颂清正廉洁,另一方面则怒飞鸣镝,对于贪墨腐败之官进行了猛烈攻击。其《白鸠辞》(一作《夷则格上白鸠拂舞辞》)一诗,即是鞭挞奸佞腐败的犀利之作:

铿鸣钟,考朗鼓。歌白鸠,引拂舞。
白鸠之白谁与邻,霜衣雪襟诚可珍。
含哺七子能平均。
食不噎,性安驯。首农政,鸣阳春。
天子刻玉杖,镂形赐耆人。
白鹭之白非纯真,外洁其色心匪仁。
阙五德,无司晨,胡为啄我葭下之紫鳞。
鹰鹯雕鹗,贪而好杀。
凤凰虽大圣,不愿以为臣。

这首诗,表面上是以"舞辞"的方式,比较白鸠与白鹭两种禽鸟的品性,但含意极深。沈德潜《唐诗别裁》曰:"时多酷吏与聚敛之臣,故作是诗以刺。"陈沆《诗比兴笺》说:"刺臣不仁也。鸠鸠洁白均平,如姚、宋、曲江贤相,则为苍生之福。鹰鹭贪而好杀,如林甫专位媢嫉,则为善类之殃,以若人为相臣,所谓子孙黎民,亦曰殆哉者也。凤君百鸟,奈何用此败类之臣哉!"诗中以"霜衣雪襟诚可珍"为苍生造福之白鸠比喻廉洁之官,以"外洁其色心匪仁"与贪杀害民之白鹭比喻贪佞之臣,表达了对公正廉洁、为国谋利、为民造福的好官的尊敬,而对贪墨营私、残暴不仁、祸国殃民的佞臣的痛恨,是一首誉毁分明的刺时之作。

这说明,"蔑视权贵"的李白,是以批判的目光对统治集团加以审视的。李白在官场有许多朋友,比如"器识夷淡,襟怀和雅,神清志逸,学富才雄"的四朝元老贺知章;"以治理办闻……其政不苛细,为下所便""时誉称美"的宰相李适之;"好学,宽博有风检"的崔宗之(以上见《新唐书》《资治通鉴》)等,李白不但没有"蔑视",相反是引为"至交"的。李白所蔑视的是"用权相噬,以紊朝纲"的李林甫(《旧唐书》),"无行检,专徇帝嗜欲,不顾天下成败"的杨国忠(《新唐书》)等贪官奸臣,他们如同"鹰鹯雕鹗"(类于鹰的四种猛禽),正是廉洁为官的对立面!

据蜀中的《彰明县志》,李白之故里在彰明县(今四川江油市)的"清廉场",其地因有"廉泉让水"而有"廉让之乡"的美名。可见,李白胸中所持的清正廉洁之官德,不但有儒家思想的影响,也有环境风尚的孕育。

十一、步武孔子的立言之士

我志在删述,垂辉映千春。希圣如有立,绝笔于获麟。

(《古风》其一)

前面我们谈到,李白吸收了儒家积极入世、立业建功的政治理想,坚持践行儒家"修齐治平"的理想使命。可惜李白直到年已半百,依然一介布衣,以至于悲叹:"叹我万里游,飘飘三十春。空谈帝王略,紫绶不挂身。"(《门有车马客行》)在功业渺茫、双鬓已秋的当儿,李白想到了什么?想到了孔子。孔子在出仕失败后做什么呢?是"删述"!于是我们看到,李白此时思想出现一个大大的转弯,他隆重决定重新立志,以立言为务,创造不朽的文章。他在《古风》(其一)里,宣布了自己新的"大志":"大雅久不作,吾衰竟谁陈?……我志在删述,垂辉映千春。希圣如有立,绝笔于获麟。"

李白的《古风》(其一)这首诗,内容和意义都非常重大,因为它不但在中国诗歌的批评史上占有一席之地,而且在李白人生的道路上,意义同样非凡。他说自己的志向是要如孔子一样,用春秋笔法除邪扶正,让正义辉映千秋。希望能像前代圣贤一样完成这一使命,不到获麟那样不合适的时候决不停笔。

李白为何"立志删述"?意在"步武孔子"。我们知道,孔子是中国历史上第一个伟大的文献整理家。《史记·孔子世家》说:"孔子之时,周室微而《礼》《乐》废,《诗》《书》缺。追迹三代之礼,序《书传》……故《书传》《礼记》自孔氏。"(第1936页)"古者诗三千余篇,及至孔子,去其重,取其可施于礼义,……三百五篇皆弦歌之,以求合韶武雅颂之音。礼乐自此可得而述,以备王道,成六艺。"

孔子坚持"述而不作","信而好古",删诗书、赞周易、定礼乐,作《春秋》,直到哀公十四年猎获麒麟时才绝笔。经过孔子"删述"整理的"六经",即《易》《诗》《书》《礼》《乐》《春秋》(现仅存"五经",《乐》经缺),在很大程度上保留了夏、商、周三代原有文献的内容和风格,不同程度上反映了特别是春秋时期的政治、经济、文化、思想等方面的情况,对中华民族的后人研究中国古代的思想文化史、政治社会史起了不可估量的作用。至今,2500多年过去,"五经"依然是我国的珍贵资料,也是世界上不可多得的富有学术价值的古代文化瑰宝。

李白自谓"我志在删述",但从李白现存的诗文来看,未见他所"删述"的具体对象和做法,倒是看到他委托友人为其"编集"的记载,且在十年间先后三次。第一次是天宝十三载,时李白54岁。当年"夏游扬州,逢魏万(即魏颢)远道来寻,同游金陵"。"与魏万别,尽出其文,命万为集。"魏万,号王屋山人,是李白忠实的"粉丝"。其受李白之嘱于上元初(时李白60岁)编成《李翰林集》,惜《集》已散失,唯有《李翰林集序》传世。第二次在乾元二年(759),时李白59岁,刚从夜郎长流获赦不久,在《江夏送倩公归汉东序》中云:"夫汉东之国,圣人所出……有唐中兴,始生紫阳先生……若继迹而起者,唯倩公焉。蓄壮志而未就,期老成于他日。且能轻产重诺,好贤攻文。即惠休上人与江鲍往复,各一时也。仆平生述作,罄其草而授之。"这位倩公,应是当时随州名僧,而李白会"一面"即视为"神冥契合",可以相托,可见非等闲之辈。惜倩公拿到李白的"罄其草"后,未详后来如何。第三次在宝应元年,时李白62岁,独自乘扁舟赴宣州访当涂县宰"族叔"李阳冰。"疾亟"之时"枕上授简",请阳冰为之编集。李阳冰在《草堂集序》中说:"公遇不弃我,乘扁舟而相顾。临当挂冠,公又疾亟。草蒿万卷,手集未修。枕上授简,俾予为序。"则此次临终所托,是最后一次。

李白立意"志在删述",未见其"删述"之作为。或如《草堂集序》所言:"自中原有事,公避地八年,当时著述,十丧其九……"因资料匮乏,未能详知。不过无论如何,李白"立言"之务,已登奇峰!

李白立志"删述",再一次表明了他受孔圣思想行为的影响。

十二、九死无悔的爱国志士

苟无济代心,独善亦何益。……终与安社稷,功成去五湖。

(《赠韦秘书子春二首》)

自宋朝以来，曲解、诋毁李白思想、精神、节操、才能（诗除外）的，历代不乏其人。其中宋人罗大经谓："李太白当王室多难、海宇横溃之日，作为歌诗，不过豪侠使气、狂醉于花月之间耳！社稷苍生，曾不系其心膂；其视杜少陵之忧国忧民，岂可同年语哉！"（《鹤林玉露》卷十八）这段话影响很大，刘大杰《中国文学发展史》对李白人格的恶评，兴许与此有关。

下面我们即以罗大经划定的"当王室多难、海宇横溃之日"为观察点，探究李白在安史之乱前后的十多年里到底在做什么？是否果如罗大经所说"不过豪侠使气、狂醉于花月之下""社稷苍生，曾不系其心膂"？或如刘大杰所说"一生没有做过一点正经事"？

（一）拯危难，勇探虎穴

天宝十载（751）秋，李白在元丹丘石门山居盘桓期间，忽有幽州节度使幕府判官（职位相当于节度副使）何昌浩命驾来访，欲邀李白入幕或北上一游。白有诗《赠何七判官昌浩》：

有时忽惆怅，匡坐至夜分。平明空啸咤，思欲解世纷。
心随长风去，吹散万里云。羞作济南生，九十颂古文。
不然拂剑起，沙漠收奇勋。老死阡陌间，何因扬清芬？
夫子今管乐，英才冠三军。终与同出处，岂将沮溺群？

李白一片"解世纷"的大志，到了51岁的时候，依然有志难申。既然羞做济南生，又不愿意做长沮、桀溺一样的隐士，似乎确有拂剑沙漠、边疆立功的愿望。是年冬，李白果有幽州之行。此行目的何在？历代异说纷纭，而安旗先生考证的结论是：意在"探虎穴"！

关于安禄山谋反，早在天宝六年（747），素以持重安边著称的盛唐名将，河西、陇右、朔方、河东四镇节度使王忠嗣，就数次上言安禄山必反，太子李亨亦奏言安禄山有反相，只是自以为无比英明的玄宗闭目塞聪、油盐不进。

富有政治洞察力的李白，在开元年间即已察觉大唐的阴暗面，因而有质疑盛世的《行路难》诸诗；待诏翰林期间，亦有讽谏玄宗荒淫之作；去朝以后，流落江湖，抨击时政之作更是层出不穷，尤以反对穷兵黩武为甚。《战城南》中的"桑干河"，即安禄山黩武之地，因此，李白对安禄山的态度，不言而喻。

这就说明，李白的幽州之行，实是将计就计："且探虎穴向沙漠，鸣鞭走马凌黄河。"（《留别于十一兄逖裴十三游塞垣》）安旗认为："李白不惜冒生命危险，亲至安禄山盘踞之幽州，探其真相，得其反迹，以上奏朝廷，期戢祸乱于未发。则其济苍生、安社稷之功，岂小也哉！故其留别之作发唱惊挺，放言高论。良有以也。昔者以为太白此行欲入安禄山幕下立边功以报国，大愦！"这个考证，乃从李白一系列的诗中发现，非常有说服力。

（二）明真相，痛哭昭王

李白于天宝十载（751）冬北上，却在十一载（752）十月才抵达幽州。途中有诗《登邯郸洪波台置酒观发兵》（752），题下有注："时将游蓟门。"诗中有句："我把两赤羽，来游燕赵间。天狼正可射，感激无时闲。"此处之"天狼"指谁？安史之乱后，李白在《赠江夏韦太守良宰》诗中有"弯弓射天狼，挟矢不敢张。揽涕黄金台，呼天哭昭王"。毫无疑问，诗中的"天狼"指安禄山。

十月到幽州后,李白有多首诗,内含深意。《出自蓟北门行》(752)写塞垣战事,言将帅之猛,救边之急;兵威匝地,杀气凌天,实则暗示安禄山势力之盛。《幽州胡马客歌》(752)云:"何时天狼灭,父子安得闲。"天狼亦指安禄山。《送崔度还吴度故人礼部员外国辅之子》:"幽燕沙雪地,万里尽黄云。""举手捧尔足,疾心若火焚。拂羽泪满面,送之吴江濆。"痛心疾首,当是幽州危机从故人之子崔度处又有所获知,借"孤凤雏"的命运以抒怀。《邹衍谷》(752):"燕国无暖气,穷崖闭严阴。邹子一吹律,能回天地心。"邹衍,是李白自喻。《北风行》(752):"烛龙栖寒门,光耀犹旦开。日月照之何不及此?唯有北风号怒天上来。燕山雪花大如席,片片吹落轩辕台。"以"北风"比喻安禄山势力,以"燕山雪花大如席"比喻危机之严重,以"片片飞落轩辕台"暗示战乱将祸及全国。朱熹《诗集传》解此诗曰:"言北风雨雪,以比国家危乱将至,而气象愁惨也。"——李白探虎穴而得虎子,对塞垣真相洞若观火:幽州形势已祸在眉睫。

李白幽州行之末,有《公无渡河》(752)一诗,称:"黄河西来决昆仑,咆哮万里触龙门。""披发之叟狂而痴,清晨径流欲何为?旁人不惜妻止之,公无渡河苦渡之。虎可搏,河难凭,公果溺死流海湄。有长鲸白齿若雪山!公乎公乎挂罥于其间,箜篌所悲竟不还。"全诗以"长鲸"喻安禄山,以"狂叟"自喻,言"黄河"倒流,冲决昆仑,滔天大祸,迫在眉睫!

(三)图献策,三入长安

李白耗时一年,探得安禄山反势已成,社稷有颠覆之虞,苍生有倒悬之危,自己则如披发狂叟,欲渡乱流,誓挽狂澜。于是决定再入长安,陈献济世之策。天宝十二年(753)春,李白三入长安,与杜甫重逢。

杜甫在天宝四载(745)与李白分手后,二人虽然天各一方,却不约而同在自己的作品中关注时局。同样的政治预感,同样的忧国情怀,在他们的不少诗篇中达到惊人一致。杜甫《后出塞五首》借一应募壮士前后思想变化,以刺朝廷发兵之非,诗中从"男儿生世间,及壮当封侯"到"悲笳数声动,壮士惨不骄",再到"主将位益崇,气骄凌上都。边人不敢议,议者死路衢";终于有"坐见幽州骑,长驱河洛昏"之预感,所以"中夜间道归",遁逃回到已经是"空村"的"故里"。

李白和杜甫,以共同的爱国热情观察时局,获得共同的危机预感,也形成了共同的爱国之举措:献策朝廷。安旗先生以为,能体现李白三入长安之行的诗篇有:《口号赠杜甫》,《古风》"一百四十年""咸阳二三月""倚剑登高台""殷后乱天纪""抱玉入楚国""郑客西入关""去去复去去",《走笔赠独孤驸马》,《酬王补阙惠翼庄庙宋丞泚赠别》等。但只有穿透这些诗的"比兴"外衣,才能获得李白幽思秘旨之所在。

由于安禄山的势力和谋反的意图本是唐玄宗亲自纵容出来的,乱前从百姓到高官、从宰相到太子,有众多渠道上奏玄宗揭发安禄山要反,但玄宗不但根本不听,反而极其愚蠢地规定,有言安禄山反者缚送安禄山处置,缚送者多被安禄山以凌迟等酷刑处死。向朝廷告发安禄山反者有杀身之祸,成为盛唐一朝无人能攻破的难题,李白和杜甫的献策,终于无计可施。

李白因献策无门有祸,而杜甫与哥舒翰之亲信田梁丘相识,于是改寄希望于哥舒翰。李白有诗《述德陈情上哥舒大夫》,云"天为国家孕英才,森森矛戟拥灵台。浩荡深谋喷江海,纵横逸气走风雷。丈夫立身有如此,一呼三军皆披靡。卫青谩作大将军,白起真成一竖子"。此诗与李白先前曾抨击过哥舒翰穷兵黩武、残民以逞大异其趣,为何从抨击一变而为揄扬有加?盖以此跂而望之,并非无因而滥予恭维!

三入长安,旨在献策。然而"良宝三见弃,徒劳三献君"。李白预感大乱即起,只能"去去复去去"(《拟古》其十二)了。《远别离》一诗,借二妃与舜生死离别,抒发其去国离都之情。痛感平生之志终成泡影,有如二妃之悲剧。

(四)忧时局,白发千丈

李白三入长安献策无成,忧心如焚。从天宝十二年(753)秋至安史之乱作(755),两年多的时间主要隐居淮南宣城。其间有存诗近一百五十篇,不少诗奇怪难解。李白此时之思想,究竟是什么?原来是四个字:忧、愁、等、恨。

忧者,忧大乱将起,社稷倾危。"弃我去者,昨日之日不可留;乱我心者,今日之日多烦忧。"(《宣州谢朓楼饯别校书叔云》)李白探虎穴既明幽州真相,入长安又献策无门,从朝廷到地方衮衮诸公,何人意识到大乱将起,祸在眉睫?报国有心,回天无力,李白此时,唯有忧思难排。

愁者,愁无能为力,无可奈何。李白在风景明丽的秋浦盘桓多时,有《秋浦歌十七首》,读后竟然是一部"愁肠"之歌:

秋浦长似秋,萧条使人愁。客愁不可渡,行上东大楼。

(其一)

秋浦猿夜愁,黄山堪白头。清溪非陇水,翻作断肠流。

(其二)

067

愁作秋浦客，强看秋浦花。山川如剡县，风日如长沙。

(其六)

山山白鹭满，涧涧白猿吟。君莫向秋浦，猿声碎客心。

(其十)

白发三千丈，缘愁似个长。不知明镜里，何处得秋霜。

(其十五)

"白发三千丈"因何而来？因"愁"而来。我们从这个"愁"字，可以读出李白当时为社稷苍生的倾危，处于如煎如熬的心理状态，看到一个为社稷苍生而跳动的心。

等者，等上书哥舒翰，可有回音。前述李白三入长安曾违心恭维哥舒翰，意在通过哥舒翰亲信田梁丘上达幽州真相和救世之策，然当时未有所获。李白盘桓秋浦，有《感兴》(其三)诗："裂帛持作书，将寄万里怀。眷眷待远信，竟岁无人来。征鸿务随阳，又不为我栖。委之在深箧，蠹鱼坏其题。何如投水中，流落他人开。不惜他人开，但恐生是非。"说他有一件"委之在深箧，蠹鱼坏其题"的秘籍，一直等待有人取而"竟岁无人来"，他甚至想把它投之于水，流落到他人开启，终因"但恐生是非"而作罢。可见李白寄身于秋浦，谋在安社稷！他的献"策"并非口头大话，是有策谋在胸、藏在深箧。

恨者，恨眼见大乱将临，不见"同怀人"。李白在《宣城清溪》诗中说："清溪胜桐庐，水木有佳色。山貌日高古，石容天倾侧。彩鸟昔未名，白猿初相识。不见同怀人，对之空叹息。"面对胜过桐庐的佳景，李白为何"对之空叹息"？因为李白预见天下大乱之见识，世无知音。李白在《古风》其十三"君平既弃世"一篇，以能预知天下治乱的严君平自喻，大有被世所弃的孤独之感。他是一个"众人皆醉我独醒"的屈原啊!

(五)赴杭州,游说勤王

天宝十四载(755)十一月初九,李白反复预警的事实终于发生,蓄谋十年的安禄山于范阳起兵造反。由于玄宗和唐朝廷毫无准备,叛军势如破竹,所过州县望风而解。十二月十三日,陷东京洛阳。十五载(756)正月,安禄山于洛阳称帝。六月,潼关破,玄宗西逃成都,行至马嵬驿,兵变,杀杨国忠,赐死杨贵妃。七月十二日,太子李亨于灵武宣称即位,称肃宗。

李白时在金陵,闻乱作,北上梁园,携宗氏南奔,有诗《奔亡道中五首》,记录沦陷区见闻及感慨:

谈笑三军却,交游七贵疏。仍留一支箭,未射鲁连书。

(其三)

函谷如玉关,几时可生还?洛川为易水,嵩岳是燕山。
俗变羌胡语,人多沙塞颜。申包唯恸哭,七日鬓毛斑。

(其四)

俯视洛阳川,茫茫走胡兵。流血涂野草,豺狼尽冠缨。

(《古风》其十九)

李白以鲁连自比,是说自己有却敌解围之策,却未得舒展;以申包胥自喻,见内地如今已同边塞,欲效春秋时楚大夫申包胥,乞秦师不得,唯有恸哭而已;洛阳陷落,流血涂野草,豺狼尽冠缨,揭示叛军之罪,罄竹难书!这些,都可见李白爱国爱民的赤诚之心。

李白还有《经乱后将避地剡中留赠崔宣城》《扶风豪士歌》《猛虎行》三首诗，均"以忧国忧民始，以痛饮狂欢终"，后人或未详其意，多有诟病：罗大经据此诬李白"狂醉于花月之间"，郭沫若批李白是"糊涂透顶"的"逃亡分子"。2005年，安旗先生出版《李太白别传》一书，以其为李白作品编年、通贯李白平生思想言行的特殊条件，探隐烛微，觅得李白"避地剡中"之行的真谛所在。原来，李白的东南行，仅到杭州，居留两月有余。其间除访徐王李延年、李延陵兄弟，并未赴剡中。离开杭州时，有《感时留别从兄徐王延年从弟延陵》长诗一首。细剖此诗，可知李白沿途大张宣传的"避地剡中"，竟是专为游说徐王李延年起兵勤王的秘事而来。但徐王深知宗室起兵，不能免于嫌疑，故延年与白皆知难而退，讳莫如深。

按，笔者曾查阅历代李白研究大咖关于此诗之注，未见有如安旗先生此解之深邃者。读者诸君可参看《李太白别传》，以了然此千年纷纭之公案！

（六）济苍生，从璘军幕

亚圣孟子有言："古之人，得志，泽加于民；不得志，修身见于世。穷则独善其身，达则兼善天下。"（《孟子·尽心上》）李白"兼善天下"之心，在永王事件中表现得最为淋漓尽致。因为，李白前面三十多年干谒求荐的政治之旅，虽频仍波折，并无生命危险。而这次应永王璘之召入其军幕的政治行动，却铸成千古奇冤，险些丢掉性命。

原来，天宝十五载（756）七月，玄宗奔蜀行至普安郡时，为整顿官军力量平安禄山之叛乱，颁诏：以太子李亨为兵马大元帅,领朔方、河东、河北、平卢诸道兵马,收复长安、洛阳;以永王李璘为山南东道、岭南、黔中、江南西道四道节度采访史以及江陵大都督,经略东南一带。然玄宗下诏前三天,太子亨已在灵武即位,是为肃宗,改年号为"至德",尊玄宗为太上皇。李璘于至德九月出镇江陵,招募将士数万。其时,肃宗有闻,即命李璘归蜀,觐太上皇。璘不听,于十二月领兵东巡。

至德元载(756)岁暮,韦子春奉永王璘之命来庐山,三请李白入幕。因报国无门而隐居庐山的李白,视此为拯乱济民、报国立功的大好时机,不顾妻子阻拦,毅然应征。他在《赠韦秘书子春二首》的诗里说:

谷口郑子真,躬耕在岩石。高名动京师,天下皆籍籍。
斯人竟不起,云卧从所适。苟无济代心,独善亦何益。
惟君家世者,偃息逢休明。谈天信浩荡,说剑纷纵横。
谢公不徒然,起来为苍生。秘书何寂寂,无乃羁豪英。
且复归碧山,安能恋金阙。旧宅樵渔地,蓬蒿已应没。
却顾女几峰,胡颜见云月。徒为风尘苦,一官已白须。
气同万里合,访我来琼都。披云睹青天,扪虱话良图。
留侯将绮里,出处未云殊。终与安社稷,功成去五湖。

所谓"苟无济代心,独善亦何益",是和"终与安社稷,功成去五湖"一样宏大的政治抱负。无疑,李白之受邀进入永王幕府,是基于安禄山叛乱、社稷倾危、人民生灵涂炭的背景,是基于"济苍生""安社稷"的博大情怀,并以四皓自喻,自恃具有治国平天下的本领而采取的政治行动。对此,论者多已举证。不知南宋大儒朱熹所谓"李璘反,白与之",所据何来?

李白：融汇百川的杰出思想家

（七）愿捐躯，誓清幽燕

李白从璘之无辜，还可以从其随永王水军东下金陵途中，意气风发所写的《永王东巡十一首》中表现的高昂爱国热情，得到证明：

（1）楼船一举风波静，江汉翻为雁鹜池。

（《永王东巡歌》其一）

（2）但用东山谢安石，为君谈笑静胡沙。

（《永王东巡歌》其二）

（3）雷鼓嘈嘈喧武昌，云旗猎猎过浔阳。
　　秋毫不犯三吴地，春日遥看五色光。

（《永王东巡歌》其三）

（4）二帝巡游俱未回，五陵松柏使人哀。
　　诸侯不救河南地，更喜贤王远道来。

（《永王东巡歌》其五）

（5）试借君王玉马鞭，指麾戎虏坐琼筵。
（6）南风一扫胡沙静，西入长安到日边。

（《永王东巡歌》其十一）

在永王军幕中，李白曾参加了一次宴会，即席赋诗，慷慨明志，最直白地说明了自己此行的目的：

卷身编蓬下，冥机四十年。宁知草间人，腰下有龙泉。
浮云在一决，誓欲清幽燕。愿与四座公，静谈金匮篇。

> 齐心戴朝恩，不惜微躯捐。所冀旄头灭，功成追鲁连。
>
> （《在水军宴赠幕府诸侍御》）

这是当时一个全国著名大诗人在永王楼船上写下的"杀敌决心书"。他说自己这个"腰下有龙泉"的"草间人"，早存报国之大志，却因报国无门而"卷身编蓬下，冥机四十年"。此处为何说"冥机四十年"？是因为李白四十年前曾在业师赵蕤的《长短经》里学得"千家"兵法，胸怀龙韬虎略。所以李白应召永王军幕"誓欲清幽燕"，并为此做好了"不惜微躯捐"的准备，根本不是什么"说说大话，不可当真"，是非常值得"当真"的。可惜李璘这位"江陵大都督"也是眼光短浅，他不但没有把李白的誓言"当真"，甚至没有把这个大名人"当真"，完全忽略了李白"愿与四座公，静谈金匮篇"的含义，把李白摆在一个都督府"从事"的位置，也许根本没有参与军事机要。满怀"清幽燕"的李白，自然也就无法消灭安禄山这个"旄头"，建立像鲁仲连那样的旷世奇功。

（八）怀忠诚，天降奇冤

谁知，肃宗早已布局讨伐李璘，至丹阳，李璘军一触即溃，南奔晋陵，回鄱阳，逃至大庾岭被追兵所杀。事后肃宗追捕余党，李白以"附逆"罪被捕，系浔阳狱。狱中，李白写了求救的诗文《系浔阳狱上崔相涣三首》《狱中上崔相涣》《上崔相百忧草》《万愤词投魏郎中》《送张秀才谒高中丞》等，表述他以忠贞之心而获"附逆"之罪的天大冤愤。《万愤词投魏郎中》云：

> 海水渤潏，人罹鲸鲵。

蓊胡沙而四塞，始滔天于燕齐。
何六龙之浩荡，迁白日于秦西。
九土星分，嗷嗷凄凄。
南冠君子，呼天而啼。
恋高堂而掩泣，泪血地而成泥。
狱户春而不草，独幽怨而沈迷。
兄九江兮弟三峡，悲羽化之难齐。
穆陵关北愁爱子，豫章天南隔老妻。
一门骨肉散百草，遇难不复相提携。
树榛拔桂，囚鸾宠鸡。
舜昔授禹，伯成耕犁。
德自此衰，吾将安栖。
好我者恤我，不好我者何忍临危而相挤。
子胥鸱夷，彭越醢醯。
自古豪烈，胡为此繄？
苍苍之天，高乎视低。
如其听卑，脱我牢狴。
傥辨美玉，君收白珪。

李白在长安的旧识魏少游时任肃宗朝右司郎中，近被房琯选为判官，李白向他投诗求救，诗题上即冠以"万愤词"，足见诗人满怀激愤，难以名状。

其中《上崔相百忧草》全诗如下：

共工赫怒，天维中摧。鲲鲸喷荡，扬涛起雷。
鱼龙陷人，成此祸胎。火焚昆山，玉石相磓。
仰希霖雨，洒宝炎煨。箭发石开，戈挥日回。
邹衍恸哭，燕霜飒来。微诚不感，犹絷夏台。

苍鹰搏攫，丹棘崔嵬。豪圣凋枯，王风伤哀。
斯文未丧，东岳岂颓。穆逃楚难，邹脱吴灾。
见机苦迟，二公所咍。骥不骤进，麟何来哉！
星离一门，草掷二孩。万愤结缉，忧从中催。
金瑟玉壶，尽为愁媒。举酒太息，泣血盈杯。
台星再朗，天网重恢。屈法申恩，弃瑕取材。
冶长非罪，尼父无猜。覆盆傥举，应照寒灰。

崔涣时以宰相之尊充任江淮宣慰使，发现人才即可加以录用，当时正在浔阳。李白投诗崔相，倾力抒写百忧交集的情怀，恳求崔相为自己平反昭雪。然而上面两首诗还表明，李白即使身在狱中，依然心怀天下。

李白入李璘幕府本身光明磊落，是一场投笔从戎、立功报国之举。他以满腔爱国平叛之心，"誓欲斩鲸鲵，澄清洛阳水"。（《赠张相镐》）"过江誓流水，志在清中原。"（《南奔书怀》）却落得被捕入狱。而后人在评价李白之冤案时，却多无视李白的忠贞大节，反以为是李白政治无识又无知人之明，以致站队错误"晚年失节"，真是千古奇冤！

（九）荐朝廷，请为国用

57岁的李白被系浔阳狱，感到莫大冤枉，启动所有政治资源，到处求救。此中帮忙最大的贵人有两位，一位是时任宣慰大使的崔涣，另一位是将吴兵三千赴河南道经浔阳的御史中丞宋若思。他们协力将李白救出浔阳狱，宋若思还让李白进入其军幕，为他起草文告文章，参谋军机。此时李白何思何想？请读宋中丞向朝廷推荐李白的"推荐表"，即《为宋中丞自

李白：融汇百川的杰出思想家

荐表》：

> 臣某闻：天地闭而贤人隐。云雷屯而君子用。臣伏见前翰林供奉李白，年五十有七。天宝初，五府交辟，不求闻达，亦由子真谷口，名动京师。上皇闻而悦之，召入禁掖。既润色于鸿业，或间草于王言，雍容揄扬，特见褒赏。为贱臣诈诡，遂放归山。闲居制作，言盈数万。属逆胡暴乱，避地庐山，遇永王东巡胁行，中道奔走，却至彭泽。具已陈首。前后经宣慰大使崔涣及臣推复清雪，寻经奏闻。
>
> 臣闻古之诸侯进贤受上赏，蔽贤受明戮。若三适称美，必九锡先荣，垂之典谟，永以为训。臣所荐李白，实审无辜。怀经济之才，抗巢由之节，文可以变风俗，学可以究天人，一命不沾，四海称屈。伏惟陛下大明广运，至道无偏，收其希世之英，以为清朝之宝。昔四皓遭高皇而不起，翼惠帝而方来。君臣离合，亦各有数，岂使此人名扬宇宙而枯槁当年？传曰：举逸人而天下归心。伏惟陛下，回太阳之高晖，流覆盆之下照，特请拜一京官，献可替否，以光朝列，则四海豪俊，引领知归。不胜凄凄之至，敢陈荐以闻。

这份"自荐表"，是大唐官员正式向朝廷举荐李白的档案！"实审无辜"是崔涣与宋若思"推复清雪"的结论；"怀经济之才，抗巢由之节，文可以变风俗，学可以究天人，一命不沾，四海称屈"是推荐李白的理由；"伏惟陛下，回太阳之高晖，流覆盆之下照，特请拜一京官"，是这次推荐的标的。由于内容乃李白亲自为之，因而最为直白地表现了李白的情性，对李白的政治悲剧影响也最为巨大，而钟爱李白诗词的读者又未必关注及此，故全文抄录于上。

第一章 匡时济世的博学儒士

（十）病宿松，赠诗张相

至德二载（757）八九月间，李白离开宋中丞幕府，病卧宿松山，又作长诗《赠张相镐二首》，向宰相张镐表明"报主荣亲"之志，欲求其用：

……
一生欲报主，百代思荣亲。其事竟不就，哀哉难重陈。
卧病宿松山，苍茫空四邻。风云激壮志，枯槁惊常伦。
闻君自天来，目张气益振。亚夫得剧孟，敌国空无人。
扣虱对桓公，愿得论悲辛。……

以上诗句见于第一首后半部。其中"一生欲报主，百代思荣亲"一句，道出了李白一生的理想、目标和奋斗的动力。《赠张相镐二首》其二，李白再次强调自己的"爱国立功"之心：

本家陇西人，先为汉边将。功略盖天地，名飞青云上。
苦战竟不侯，富年颇惆怅。世传崆峒勇，气激金风壮。
英烈遗厥孙，百代神犹王。十五观奇书，作赋凌相如。
龙颜惠殊宠，麟阁凭天居。晚途未云已，蹭蹬遭谗毁。
想象晋末时，崩腾胡尘起。衣冠陷锋镝，戎虏盈朝市。
石勒窥神州，刘聪劫天子。抚剑夜吟啸，雄心日千里。
誓欲斩鲸鲵，澄清洛阳水。六合洒霖雨，万物无凋枯。
我挥一杯水，自笑何区区。因人耻成事，贵欲决良图。
灭虏不言功，飘然陟蓬壶。惟有安期舄，留之沧海隅。

李白说我的本家是陇西人氏，祖先为汉代名将李广。其功绩谋略高盖天地，英名传播到青云之上。英烈之气遗传到子孙，历经百代更勇猛健旺。我15岁就遍观奇书，作赋凌驾于相如之上。现目前形势好似晋末，乱腾腾胡尘烽烟高涨。官绅面对着剑锋箭镝，朝市充满了胡虏逞狂。叛将如石勒窥觑神州，像刘聪梦想劫持皇上。我常在夜间抚剑吟啸，雄心已奔赴千里沙场。发誓斩除那凶残叛军，澄清天下并拯救洛阳。让天地四方遍洒霖雨，万物欣欣能茁壮成长。我耻于依赖别人成事，最看重有良图在胸膛。灭虏成功我绝不恃功，飘然而去那蓬壶方丈。

《赠张相镐二首》这组五言古诗，是李白在浔阳出狱后、长流夜郎前写的一组长诗，对我们了解和研究李白在安史之乱这个十分特殊的历史时期，他的诉求和心迹，具有十分重要的意义。"誓欲斩鲸鲵，澄清洛阳水。"表明了李白此时最为强烈的"求用之心"和"爱国之意"，表明李白是一个求为国家所用而把自己置之度外的爱国志士。

（十一）陷宫斗，长流夜郎

然而，李白向张相的求用未见结果，而前述宋中丞向朝廷荐举的结局，却以最为悲惨的形式降临李白头上：朝廷不但没有给李白哪怕是一个七品芝麻，反而把李白再次逮捕入狱，判以长流夜郎，即仅次于死刑的重罪。

至德三载（即乾元元年，758）春，58岁的李白自浔阳启程，踏上"五岭炎蒸地，三危放逐臣"的凄惨遥途，承担从天而降的"附逆"罪责。当此时，李白所念想的是什么？

> 昔在长安醉花柳，五侯七贵同杯酒。
> 气岸遥凌豪士前，风流肯在他人后？……

第一章 匡时济世的博学儒士

> 函谷忽惊胡马来，秦宫桃李向明开。
> 我愁远谪夜郎去，何日金鸡放赦回？
>
> （《流夜郎赠辛判官》）

回忆昔日，渴望赦回，自然不用解说。而难能可贵的是，即使到了"长流放死"的悲惨境地，李白仍然不失昂扬志气：

> 地远虞翻老，秋深宋玉悲。空摧芳桂色，不屈古松姿。
>
> （《赠易秀才》）

在李白最悲催的时刻，有人用长诗专为李白辩冤，他就是杜甫。请读他的《寄李十二白二十韵》：

> 昔年有狂客，号尔谪仙人。笔落惊风雨，诗成泣鬼神。
> 声名从此大，汩没一朝伸。文采承殊渥，流传必绝伦。
> 龙舟移棹晚，兽锦夺袍新。白日来深殿，青云满后尘。
> 乞归优诏许，遇我宿心亲。未负幽栖志，兼全宠辱身。
> 剧谈怜野逸，嗜酒见天真。醉舞梁园夜，行歌泗水春。
> 才高心不展，道屈善无邻。处士祢衡俊，诸生原宪贫。
> 稻粱求未足，薏苡谤何频。五岭炎蒸地，三危放逐臣。
> 几年遭鹏鸟，独泣向麒麟。苏武先还汉，黄公岂事秦。
> 楚筵辞醴日，梁狱上书辰。已用当时法，谁将此义陈。
> 老吟秋月下，病起暮江滨。莫怪恩波隔，乘槎与问津。

第一个称杜甫为"诗圣"的明末清初文学家王嗣奭（1566—1648）曰："此诗分明为李白作传，其生平履历备矣。白才高而狂，人或疑其乏保身之哲，公故为之剖白，如'未负幽栖志，兼全宠辱身'，及楚筵辞醴，梁狱上书数句，皆刻意辩明……总不欲使才人含冤千载耳。"杜甫，是一位敢为李白洗雪冤情、维持公道者。

按，本节简述李白"从璘"一事，当时有"世人皆欲杀"的朝廷舆论（见杜甫诗），后世亦一直谤议不断。清乾隆时有大儒王琦，在其所著《李太白年谱》中专此表达不平之慨：

太白入其幕中，世颇非之，然考天宝末年，宗室诸王若吴王祇、虢王巨等皆受命将兵，文人才士岂无人入其幕者？太白之受辟于永王璘，何以异是？后之擅领舟师东下，命将交兵，其始岂遽料其至此乎？《新唐书》载季广琛谓诸将曰："吾与公等从王，岂欲反耶？上皇播迁，道路不通，而诸子无贤于王者，如总江淮锐兵，长驱雍洛，大功可成。今乃不然，使吾等名挂叛逆，如后世何！"太白初见，要亦类此。太白本传谓："永王璘辟白为府僚佐，及璘起兵，白逃还彭泽。"是广琛奔走广陵之日，即太白逃亡彭泽之日也。乃广琛以拥众归降，位至节度；太白以只身逃遁，不免窜流。固遇之幸不幸也。夫观其《为宋中丞自荐表》曰："属逆胡暴乱，避地庐山，遇永王东巡胁行，中道奔走，却至彭泽。"其《忆旧游书怀》诗云："仆卧香炉顶，餐霞嗽瑶泉。半夜水军来，浔阳满旌旃。空名适自误，迫胁上楼船。徒赐五百金，弃之若浮烟。辞官不受赏，翻责夜郎天。"其自序固甚明也。

（王琦注：《李太白全集》附录五，第1372—1273页）

非常奇怪的是，随永王东巡的大将季广琛等并无"附逆"之罪，因为他随李璘东巡，并不知道李璘反，官至节度；同样为救国拯民而入幕的李白，当时即有宋中丞"实审无辜"的"清雪"结论，却被朱熹说成是"见李璘反，白臾之，诗人没头脑至于如此"！可见大儒朱熹反不具王琦之识，后人以讹传讹，乃使李白背千年黑锅！

（十二）喜遇赦，梦想中兴

肃宗乾元二年（759）三月，李白行至巫山，诏"以旱降死罪，流以下赦"，于夔州白帝城遇赦。（也有学者考证，李白是实地到了夜郎的！）

李白遇赦后，立返江陵，至江夏滞留数月。为什么？有论者谓："盖因此时，李白前此之冤屈与怨恨，消沉和晦气，以及归隐与修道之决心，统统一扫而光；盖因此时，心中突发'圣朝舍季布，当征贾生'之奇想；盖因此时，任何亲友、任何事物，一概不及他心中勃发之中兴梦。"（安旗：《李太白别传》，第275页）请看李白获赦以后的诗作：

今年赦放巫山阳，蛟龙笔翰生辉光。
圣主还听子虚赋，相如却欲论文章。

（《自汉阳病酒归寄王明府》）

君草陈琳书，我书鲁连箭。报国有壮心，龙颜不回眷。
西飞精卫鸟，东海何由填？……抽剑步霜月，夜行空庭遍。
长呼结浮云，埋没顾荣扇。

（《江夏寄汉阳辅录事》）

遭逢二圣主，前后两迁逐。……
愧无秋毫力，谁念矍铄翁？

（《流夜郎半道承恩放还兼欣克复之美书怀示息秀才》）

桀犬尚吠尧，匈奴笑千秋。中夜四五叹，常为大国忧。
君登凤池去，勿弃贾生才。安得羿善射，一箭落旄头！

（《经乱离后天恩流夜郎忆旧游书怀赠江夏韦太守良宰》）

天地再新法令宽，夜郎迁客带霜寒，
西忆故人不可见，东风吹梦到长安。

（《江夏赠韦南陵冰》）

然而，朝廷并没有给他想象中的机会。当年（759）夏，李白离江夏，游洞庭，为已故的崔成甫作《泽畔吟序》。秋，南游永州九嶷山，作《悲清秋赋》。岁暮，归南昌宗氏之家。次年（760）年届花甲的李白又返江夏，作《天马歌》，大喊："愿逢田子方，恻然为我悲。……请君赎献穆天子，犹堪弄影舞瑶池。"自况浮沉，陈情求助，依然不减为民为国的拳拳之心。不幸的是，世道如此，伯乐无人，多次求人荐引，俱以失败告终。

（十三）冀一割，皓首请缨

上元二年（761）之秋，这位被"从璘"事件折磨得死去活来的李白，已是61岁的皤然老翁，却写有一首感情极为浓郁的"请缨"之诗，题为《闻李太尉大举秦兵百万出征东南懦夫请缨冀申一割之用，半道病还，留别金陵崔侍御十九韵》。因请缨未果，大叹"天夺壮士心"！

一个皤然老翁，为何得悉李太尉大举兵出征东南，而动起"懦夫请缨冀申一割之用"的脑筋？令人非常不解。

原来，李白的建功济世之初心，虽九死而不泯。而李璘事件使满怀报国之心的李白，凭空负"浔阳囚徒"之冤、"夜郎迁客"之耻。他以衰病之躯请缨从军，实欲奋起作最后一搏，立尺寸之功，以求还他清白之身。李白后来有诗《赠别从甥高五》（762），谓"自顾寡筹略，功名安所存？……云龙若相从，明主会见收。"足以证明这一点。

从以上十三个小"侧面"回顾"王室多难、海宇横溃之日"的李白，我们的脑海屹立的是一位在安史之乱中顶天立地、九死无悔的爱国英雄，这使我们不免想到"每饭不忘君"的杜甫，他们同是中华民族的伟大诗人，同是彪炳史册的伟大爱国者。

罗大经、苏轼、苏辙等人对李白思想、精神、人格、识见等等的贬低、污蔑和诋毁，在铁一般的事实面前，显得多么荒谬！

十三、扬弃儒学的革新之士

（一）李白摒弃的是儒家思想消极面

中国孔子基金会首任名誉会长谷牧在《我对孔子的认识》一文中说，孔子的学说反映的是当时统治阶级的利益和意志，孔子是他们的代言人和学术代表。其内容有正确的，也有谬误的；它对后世的影响，有积极的方面，也有消极的方面；后代对孔子的利用，有时起了进步的作用，有时起了阻碍的作用。因此今天我们对于古代的传统文化，要用"扬弃"的态度，取其精华、去其糟粕，古为今用。（《新华文摘》2009年第10期）令人意外的是，1200多年前的李白，几乎已经做到了这一点。作为一个思想家，李白吸收了孔子和儒家思想的积极部分，而摈弃、排斥、批判了他认为消极和落后的部分。

从李白对儒家创始人孔子的尊崇，对儒家积极入世思想、修齐治平纲领的遵循，对儒家人格节操思想的提倡，对儒家仁政和谐思想的颂扬,对儒家大同理想的传播,可见李白对儒家思想的接受是多方面的。儒家的忠君爱国、事君荣亲、忧国忧民思想,对李白的行为产生了极为深刻的影响,主导了李白的一生。

与此同时,李白也在诗文中对儒士的部分思想、行为表示嘲笑或不满。如,(1)《五月东鲁行答汶上翁》:"顾余不及仕,学剑来山东。举鞭访前途,获笑汶上翁。下愚忽壮士,未足论穷通。我以一箭书,能取聊城功。终然不受赏,羞与时人同。西归去直道,落日昏阴虹。此去尔勿言,甘心为转蓬。"(2)《嘲鲁儒》:"鲁叟谈五经,白发死章句。问以经济策,茫如坠烟雾。足著远游履,首戴方山巾。缓步从直道,未行先起尘。秦家丞相府,不重褒衣人。君非叔孙通,与我本殊伦。时事且未达,归耕汶水滨。"(3)《侠客行》:"谁能书阁下,白首太玄经?"(4)《行行且游猎篇》:"儒生不及游侠人,白首垂帷复何益?"(5)《白马篇》:"羞入原宪室,荒径隐蓬蒿。"(6)《赠何七判官昌浩》:"羞作济南生,九十诵古文。不然拂剑起,沙漠收奇勋。"(7)《登广武古战场怀古》:"拨乱属豪圣,俗儒安可通?"(8)《淮阴书怀寄王宗成》:"予为楚壮士,不是鲁诸生。"

李白有诗标题就是《嘲鲁儒》。不过他嘲的并非孔子那样的先贤祖师,也非深怀用世之心的"豪圣",而是一些自称儒士而自高自大、目空一切的伪君子和无视儒学文化的小人。他们既不关心社会现实、时事政治,又不关心经济庶务、军事战争,是一味死读书、读死书、皓首穷经、不知时变,毫无治国拯乱行动能力而又自诩安贫乐道的俗儒、腐儒、鄙儒、贱儒。儒学发展到李白所处的时代已经1200多年,大唐三教并立,科举从"五经"选题,社会上这种无用的俗儒、腐儒、鄙儒、贱儒,数量十分巨大。李白对他们的蔑视和批判,具有正当性,具有革新的性质。

(二)诸子对儒家学说消极面的批判

应该看到,儒家学说的消极面是与生俱来的。在孔子同时代的晏子那里,在儒家集大成者荀子那里,在诸子百家的代表人物笔下,儒家思想与行为的消极面,早就是批判的对象。

——晏子批儒。《晏子春秋》中有《仲尼见景公景公欲封之晏子以为不可》一篇,比较系统地记载了晏子对孔子与其学说的批判:

> 仲尼之齐,见景公,景公说之,欲封之以尔稽,以告晏子。晏子对曰:"不可。彼浩裾自顺,不可以教下;好乐缓于民,不可使亲治;立命而建事,不可守职;厚葬破民贫国,久丧道哀费日,不可使子民;行之难者在内,而传者无其外,故异于服,勉于容,不可以道众而驯百姓。自大贤之灭,周室之卑也,威仪加多,而民行滋薄;声乐繁充,而世德滋衰。今孔丘盛声乐以侈世,饰弦歌鼓舞以聚徒,繁登降之礼,趋翔之节以观众,博学不可以仪世,劳思不可以补民,兼寿不能殚其教,当年不能究其礼,积财不能赡其乐。繁饰邪术以营世君,盛为声乐以淫愚其民。其道也,不可以示世;其教也,不可以导民……"

晏子对于齐景公要用孔子表示反对,态度相当坚决,而理由正是一篇批儒的檄文。这个晏婴,后人多将其归为"儒家",那么,是儒家批儒的文章了。

——荀子批儒。《荀子·非十二子》曰:"假今之世,饰邪说,交奸言,以枭乱天下,矞宇嵬琐,使天下浑然不知是非治乱之所存者有人矣。……略法先王而不知其统，犹然而材剧志大，闻见杂博。案往旧造说，谓之五行，甚僻违而无类，幽隐而无说，闭约而无解，案饰其辞而祇敬之曰：'此真先君子之言也。'子思唱之，孟轲和之，世俗之沟犹瞀儒，嚾嚾然不知其所非也，遂受而传之，以为仲尼、子弓为兹厚于后世，是则子思、孟轲之罪也。"

荀子被后世称为儒家集大成者。他指出，乘世道不宁，以邪说混淆视听者大有人在，像它嚣、魏牟、陈仲、史鰌、墨翟、宋钘、慎到、田骈、惠施、邓析、子思、孟轲等十二人就是。荀子称孔子学生子张、子夏、子游都是"贱儒"，骂"述圣"子思、"亚圣"孟子是"罪人""天下之害"。也是儒家批儒了。

——墨子批儒。《墨子·非儒》中对儒家的批评责难主要有四。一是儒家重婚丧礼节，"为欲厚所至私，轻所至重"，是"大奸"之行。二是儒家"尊天命"思想，导致"群吏信之，则怠于分职；庶人信之，则怠于从事"。三是儒家的繁文缛节，表面遵循仁义，实则谋利害世。四是儒者虚伪，是"饥约则不辞妄取以活身，嬴饱则伪行以自适"的骗子。儒墨是先秦诸子中最重要的两大学派，其学说观点各有可取之处，也各有弊端和片面性。墨子此篇对儒家弊端的批评是比较切合实际的。

——庄子批儒。道家以庄子的批儒最为犀利。《庄子·胠箧篇》说："彼窃钩者诛，窃国者为诸侯，诸侯之门，而仁义存焉。"偷钩子的小偷要被处死，篡夺政权的人反倒成为诸侯，可见儒家所谓"仁义"完全是鬼话。《庄子·外物篇》则以"儒以诗、礼发冢"的故事，揭发挂着"诗、礼"招牌的儒者，却是夜间盗墓偷珠的盗贼，说一套做一套的骗子。《庄子·天运篇》还批判儒家的无用。

——法家批儒。韩非子被称为法家学派的"集大成者"。《韩非子·五蠹》以"三世进化论",批判儒家"欲以先王之政,治当世之民,皆守株待兔之类也";认为"其学者,则称先王之道以籍仁义,盛容服而饰辩说,以疑当世之法,而贰人主之心"。在乱法乱国的"五蠹"中,儒家是以"仁义"诈称以成其私的一"蠹"。

可见儒家学说不但在内部存在分歧,在外部更是遭到墨、道、法等各学派的抨击,即使在西汉"独尊儒术"后,诸子对儒家的批评也从未消停过。而各种学派正是在百家争鸣中得到发展。

(三)李白扬弃儒家思想具有积极意义

回看李白批儒诗文对儒学部分消极思想的否定,无疑具有进步性,这个否定是建立在对儒家学说分析的基础之上的。李白对孔子是尊崇的、肯定的、追随的;但他对儒学中倒退复古、泥古不化,等级专制、维护权贵,虚伪说教、束缚黎民等种种思想和主张,对于俗儒、腐儒、鄙儒、假儒峨冠博带、装腔作势、皓首穷经、脱离社会现实的种种做派,极为厌恶和鄙视。他对儒学中加以批判和嘲笑的内容,被当时和后来的思想史证明,正是应该否定的糟粕。而这,正是李白作为一个思想家的贡献。李白对儒家思想的批判,说明李白对儒家思想的接受具有选择性的特点,李白没有想到把自身"儒化",用哲学语言说,他对儒家学说不是全盘接受,而是采取扬弃的态度。他用"博学之,审问之,慎思之,明辨之,笃行之"的儒家经典理念,批判当时儒士的庸俗,最能证明李白是博学深思的思想家，他用以分析与选择的武器是思考、质疑、批判，因而能"熔铸百家、融汇百川"。

李白在儒家学说中选择的积极面如"诚意""正心""修身""友爱""和谐""治国平天下"理念，同时摈弃儒家等级专制、虚伪礼教等等，已成为中华民族优秀传统文化和新时代国家核心价值观的组成部分，从而体现了李白思想体系的高度理论性与历史进步性。

李白是一位充满批判精神和革新精神的思想家。

本章小结

李白匡时济世、兼善天下的政治抱负之宏大，建功立业、事君荣亲的用世愿望之热切，都不在诗圣杜甫之下。儒家追求理想的执着精神、积极进取的人生态度，在李白一生中始终占据主导地位。然而李白并非传统意义上的儒家。李白对儒家思想的接受，用的是"取其精华、弃其糟粕""以我为主"的特殊方式。

李白接受的儒家思想精华在李白博大的思想体系中，只是一个部分而非全部。与此同时，李白所排斥的某些儒家思想，并非完全是儒家糟粕，例如儒家非常重视的中庸之道。

李白的崇拜者李华在《故翰林学士李君墓志》曾这样概括李白与儒家思想的联系：夫仁以安物，公其懋焉。义以济难，公其志焉。识以辩理，公其博焉。文以宣志，公其懿焉。宜其上为王师，下为伯友。年六十有二不偶，赋《临终歌》而卒。悲夫！圣以立德，贤以立言，道以恒世，言以经俗。虽曰死矣，吾不谓其亡矣也。……铭曰：立德谓圣，立言谓贤。嗟君之道，奇于人而侔于天。

"立德谓圣,立言谓贤。"李白和孔圣一样,是一位德、言并举的圣者和贤者,一位"虽曰死矣,吾不谓其亡矣"的奇人和天人!

李白对儒家思想选择性接受与排斥之大略,见表3。

表3 李白对儒家思想的选择性接受与排斥

李白对儒家积极思想的接受	李白对儒家消极思想的排斥
1. 正心诚意的修身思想	1. 儒家的等级专制
2. 志在四方的入世思想	2. 儒家的中庸之道
3. 文武双全的报国思想	3. 儒家的虚伪礼教
4. 事君荣亲的建功思想	4. 儒家的禁欲主义
5. 忧国忧民的济世思想	5. 儒家的束缚自由
6. 兼善天下的拯民思想	6. 儒家的否认个体
7. 逆鳞敢谏的坚贞思想	7. 儒家的皓首穷经
8. 鞭挞腐败的廉洁思想	8. 儒家的安贫受苦
9. 威武不屈的节操思想	9. 儒家的愚忠愚孝
10. 官民和谐的仁政思想	10. 儒家的保守复古倒退
11. 捐躯赴难的治平思想	11. 儒家的夷夏之防
12. 终生不渝的爱国思想	12. 儒家的部分诗教
13. 追随孔圣的立言之志	
14. 挑战腐儒的革新思想	
15. 儒家的部分文学思想	

第二章

志在辅弼的纵横策士

唐刘全白《唐故翰林学士李君碣记》称李白"性倜傥,好纵横术"。《新唐书》本传也称李白"喜纵横术"。20世纪以来,不少研究李白思想的专家学者,注意到李白思想与纵横家的关联,同时指出了李白之接受纵横家思想,有历史典籍、生长环境、师承纵横等三大因素。更有专家指出,李白业师赵蕤所著《长短经》,号称纵横家百科全书,对李白思想影响尤大。

纵横家是"诸子百家"或谓"九流十家"中的一家。《汉书·艺文志》:"纵横家流,盖出于行人之官。孔子曰:'诵诗三百,使于四方,不能专对,虽多亦奚为?'又曰'使乎?使乎?'言其当权事制宜,受命而不受辞,此其所长也。及邪人为之,由上诈谖而弃其信。"受《汉书》影响,长期以来人们对"纵横家"多以"诈伪无信"论之,机会主义、个人主义、朝秦暮楚、阴谋诡诈等帽子至今飞了两千多年。不过倘以历史发展的眼光来看,结论就会大不相同。

纵横家主张依据自己的国力,利用联合、排斥、威逼、利诱或辅之以兵之法不战而胜,或以较少的损失获得最大的收益。他们大都具有洞察敌我的卓异政治眼光，面对时乱的建功立业勇气，跳出草根的奋斗进取精神，因情施宜的杰出谋划能力和纵横捭阖的非凡政治智慧。他们用智慧创造的无数妙计，用行动表现的非凡能力，以及舌敌百万师的雄辩口才，为中国战国时代的政治史、外交史，涂上了瑰丽诡谲的色彩。他们的智谋、手段和策略基本上是当时处国与国之间矛盾的最好办法，他们在世界史上一个独一无二的历史阶段，依据当时历史条件所表现的智慧，是后世任何一个朝代都无法超越的。纵横家人物多出身贫贱，他们的嘉略奇谋，是在最艰苦的情况下一种人类智慧的超常解放、创造和发挥。纵横之士中虽有汲汲于私利之人，也不乏亮节高风之辈，其历史功过应从当时各国存亡兴衰的需求，用"时宜"为经纬论之，而不宜以是否"正义"或"忠臣死节"来裁判，因此不能简单地斥之为伪诈徒和阴谋家。况且至唐时所谓的"纵横家"思想，已随社会历史演进而变化，与战国时期纵横家大不相同。

关于李白对纵横家思想的接受，前贤虽有探讨，然少有条分缕析者。兹依据李白诗文，具体展示李白思想体系中见于纵横家思想者。约略而言，计有以下十二端。

一、得天独厚的大师嫡传

太白隐居戴天大匡山，往来旁郡，依潼江赵征君蕤。蕤亦节士，任侠有气，善为纵横学，著书号《长短经》。太白从学岁余，去游成都。

（宋杨天惠《彰明逸事》）

李白：融汇百川的杰出思想家

中国李白研究会副会长葛景春指出：

（李白）和杜甫一样，理想是做当朝的契、稷，要致君尧舜，对李白的这种宏伟志向和抱负，我们大家都较为熟悉，而且都有大致相同的看法。但对李白是否真有定国安邦之策，是否真有政治才能，却大都持怀疑态度。认为他不过是诗人惯用的夸张手法，只是夸夸海口而已，是不能认真对待的。因为在李白的诗中，我们很难找到他的具体的政治主张和他所依据的治国之道的理论与学说，因此，对这一点便轻轻地放过了。但我们对李白生平及其交游做进一步研究，便可以看到，李白的王霸大略、帝王之术，绝不是空谈，而是有一套系统理论和方略的，是学有渊源、术有所承的。他的老师就是赵蕤。他所学的教科书，就是赵蕤所著的《长短经》。若对赵蕤及其《长短经》进行仔细研究，我们便可发现，李白的政治思想和仕进的方式，受《长短经》的影响很大。从《长短经》里，我们可以找到李白复杂政治思想的许多难解之谜。李白平生得以自负的治国安邦的王霸之道和经济之才，都与这部书有密切联系。

（《李白思想艺术探骊》，中州古籍出版社1991年版，第83页）

被后人称为纵横大师的赵蕤是李白的老师，也是李白的蜀中老乡。《新唐书·艺文志》杂家类载："赵蕤《长短要术》十卷"，注云："字太宾，梓州人，开元中召之不赴。"五代人孙光宪《北梦琐言》载："赵蕤者，梓州盐亭人也。博学韬钤，长于经世，夫妻俱有节操，不受交辟，撰《长短经》十卷，王霸之道，见行于世。"有论者考证，李白从师赵蕤，时在李白游成都前，区间不是"年余"，而是有"数年"之久。

那么，李白师从赵蕤数年，究竟学到哪些"王霸之略、纵横之术"？李白的诗文似乎没有详尽记述。不过，我们可以从

《长短经》的内容推想而得知。赵蕤在《长短经》的自序中说：

> 御世理人，罕见沿袭。三代不同礼，五霸不同法，非其相反，盖以救弊是也，是故国容一致，而忠文之道必殊，圣哲同风，而皇王之名或异，岂非随时设教沿于此，因物成务牵于彼？
>
> 故古之理者，其政有三：王者之政化之，霸者之政威之，强者之政胁之，各有所施，不可易也。管子曰：圣人能辅时，不能违时；智者善谋，不如当时。邹子曰：政教文质，所以匡救也，当时则用之，过则舍之。由此观之，当霸者之朝而行王者之化，则悖矣。当强国之世而行霸者之威，则乖矣。若时逢狙诈，正道陵夷，欲宪章先王，广陈德化，是犹待越客以拯溺，白大人以救火。善则善矣，岂所谓通于时变欤？夫霸者，驳道也，盖白黑杂合，不纯用德焉。期于有成，不问所以，论于大体，不守小节，虽称仁引义，不及三王，而扶颠定倾，其归一揆。
>
> 恐儒者溺于所闻，不知王霸殊略，故叙以长短术，以经论通变者。……大旨在乎宁固根蒂，革易时弊，兴亡治乱，具载诸篇，为沿袭之远图，作经济之至道，非欲矫世夸俗，希声慕名。
>
> （引自赵蕤《长短经·自序》，内蒙古人民出版社1997年版）

清代著名的《四库全书提要》卷一一七"杂家类"这样介绍《长短经》：

> 是书皆谈王霸经权之要，成于开元四年。自序称凡六十三篇，合为十卷。……此书辨析事势，其源盖出于纵横家，故以《长短》为名。虽因时制变，不免为事功之学，而大旨主于实

用，非策士诡谲之谋。其言固不悖儒者。其文格亦颇近荀卿《申鉴》、刘邵《人物志》，犹有魏晋之意。

20世纪初叶有浙江大学教授邵祖平《观人学》，其"前言"（朱立春撰）云：

《长短经》，唐人赵蕤著。赵蕤操行高尚，屡召不仕，潜心研读，学问博大，桃李满天下。唐代一大批著名的文臣武将即出自赵蕤门下。如果说兵家谋略侧重于军事（以《孙子兵法》为代表），法家谋略侧重于政治（以《韩非子》为代表），纵横家谋略侧重于外交（以《鬼谷子》为代表）的话，那么赵蕤的《长短经》则集前代谋略思想的大成，全方位阐发了中国古代的谋略思想。他以历史家的博大、政治家的敏锐和谋略家的睿智，结合活生生的历史现实，分六十多个标题，淋漓尽致地总结了历史经验，同时升华出深邃的谋略思想，令人回味无穷。

（《观人学·前言》，长春出版社2001年版，第3页）

《长短经》是一部空前绝后的智谋奇书，成书于唐开元四年（716）。全书内容上起尧舜，下迄隋唐，围绕权谋政治这个中心，探讨经邦济世的长短纵横之术，品评先哲前贤的智谋勇略，引经据典，雄辩滔滔，可谓集历代政治权谋与驭人术的大成之作，为历代统治者、政治家秘而不宣、用而不言的宝贝。其书内容十分繁富，考虑到今天的李白爱好者手边未必都有此书，故将此书之主要内容分为几个板块，简介如下：

《长短经》的第一板块，谈君主治国之术。主张实行王霸之道，刑德并用。有《大体》《政体》《君德》《臣行》《德表》等篇。

《长短经》的第二个板块，谈识别和用人之术。主张君主要礼贤下士，知人善用，斥奸用贤。有《任长》《品目》《量才》《知人》《察相》《论士》等篇。

《长短经》的第三个板块，谈治国要顺应历史潮流。主张"治代不一道，便国不法古"（商鞅语），与世迁移，应物变化。王道霸道的选择要因势通变，因时制宜，捕捉机会。有《适变》《惧诫》《时宜》等篇。

《长短经》的第四个板块，是分析治乱经验。主张审察时势，善用智谋。有《理乱》《反经》《是非》《正论》《霸图》《七雄略》《三国权》等篇。其中《七雄略》一篇专谈纵横家苏秦、张仪的合纵连横。

《长短经》的第五个板块，专谈游说之术与相关技巧。有《钓情》《诡信》《忠疑》《用无用》《恩生怨》《诡顺》《难必》《运命》《大私》《败功》《昏智》《卑政》《善亡》《诡俗》《息辩》《量过》《势运》《傲礼》《定名》等19篇。

《长短经》的第六个板块，是用兵之略。有《出军》《练士》《结营》《道德》《禁令》《教战》《天时》《地形》《水火》《五间》《将体》《料敌》《势略》《攻心》《伐交》《格形》《蛇势》《先胜》《围师》《变通》《利害》《奇正》《掩发》《还师》等24篇。

此外，作者自序原本还有《阴谋》一卷，现阙如。

由上可知，《长短经》虽为"善为纵横"的赵蕤所著，却有别于以往的纵横家与兵家之作：一是他为儒门所著，不为诡谲之谋；二是他为拯民所著，不为个人发财；三是他是集大成之作，不是一家之言。有人认为，《长短经》不仅仅是一部纵横家教科书，更是一部政治家的教科书。它集合了公元8世纪以前的千年历史和万家智慧，是集合了诸如儒家、道家、法家、名家、阴阳家等思想精华的"百家之珍"，是一部浓缩了中国古代思想家精华的"袖珍本"和"精华版"。

历史给了李白一个戏剧性的巧遇。当开元四年（716）赵蕤写成这部谋略巨著的时候，李白16岁。因此李白在学习的黄金时期从师赵蕤，其所读的"专业"教科书，正是刚刚出炉的《长短经》，可谓"近水楼台先得月"！盛唐时士人人人能诗，但李白却师从纵横学大师系统掌握纵横家本领，独具辅助帝王的深厚知识，这在当时的文士中很可能绝无仅有。李白宏大政治理想的基石，正是纵横家的"策士"。李白不但学习了《长短经》的理论，而且对"策士"的雄辩口才，即如苏秦、张仪的游说艺术，也下了苦功夫。他自谓"试涉霸王略"（《忆旧游书怀赠江夏韦太守良宰》），朋友赞他"历历王霸道"（崔宗之：《赠李十二》），"胸藏锦绣""辩若悬河"等，都与此有关。

对纵横家教材《长短经》的专攻，是李白"策士梦"的强大根基。只有看到这一点，我们才好理解，李白为什么在诗中高喊"拯物""理乱"，大谈"良图""长策"，自称"游说万乘苦不早"，也才能理解李白从政活动中数以百计的自许才能之诗文，并非空穴来风。

724年秋，李白"仗剑去国"；726年，李白有《淮南卧病书怀寄蜀中赵征君蕤》诗有句："吴会一浮云，飘如远行客。功业莫从就，岁光屡奔迫。良图俄弃捐，衰疾乃绵剧。"可证李白出蜀，是带有明确的"功业"指标和业师指导的实施"良图"的。

二、"游说万乘"的策士梦想

游说万乘苦不早,著鞭跨马涉远道。

(《南陵别儿童入京》,742)

李白的这两句诗,出自一首被后人称为"天下第一快诗",全诗云:

> 白酒新熟山中归,黄鸡啄黍秋正肥。
> 呼童烹鸡酌白酒,儿女嬉笑牵人衣。
> 高歌取醉欲自慰,起舞落日争光辉。
> 游说万乘苦不早,著鞭跨马涉远道。
> 会稽愚妇轻买臣,余亦辞家西入秦。
> 仰天大笑出门去,我辈岂是蓬蒿人!

天宝元年(742),42岁的李白奉诏入京。喜讯来临,李白写下了这首诗,不但写出了当时的狂喜,而且写出了他对"游说万乘"的长期渴望,写出了学过《长短经》的李白最心仪的岗位,是做"辅弼"皇上的"帝王师",做"游说万乘"的策士。李白以此为理想,登攀践行,终生不渝。

"辅弼"这个词,本有特定的含义,在《尚书大传·皋陶谟》说:"王有四近:前疑,后丞,左辅,右弼。""能率群下以谏于君,解国之大患,除国之大害谓之辅。抗君之命,反君之事,安国之危,除君之辱谓之弼。""故谏诤辅弼者,可谓社稷之臣,明君之所贵也。"(《长短经·定名》,第905页)

"辅弼"当然离不开皇帝。于是我们看到,李白的一生,无论是作为布衣的"蓬蒿人",还是作为翰林待诏的"青云士";无论是安史之乱中的奔亡者,还是被判为入狱的"附逆者";无论是在被冤枉流放的悲苦旅程,还是在遇赦以后的盘桓江汉、流落潇湘,其对于朝廷、对于明主始终魂牵梦萦,对于心目中的纵横家英雄也是念念不忘,表达了他与策士有一种不能割舍的联系:

愿一佐明主,功成还旧林,西来何所为?孤剑托知音。

(《留别王司马嵩》)

主人苍生望,假我青云翼。风水如见资,投竿佐皇极。

(《酬坊州王司马与阎正字对雪见赠》)

子房未虎啸,破产不为家。……我来圮桥上,怀古钦英风。

(《经下邳圮桥怀张子房》)

宝剑双蛟龙,雪花照芙蓉……雌雄终不隔,神物会当逢。

(《感遇二首》其一)

谁识卧龙客,长吟秋鬓斑。

(《南都行》)

李白不但常常以自己心目中的英雄——以谋臣策士著名的姜太公、汉初三杰之一的张良和蜀国丞相诸葛亮——自比,表达强烈的辅弼之志,而且确有"游说万乘"的实际行动。以下两诗,说的正是李白在供奉翰林任上建言献策:

谬挥紫泥诏,献言青云际。

(《答高山人兼呈权顾二侯》)

遭逢圣明主，敢进兴亡言。

（《书情赠蔡舍人雄》）

可惜，由于群小谗毁，李白不久就在翰林位上"乞归"。然即使身在江湖，李白的策士之梦也未磨灭，他总是存有再次被用之念：

落羽辞金殿，孤鸣托绣衣。能言终见弃，还向陇山飞。

（《初出金门寻王侍御不遇咏壁上鹦鹉》）

方希佐明主，长揖辞成功。……长才犹可倚，不惭世上雄。

（《还山别金门知己》）

问我将何事，湍波历几重。貂裘非季子，鹤氅似王恭。
谬忝燕台召，而陪郭隗踪。水流知入海，云去或从龙。
树绕芦洲月，山鸣鹊镇钟。

（《江上答崔宣城》）

他不是纵横游说追求富贵的苏秦，倒像是披着鹤氅的王恭。他觉得有愧于燕昭王的征召，不过还是要作为谋臣追随郭隗的行踪。水流千里自知汇入大海，君臣相遇如云之从龙，风云际会。——李白心中的参照物，依然是纵横家的英雄人物苏秦、郭隗。

李白一生始终做着"策士梦"，虽然最终未能成为管、晏那样的帝王谋士和辅弼大臣，但是他的立功报国之志、匡时济世之心，却始终不渝。李白用自己的选择，净化了纵横策士的道德标准，他是与"不守信誉，倾危变诈"的某些战国纵横家完全不同的"盛唐纵横家"。

三、大济苍生的英雄意识

> 我以一箭书,能取聊城功。
>
> （《五月东鲁行答汶上翁》）

李白的理想是"辅弼"皇上,做一个叱咤风云、纵横捭阖的英雄策士,但历史上的纵横策士,无论苏秦、张仪,都具有浓重的个人主义色彩,于是,有人就把李白的热衷出仕、干谒求官,列入"极端个人主义"的群落之中(刘大杰《中国文学发展史》)。然而李白的大量诗文,却证明他从纵横家身上吸收的,不但不是极端个人主义,恰恰相反,是一种大济苍生的英雄主义。李白抱持的是纵横家鲁仲连那种拯物救民、匡时济世的英雄使命,并为践行这样的使命而终生奋斗。

鲁仲连是战国人物中李白最为倾倒的纵横家人物。裴斐在《李白与历史人物》中说,李白诗文中涉及鲁仲连的诗文有19首,数量最多。从李白对鲁仲连的认同、赞赏和歌颂,我们似乎可以了然李白纵横家思想的内核。

在鲁仲连的早期活动中,他是以口才超群、谈锋机警的"辩士"形象呈现在世人面前的,但他和一般的辩士如稷下学宫中的"天口骈"田骈、"谈天衍"邹衍等人大多务虚谈玄、斗嘴诡辩不同,他为现实而辩,为国事而辩。尤为难能可贵的是他"位卑未敢忘忧国",不把爱国挂在嘴上,言必信,行必果,将自己的辩才直接应用到帮助田单收复失地、光复齐国的斗争实践中。他著称于世的大事主要有两件:

第一件曰"下聊城"。公元前284年,燕将乐毅率五国联军横扫齐国,半年内下齐七十余城,齐国大部地区沦陷。后齐将田单率军民众志成城,以火牛阵大败燕军,以摧枯拉朽之势进行了战略大反攻,一路势如破竹,一直打到鲁仲连的故乡——聊城城下。聊城守将是燕国的名将、乐毅侄儿乐英,坚守城池,死战不降,田单一筹莫展。鲁仲连为收回聊城,避免牺牲,以"攻心为上",提笔给燕国大将写了一封信,用箭射到城里。信中告诫燕将死守孤城是非忠、非勇、非智之举,为燕将分析归燕、降齐的不同好处;最后引证史典,指出"行小节,死小耻"之"不智",劝诱燕将以"小节"而成"终身之名",以"小耻"而立"累世之功",放弃聊城。鲁仲连一番话,令燕将心生绝望,于是自裁而死。田单因而得以收复聊城,事见《战国策·齐策六》。

鲁仲连用一席话下聊城,以一箭书退敌雄兵,创造了中国军事史和论辩史上的奇迹。鲁仲连不仅仅是聪慧过人、才智非凡的语言大师,不仅仅是善于排患解难、解人缔结的及时雨和热心肠,而且更是一个急公好义、有着强烈爱国思想和社会责任感、救民于水火的平民爱国者。

田单归来向齐王报告鲁仲连的事功,齐王要封鲁仲连爵位。鲁仲连听后潜逃到海边隐居起来,他说:"我与其富贵而屈身侍奉于人,还不如贫贱而轻视世俗放任自己的心志啊!"

第二件曰"却秦军"。鲁仲连以一箭书"下聊城"20余年后,即公元前258年,秦为了达到称帝的目的,扩张疆土,包围了赵国的都城邯郸。魏安王得到这个消息后急忙派大将晋鄙火速驰援赵国。秦昭襄王得知魏出兵救赵,写信恐吓魏王,扬言谁救赵先攻击谁。魏王收信后救赵决心发生动摇,命令晋鄙留兵于邺观望,摆出救赵的姿态,却不敢采取行动。同时派魏将辛垣衍秘密潜入邯郸,企图通过赵相平原君赵胜

李白：融汇百川的杰出思想家

说服赵孝成王一起尊秦为帝，以屈辱换和平，以解邯郸燃眉之急。当时，如果秦称帝成功，其他五国再一归附，齐国的灭亡之日就屈指可数了。平原君在内忧外患灾祸频仍的情况下，乱了方寸。在此紧急关头，在赵国游学的鲁仲连挺身而出，为齐国的利益拼死一辩。他见到辛垣衍，历数秦国之恶，帝秦之险，审察时势，陈明厉害，说得辛垣衍如醍醐灌顶，幡然觉悟，不敢再谈帝秦之事，于是秦军后撤五十里，最后撤军回国。

于是平原君要封赏鲁仲连，鲁仲连再三辞让，最终也不肯接受。平原君就设宴招待他，喝道酒酣耳热时，平原君起身向前，献上千金酬谢鲁仲连。鲁仲连笑着说："杰出之士所以被天下人崇尚，是因为他们能替人排除祸患，消释灾难，解决纠纷而不取报酬。如果收取酬劳，那就成了生意人的行为，我鲁仲连是不忍心那样做的。"于是辞别平原君，终身不复再见。

鲁仲连再一次表现出了高士的爱国、清廉、仗义的高尚德操，显示了自己过人的胆识、高超的智慧和鞭辟入里、简洁含蓄的论辩艺术，是一个智勇双全、德才兼备的纵横家，因而受到李白极大的钦慕和赞赏：

鲁连卖谈笑，岂是顾千金。

（《酬王司马阎王正字对雪见赠》）

鲁连逃千金，圭组岂可酬。

（《赠崔郎中宗之》）

却秦不受赏，击晋宁为功。

（《赠从兄襄阳少府皓》）

绮皓不得不遁于南山，鲁连不得不蹈于东海。

（《奉饯十七翁二十四翁寻桃花源序》）

我以一箭书，能取聊城功。

（《五月东鲁行答汶上翁》）

谁道泰山高，下却鲁连节。谁云秦军众，摧却鲁连舌。

（《别鲁颂》）

齐有倜傥生，鲁连特高妙。

（《古风》其十）

李白多次以诗歌颂鲁连建立奇功、不受赏的精神，借此表明自己的政治抱负：

蹈海宁受赏，还山非问津。

（《送崔征君归鸣皋山》）

哭何苦而救赵，笑何夸而却秦。

（《鸣皋歌送崔征君》）

李白将申包胥与鲁仲连并提，苦与夸形成对比，二者都为李白所仰慕，用反语诉衷肠。

岧峣广成子，倜傥鲁仲连。

（《赠宣城太守兼崔侍御》）

鲁连及夷齐，可以蹑清芬。

（《感兴》其七）

以鲁仲连与伯夷、叔齐表归隐之意。

李白：融汇百川的杰出思想家

辨析田巴生，心齐鲁连子。

(《送王屋山人魏万还王屋》)

李白此时已是"知天命"的年纪，仕途黑暗无望，似乎已经铁板钉钉，但李白依然向往鲁连子，因为像鲁仲连那样创立功业，依然是其初心。

天宝十四年（755）冬安史之乱爆发，战乱的环境，使李白的纵横入世之心再次活跃起来。环境和形势似乎给了他一种印象：实践纵横理论和实现个人抱负的时机到来了。他的许多诗篇，真实地反映了他此期间的思想：

谈笑三军却，交游七贵疏。仍留一支箭，未射鲁连书。

(《奔亡道中》，756年)

所冀旄头灭，功成追鲁连。

(《在水军宴赠幕府诸侍御》，756年)

周粟犹不顾，齐圭安肯分。

(《送张秀才从军》，756年)

君草陈琳檄，我书鲁连箭。

(《江夏寄汉阳辅录事》，759年)

恨无左车略，多愧鲁连生。

(《闻李太尉大举秦兵出征东南》，761年)

李白一生都崇拜鲁仲连，歌颂鲁仲连，他从鲁仲连这位纵横家身上学习和继承的，是大济苍生的英雄主义精神和情怀。

四、布衣卿相的取仕之路

大鹏一日同风起,扶摇直上九万里。

(《上李邕》)

赵蕤在《长短经》中最为称道的人物,是傅说、太公、苏秦、张仪、鲁仲连、汉高祖、汉光武、张良、韩信、诸葛亮及谢安。他们的出身和功业,对李白形成"布衣卿相"的取仕理念和建功梦想,具有重大影响。

李白羡慕张良。"子房未虎啸,破产不为家。……我来圯桥上,怀古钦英风。"(《经下邳圯桥怀张子房》)汉高祖最得力的谋臣张良(字子房)未成名前,倾尽家财去报国仇,是一个破产无家的角色。如今我来到张良遇到黄石公的桥上,缅怀张良的英雄事迹。

李白羡慕傅说、李斯。"傅说板筑臣,李斯鹰犬人。欻起匡社稷,宁复长艰辛。而我胡为者,叹息龙门下。富贵未可期,殷忧向谁写。去去泪满襟,举声梁甫吟。青云当自致,何必求知音?"(《冬夜醉宿龙门觉起言志》)殷商的宰相傅说,不过是一个版筑工人;秦相李斯,原先不过是一个牵着猎犬的狩猎者。然而他们后来却欻然得志,成为匡复社稷的风云人物。

李白羡慕吕尚。"君不见朝歌屠叟辞棘津,八十四来钓渭滨。宁羞白发照绿水,逢时壮气思经纶。广张三千六百钓,风期暗与文王亲。大贤虎变愚不测,当年颇似寻常人。"(《梁甫吟》)屠叟钓徒吕尚,一朝虎变,便建旷世奇功。

李白羡慕诸葛亮。"余亦南阳子，时为梁甫吟。……愿一佐明主，功成还旧林。""当其南阳时，陇亩躬自耕，鱼水三顾合，风云四海生。"（《读诸葛武侯书怀赠长安崔少府叔封昆季》）诸葛躬耕陇亩，却一朝风云四海！

以上五位历史人物，虽然不以"纵横"著称，但其谋臣策士的身份却非常突出，他们以草芥出身荣登卿相之经历，令李白非常艳羡。

李白用自己诗文歌颂了许多历史上的英雄人物，其中有相当多的"英雄"，如苏秦、张仪、申包胥、郭隗、范雎、蔡泽等，正是响当当的纵横家。这些人物的一个共同特点是，出身寒门布衣，最终出将入相。因此，当我们分析李白"布衣卿相"理想之渊源的时候，不能忽略他与纵横家的关系。

冯玉先生在《〈战国策〉纵横家对李白情怀的影响》一文中说：

> 关于纵横之术的书籍影响较大的有《战国策》《鬼谷子》，虽然《鬼谷子》早于《战国策》成书，但其现实意义却不如《战国策》。我们发现王琦的《李太白集注》正文与注释都未出现《鬼谷子》，而《战国策》在注释中出现35次，涉及31首诗歌，可见清人王琦也认同李白纵横家思想主要源于《战国策》。
>
> （《中国李白研究》2019年集，黄山书社2020年版，第376页）

据作者统计，李白现有诗文中涉及《战国策》中人物的篇数如下：鲁仲连19首；申包胥5首；苏秦10首；冯谖7首；蔡泽3首；更嬴4首；郭隗7首；荆轲12首；豫让4首。对于他们的身世略加梳理，就可知他们对于李白布衣卿相理念的重大影响。

第二章 志在辅弼的纵横策士

李白崇拜官拜"六国相印"的苏秦。苏秦,周时洛阳人。出身贫困,是一个"特穷巷掘门桑户棬枢之士耳",后兼六国相。

李白崇拜笑留"三寸舌"的张仪。张仪出身魏国疏族,但当其时已家境破落。他从鬼谷先生学得纵横之术,但举步游说连出门的盘费也没有。曾游说楚王不被用,只能住在相国府上。一次楚相宴饮遗失玉璧,有人怀疑是张仪盗窃,楚相命令刑讯逼供,张仪死不认罪,结果被驱逐出境。张仪回到老家,妻子感叹:"您是因为读书才受这样的屈辱啊!"张仪却狡黠笑笑:"我的舌头还在就够了嘛!"公元前329年,张仪前往秦国游说秦惠文君联魏抗楚成功,先任秦相,后任魏相。

李白亦赞扬"一言获相"的蔡泽:"燕客期跃马,唐生安敢讥。"(《送蔡山人》)"懒从唐生决,羞访季主卜。"(《浔阳紫极宫感秋作》)而且这个家伙颜值极差,李白称他:"君不见蔡泽嵌枯诡怪之形状,大言直取秦宰相。"(《鞠歌行》其二)按,蔡泽是被"唐生(卜人唐举)"称为"朝天鼻,端肩膀,凸额头,塌鼻梁,罗圈腿"的形容古怪人。他在应侯范雎为秦相多年,处于权力顶峰的时候,抓住应侯被秦王怀疑的时机,以商鞅、白起、吴起、大夫文种大功告成恋栈不退的悲惨结局为例,成功地说服应侯交出相印,进而荐举蔡泽为相,成为以"一言获相"的天下奇人。

由上可知,对于纵横家的学习崇拜和对自己政治才能的自信,是李白"布衣卿相"取仕之道最重要的心理基础。

李白：融汇百川的杰出思想家

五、与时推移的通变理念

吾不凝滞于物，与时推移。

（《冬夜于随州紫阳先生餐霞楼送烟子元演归仙城山序》）

李白老师赵蕤的《长短经》之最重要理念，就是"通于时变"。

但后人研究李白，却认为李白思想总是停留在七国纷争的战国，楚汉相争的秦末，群雄逐鹿的三国，或战乱频频的魏晋南北朝，并且常常耽于"五胡十六国的旧梦"。其证据之一，就是李白在太平盛世的唐朝，却去学习纵横家思想，是背时的奇怪现象。范文澜认为："李白政治见解很差。他在《猛虎行》里，把唐朝与安史叛军平等看待，说'颇似楚汉时，翻覆无定止'。既然看不出安史是叛逆，永王李璘割据东南对朝廷的危害更不会看出……"（《中国通史简编》修订版第三编第二册，人民出版社1965年版，人民出版社，第672页）说他的思想总是停留在"楚汉相争"的时代。范老说李白"看不出安史是叛逆"这话，恐怕鬼也不会相信，因为李白批判叛军的诗文实在太多。而《李白评传》则强调，李白在"东汉、魏晋、南北朝"的时光里打转，他的思想没有真正进入盛唐时代。因为唐朝建国一百年后的盛唐时代，社会清平，国家统一，纵横家已经失去存在的理由，而李白却要读纵横之书，练习纵横之术，除了说明他出生环境的奇葩，简直没有办法解释。

不过，如果我们注意到以下几点，也许会摈弃上述看法。

其一，李白以纵横家赵蕤的《长短经》为自己的教科书。

书中有《适变》《时宜》等篇什,专门研究如何与时俱进、把握时机、掌握机遇的问题。其论如:

> 昔先王当时而立法度,临务而制事,法宜其时则理,事适其务故有功。今时移而法不变,务易而事以古,是则法与时诡,而时与务易,是以法立而时益乱,务无而事益废。故圣人之理国也,不法古,不修今,当时而立功,在难而能免。

(转引自《长短经·适变》)

> 卫鞅曰:"三代不同礼而王;五霸不同法而霸。智者作法,愚者制焉。贤者更礼,不肖者拘焉。""治国不一道,便国不法故。故汤武不循古而王,夏殷不易礼而亡。"

(转引自《长短经·适变》)

> 故知若人者,各因其时而建功立德焉。

(转引自《长短经·适变》,第337页)

《长短经》对"时机"十分强调,认为"权不可预设,变不可先图,与时迁移,应物变化,计策之机也"。(《长短经·时宜》,第783页)"权不失机,功不厌速。"时势和机会,是变化的、动态的,做任何事情都有一个关键性、决定性的时刻或机会,得之则成,失之则败。与时迁移、应物变化,是一个人建功立德的关键性因素。即使看起来是相同的事情,但也"有以之成,有以之败。此情与形、势之异者也"。诸葛亮曰:"范蠡以去贵为高,虞卿以舍相为功;泰伯以三让为仁,燕哙以辞国为祸;尧舜以禅让为圣,考、哀以授贤为愚;武王以取殷为义,王莽以夺汉为篡;桓公以管仲为霸,秦王以赵高丧国。此皆以趣同而事异也。明者以兴治,暗者以

辱乱也。"（转引自《长短经·时宜》，第787—789页）

看看苏秦"书十上"，而秦不纳，转而游说六国，挂六国相印的故事，可知作为"帝王师"的纵横家，其重要的特质，即"随时变通，不可执一"。

李白谓："吾不凝滞于物，与时推移，出则平交王侯，遁则俯视巢许。"这段话，似谈自己对于出仕与隐遁的不同处世方式，而其中反映的正是"与时变通"的纵横家理念。李白描写大唐时局的许多诗文，为李白"与时推移"的思想观念提供了有力的佐证。安旗先生在《论李白》中说：

> 按着年代先后考察李白诗歌，可以发现一个耐人寻味的事实：开元前期，唐王朝阳光灿烂，李白诗歌中也呈现出一派天朗气清、风和日丽的景象。《峨眉山月歌》《初下荆门》《金陵酒肆留别》《越女词》诸作最为典型。在这些作品中很少感慨，更无牢骚，即使抒写离情别绪也使人心旷神怡。开元中期以后，唐王朝本来潜伏着的阴影逐渐出现，李白的诗歌中也呈现出明暗交错、悲欢杂糅的色调。《行路难》（其一）《梁园吟》《梁甫吟》《将进酒》诸作最为典型。在这些作品中，感慨和牢骚就多起来，但旋发牢骚旋又自慰自解，往往还有一个光明的尾巴。天宝中，唐王朝乌云满天，黄风匝地，李白的诗歌中也出现了阵阵闪电和雷鸣。《答王十二寒夜独酌有怀》和《战城南》等诗最为典型。到了天宝季叶，大乱前夕，唐王朝已经为若累卵，祸在眉睫，李白诗歌中也出现了前所未有的忧愤深广的特点，有些诗简直是血泪交织。《远别离》《横江词六首》《古朗月行》《宣州谢朓楼饯别校书叔云》等诗最为典型。李白的诗歌同唐王朝的时政和国运，真是如月在水，如影随形。

（《李白全集编年笺注》，中华书局2015年版，第12页）

安旗先生的论述说明，李白基于实际的观察，他对于唐王朝的认知是务实而明智的。在纷繁复杂的时局中，能够一针见血地判明形势、申明利害，提出谋略对策，正是纵横家能够出奇制胜的原因。

从李白对玄宗、对朝廷、对战争、对人生、对事业的态度变化中，我们可以看到他"不凝滞于物，而与世推移"的思想性格：

对玄宗，先则感恩图报，后则怒飞鸣镝；

对朝廷，先则兴高采烈，后则目观飞鸿；

对事业，先则执一于政，后则嘱意于文；

对人生，出则平交诸侯，遁则俯视巢许；

对战争，先则歌颂御敌义战，后则否定黩武开边；

……

我们还可以从李白关于自然的观念，看到他的发展观念与意识。

不凝滞于物、与时推移的通变思想，不但使李白具有良好的政治洞察力和高度的政治敏锐性，而且使他具有强大的批判精神和历史发展观。范老取李白一句诗，定论李白看不出安史是叛乱，否定了李白为平叛所作的无数诗篇以及李白从璘的本质，很是令人奇怪。

六、刑德兼用的王霸之略

叹我万里游，飘摇三十春。空谈霸王略，紫绶不挂身。

（《门有车马客行》）

李白：融汇百川的杰出思想家

《门有车马客行》这首诗，写于作者流夜郎遇赦后游潇湘时。全诗如下：

门有车马宾，金鞍曜朱轮。谓从丹霄落，乃是故乡亲。
呼儿扫中堂，坐客论悲辛。对酒两不饮，停觞泪盈巾。
叹我万里游，飘飘三十春。空谈霸王略，紫绶不挂身。
雄剑藏玉匣，阴符生素尘。廓落无所合，流离湘水滨。
借问宗党间，多为泉下人。生苦百战役，死托万鬼邻。
北风扬胡沙，埋翳周与秦。大运且如此，苍穹宁匪仁。
恻怆竟何道，存亡任大钧。

诗中说，我的门前有车马宾客、金鞍朱轮，似从天上而来，原来都是故乡亲友。坐下叙旧，悲情难抑，泪流盈巾。回想自己，漫游万里，飘飘三十春秋。空向帝王献什么王霸之略，却没有当上一官半职。腰中的雄剑空藏玉匣，平戎的兵书落满灰尘。一生廓落寡合，时不我与，至今流落在此湘水之滨。

同年，李白还在另一首诗中谈到自己的"霸王略"：

天地赌一掷，未能忘战争。试涉霸王略，将期轩冕荣。
时命乃大谬，弃之海上行。学剑翻自哂，为文竟何成。
剑非万人敌，文窃四海声。儿戏不足道，五噫出西京。
……

（《经乱离后天恩流夜郎忆旧游书怀赠江夏韦太守良宰》）

天地之间常有赌博投掷，人世间未能忘却战争。李白因此涉足霸王谋略，期望以此获得轩冕荣耀。但时命乖谬，与李白的愿望大相径庭，使诗人想到抛弃一切而漫游海上。……

写作上面两首诗，李白已经59岁高龄。回顾一生，空有王霸之略，至老飘零无依，满怀无比伤感。而"霸王略"与"飘飘三十春"所形成的对照，无疑使李白悲情倍增。

李白喜谈王霸略，善谈王霸略，在当时是受到公认的。李白的好友崔宗之，曾经有《赠李十二》诗，赞李白"分明楚汉事，历历王霸道。"可见李白对于"王霸道"非常熟稔，是一个可以教授王霸学的大师。

我们一般都认为李白作为诗人，饮酒赋诗，风月山水，离愁别恨而已，不曾认真看待李白的政治思想与理念。然而实际上，李白终生都钟情于政治，其所学所求、所专所长，并不仅仅是诗歌辞赋，而尤于王霸之道情有独钟。于是我们不免好奇：李白的王霸之道是什么？他的王霸之道又是从何而来？

问题的答案，在李白老师赵蕤的大作《长短经》中。

《长短经》说："五帝以上久远，经传无事。唯王霸二盛之类，以定今之理焉。"（《长短经·适变》）意谓五帝以前的事已太久远，经传上也没有记载，唯有"王道"和"霸道"盛传于今，只好用它们的利弊得失作为我们古往今来治国的经验了。

那么，人们说的"王道"是什么呢？《长短经》说："夫王道之治，先除人害，而足其衣食。然后教以礼仪。而威以刑诛，使知好恶去就。是故大化四凑，天下安乐，此王者之术。"就是说——王道的统治，是先铲除祸害人民的社会势力，让人民丰衣足食。经济情况得到保证后，就应该进行文明礼貌、伦理道德的教育了。然后建立法规、刑罚来树立国威，让人民群众分清善恶，明白前途之所在。由此可见，最伟大的盛世，是通过多种因素，举国上下同心协力，从而使普天之下一片安乐平和的景象，这就是王者的治国艺术。

那么，人们说的霸道又是什么呢？《长短经》指出："霸功之大者，尊君卑臣，权统由一，政不二门，赏罚必信，法令著名，百姓修理，威令必行。夫霸君亦为人除难兴利以富国强兵，或承衰乱之后，或兴兵征伐。皆未得，遵法度，申文理，度代而制，因时施宜，以从便善之计，而务在立功也。此霸者之术。""王道纯而任德，霸道驳而任法。此优劣之差也。"（《长短经·适变十五》，第341页）意思是成就伟大霸业的国王，能做到君尊臣卑，权力在霸主一人手里，政策法令由专门的机构制定，赏罚、法令严明，百官各司其职，有法必依。霸主也能为人民除害谋利以富国强兵，或者在一个朝代衰亡以后兴兵讨伐叛乱。如果做不到这两点的话，也要遵守法度，宣传文教，根据情况制定有效的制度，因时制宜，从方便、有利出发，目的主要是威令建立功勋、成就霸业。这就是霸主的治国之术。真正的王道，就会用仁德来统治，而霸道则杂驳无序且以法治为主。这就是二者优劣和差别之所在。

不过，赵蕤还认为，治理国家之术，除了王道、霸道，还有一道，叫作"黄老之术"。他说："夫冬日之阳，夏日之阴，万物归之，而莫之使。至精之感，弗召自来。待目而昭见，待言而使令，其于理难矣。""皋陶喑而为大理，天下无虐刑；师旷瞽而为大宰，晋国无乱政。"庄子曰："天地有大美而不言，四时有明法而不议，万物有成理而不说。圣人无为，大圣不作，观于天地之谓也。"赵蕤说："不言之令，不视之见，圣人所以为师。此黄老之术也。"并以为："黄老之风，盖帝道也。"（《长短经》，第343页）认为黄老之道，即五帝所行的治国之道。

不仅于此，此外还有"内修七教，外行三至"，"务德行义"的孔子之术；

"为宫室不可不节,为衣服不可不节",去奢节用、强国本道的墨翟之术;

以"法令为人之命、治之本",奖励耕战、富国强兵的申商之术。

《长短经》总结说:"由是观之,故知治天下者,有王霸焉,有黄老焉,有孔墨焉,有申商焉,此所以异也,虽经纬殊制,救弊不同,然康济群生,皆有以矣。今议者或引长代之法,诘救弊之言(议曰:救弊为夏人尚忠,殷人尚敬,周人尚文者);或引帝王之风,讥霸者之政,不论时变,而务以饰说。故是非之论,纷然作矣。言伪而辩,顺非而泽,此罪人也。故君子禁之。"

不过,治国成败的关键,并非论证何者为王道,何者为霸道,而是一个国家当其时,应施何种治理模式为最佳。因此《长短经·适变》一章,首先指出:

昔先王当时而立法度,临务而制事,法宜其时则理,事适其务故有功。今时移而法不变,务易而事以古,是则法与时诡,而时与务易,是以法立而时益乱,务无而事益废。故圣人之理国也,不法古,不修今,当时而立功,在难而能免。

"三代不同礼,五霸不同法。""三皇以道治,五帝用德化,三王由仁义,五霸用权智。"(桓子)"度代而制,因时施宜",才是治国之术的关键。

从李白业师赵蕤的理论架构,联系到李白自称"试涉霸王略,将期轩冕荣",又被高朋赞为"分明楚汉事,历历王霸道",我们似乎可以得到以下三点结论:一是李白出蜀之初,确曾深研过"王霸之道"的治国方略,深谙"度代而制,因时施宜"的道理,理解"适变"才是治国之术的真正秘籍,并以胸怀王霸之道、治国之术作为自己的出仕之资本,他的"申管晏之谈,谋帝王之术",绝不是吹牛,可惜国人甚至今天从事李白研究的学者,仍然认为李白是吹牛!二是李白历经蹭蹬,飘零一生,至暮年嗟叹"空谈霸王略,紫绶不挂身",是对自己满腹霸王谋略不得其用表示极大愤慨,也包含了对自己治国之术的十分肯定。他的政治才干未得其用,主要因素在机遇"不偶",并不能否定其王霸之略和纵横之术的存在。三是我们对李白自许的"经济之才""王霸之道"及其政治才能的自白,如同对李白自负文才诗才一样,要联系他青年时代的"专业"知识结构,联系他的天才禀赋与"天真"品性来看,因此并无"大言"可讥。

七、去奸用贤的强国之方

燕昭延郭隗,遂筑黄金台。

(《古风五十九首》其十五)

在李白的诗文中,曾7次写到一位战国时期的历史人物,叫郭隗。而在写到郭隗的时候,又常提及另一个历史人物:燕昭王,及其"黄金台":

君不见昔时燕家重郭隗……
昭王白骨萦蔓草,谁人更扫黄金台。

(《行路难三首》其二)

洒扫黄金台,招邀青云客。

(《寄上吴王三首》其三)

谬忝燕台召,而陪郭隗踪。

(《江上答崔宣城》)

如登黄金台,遥谒紫霞仙。

(《水军宴赠幕府诸侍御》)

侍笔黄金台,传觞青玉案。

(《南奔书怀》)

揽涕黄金台,呼天哭昭王。

(《经乱离后天恩流夜郎忆旧游书怀赠江夏韦太守良宰》)

李白为何不厌其烦地歌颂这两位与他相隔千年的古人?原来在《战国策》的典籍中,有一则《郭隗说燕昭王求士》的震撼人心的故事。故事云:

燕昭王收破燕后即位,卑身厚币以招贤者,欲将以报仇。故往见郭隗先生曰:"齐因孤国之乱,而袭破燕。孤极知燕小力少,不足以报。然得贤士与共国,以雪先王之耻,孤之愿也。敢问以国报仇者奈何?"郭隗先生对曰:"帝者与师处,王者与友处,霸者与臣处,亡国与役处。诎指而事之,北面而受学,则百己者至。先趋而后息,先问而后嘿,则什己者至。人趋己趋,则若己者至。冯几据杖,眄视指使,则厮役之人至。若恣睢奋击,呴籍叱咄,则徒隶之人至矣。此古服道致之法也。王诚博选国中之贤者,而朝其门下,天下闻王朝其贤臣,天下之士必趋于燕矣。"昭王曰:"寡人将谁朝而可?"郭隗先生曰:"臣闻古之君人,有以千金求千里马者,三年不能得。涓人言于君曰:'请求之。'君遣之。三月得千里马,马已死,买其首五百金,反以报君。君大怒曰:'所求者生马,安事死马而捐五百金?'涓人对曰:'死马且买之五百金,况生马乎?天下必以王为能市马,马今至矣。'于是不能期年,千里之马至者三。今王诚欲致士,先从隗始;隗且见事,况贤于隗者乎?岂远千里哉?"于是昭王为隗筑宫而师之。乐毅自魏往,邹衍自齐往,剧辛自赵往,士争凑燕。燕王吊死问生,与百姓同甘共苦。二十八年,燕国殷富,士卒乐佚轻战。于是遂以乐毅为上将军,与秦、楚、三晋合谋以伐齐。

郭隗(约前351—前297),战国中期燕国人,燕国大臣、贤者。燕王哙七年(前314),齐宣王攻破燕国,哙被杀。赵武灵王闻燕国内乱,将燕王哙的庶子职从韩国送回燕国。燕昭王元年(前311),职被燕人拥立为王,称燕昭王。昭王为报齐灭燕之仇,并复兴燕国,拜访郭隗,求计问策。郭隗以古人千金买骨为例,使昭王广纳社会贤才,建筑"黄金台",昭王并尊郭隗为师。此举天下震动,乐毅、邹衍、剧辛及其他有才能的人皆来归附燕国,燕国因此强大起来。燕国因此殷实富足,士兵不怕打仗。燕昭王二十八年(前284),以乐毅为上将军,联合秦、楚、赵、魏、韩五国伐齐。齐军败,齐闵王外逃至莒,不久被杀。燕军独自追赶败退的齐军,深入到齐都临淄,掠尽齐国的财宝,烧毁齐国的宫殿和宗庙。这一仗,齐国城邑没被攻下的,只剩莒、即墨,几乎为燕国所灭。燕昭王和"黄金台",成了中国政治史、人才史上的奇迹。

《长短经·论士》说:"得人则兴,失士则崩。"战国之时,各国诸侯都欲强欲霸,人才大战十分激烈。诸侯人君无不高喊"尊贤""贵士",而各国重用"贤人"的差异其实很大。荀况在《荀子·致士》中说:"人主之患,不在乎不言用贤,而在乎不诚必用贤。夫言用贤者,口也;却贤者,行也。

口行相反，而欲贤者之至，不肖者之退也，不亦难乎！"

喊的是"用贤"，行的是"却贤"，正是李白所处的开元后期与天宝年间的实况。自开元二十四年（736）张九龄罢相、李林甫上位后，大唐王朝的用人与政治，开始一步步走向黑暗的深渊。在开元二年（714）而后，至天宝六年（747），玄宗有过6次所谓的"招贤令"，然多为空文。如天宝六年的"招贤"，竟然以"野无遗贤"落幕，是一出荒唐的笑话。李白歌颂郭隗和燕昭王，假历史覆亡的经验教训，强烈呼吁当权者对于贤人的重视，联系到他全部诗文中"怀才不遇"的主题，具有十分鲜明的用世目的。

去奸用贤，知人善用，是国家强大的根基，也是李白从纵横家思想中甄选出来，纳入自身思想体系的重要思想。李白之屡屡咏叹千年以前的古人郭隗，是"以古人之招贤，斥当世之弃世"。（张瑞君：《李白精神与诗歌艺术新探》，第109页）

八、奇谋妙策的取胜之道

报国有长策，成功羞执圭。

（《赠从弟冽》）

纵横家建立功业的主要武器，是奇谋妙策。我们说李白具有浓厚的纵横家思想，一个重要的依据，就是李白有大量的诗文谈计策、论韬略，显得诗人活脱脱是一个胸有奇策、腹有良谋的"鬼谷"大师。李白诗文中所谓"良图""筹略""金匮"以至"鲁连箭""顾荣扇"等等，皆是策谋的代名词。

（一）李白修策明志

李白在出蜀之前，虽然曾经有"干谒"的行为，但总的来说，是一个读书学习、练剑修策的准备期。他在20岁时写的《冬日归旧山》（720）中有句："洗砚修良策，敲松拟素贞。此时重一去，去合到三清。"意思是要发愤读书，修习治国"良策"，养成青松一样的高尚品格，然后离开此"旧山""去合到三清"，即去报效朝廷、为国立功。

24岁的李白告别匡山，"辞亲远游"，上洞庭，观云梦，下淮扬，一年里散金三十万，救济落魄公子，然后财务破产，丐贷葬友，然后又患病，困厄无依。无可奈何之际，写信向老师赵蕤诉苦，云："良图俄弃捐，衰疾乃绵剧"（《淮南卧病寄蜀中赵征君蕤》，726），说明李白出蜀前，曾在老师的指导下制定了出仕谋官、为官建功的"良图"，可惜这个"良图"并未带来如意的成功。34岁那年，李白干谒韩荆州，在《与韩荆州书》中云："白谟猷筹画，安能自矜。"也是自谓有富有谋略。

（二）李白以"策"自负

这里且把李白"酒隐安陆，蹉跎十年"后，出仕之心大发时的"言策""献策"之诗，略作梳理，以明"策谋"在李白心中的地位。

39岁。"欲献济世策，此心谁见明？……壮士伏草间，沉忧乱纵横。……投躯寄天下，长啸寻豪英。耻学琅琊人，龙蟠事躬耕。富贵吾自取，建功及春荣。"（《邺中赠王大劝入高凤石门幽居》）此诗的背景，是王大（即著名诗人王昌龄）邀请李白到高凤石门隐居，李白表示，我不同意归隐，不学诸葛亮那样"龙蟠事躬耕"，我要建立功业，自取富贵。为什么呢，因为我胸有"济世策"，我要把它献给朝廷！同年，李白在《送侯十一》诗中说："时无魏公子，岂贵抱关人？余亦不火食，游梁同在陈。"当时李白在游"梁"，已经吃不上热饭，打不起"火食"，但他心里依旧自信，自己有"抱关人"侯嬴那样的策略智谋在身，只可惜没有"魏公子"信陵君那样的贤人相识！

40岁。李白移家东鲁，意外地遭到"汶上翁"的嘲笑。李白怒起反击，在《五月东鲁行答汶上翁》诗中道："下愚忽壮士，未足论穷通。我以一箭书，能取聊城功。"称我是壮士，胸有鲁仲连那样"以一箭书取聊城"的智谋奇略。

41岁。李白有诗："报国有长策，成功羞执圭。无由谒明主，杖策还蓬藜。"（《赠从弟冽》）说我有报效国家的壮志与良策，成功之时亦羞于执圭受爵。可惜没有机会谒见明主，只有还归草野蓬门。同年，李白在《秋日炼药院镊白发赠元六兄林宗》诗中云："穷与鲍生贾，饥从漂母食。乐毅方适赵，苏秦初说韩。"说穷困时，管仲曾和鲍叔牙做买卖；饥饿时，韩信曾跟漂母要饭吃。时运到来时他们都位极人臣，大道永在，我何必长吁短叹！而且想象，我此时或许正如乐毅前往赵国，如苏秦刚去游说韩国呢。他自比管仲、乐毅、苏秦、韩信，相信时运可期，这样强大的自信从何而来？都因为自己拥有管乐苏韩那样的奇谋巧计！

42岁。唐玄宗诏李白入京供奉翰林，李白总算得到了可以"游说万乘"，直接向明主"献策"的机会。有诗《驾去温泉宫后赠杨山人》，表达自己曾向皇上贡献治国之策：

李白：融汇百川的杰出思想家

> 少年落魄楚汉间，风尘萧瑟多苦颜。
> 自言管葛竟谁许？长吁莫错还闭关。
> 一朝君王垂拂拭，剖心输丹雪胸臆，
> 忽蒙白日回景光，直上青云生羽翼，
> 幸陪鸾辇出鸿都，身骑飞龙天马驹。
> 王公大人借颜色，金璋紫绶来相趋。
> 当时结交何纷纷，片言道合惟有君。
> 待吾尽节报明主，然后相携卧白云。

李白说，我青年时在湖北一带生活落魄，风尘仆仆，难得容颜舒展。我称自己有管仲之才，没有人愿意相信，只好孤寂闭门，独自叹息。如今承蒙皇上垂青爱护，我也对皇上剖开胸臆，掏心掏肺，贡献治国之策。真是时来运转，我现在青云直上，仿佛生了羽翼，可以飞天了。我现在可以骑着皇上赐予的飞龙天马，陪銮驾进出宫门。佩戴金璋紫绶的王公大臣都对我笑颜相对，争相宴请我。交际多得不得了，可知心知肺、心挚意合的却只有你一人。待我尽节报效英明的皇上以后，就和你一道携手江湖，远离尘嚣。

《驾去温泉宫后赠杨山人》是一篇对研究李白在长安生活的重要文献，可证李白在待诏翰林的岗位上，是曾经"游说"过"万乘"的，而从诗里"待吾尽节报明主"的语义来看，他还准备冒犯龙颜，继续献计献策。

44岁。李白在翰林供奉岗位上向皇上"剖心输丹雪胸臆"。一年多后，因小人谗毁而被"赐金还山"。此后数年，李白崇道学仙，诗中少见其"策"，然而学仙中的李白对于自己的"济世策"从来不曾忘怀。

47岁。天宝六载，李白有诗《战城南》，诗中用"烽火燃不息，征战无已时"谴责玄宗的穷兵黩武，用"士卒涂草莽，将军空尔为"谴责没有智能谋略的无能的"空尔为"的将军。

53岁那年，李白有"良图扫沙漠，别梦绕旌旄，富贵日成疏，愿言杳无缘。"（《赠宣城宇文太守兼呈崔侍御》）表示自己本有扫平沙漠的"良图"妙计，心中时时都愿意贡献朝廷，却无缘奉献。同年还有"一别蹉跎朝市间，青云之交不可攀。倘其公子重回顾，何必侯嬴长抱关"（《走笔赠独孤驸马》）等诗句，足见策士侯嬴那样的救赵之策，始终激动着李白的用世之心。

（三）李白言策"救亡"

从20岁时的诗中言"策"，到50多岁时仍念念不忘，可见"智谋策略"在李白心目中具有重要地位。而实际上，李白言策最频繁的时期，是安史之乱爆发（李白55岁）以后。它非常有力地证明：在国家横溃之时，李白是一位急如星火、企图以"策"救国拯亡的"国士"，而不是如宋人罗大经所说的"李太白当王室多难、海宇横溃之日，作为歌诗，不过豪侠使气、狂醉于花月之间耳！社稷苍生，曾不系其心膂"的人！

现将李白在安史之乱期间"言策救亡"的诗句举例于后。

56岁——

早怀经济策，特受龙颜顾。白玉栖青蝇，君臣忽行路。

（《赠溧阳宋少府陟》）

谈笑三军却，交游七贵疏。仍留一支箭，未射鲁连书。

（《奔亡道中五首》）

慢世薄功业,非无胸中画。……立产如广费,匡君怀长策。……
蜀主见孔明,晋家望安石。时来……他日青云去,黄金报主人。

(《赠友人三首》之三)

贤哲栖栖古如此,今时亦弃青云士。
有策不敢犯龙鳞,窜身南国避胡尘。
宝书玉剑挂高阁,金鞍骏马散故人。

(《猛虎行》)

57岁——

愿与四座宾,静谈《金匮篇》。

(《在水军宴赠幕府诸侍御》757)

亚夫得剧孟,敌国空无人。

(《赠张相镐二首》其一)

因人耻成事,贵欲决良图。

(《赠张相镐二首》其二)

采尔幕中画,戡难光殊勋。(序云:余时系浔阳狱中,正读留侯传。秀才张孟熊蕴灭胡之策,将之广陵谒高中丞,余嘉子房之风,感激于斯人,因作诗以送之。)

(《送张秀才谒高中丞并序》)

卷身编蓬下,冥机四十年。宁知草间人,腰下有龙泉。
浮云在一决,誓欲清幽燕。愿与四座公,静谈《金匮篇》。
齐心戴朝恩,不惜微躯捐。所冀旄头灭,功成追鲁连。

(《在水军宴赠幕府诸侍御》)

戎虏行当剪，鲸鲵立可诛。自怜非剧孟，何以佐良图。
（《中丞宋公以吴兵三千赴河南军次浔阳脱余之囚参谋幕府因赠之》）

61岁——

贤人当重寄，天子借高名。巨海一边静，长江万里清。
应须救赵策，未肯弃侯嬴。

（《赠升州王使君忠臣》）

李白不但自许有"良图""长策"，而且常常以策论人，以"策"赞友。他称赞宣城太守赵悦"郁王霸之奇略"（《赵公西侯新亭颂》）；称当涂县令李阳冰"吐纳献策，敷闻王庭"（《当涂李宰君画赞》）。可见李白对于官场用人，李白是以"策"视其吏能的。

（四）李白胸有何"策"？

李白诗中常说自己"报国有长策"，多数读者乃以"吹牛"论之。笔者梳理李白诗文，发现其诗中标明内容的"策"即有十二端，为历代诗人中所无有，兹举例如下：

一为"经济策"。李白在《嘲鲁儒》（740）中曾嘲笑"鲁叟谈《五经》，白发死章句。问以经济策，茫如坠烟雾"。在《赠溧阳宋少府陟》（756）中则自称"早怀经济策，特受龙颜顾。白玉栖青蝇，君臣忽行路。……何日清中原，相期廓天步。"李白所谓的"经济策"，即我们通常说的"经世济民"之策。李白嘲笑鲁儒胸无"经济策"，而自己则"早怀经济策"，证明他有治国安邦之策的高度自信。

二为"五饵策"。李白在《自广平乘醉走马六十里至邯郸登城楼览古书怀》（752）诗中云："方陈五饵策，一使胡尘清。"说自己正在正酝酿向朝廷进献像贾谊五饵策一样的破敌对策。"五饵策"见于《汉书·贾谊传赞》："及欲试属国，施五饵、三表以系单于，其术因以疏矣。"颜师古注："赐之盛服车乘以坏其目；赐之盛食珍味以坏其口；赐之音乐、妇人以坏其耳；赐之高堂、邃宇、府库、奴婢以坏其腹；于来降者，上以召幸之，相娱乐，亲酌而手食之，以坏其心：此五饵也。"原为贾谊提出的怀柔、软化匈奴的五种措施，后泛指笼络外族的种种策略。王闿运《御夷论一》："五饵豢蔽，效于蒙古，和之上者也。"李白此诗，证明他对于唐朝的边患一直留意在心。

三曰"绕朝策"。见李白诗："宏图扫沙漠，别梦绕旌旃。富贵日成疏，愿言杳无缘。登龙有直道，倚玉阻芳筵。敢献绕朝策，思同郭泰船。"（《赠宣城宇文太守兼呈崔侍御》）"莫道词人无胆气，临行将赠绕朝鞭。"（《送羽林将军》）按，绕朝，春秋时秦大夫，一名智士。《左传·文公十三年》载，春秋晋大夫士会因事奔秦，为秦所用。晋人患秦之用士会，乃使魏寿馀伪以魏叛而入秦，诱士会返晋。计得逞，士会欲行，秦大夫绕朝赠之以策（鞭），曰："子无谓秦无人，吾谋适不用也。"后以"绕朝策"喻指有先见的谋略。李白借此申明自己不但有扫平胡虏之志，且具有先见之明的谋略计策。

四曰灭胡策。李白诗"有策不敢犯龙鳞，窜身南国避胡尘。宝书玉剑挂高阁，金鞍骏马散故人"（见《猛虎行》），写于"渔阳鼙鼓动地来"的危急时刻，李白自谓有拯乱救亡的策谋在胸，可惜无法"犯龙鳞"以陈策，只好"窜身南国避胡尘"。天下大乱，李白此时绝对会有对策，可惜由于君王不顾，官吏不采，凡人不知，统统烂在李白的肚子里了！

以上四端，可谓"国策"；另有八种，可谓"军谋"：

一曰"龙韬策";二曰"陈琳檄";三曰"鲁连箭";四曰"顾荣扇";五曰"金匮篇";六曰"救赵策";七曰"左车略";八曰"七擒略"。这些"军谋",我们将于"兵家壮士"一章介绍。

以上国策军谋,共12端。由于李白诗文"十丧其九",故李白心中之策,宜乎数以几百计!大唐诗人数十万,然而把数以百计的奇谋秘策放在心中,时刻准备拿来以报国的,究竟还有何人?似乎只有李白!

(五)李白的"长策"之源

李白"长策"的第一源是《战国策》。《战国策》共33篇,按国别,涉及东周、西周、秦、齐、楚、赵、魏、韩、燕、宋、卫、中山等国,记载了上接春秋、下迄秦统一约240年(前460—前220)间智谋策士波澜壮阔、精彩纷呈的政治外交斗争。2010年中华书局出版的《战国策》,录有各国的奇谋妙策460则。按王琦注《李太白全集》,李白诗中出现战国策事典、语典共39次,涉及诗篇共31首,说明《战国策》一书是李白熟读的历史著作之一,且是李白策谋之大源。

李白"长策"的第二源是《长短经》。李白以"纵横策士"作为出仕入世的职业定向,可以肯定曾依据业师赵蕤的指导,对治国、外交和军事谋略计策都做过系统研究。赵蕤《长短经》中的《霸图》《七国雄》《三国权》等篇,都是古今策谋的荟萃,重点论述历代政治家、军事家曾经采用过的奇谋妙策。他用丰富的历史典实说明,善于谋策和善于用策,是政治家、军事家成功的重大因素,有时对于个人和国家的成败,具有决定性的意义。赵蕤在《霸图》一篇中,所举历史案例即有以下39端：

1. 阖闾从伍子胥之计，吴王遂灭越国。
2. 勾践用文种之七术，越国遂灭吴国。
3. 齐桓公用管仲之策，遂称霸诸侯。
4. 智伯不用智果之策，遂被韩、魏所杀。
5. 刘邦用张良之策，约降宛，大破秦军，入咸阳，约法三章。
6. 刘邦用萧何计，拜韩信为大将；入蜀后用韩信策，东伐，还定三秦。
7. 刘邦用张良计，王汉中，烧栈道，示天下无还心，以固项王意。
8. 刘邦用随何策，说淮南王鲸布背楚。
9. 刘邦被困荥阳，用陈平离间计，使项羽内相诛，失亚父。
10. 刘邦入关后，用辕生之策，出军宛，牵引项羽南渡。
11. 赵王与成安君陈余，不用广武君李左车之策，赵国破灭。
12. 韩信从李左车之策，燕、齐从风而靡。
13. 汉王用郦生之计，高壁深垒，拒楚于成皋。
14. 刘邦用张良计，使韩信、彭越、刘贾等皆引兵围羽垓下，遂灭项氏。
15. 刘邦灭项后，欲都洛阳，用娄敬策，徙都长安。
16. 有告楚王韩信反，刘邦用陈平计擒之，废为淮阴侯。
17. 陈平用陆生将相和之计，交结太尉周勃，竟诛诸吕。
18. 景帝时吴楚反，太尉周亚夫用邓都尉计，深沟高垒绝吴粮道，大破吴。
19. 汉末刘秀用计，在昆阳率敢死士八千直入王莽中军，破王莽百万大军。
20. 刘秀用邓禹、冯异之计，延揽英雄，施恩布泽，成汤武之功。

21. 汉末刘秀威声日盛为更始帝疑，刘秀用耿弇之策不赴征召，遂成大业。

22. 东汉末阉竖擅权，太后不听何进之谋诛杀阉竖，终致江山不保。

23. 何进不纳陈琳"速发雷霆"之策，身死而天下乱。

24. 袁绍不听沮授、许攸、郭图之计，官渡之战大败于曹公。

25. 曹操讨袁绍子谭、尚，听从郭嘉之计，大破袁尚。

26. 曹操用计离间，遂破关中马超、韩遂之盟。

27. 司马懿用计诡为耄昏，废曹爽，终夺曹氏政权。

28. 晋时景帝用王肃计，平定镇东将军毋丘俭、扬州刺史文钦之叛。

29. 司马昭受魏禅，用羊祜、杜预之计征东吴，平之。

30. 晋惠帝失驭，司马颖用李元海计引"五部众"造成五胡乱华分三十六国。

31. 石勒以王子春之计哄骗王浚，用张宾计袭击幽州，执杀王浚。

32. 晋肃宗用温峤计，破王敦谋反。

33. 桓玄篡晋，宋高祖刘裕起兵，用何无忌移檄京师造势，平玄一举成功。

34. 刘裕用"韩信克赵"之策，擒自称燕王的鲜卑慕容超。

35. 南齐萧道成以多谋善策屡建奇勋，宋顺帝自逊位禅让。

36. 南梁萧衍用兵多谋，坐收天下。

37. 陈后主倚恃"王气"，纵酒作诗，临隋师而无策，只好投井自灭。

38. 隋末，越王不用张守一击李密之策，而用孟琮计与密连和，卒败。

39. 隋末李密不取祖君彦之计，而听王伯当单雄信之言，遂败。

如此等等。

策谋之籍，一旦触及，无不引人入胜！对历史策谋的学习，是李白立志从政、梦想成为"帝王师"的重要根据，足以证明李白并非"突发狂想"的空头策士。

李白"长策"的第三源是"万里行"。以神腿铁足"读"遍大唐的李白，最了解社稷和苍生的"痛点"，最晓得朝廷和官吏的"死症"。"万里行"为李白的沉思与策谋提供了强大的灵感和动力。

李白自谓有经世济民的"经济"之策，强国破敌的"五饵"之策，拯乱救亡的"灭胡"之策，用兵制胜的"龙韬"之策，见微知著的"绕朝"之策，乃至功成身退的"全身"之策，虽多为"诗化"的表达，但我们完全有理由相信，这些"诗化"的"策"，当有具体的、现实的内涵，或因李白诗文大量散失而未见。李白以策自许自负，以策拯乱救亡，以策勉己励人，以策品评人物，却因其诗名太大，终无人信其有策，更无人试之用之，惜哉惜哉！

九、悬梁刺股的奋斗精神

一朝乌裘敝，百镒黄金空。

（《赠从兄襄阳少府皓》）

在李白崇敬的纵横家中，合纵派的领袖人物苏秦居于突出地位。在李白全集中，涉及苏秦的诗文有十首之多。

第二章　志在辅弱的纵横策士

苏秦(约前343—前284)，字季子。雒阳(今河南洛阳市)人。战国时期著名的纵横家、外交家和谋略家。他提出"合纵"六国以抗秦的战略思想，最终组建合纵联盟，任"从约长"，兼佩六国相印，使秦国十五年不敢出兵函谷关。《汉书·艺文志》收苏秦著作《苏子》31篇。今天，有论者称其为战国时代说客、谋士中的集大成者。我们先来看看，成功的苏秦有多么显赫，《战国策·秦策一》说：

(苏秦)见说赵王于华屋之下，抵掌而谈。赵王大悦，封为武安君。受相印，革车百乘，锦绣千纯，白璧百双，黄金万镒，以随其后，约从散横，以抑强秦。故苏秦相于赵而关不通。当此之时，天下之大，万民之众，王侯之威，谋臣之权，皆欲决苏秦之策。不费斗粮，未烦一兵，未战一士，未绝一弦，未折一矢，诸侯相亲，贤于兄弟。夫贤人在而天下服，一人用而天下从。故曰：式于政，不式于勇；式于廊庙之内，不式于四境之外。当秦之隆，黄金万镒为用，转毂连骑，炫熿于道，山东之国，从风而服，使赵大重。且夫苏秦特穷巷掘门桑户棬枢之士耳，伏轼撙衔，横历天下，廷说诸侯之主，杜左右之口，天下莫之能伉。

将说楚王，路过洛阳，父母闻之，清宫除道，张乐设饮，郊迎三十里。妻侧目而视，倾耳而听；嫂蛇行匍伏，四拜自跪而谢。苏秦曰："嫂何前倨而后卑也？"嫂曰："以季子之位尊而多金。"苏秦曰："嗟乎！贫穷则父母不子，富贵则亲戚畏惧。人生世上，势位富贵，盖可忽乎哉！"

(《战国策·秦策一》)

不过，这位威风八面、红极一时的人物，出身却是一个"特穷巷掘门桑户棬枢之士"——是个住在陋巷，凿墙做门，

李白：融汇百川的杰出思想家

桑条编窗，曲木作门轴的穷困书生。他的经历，也分外坎坷曲折。公元前321年，22岁的苏秦在朋友的资助下，着黑貂之裘，带百斤黄金，向秦王贡献连横战略，哪知秦王非常不识货。《战国策》记录其事道：

说秦王书十上而说不行。黑貂之裘弊，黄金百斤尽，资用乏绝，去秦而归。嬴縢履蹻，负书担橐，形容枯槁，面目犂黑，状有愧色。归至家，妻不下纴，嫂不为炊，父母不与言。苏秦喟叹曰："妻不以我为夫，嫂不以我为叔，父母不以我为子，是皆秦之罪也。"乃夜发书，陈箧数十，得太公阴符之谋，伏而诵之，简练以为揣摩。读书欲睡，引锥自刺其股，血流至足。曰："安有说人主不能出其金玉锦绣，取卿相之尊者乎？"期年揣摩成，曰："此真可以说当世之君矣。"

这个倒霉的苏秦，游说秦王的奏章连上十多次，但他的金点子始终没有打动秦王。直到黑貂之裘破，百斤黄金尽，盘缠无着，旅费难措，只好狼狈而归。归途中，腿上打着裹脚，脚上穿着草鞋，背着破书，挑着铺盖，形容枯槁，神情憔悴，面孔黄黑，一脸愧色。回到家里，织布的妻子不理他，嫂子不肯给他做饭，父母也不跟他说话，因此他深深叹息："妻子不把我当丈夫，嫂子不把我当小叔，父母不把我当儿子……"

难能可贵的是，残酷的失败和屈辱，不但没有击垮苏秦，反而激励了这位英雄的奋斗精神。大败而归的当天，苏秦连夜打开几十个书箱，找到姜太公著的《太公阴符》，"伏而诵之"，边读边揣摩演练。读书困倦欲睡，就用锥子自刺大腿，不顾鲜血一直流到脚跟。如此这般，一年后，苏秦学问智谋大成，于是再启纵横之旅，去游说各国君王。

但即使悬梁刺股以后的苏秦，也并非一帆风顺。他求说周显王,"显王左右素习知苏秦,皆少之。弗信"。他西至秦,秦惠王"方诛商鞅,疾辩士,弗用"。他又"东之赵。赵肃侯令其弟成为相,号奉阳君。奉阳君弗说之"。只好改道"去游燕,岁余而后得见"。这个满腹锦囊妙计的谋略家,在周、秦、赵三国碰壁之后到燕国,又等了一年余,才得到燕文侯的接见!不过这次说燕文侯大获成功,于是接着说赵、说韩、说魏、说齐、说楚,连连告捷。苏秦提出"合纵"六国以抗秦的战略思想,最终组建合纵联盟,任"从约长",兼佩六国相印,使秦国十五年不敢出兵函谷关。(《战国策·秦策一》)

苏秦的人生,非常有戏剧性。以至天才诗人李白,时时记得在诗文中纪念他和表扬他:

1.一朝乌裘敝,百镒黄金空。

(《赠从兄襄阳少府皓》,开元二十二年,734)

2.乐毅方适赵,苏秦初说韩。

(《秋日炼药院镊白发赠元六兄林宗》,开元二十九年,741)

3.黄金数百镒,白璧有几双。

(《魏郡别苏明府因北游》,天宝十一载,752)

4.问我将何事,湍波历几重?貂裘非季子,鹤氅似王恭。

(《江上答崔宣城》,天宝十二载,753)

5.空吟白石烂,泪满黑貂裘。

(《秋浦歌十七首》其七,754)

6.敝裘耻妻嫂,长剑托交亲。

(《赠友人三首》其三,至德元年,756)

7. 归时倘佩黄金印,莫见苏秦不下机。

(《别内赴征三首》,756)

8. 雄剑藏玉匣,阴符生素尘。

(《门有车马客行》,乾元二年,759)

9. 张仪所以只掉三寸舌,苏秦所以不垦二顷田。

(《笑歌行》,763)

从时间上看,李白写到苏秦的诗,从第一次漫游的34岁,到生命临终的63岁,时间跨度30年,苏秦所经历的人情变化在李白的诗作中都有表现,从中可见李白对于这位合纵派领袖,终生怀有向往之心。

从内容上看,李白关于苏秦的诗作,既有落寞潦倒的失意,也有一朝受赏的荣耀,但"失意潦倒"的内容是主要的。这说明,李白感叹的是自己有苏秦的才能,而未有苏秦的机遇,因此没有苏秦的业绩和辉煌。

那么,李白从苏秦身上得到的主要启示是什么?李白为什么不耐烦地屡次提及"乌裘敝""黄金空",屡次吟咏"泪满黑貂裘""敝裘耻妻嫂"?看来是因为苏秦人生中失意的那"一半",与诗人身世具有可比性,也说明李白在心里崇尚苏秦的,不是他最后的地位荣耀,而是他不怕失败、不怕挫折、坚忍不拔的奋斗进取精神。

李白自信自负,也最善于自我激励,纵横家饱尝艰辛之经历与刻苦奋斗之成功,正是李白自我激励的最好教材。

十、以身殉志的浩然之气

白必能使精诚动天,长虹贯日,直度易水,不以为寒。

（《上安州裴长史书》）

我们在《孟子》中曾经读到"养吾浩然之气"的亚圣之名言。不过,最有"浩然之气"的,其实是纵横家。

"荆轲刺秦王"的故事,虽然发生在前227年,但对于中国人尤其是略有历史知识的人,可以说无人不知。荆轲以一己之身,为国家赴死不辞,渡易水,入强秦,最后血洒大秦宫廷,史称"长虹贯日",是战国时期一出令人惊心动魄的政治搏斗剧。"风萧萧兮易水寒,壮士一去兮不复返",记录了一幅抗击强暴的外交大戏。荆轲,成为诗人和文学家歌颂的一位英雄。

对于崇拜历史英雄的李白,荆轲在其心目中具有崇高的地位。《李太白全集》言及荆轲的诗文多达12首。在李白涉及纵横家的诗文中,数量仅次于鲁仲连,可见李白对于荆轲不但高度认同、而且是高度崇拜的。

李白在少年时代就十分赞赏荆轲。开元三年,15岁的李白在《拟恨赋》中,有"至如荆卿入秦,直渡易水……奇谋不成,愤惋而死"的文句,称荆轲思有"奇谋",身有正气,胸有胆略,惋惜其"奇谋不成"。开元十八年,寓居安陆的李白,为报国入世而干谒诸侯,在《上安州裴长史书》中,借荆轲故事自表心志,说……"白必能使精诚动天,长虹贯日,直度易水,不以为寒。"这就不仅表示了对荆轲的认同和赞赏,而且表示,我素以荆轲为榜样,倘若您礼遇我,我就可行"精

135

李白：融汇百川的杰出思想家

诚动天、白虹贯日"之义举。"击筑饮美酒，剑歌易水湄"（《少年行二首》），"击筑向北燕，燕歌易水滨"[《鲁郡尧祠送张十四游河北》（开元二十九年）]，都说明荆轲是李白青少年时期，说在口里、唱在嘴里、爱在心里的英雄。

从涉及荆轲诗文的写作时间来看，少年李白的《拟恨赋》，其实是借历史豪杰的"恨"来勉励自己，充满了豪壮气度。30岁左右的李白，尚未经历尖刻的磨难，拥有一腔报国的热血。50岁后的李白，经历了人间的沧桑，诗作多了苍劲悲凉，提及荆轲的次数更加频繁。如：

(1) 武安有震瓦，易水无寒歌。

（《发白马》）

(2) 耻作易水别，临歧泪滂沱。

（《留别于十一兄逖裴十三游塞垣》）

(3) 荆卿一去后，壮士多摧残。

（《赠友人三首》其二）

(4) 歌酣易水之风，气振武安之瓦。

（《饯李副使藏用移军广陵序》）

(5) 欲邀击筑悲歌饮，正值倾家无酒钱。

（《醉后赠从甥高镇》）

李白一生都抱持立功报国的崇高思想，因此荆轲是他心目中的英雄。但李白的政治理想没有实现，在生命的末期，为国家献身的意志尤为强烈。"风萧萧兮易水寒，壮士一去兮不复返。"李白从荆轲身上接受的，是一种以身殉志的浩然之气、一种无所畏惧的英雄气概。

第二章 志在辅弼的纵横策士

十一、舌敌雄师的雄辩之功

笑吐张仪舌，愁为庄舄吟。

(《赠崔侍御》)

我们阅读《战国策》和《史记·苏秦列传》《史记·张仪列传》，都会被纵横家以三寸不烂之舌、力敌百万雄师的事迹所震撼。事实上，战国时代以雄辩口才著称的纵横家，不仅有苏秦、张仪，合纵一派的苏代、苏厉、公孙衍；连横一派的甘茂、司马错、范雎、蔡泽，等等，无一不是口吐莲花、巧舌如簧。他们凭借智慧与口才，翻云覆雨，玩弄诸侯于股掌之上。

纵横家要游说万乘，极其重视雄辩口功。纵横奇书《鬼谷子》有"纵横八术"——捭阖术、反应术、内揵术、抵巇术、飞钳术、忤合术、揣摩术、转丸术——专谈游说人君必须掌握的技巧；赵蕤的纵横家教程《长短经》，更用以《霸图》《七国雄》《三国权》整整三卷的篇幅，介绍纵横家实践活动中一个个动人心魄、击节叹服的案例。因此志在纵横策士的李白，对于纵横家口舌之功十分崇拜，这可从其三赞"张仪之舌"的诗句中看出：

(1) 只应自索漠，留舌示山妻。

(《赠范金乡二首》其一)

(2) 笑吐张仪舌，愁为庄舄吟。

(《赠崔侍御》)

(3) 张仪所以只掉三寸舌,苏秦所以不垦二顷田。

(《笑歌行》)

让我们对上面的三个例句稍作分析。

例(1)句出《赠范金乡二首》其一,原诗较长,节录如下:

我有结绿石,久藏浊水泥。时人弃此物,乃与燕珉齐。
拂拭欲赠之,申眉路无梯。辽东惭白豕,楚客羞山鸡。
徒有献芹心,终流泣玉啼。只应自索漠,留舌示山妻。

《赠范金乡》其一作于开元十八年(740),时李白40岁。诗的大意是说:

我有结绿之珍玉,却一直藏在浊水泥土之中,时人鄙弃这件宝贝,把它视同燕山的顽石。我想把它擦拭干净赠送当今的皇帝,可惜我上天无梯。辽东人因将白豕视为珍异而惭,楚客因将山鸡看成凤凰而羞。我徒有献芹之心,只好像卞和一样怀宝而泣。我本应自甘寂寞,但我那如同张仪示妻的巧舌尚在,如何能够从此罢休呢?

我们在前面已经介绍过,张仪游说入秦,首创连横,先后任秦相、魏相。他的发迹,经历颇险。《史记·张仪列传》说张仪通楚,"掠笞数百,不服,释之。其妻曰:'嘻!子毋读书游说,安得此辱乎?'张仪谓其妻曰:'观吾舌尚在不?'其妻笑曰:'舌在也。'仪曰:'足矣。'""只应自索漠,留舌示山妻。"朱谏《李诗选注》在释这两句诗时指出:(白)"求进不得,则当退于寂寞之滨,俟时而已。使我舌尚存,则所以说王说霸,取富贵如张仪者,亦不难矣。一时不予,何足虑乎?"这个注释,道出了李白恃有说王说霸的张仪之舌,渴望"献芹"以"佐明主"的本意。

例(2)"笑吐张仪舌,愁为庄舄吟"出自《赠崔侍御》745。全诗为:

黄河三尺鲤,本在孟津居。点额不成龙,归来伴凡鱼。
故人东海客,一见借吹嘘。风涛倘相见,更欲凌昆墟。
长剑一杯酒,男儿方寸心。洛阳因剧孟,访宿话胸襟。
但仰山岳秀,不知江海深。长安复携手,再顾重千金。
君乃輶轩佐,予叨翰墨林。高风摧秀木,虚弹落惊禽。
不取回舟兴,而来命驾寻。扶摇应借便,桃李愿成阴。
笑吐张仪舌,愁为庄舄吟。谁怜明月夜,肠断听秋砧!

"庄舄吟",典出王粲的《登楼赋》:"昔尼父之在陈兮,有归欤之叹音;钟仪幽而楚奏,庄舄显而越吟。"后因以比喻思乡。《赠崔侍御》这首诗约写于天宝四年(745),即李白待诏翰林受谗而被赐金还山的次年。李白满怀忧愤,向老朋友崔成甫倾吐心怀,说我虽然口若悬河,具有张仪那样的"巧舌",但从忝居翰林后,秀木被摧,因有思归之叹,常作庄舄之吟。有张仪之舌而无处可用,李白心中怀有多么大的悲愤!

例(3)见于《笑歌行》,安旗编年认为作于763年,即李白逝世的那年。

全诗如下:

笑矣乎,笑矣乎。
君不见曲如钩,古人知尔封公侯。
君不见直如弦,古人知尔死道边。
张仪所以只掉三寸舌,苏秦所以不垦二顷田。
笑矣乎,笑矣乎。
君不见沧浪老人歌一曲,还道沧浪濯吾足。

平生不解谋此身，虚作离骚遣人读。
笑矣乎，笑矣乎。
赵有豫让楚屈平，卖身买得千年名。
巢由洗耳有何益，夷齐饿死终无成。
君爱身后名，我爱眼前酒。
饮酒眼前乐，虚名何处有。
男儿穷通当有时，曲腰向君君不知。
猛虎不看几上肉，洪炉不铸囊中锥。
笑矣乎，笑矣乎。
宁武子，朱买臣，扣角行歌背负薪。
今日逢君君不识，岂得不如伴狂人。

诗中"张仪所以只掉三寸舌，苏秦所以不垦二顷田"二句，涉及张仪、蒯通、苏秦三个历史掌故。其中"三寸舌"见于《汉书·蒯通传》："郦生一士，伏轼掉三寸舌，下齐七十余城。"苏秦故事见《史记·苏秦列传》："苏秦喟然叹曰：'此一人之身，富贵则亲戚畏惧之，贫贱则轻易之，况众人乎？且使我有洛阳负郭田二顷，吾岂能佩六国相印乎？'"

以上我们从三个诗句的分析，看到李白对于纵横家"三寸舌"的重视。其实，"三寸舌"的雄辩力，是一个人综合知识、能力的反映，它来自大脑的丰富知识储备，来自纵横捭阖的分析综合艺术，来自强大的逻辑思维训练，也来自旋风式的大脑急转弯。李白重视策士的雄辩力，为游说皇上对"三寸舌"进行过刻苦锻炼，虽然没有成为一个登上宰相宝座的纵横家，却无疑助其成为具有"雄""奇""豪""壮"风格的伟大"诗仙"。李白"敏捷诗千首"的天才，"飘逸纵横"的诗风，"开口成文，挥翰雾散"的才艺，都可见其独具的纵横家"三寸舌"之功。

第二章 志在辅弼的纵横策士

十二、兼容并包的百家之学

五岁诵六甲,十岁观百家。"轩辕以来,颇得闻矣。常横经籍书"制作不倦,迄今三十春矣。

(《上安州裴长史书》)

当我们学习诸子百家的理论时,常常会感到诸子学问所普遍存在的封闭性、排他性,他们往往崇其所善、攻乎异端,自家的是真理,他学就是谬误,于是争战不休。虽然也有互相吸收之举,却多是潜在动作。唯有纵横家不同,它似乎从不计较"计谋策略"之"出身",具有虚怀若谷、吞吐百家的博大气象。

纵横家因其活动对象的特殊性,故其知识结构和思想理念也显得十分特殊。简言之,纵横家拿来出售的"产品",主要是"谋略和计策"——强国之道、制胜之谋、灭敌之策、纵横之计之类,用今天的话来说,都属于"金点子",是稀缺的知识与思想产品。然而他们面对的却是一个非常强势的"买方市场":他们要说服的是一个国家的君主、政治专家和国家智囊团队。"市场"所能接受的金点子,需要符合这个国家的政治目标、经济制度、世情人心、传统习惯,需要符合诸侯君王自身的战略意图、心理需求、权谋水平和表达方式,需要针对敌(打击对象)、友(或联合对象)国家的政治、经济、军事、领导力等方面的准确判断,同时还必须战胜诸侯君主及其智囊团队中所有对纵横家谋策的怀疑者、反对派或利益冲突者。因此,"游说万乘"一般都是失败的。伊尹,圣人也,伊尹说汤,凡七十;百里奚,圣人也,百里奚见用于秦孝公,年已七十；苏秦，智者也，苏秦说秦，书十上而不纳；而商鞅说秦，也是经历两次失败后方奏效。其实在战国时期，"游士"如云，而成功者屈指可数。韩非有《说难》《难言》两篇，专门谈游说人君之难，谓有"七危""八误""十二难"之多。

纵横家与书斋里著书立说的学者不同，与在论坛上吐口水争锋的玄学家不同，他们往往不是囿于某一"门派"的专家，而是旁通百家之学的谋略家、实干家。他们的理念和思想，并非专于某一域的独立体系，而是多方面知识的集合，诸如政治、经济、历史、地理、计谋、用兵、人情、世情、道理、心理、治国、养身；需要上知天文、下识地理、兼收并蓄的百家之学，需要包罗万象的、开放型的知识结构。"五岁诵六甲，十岁观百家"（《上安州裴长史书》）的李白，"怀经济之才，抗巢由之节。文可以变风俗，学可以究天人"（《为宋中丞自荐表》）的李白，"上探玄古，中观人世，下察交道"（《送戴十五归衡岳序》）的李白，可谓堪担其任者！

长期以来，国人对纵横家的研究不足，有的甚至认为纵横家靠"一张嘴""三寸舌"，"不学无术"或者"有术无学"，皆浅薄之论。

本章小结

李白是纵横家的仰慕者，也是纵横家思想的践行者，但李白真正仰慕追随的是鲁仲连、谢安那种能建奇功又有高节的谋臣高士，而不是那些汲汲于私利的谋略家。李白立功报国的宏大抱负、布衣卿相的从政路径、功成身退的人生设计、至死不渝的策士梦想，都与其崇尚鲁仲连、谢安这样的谋臣高士有关。李白渴望向"明主"贡献强国富民、拯乱平叛的"良图""长策",已超越了个人名利,超越了战国纵横家的思想境界,并净化为对国家的赤诚之心和对百姓的热爱之情。有人认为李白学习纵横术是"落伍",其实纵横捭阖的谋略智慧永远不会过时,安史之乱的爆发,大唐中晚期与周边国家斗争的反复,乃至1200多年后全球政治经济军事斗争的你死我活,都证明了这一点。鉴于强敌环伺的中国当代,高超的谋略智慧亦必能使国家和人民受益(表4)。

表4 李白对纵横家思想的选择

吸收其积极面	摈弃其消极面
1. 游说万乘的策士梦想	1. 极端的功利主义者
2. 大济苍生的英雄意识	2. 完全的机会主义者
3. 与世迁移的通变理念	3. 朝秦暮楚的无信者
4. 刑德并用的王霸之略	4. 诡诈无信的阴谋家
5. 礼贤下士的强国之道	5. 背信弃义的骗子手
6. 奇谋妙策的取胜之术	6. 汲汲名利的自私者
7. 悬梁刺股的奋斗精神	
8. 布衣卿相的取仕之路	
9. 以身殉志的浩然之气	
10. 舌敌雄师的辩才之功	
11. 兼收并蓄的百家之学	

第三章

酷爱神仙的道家方士

2005年,"中国思想家评论丛书"之《李白评传》(周勋初著)正式出版。《李白评传》认为李白思想的主要渊源有道家、纵横家及历史积淀三个方面,并从人生态度、道家哲学、神仙思想三个维度论述了李白对于道家与道教思想的接受。周先生认为:"李白生于道教的发源地蜀中,从年轻时起就已经入道,而且正式接受道箓而成了一名道士。学道的目的在于成仙,所以李白对'仙'字特别有缘,一身兼有谪仙、酒仙、诗仙等名称,这些称呼恰切地反映了李白的特点和风貌。"

确实,我们在现存的李白诗文中,可以追溯到李白的道缘之根,李白的神仙之念,李白的修仙之隐,李白的寻仙之旅,李白的受箓之仪,李白的炼丹之功,李白的同道之妻女,李白的道友之圈圈,等等,这些似乎都告诉我们:李白有神仙崇拜,深受道家和道教思想的影响。

道家思想,是中国古代一种思想流派。春秋战国时期,老子集古圣先贤之大智慧,总结了古老的道家思想的精华,形成了道家完整的系统理论,标志着道家思想已经正式成型。其学

第三章　酷爱神仙的道家方士

说以"道"为最高哲学范畴,认为"道"是世界的最高真理,"道"是宇宙万物的本源,"道"是宇宙万物赖以生存的依据。道家代表人物有老子、庄子、列子等。

道教是产生于中国的传统宗教,是把古代的神仙思想、道家学说、鬼神祭祀以及占卜、谶纬、符箓、禁咒等综合起来的产物,是东汉末年在原始巫术基础上形成的一种民间宗教。道教,与作为先秦时期学术派别之一的道家,是有区别的。道家用"道"来探究自然、社会、人生之间的关系,提倡道法自然,无为而治,与自然和谐相处,具有朴素的唯物辩证法;而道教则以长生不老的神仙术为核心追求,属于有神论。当然,无论道家思想还是道教思想,都是丰富、多元的,有各自的积极面与消极面。

作为学术流派的道家和作为中国本土民族宗教的道教,曾经在中国古代思想的发展中扮演了重要角色,是中国古代文化的重要组成部分。到了李白生活的大唐社会,儒道释三教并立,道教的地位空前崇隆。为利于自己的统治,唐朝皇帝干脆认老子李耳为"祖宗",把道教抬到"国教"高度。从唐太宗到唐玄宗,也都信奉道教,认为世间有神仙,炼丹吃药,希望自己能长生不老。有唐一代21帝,直接死于吃仙丹的皇帝有唐太宗李世民、宪宗李纯、穆宗李恒、武宗李炎、宣宗李忱等5位,为中国古代历朝历代所仅有。即此可见大唐信奉道教之一斑。

本章要讨论的问题是:称老子为"吾祖"、称庄子为"南华老仙",自称为"身在方士格"的李白,在道家和道教的思想中,究竟选择和接受了些什么?

李白：融汇百川的杰出思想家

一、唯物辩证的哲学思维

谁挥鞭策驱四运？万物兴歇皆自然。

(《日出入行》)

李白在许多诗文中都谈到学道求仙，由此我们许多人便以为，李白一定是一个唯心论者。杨海波先生在专著《李白思想研究》中，以"李白的哲学观"专章对此作了考辨，认为："纵观诗人的本体论、认识论和社会历史观，不难看出，在诗人的哲学观点中，一方面有朴素的唯物辩证思想在其中闪光，另一方面又有各种唯心主义杂质充斥其间。"（《李白思想研究》，学林出版社1996年版，第33页）

在万物起源问题上，我国古代曾经历朴素唯物主义和主客观唯心主义的激烈斗争。道家始祖老子，建立了以"道"为最高范畴的客观唯心主义哲学体系，经战国时期宋钘、尹文的改造，提出了物质的精气为万物本源的唯物主义自然观。汉代的王充继承发展了元气一元论，进一步确认"气"是万物的本源，"天地合气，万物自生"。王充的古代唯物主义一元论（精气论），到了魏晋隋唐时期，发展为唯物的"有"与唯心的"无"之争。而李白的哲学本体论观点，虽脱胎于老子的客观唯心主义的"道"，却继承了王充倡导的唯物主义元气一元论自然观。他在《草创大还赠柳官迪》这首诗中向我们提供了这种思想的证据：

天地为橐籥，周流行太易。造化合元符，交媾腾精魄。
自然成妙用，孰知其指的。罗络四季间，绵微无一隙。

日月更出没，双光岂云只？……

抑予是何者，身在方士格。才术信纵横，仕途自轻掷。

吾求仙弃俗，君晓损胜益。不向金阙游，思为玉皇客。

鸾车速风电，龙骑无鞭策。一举上九天，相携同所适。

其一，李白认为天地间充满周流的物质元气。老子说："天地之间，其犹橐籥乎？虚而不屈，动而愈出。"（《道德经·第五章》）认为天地像一个鼓风的大风箱，风箱是空的，里面装的是什么？是虚无的"道"，道是天地万物的总根源。王充则发展为："天地，含气之自然也。"李白诗："天地为橐籥，周流行太易。"太易，指原始的混沌状态。这里，李白诗明显继承了老子的理论，认为宇宙天地间正如老子所说，是一个以天地为外壁的风箱，其中充满了混沌状态的物质性的阴阳元气。这种元气不是滞留的，而是一种不断运动着的实体。正是这种实体，构成了万物的最小元素。不过，老子是本体的"无"产生"有"；而李白却认为本体是"有"（物质性的元气）产生形体不同的万物。李白舍弃老子把"道"置于天地万物之上的大前提，吸收其朴素辩证法的思想，沿着宋钘、尹文和王充所开辟的唯物主义道路，提出具有辩证因素的朴素唯物主义自然观。

其二，李白认为是阴阳二气交媾而产生万物。李白在上面诗中还有"造化合元符，交媾腾精魄"句。造化，指阴阳；元符，谓大的祥瑞；交媾，指阴阳结合；精魄，谓阴阳交合产生的精灵之气。天地万物究竟如何产生？是阴阳二气"交媾"的结果。李白诗中的观点，"一方面吸收了老子相反相成的矛盾论思想，另一方面直接继承了王充朴素的唯物主义思想。王充认为，气的交感变化才能产生万物和人类。"（杨海波：《李

白思想研究》，第36页）

其三，李白认为万物的区别和差异来自赋气的不同。李白诗："白若白鹭鲜，清如清唳蝉。受气有本性，不为外物迁。"（《赠宣城宇文太守兼呈崔侍御》）认为世上的万物因为禀气的不同，而形成自己固有的特性和本性，如同白鹭之鲜，鸣蝉之清，其本性均由气所决定，气存则生，气亡则死，万事万物，概莫能外。即使作为万物之灵的人类也是如此，正是禀赋不同性质的气，而形成不同的思想与人品，所谓"清气造贤臣，污浊铸谗佞"。王充认为造成自然万物种类的多样性，其根源是由于禀受元气的不同。他在《物势篇》中有万物"因气而生，种类相产"一说，因此李白的这种观点，是从王充那里继承发展而来。（杨海波，同上）

其四，李白认为万物兴歇皆自有规律。李白有《日出入行》一诗，比较集中地反映诗人宇宙观，被论者誉为"唯物主义自然观的赞歌"之"代表作"（康怀远《李白的神话情结》）。诗云：

> 日出东方隈，似从地底来。
> 历天又入海，六龙所舍安在哉？
> 其始与终古不息，人非元气，安得与之久徘徊？
> 草不谢荣于春风，木不怨落于秋天。
> 谁挥鞭策驱四运？万物兴歇皆自然。
> 羲和！羲和！汝奚汩没于荒淫之波？
> 鲁阳何德，驻景挥戈？
> 逆道违天，矫诬实多。
> 吾将囊括大块，浩然与溟涬同科！

太阳从东方升起，似从地底而来。它年复一年，日复一日,穿过天空,没入西海。自古以来,从来如此。人不是元气,怎能与太阳一样地天长地久呢?花草不对春风的爱抚表示感谢,落叶也不对秋风的凋残表示埋怨。哪里有谁挥鞭驱赶着四时运转呢?其实万物的兴衰皆由自然。是谁要你羲和载着太阳落入大海的?鲁阳有什么德行竟能挥戈驻日?这些传说逆道违天,实在是荒谬绝伦!我将要与天地合而为一,浩然与元气融为一体。

李白这首诗,是从汉代乐府中的《日出入》篇新制而来,原诗是说太阳出入无穷,而人生命有限,只有乘六龙而升天成仙,才能延长寿命。然而李白却反其原意,改造成人不应该违背自然规律去追求长生不死,又怎能跟日月一样出入不息呢?鲁阳挥戈未能阻止太阳,不按规律办事,自然自欺欺人。李白表示,要符合天理人情,投入大自然的怀抱,适应自然规律,与茫茫宇宙融为一体,而不是"逆道违天"。这种思想,表现出一种朴素的唯物主义光彩。

在儒道释兴盛的唐代,李白能以朴素唯物主义观点,看待宇宙自然产生及其有规律的发展变化,这是难能可贵的。

二、运动变化的发展理念

百龄何荡漾,万化相推迁。……
已闻蓬岳浅,岂见三桃圆?

(《郢门秋怀》)

道家的哲学是运动变化的哲学。老子说:"飘风不终期,暴雨不终日,孰为此者?天地。天地尚不能久,而况人乎?"

（《老子》第二十三章）暴风不会吹一个早上，骤雨不会下一个整天，天地之行为尚不能持久，何况人事呢？"祸兮，福之所倚；福兮，祸之所伏。孰知其极？其无正也？正复为奇，善复为妖。"（《老子》第五十八章）灾祸里蕴含着福瑞，福瑞里暗藏着灾祸。正可能变成奇，善可能变成恶。祸福无定，奇正相生，善妖互变。"一虚一盈，不位乎其形，年不可举，时不可止；消息盈虚，终则有始。"（庄子《秋水》）老、庄都认为万事万物在不停地运动变化，世界上没有静止的事物，自然界、人类社会都是如此。用发展变化的观点而不是用静止的观点看待世界，正是我们在上一节提到的"唯物辩证"哲学观的核心，也是道家思想的精髓之一。

李白接受了道家的运动变化观念。他的许多诗篇都谈到宇宙万物的永恒变化，没有经久不变的东西：

吾曾弄海水，清浅嗟三变。果惬麻姑言，时光速如电。
(《赠王汉阳》)

百龄何荡漾，万化相推迁。……已闻蓬海浅，岂见三桃源？
(《郢门秋怀》其八)

玉露生秋衣，流萤飞百草。日月终销毁，天地同枯槁。
(《拟古》)

前水复后水，古今相续流。新人非旧人，年年桥上浮。
(《古风》其十八)

天地日月、玉露流萤、秋衣百草、新人旧人，"时光速如电"，"万化相推迁"，变化是无须论证的。而人生的变易正如天地的变易一样，于是穷通的变易，贫富的变易，老少的变

易,生死的变易,都被纳入李白的哲学思考之中,其中最令李白惊悚的,是时光的流逝:

> 已矣哉!桂华满兮明月辉,扶桑晓矣白日飞。玉颜灭兮蝼蚁聚,碧台空兮歌舞稀。与天道兮共尽,莫不委骨而同归。
>
> (《拟恨赋》)

> 浮生速流电,倏忽变光彩。天地无彫换,容颜有迁改。对酒不肯饮,含情欲谁待?
>
> (《对酒行》)

> 夫天地者,万物之逆旅也;光阴者,百代之过客也。而浮生若梦,为欢几何?古人秉烛夜游,良有以也。
>
> (《春夜宴从弟桃花园序》)

运动变化的宇宙观,对于李白的人生和创作带来多方面的影响。从积极一面来说,它给李白带来对政治理想和未来机遇的自信心,对功业成就时不我待的紧迫感,对国家未来忧患的警惕性,对盛唐政治危局的洞察力,尤其给李白批判或否定现实社会的永存和达官权贵功名富贵的长在,提供了哲学的武器。天宝初年,李白能在表面繁荣昌盛的"盛唐气象"中,看出了它所隐藏的种种危机,在安史之乱前就预感大乱将至,向统治者发出"君失臣兮龙为鱼,权归臣兮鼠变虎"的警告(《远别离》),这样的远见卓识,既得之于深入"龙潭虎穴"的实际观察,又得力于道家哲学超越意识和发展变化观赋予的洞察力。

从消极一面来说,运动变化观对于李白,有时被转化为对生命短促的惊悚,成为其"及时行乐"的动力。李白在《古风》其二十三中竭力称道古人秉烛夜游的享乐思想:"物苦不知足，登陇又望蜀。人心若波澜，世路有屈曲。三万六千日，夜夜当秉烛。"既然春光易逝、人生短促，那就只好及时行乐。

李白的《古风》其八则直叹人生如梦，富贵不常，否认有所作为："庄周梦蝴蝶，蝴蝶为庄周。一体更变易，万事良悠悠。乃知蓬莱水，复作清浅流。青门种瓜人，旧日东陵侯。富贵故如此，营营何所求？"万物一体，互为变易。东海蓬莱之水，忽成浅浅细流；青门种瓜老汉，本是赫赫侯爷。富贵既然如此变化，何必营营钻求呢？

李白在《古风》其二十八中以为光景易流，不若仙化为高："容颜若飞电，时景如飘风。草绿霜已白，日西月复东。华鬓不耐秋，飒然成衰蓬。古来贤圣人，一一谁成功？君子变猴鹤，小人成沙虫。不及广成子，乘云驾轻鸿。"做人即使成为圣贤也并无成功可言，当然不如做神仙！

李白研究论者都注意到李白从道家或神仙中接受了"人生如梦""及时行乐"的消极思想，不少人过分夸大了"人生如梦"与"及时行乐"思想在李白思想与行为中的比重，因而给李白戴上了"颓废主义"的帽子。实际上口口声声要"及时行乐"的李白，以自己辉煌、丰富的创作，否定了自己的宣言。现存李白全集的诗千首、文70篇，根据李阳冰《草堂集序》"当时著述，十丧其九"的判断，则李白一生创作的诗文当在万篇（首）以上。

可见李白不但从来不颓废，而且是一个超勤奋的作家。我们有什么理由说一个创作上万首诗词的作家，是一个"及时行乐"的"颓废"之人呢？

三、超越世俗的宇宙境界

吾将囊括大块，浩然与溟涬同科。

(《日出入行》)

袁行霈先生在《李白的宇宙境界》一文中，指出："李白诗歌的境界高大雄伟，超出人世，足以引导读者进入一个无比辽阔的想象世界，这就是宇宙境界。"袁先生认为李白的宇宙境界有三个特点：一是李白常从大处把握对象，得其神气，略其形色。有诗论者云："诗以神行，使人得亡意于言外，若远若近，若无若有……心得而会之，口不得而言之……昔之擅其妙者，在唐有太白一人。"（屈绍隆《粤游杂咏序》，王琦注《李太白全集》，卷三十四引）二是李白处理人事的态度超凡脱俗。他以宇宙之眼看待人事，把常人看重的种种关系都看得无关紧要。三是李白坚守人格独立，既不为某种目的取媚于人，又不因某种外力而改变自己。他虽欲跻身庙堂，但并不肯为此而折腰（如《梦游天姥吟留别》）；虽目无权贵，但尊重苍生百姓。

的确，李白因为站在高处鸟瞰世界，于是能看到大景观，得到大气象：

登高壮观天地间，大江茫茫去不还。
黄河万里动风色，白波九道流雪山。

(《庐山谣赠卢侍御虚舟》)

山随平野尽，江入大荒流。

(《渡荆门送别》)

李白：融汇百川的杰出思想家

三山半落青天外，一水中分白鹭洲。

(《登金陵凤凰台》)

大鹏一日同风起，扶摇直上九万里。

(《上李邕》)

黄河落天走东海，万里写入胸怀间。

(《赠裴十四》)

这些诗句，都因其宏观的视角，而形成宏伟的境界。

李白的宇宙境界，来自他的宇宙意识；而他的宇宙意识，无疑得之于道家的代表人物庄子。庄子说："大块载我以形"(《庄子·大宗师》)。又说："大同乎涬溟"(庄子·外篇·在宥第十一)。其所谓"大块"者，即自然之称；而"涬溟"，即自然元气，亦即宇宙。前述李白有诗谓："吾将囊括大块，浩然与溟涬同科。"(《日出入行》)正表明李白要"囊括大块"，与宇宙合一，浩浩然得到空间和时间。这种思想意识的来源，乃在此。

李白抱持道家哲学，道家哲学的核心是"道"。那么"道"是什么呢？庄子说："夫道，有情有信，无为无形，可传而不可受，可得而不可见；自本自根，未有天地，自古以存；神鬼神帝，生天生地；在太极之先而不为高，在六极之下而不为深，先天地生而不为久，长于上古而不为老。"(《庄子·大宗师》)"道"不仅是超越宇宙万物的物质本源，同时也是超越社会之上的最高观照："以道观之，物无贵贱；以物观之，自贵而相贱；以俗观之，贵贱不在己。以差观之，因其大而大之，则万物莫不大；因其小而小之，则万物莫不小。知天地之为稊米也，知毫末之为丘山也，则差数睹矣。"(《庄子·秋水》）就是说，虽然事物之间没有特定的标准来彼此衡量，但只要万物都归结到一个统一的本原，即"道"之中，就没有了任何的差别，"道"在这里成了一个事物的绝对标尺。

李白站在"道"的高度来俯察宇宙和人生，探索宇宙本体及人生与自然的关系，视野往往超越时间和空间，因此要比儒家开阔得多。地球因之似乎变小了，因为在宇宙中看地球，地球只是"小如秭米"一样的芥子；历史因之似乎变短了，以宇宙眼光看地球变迁，"千年更变如走马"，而短暂人生更如"白驹过隙"了。至于凡间尘世，什么高爵厚禄，什么荣华富贵，赫赫一世，也不过"南柯一梦"；人生的拼搏抗争，也不过是小小蚁穴中的蚂蚁之斗罢了。

道家哲学的超然意识，赋予李白一种高瞻远瞩的视野、雄伟阔大的胸襟。

四、功成身退的人生设计

终与安社稷，功成去五湖。

（《赠韦秘书子春二首》其二）

（一）终生执一的人生理念

李白一生，最喜欢挂在嘴上、写在纸上的人生哲学，叫作"功成身退"。他对这个观点抱持一生，笔者因此谓之"终生执一"。以下我们试从其诗文中对此的表达，依照时间顺序作一梳理：

（1）27岁。申管晏之谈，谋帝王之术。奋其智能，愿为辅

李白：融汇百川的杰出思想家

弼，使寰区大定，四海清一。事君之道成，荣亲之义毕，然后与陶朱、留侯，浮五湖，戏沧州，不足为难矣。

（《代寿山答孟少府移文书》）

（2）30岁。功成拂衣去，摇曳沧州旁。

（《玉真公主别馆苦雨赠卫尉张卿二首》）

（3）31岁。余亦南阳子，时为梁甫吟。……愿一佐明主，功成还旧林。

（《留别王司马嵩》）

（4）40岁。功成身不退，自古多愆尤。黄犬空叹息，绿珠成衅雠，何如鸱夷子，散发棹扁舟。

（《古风·天津三月时》）

（5）41岁。报国有长策，成功羞执珪。

（《赠从弟冽》）

（6）43岁。待吾尽节报明主，然后相携卧白云。

（《驾去温泉宫后赠杨山人》）

（7）43岁。功成谢人间，从此一投钓。

（《翰林读书言怀呈集贤学士》）

（8）44岁。功成身不居，舒卷在胸臆。

（《商山四皓》）

（9）44岁。有诗《行路难》（其三）：
吾观自古贤达人，功成不退皆殒身。
子胥既弃吴江上，屈原终投湘水滨。
陆机雄才岂自保？李斯税驾苦不早。

华亭鹤唳讵可闻？上蔡苍鹰何足道？
君不见吴中张翰称达生，秋风忽忆江东行。
且乐生前一杯酒，何须身后千载名？

（10）56岁。终与安社稷，功成去五湖。

（《赠韦秘书子春二首》其二）

（11）57岁。齐心戴朝恩，不惜微躯捐。所冀旄头灭，功成追鲁连。

（《在水军宴赠幕府诸侍御》）

（12）63岁。范子何曾爱五湖？功成名遂身自退。

（《悲歌行》）

以上十二例，从时间上说，历青年、壮年，直至临终，可谓贯通李白的一生。

李白在例（1）中所表达的"功成身退"理念，作为他的人生理想，其实乃是他"辞亲远游"即出蜀前的规划。他的才能定位是"申管晏之谈，谋帝王之术"；他的身份定位是"奋其智能，愿为辅弼"；他的功业定位是"使寰区大定，四海清一"；他的"功成"标准是"事君之道成，荣亲之义毕"；他"身退"后的定位是"与陶朱、留侯，浮五湖，戏沧州"。这说明，认为李白的功成身退思想是因入朝为翰林后深入了解朝廷黑暗乃至从李邕和裴敦复被杖杀的"现实"经验得来，或者否定他受之道家影响，并不恰当。

例（2）至例（5），四处表白，时在李白"一入长安""酒隐安陆"或初到东鲁期间，李白到处谋求干谒求荐，或如裴斐所说，以此宣言抬高身价。但例（6）、例（7）写于翰林供奉期间，说明"功成身退"四字，李白无论在朝在野都念念不忘，并非只为自我标榜。

例（8）和例（9），写在李白"赐金还山"之后不久，其时他已44岁，刚刚失去了"立功"的平台，此时为何要谈"功成身退"？一为说明其"乞归还山"乃是远害避祸的智慧之举，二在说明李白仍然抱持将来建功的热望。

例（10）写在安史之乱中，例（11）写在永王楼船的"水军宴"上，李白时年已56岁、57岁，两诗证明，被朝廷误判"附逆"的李白，完全是为报国立功而投身永王幕府，他一直在坚持自己"功成身退"的理想，是可比鲁仲连的一条坚持初心、终生执一的好汉！

例（12）引用"范蠡功成泛五湖"这个历史上最为著名的成功案例，并以老子的经文作解，表明了李白坚持践行了一辈子的"功成身退"命题，直接来自老子的《道德经》。

（二）催人奋进的精神动力

功成身退，不但是李白说了一辈子的人生理想，也是他身体力行了一辈子的行动指南。他把自己的人生主题规划为两个组成部分：其一，进取而建立功业；其二，身退而享受人生。进身于建功立业，是理想的基础与前提，是死任务；享受适意的人生，是理想之归宿，是立功后的安排。李白循此基本路线和规划图，席不暇暖，奔波了一生。可惜，他并未实现他的"功成"的目标，因而，他当然也未实施"身退"的安排。然而，功成身退思想，始终是他建功立业、愈挫愈奋的精神动力。李白在被冤枉流放遇赦后，抱病从军，冀申一割，半道而还，大呼"天夺壮士心"的行动，表达了它对"功成"的毕生追求，功不成，则至老不言"退"。他用自己的一生，证明了他的"功成身退"思想是多么的积极和可贵!

但是长期以来,论者都认为李白的"功成身退"思想是消极的,认为李白很推崇春秋越国的范蠡和汉代的张良,而他们都是功成身退、远身避害、明哲保身的消极典型,于是李白也属于"远身避害"的"消极人物",甚至是"颓废诗人"。他们说,李白在未入仕之前,就曾这样设计过他的处世道路,一旦有机会干出一番事业,便立即抽身退隐。在翰林待诏时他也时常有这种打算。这种急流勇退、独善其身虽然是妥善解决入世与出世两全其美的办法,但在多数情况下,只是一种远身避害、明哲保身的遁词。李白的这种思想虽然受了庄子的影响,但这种急流勇退的思想着重点在"退"而不在"进",故它常常所起的是打退堂鼓的消极作用,反映了中国知识分子(当然也包括李白在内)的软弱心理和革命的不彻底性。(葛景春:《李白思想艺术探骊》,第43页)

这一说法值得商榷。因为它不但颠倒了李白"功成身退"内涵的前后次序,忽视了李白言"退"设定的逻辑前提,无视李白一生的行为实践,而且把"功成身退"与"急流勇退"混为一谈。李白的逻辑是先是要立功(凭天生我材必有用);功成以后就身退(不居功,不恋栈);倘功不成,就继续追求,努力进取。这样积极美好而且境界崇高的心理追求和人生安排,硬是被我们有的李白研究专家给歪曲了。试看中国历史几千年,功成能身退的高士(如范蠡者)有几个?而居功恋栈最后落汤者(如李斯者)则比比皆是!

(三)熔炼千古的经世智慧

李白的功成身退思想,出处在哪里?论者聚讼纷纭,大致有如下三种看法。

一曰来自儒家的济世思想；二曰源出道家的避世思想；三曰是"儒家与道家思想的结合"，也就是说，既有儒家的济世，也有道家的避世，是两种思想的混合。对于第三种看法，裴斐先生作了认真的批判，认为这个"混合论"，其实就是"调和论"。读者请注意，裴先生于20世纪80年代指出的"调和论"，先前即为哲学上的"合而为一"，罪名挺大的。裴先生认为，"功成身退"不是什么先验论的产物，它来自无数历史上的血泪教训；除了汲取历史教训，李白功成身退也有现实影子，与李白同时的张九龄、李邕、裴敦复等都因未能及时抽身引退最后被李林甫迫害致死。因此结论是，李白的"功成身退"主要是他总结历史和现实的社会教训得来的经验。（《李白十论》）

不过，"功成身退"思想，在先贤的版本中，却确实早有存在。其一，在儒家的首经《易经》中，有"高尚其志"一说，其意即功成身退。其二，李白很推崇春秋越国的范蠡和汉代的张良，他们都是功成身退的典范，因而为《史记》所称道。其三，《汉书》中记载西汉韩信谋士蒯通说过："高鸟尽，良弓藏。狐兔死，走狗烹。敌国破，功臣亡。"可谓历史上功成不退所得下场的最好总结。其四，《老子》第九章中说："持而盈之，不如其已；揣而锐之，不可长保。金玉满堂，莫之能守；富贵而骄，自遗其咎。功遂身退，天之道。"称老子为"吾祖"的李白，对此岂不烂熟于心？！

周勋初先生在《李白评传》中认为："李白屡次声称他要功成身退，与道家这一富有哲理的启示当有关系"；"也是总结了历史上的许多相关事例而得出的结论。"因为李白仰慕的人中，有范蠡、鲁仲连、张良、谢安等人，都可作为功成身退的范例。周先生着重提示读者：

从李白的效法对象中，可知李白隐藏在心中的一种微妙心理。处在盛世中，他愿意走司马相如、扬雄的道路，以文学侍从之臣的身份出现，以东方朔般的角色自期，显示他"戏万乘若僚友，视俦列如草芥"的气概。若时局有变，身逢乱世，则将效法鲁仲连、谢安等人，乘时而出，一展挽狂澜于既倒的雄才，然后及时引退，在历史上留下一个奇士与高士相结合的潇洒出尘的完美形象。

由此可见，李白的"功成身退"思想深受道家影响，也深刻地烙上了纵横家的印痕。

（《李白评传》，第183—185页）

笔者高度认同周先生的结论。

五、无为而治的治国理念

雷声动四境，惠与清漳流。弦歌咏唐尧，脱落隐簪组。

（《赠清漳明府侄聿》，752）

我们在第一章谈到，李白深受儒家思想的影响，他的建功报国思想、逆鳞敢谏思想、忧国忧民思想、弦韦适中思想、再复鲁道思想，都是选择性地接受儒家思想的表现。不过，在李白的治国思想中，虽然有"仁政""德治"的儒家版本，却也有无为而治的道家理念。

（一）李白的理想社会是人民安居乐业

在谈到李白的理想社会和治国思想时，葛景春先生指出：

李白：融汇百川的杰出思想家

李白的政治理想是"安社稷、济苍生"。但他所设想的理想国，却颇有庄子的乌托邦色彩，和陶渊明的"桃花源"差不多，是诗人的理想幻影。庄子反对战国民不聊生的浊世，主张回到原始社会那种"织而衣，耕而食"（《马蹄》）"日出而作，日没而息"（《让王》），人民"甘其食，美其服，乐其俗"无为而治的"至德之世"（《胠箧》），那里是既无剥削和压迫，又无尔虞我诈的纯朴世界："禽兽可系羁而游，乌鹊之巢看攀援而窥，夫至德之世，同与禽兽居，族与万物并，恶乎知君子小人哉！"（《马蹄》）庄子所说的往古世界，其实和儒家所提倡的"大道之行也，天下为公"的大同之世（《礼记·礼运》）差不多，都是古代人所想象的一种理想社会。这种理想在封建社会中很有吸引力，陶渊明的《桃花源记》从这里受到过启发，李白的理想国也从这里寻找过蓝图。李白曾多次在诗中表示了对这种理想社会的向往。这样的理想国，实际上是庄子"织而衣，耕而食"人民安居乐业，无为而治的乌托邦及儒家"选贤与能""男有分，女有归"的官贤民安的大同理想的结合。这是一个农民的理想社会，虽然它并未超出封建社会的基本结构，但在中国封建时代甚至盛唐时代都是不可能付诸实际的，只有诗人笔下才会出现。正是这个不能实现的美好理想，鼓舞着诗人李白为之奋斗，支持着他与黑暗社会做斗争，激励着他写出美妙动人的诗歌。李白诗中的神仙世界，其实也是这个理想的变相反映。这个理想成了他批判现实社会的标准和动力。

（葛景春：《李白思想艺术探骊》，第39—40页）

（二）李白的治国理念是"儒道并举"

李白全集中，有《赠清漳明府侄聿》（752）、《赠徐安宜》（738）、《赠范金卿二首》（其二）（740）、《赠从孙义兴宰铭》（761）以及《任城县厅壁记》（740）等许多诗文，都谈到他的理想社会设计，从中可见李白其政治思想有鲜明的儒、道融合的特色。

让我们从道家的视角来分析一下李白的《赠清漳明府侄聿》（752）一诗吧。作者在这里告诉我们：那个能把这个清漳县治理得"赵北美佳政，燕南播高名"的优秀地方官吏，正是一位"高卧披道帙"的道士。全诗云：

我李百万叶，柯条布中州。天开青云器，日为苍生忧。
小邑且割鸡，大刀伫烹牛。雷声动四境，惠与清漳流。
弦歌咏唐尧，脱落隐簪组。心和得天真，风俗犹太古。
牛羊散阡陌，夜寝不扃户。问此何以然，贤人宰吾土。
举邑树桃李，垂阴亦流芬。河堤绕绿水，桑柘连青云。
赵女不冶容，提笼昼成群。缲丝鸣机杼，百里声相闻。
讼息鸟下阶，高卧披道帙。蒲鞭挂檐枝，示耻无扑挞。
琴清月当户，人寂风入室。长啸一无言，陶然上皇逸。
白玉壶冰水，壶中见底清。清光洞毫发，皎洁照群情。
赵北美佳政，燕南播高名。过客览行谣，因之诵德声。

李白于天宝十一载（752）春，曾北游广平、邯郸、清漳等地。与清漳县令侄辈李聿相会，别时写了这首赠诗。诗中，李白首先用"天开青云器，日为苍生忧"来介绍李聿的美德，说李聿是日日为百姓而忧虑的人；用"小邑且割鸡，大刀伫烹牛"来介绍李聿的才识，而"割鸡焉用牛刀"正是孔子观子游治武城，闻弦歌声曾说的话。接着又写李聿以礼乐治邑，邑清民安，路不拾遗、夜不闭户，不让太古之风，如同孔子弟子子游治理武城邑，以礼制教化百姓，以歌声感化百姓，以歌咏唐

163

尧之曲，深入百姓人心，因此民心和而得天真之性，民风淳朴如上古三皇之世，"牛羊散阡陌，夜寝不扃户"，探究其原因，是"贤人宰吾土"。点明李聿治政思想和个性，道出了"德教"之重要。然后，作者又写百姓安居乐业，发展生产，民无游闲好逸之徒，吏无苛政繁扰，桃李散发芳香，河堤绕着渌水，桑柘远及青云，一片男耕女织、各安其业、社会繁荣发达兴旺景象，指出这些正是礼乐弦歌教化的结果。继而写邑内政治安定，民无诉讼，贤吏逸豫。说李聿如陶潜、刘宽治邑以德，而不唯刑，民知礼而耻过，政治清明。最后赞美李聿为官清廉，洞察民情，明辨是非，公正无私。佳政超出清漳，越及燕赵，传名当世，流芳百世。

李白此诗中以清漳政通民和、风俗淳古为典型，歌颂了礼乐政治，歌颂了贤能政治，歌颂了政简讼息、无为而治，比较系统地体现了李白的社会政治理想和社会蓝图。这些，和李白赐金还山后许多年里，痛斥权奸的害贤嫉能、祸乱国政的行为，是同出一辙的。

（三）李白"儒道并举"的治国思想具有积极意义

道家的无为而治，从国家治理模式来研究，在李白的时代，并不是没有意义的。李白的老师赵蕤在《长短经》里，指出国家的治理要"因时而变"，"三代不同礼，五霸不同法"。那么到了玄宗的盛唐时期，国家治理究竟应该如何？这就需要分析玄宗后期社会的情况。我们从《资治通鉴》里可以看到，以玄宗于开元二十四年（736）赶走张九龄算起，到安史之乱爆发前后20年里，由于李林甫、杨国忠两个大奸相先后当权，大唐朝廷已经江河日下。裴斐先生指出：

李白青年时代，正值中国封建社会繁荣发展的时期。当时中国在经济、政治、文化等各方面都有高度发展，成为当时世界最先进的国家之一。李白是在这样一种优越的环境中成熟的。但当李白以一个卓越的诗人姿态出现时，面对的已经不是"上升发展的现实"，而是唐帝国开始崩溃的时期了。

（裴斐：《谈李白的诗歌》，载1955年11月13日、20日《光明日报》）

我曾列举天宝年间土地兼并、开边战争、人口逃亡的大量史实，说明当时阶级矛盾已非常尖锐、生产力已遭到极大破坏，社会在"繁荣"的假象背后危机四伏，广大农民由于失去土地和疲于征役生活得非常痛苦；

……

（裴斐：《李白十论》，四川人民出版社1981年版，第24页）

对照裴斐所述的社会背景，李白在《赠清漳明府侄聿》（752）、《赠徐安宜》（738）、《赠范金卿二首》其二（740）、《赠从孙义兴宰铭》（761）以及《任城县厅壁记》（740）中所描写的美好社会景象，不管是现实的，还是理想中的"乌托邦"，都具有对社会的惊醒与示范意义。而我们都知道的历史是，儒道结合的社会治理，如崇尚"黄老之学"的西汉文景时期，正是一个成功的典型案例。

六、自由开放的人性追求

乍向草中耿介死，不求黄金笼下生。……
所贵旷士怀，朗然合太清。

（《雉子斑》，一作《设辟邪伎鼓吹雉子斑曲辞》）

李白：融汇百川的杰出思想家

作为道家领袖人物的庄子,有著名的《逍遥游》一篇。有人以为,所谓逍遥游,即绝对自由论。庄子"物物而不物于物"(《山木》),"胜物而不伤"(《应帝王》),"不为外物所束"能驾驭外物又不为外物所束缚的自由理想,是后人解放思想、追求自由和批判现实、反抗封建礼法的有力思想武器。李白是庄子的崇拜者,庄子的自由精神培育了李白自由的个性。可以说,在李白的思想体系中,自由思想和精神,始终拥有稳固的一席之地。

薛天纬先生在《道教与李白之精神自由》中指出:"道家对精神自由的崇尚,与唐王朝思想开放的局面十分合拍,对文人们产生了强大的吸引力。李白是盛唐文人的精神代表,这一点鲜明地反映在他的道教崇拜中。"(《20世纪李白研究论文精选集》,太白文艺出版社2000年版,第531页)检索李白的诗文,我们发现道家自由精神对李白的影响,主要有以下四个方面。

(一)亲近与归向自然的基调

人作为自然之物,实有亲近自然的天性。在中国传统文化中,有传说中的巢父、许由一类的"高士",以疏离政治、隐栖山林为基调,形成了一种传统,成为后世文人放情山林的隐逸之志。这种传统,原本是先于道教。但道教兴起以后,它的托迹山林的宗教实践行为,与文人隐栖山林的传统相投合,使学道与隐逸成为一回事,因为他们的共同点,都是摆脱世网,归向自然,追求精神自由。

我们看李白的诗中这种亲近自然、向往精神自由的情愫,几乎与其用世之心和功业理想一样强烈:

故人栖东山，自爱丘壑美。青春卧空林，白日犹不起。
松风清襟袖，石潭洗心耳。羡君无纷喧，高枕碧霞里。

(《题元丹丘山居》，31岁)

仙游渡颖水，访隐同元君。忽遗苍生望，独与洪崖群。
卜地初晦迹，兴言且成文。却顾北山断，前瞻南岭分。
遥通汝海月，不隔嵩丘云。之子合逸趣，而我钦清芬。
举迹倚松石，谈笑迷朝曛。益愿狎青鸟，拂衣栖江濆。

(《题元丹丘颍阳山居》，31岁)

家本紫云山，道风未沦落。沉怀丹丘志，冲赏归寂寞。
朅来游闽荒，扪涉穷禹凿。夤缘泛潮海，偃蹇陟庐霍。
凭雷蹑天窗，弄影憩霞阁。且欣登眺美，颇惬隐沦诺。
三山旷幽期，四岳聊所托。故人契嵩颍，高义炳丹臒，
灭迹遗纷嚣，终言本峰壑。自矜林湍好，不羡朝市乐。
偶与真意并，顿觉世情薄。

(《题嵩山逸人元丹丘山居》，50岁)

这三首写元丹丘山居的诗，分别写于31—50岁期间，我们似见诗人的悠然自得、飘然无为的神态。"丘壑美""清襟袖""洗心耳"也好，"且欣登眺美，颇惬隐沦诺"也好，"三山旷幽期，四岳聊所托"也好，都表达了诗人厌弃世俗之污浊，羡慕世外桃源生活的情趣。

李白酷爱自然，因为这里有精神的自由和解脱。我们在后面还要谈到，李白的山林之志，其实还受酷爱"东山"的谢安这类魏晋名士风度的影响。

（二）"旷荡纵适"的大鹏之志

在论证李白的功业理想时，我们都会提及李白的《大鹏赋》。其序云："余昔于江陵，见天台司马子徽，谓余有仙风道骨，可与神游八极之表，因著《大鹏遇稀有鸟赋》以自广。"李白此赋，以"激三千以崛起，向九万而迅征"的大鹏自喻，是显而易见的。赋中的大鹏意象源自庄子的《逍遥游》，但是李白的"大鹏"与庄子的"大鹏"是不同的。薛天纬先生分析说：

《大鹏赋》所不同于《逍遥游》者，在于《逍遥游》只写了大鹏之腾飞，没有写到它的落下。《大鹏赋》却这样写道："然后六月一息，至于海湄。欻翳景以横翥，逆高天而下垂。憩乎泱漭之野，入乎汪湟之池。猛势所射，余风所吹，溟涨沸渭，岩峦纷披。"……如果说，大鹏之崛起迅征，是寄寓了李白欲以"一鸣惊人，一飞冲天"（范传正《李公新墓碑序》）的方式，欻然而起建立奇功的愿望的话，那么，大鹏之落下，即是顺乎时势而从功名场上引退。这是一种积极而主动的明智行为，也是大鹏主观精神力量之显示，所以同样能震慑天吴、海若、巨鳌、长鲸之类神灵异物。

描写过大鹏的起落之后，诗人有如下的议论直陈："……精卫殷勤于衔木，鹈鹕悲愁乎荐觞。天鸡警晓于蟠桃，骏马晰耀于太阳。不旷荡而纵适，何拘挛于守常？未若兹鹏之逍遥，无厌类于比方。不矜大而暴猛，每顺时而行藏。"李白所追求的，是一种"旷荡而纵适"的逍遥游，即精神自由。

（《道教与李白之精神自由》，《20世纪李白研究论文精选集》，太白文艺出版社2000年版，第531页）

"旷荡而纵适"，"顺时而行藏"。薛天纬对《大鹏赋》的解读，可以帮助我们更深刻地理解李白许多诗篇中蕴含的心志夙愿，理解李白一生的"出入行藏"，其中都贯彻着其"精神自由"的重要思想。

（三）人生命运的自我选择

李白追求精神自由，表现在他对自我命运的选择上，是执意要做自己命运的主人，做自由选择自己的前途和命运的人。当他要实现自己"安社稷""济苍生"的政治理想时，就通过交游、干谒、结社、隐居的种种手段和途径来引起皇帝的瞩目和重用；当他处于供奉翰林的地位，具有亲近皇帝和"五侯七贵"的机会时，就利用各种机会和手段，陈述他的"王霸大略"，以达到"百姓乐于耕织""致吾君于尧舜"的夙愿。而当他觉察到玄宗已不是"开元之治"时的英明之主，而是雷同"殷后""楚怀王"那样的昏君，他的逆鳞之谏已经"格言不入"，而他的自由个性也与上层统治集团种种封建礼法无法相容时，他就坚决不愿为功名富贵而牺牲理想和自由。他对自己的命运做了自己的选择，决定"上疏乞归"。杜甫诗在《寄李十二白二十韵》有句"乞归优诏许，遇我夙心亲"，写的正是李白的这次选择。李白为什么作这样的选择？谜底在《雉子斑（一作设辟邪伎鼓吹雉子斑曲辞）》中：

乍向草中耿介死，不求黄金笼下生。
天地至广大，何惜遂物情。
善卷让天子，务光亦逃名。
所贵旷士怀，朗然合太清。

李白辞京还山，宁愿做独立自由的闲云野鹤，而不愿做一只在黄金笼中失去自由的学舌鹦鹉。他以自由精神打破了功名富贵罗网的束缚，以独立自主人格战胜了仰承鼻息的儒家奴隶性格。

（四）不受戒律的行为取向

李白的自由精神不但表现在归向山林、突破富贵罗网、自我选择前途命运，而且表现在他既入道门而不守道教戒律，从而证明他其实并非真正的道教徒。

我们知道，虽然道家崇尚自由，但是道教作为宗教，却并不是自由的，各种"清规戒律"甚多。例如关于戒酒一项，就屡见于道家典籍。《云笈七笺》（一部择要辑录《大宋天宫宝藏》内容的大型道教类书）其卷三十九《修斋求道当奉十戒》中就有："第六戒者，断酒节行，调和气性。神不损伤，无犯众怒"；其卷四十《受持八戒斋文》又有："五者，不得醉酒以恣意。"然而李白身为道士，竟自称"酒仙翁"，显然不守此戒。另外，道教最重要的宗教实践是"炼丹服食"，李白亦有几首涉及炼丹的诗，但是李白炼丹到底下了多少工夫？据杜甫的观察并在《赠李白》告诉我们的是：

> 秋来相顾尚飘蓬，未就丹砂愧葛洪。
> 痛饮狂歌空度日，飞扬跋扈为谁雄？

可见，李白在加入道籍以后"未就丹砂"，是"愧葛洪"的，因为他用"痛饮狂歌"代替"炼丹服食"，并未成为真正虔诚的道教徒。薛天纬先生说："究其缘由，盖入道企望成仙也罢，痛饮狂歌也罢，行为虽殊，目的都是为了发泄胸中郁愤，求得精神解脱，获致精神自由。所以，当痛饮狂歌更能收到精神释放之功效时，李白自然就把道教的一套置诸脑后了。"（《道教与李白之精神自由》，《20世纪李白研究论文精选集》，太白文艺出版社2000年版，第543页）

换句话说，李白是为了发泄胸中郁愤，求得精神解脱，获致精神自由而入道。正如范传正在《唐左拾遗翰林学士李公新墓碑》所谓的"脱屣轩冕，释羁缰锁，因肆情性，大放宇宙间。饮酒非嗜其酣乐，取其昏以自富；作诗非事于文律，取其吟以自适；好神仙非慕其轻举，将不可求之事求之，欲耗壮心，遣余年也"。

于是我们在道教的樊笼中，看到了一位自由主义者。

七、平交王侯的民主思想

出则以平交王侯，遁则以俯视巢许。
　　　　（《冬夜于随州紫阳先生餐霞楼送烟子元演隐仙城山序》）

平交王侯的思想观念是李白的核心思想之一，并因此构成了李白闪光的性格和杰出的个性，对后世之影响也十分巨大。李白这一思想形成的因素比较复杂，与儒家思想、纵横家思想、游侠思想和道家思想都有关联，但其重要渊源之一乃在庄子，故我们把它放在这一章来讨论。

（一）李白的平交王侯思想

李白平交王侯的思想意识，在其诗文中反映颇多。为了说

李白：融汇百川的杰出思想家

明这一思想在李白一生中的地位，我们在引用李白诗文的例句时，于篇目后注明了李白写作这些诗文时的年龄。

（1）出则以平交王侯，遁则以俯视巢许。

（《冬夜于随州紫阳先生餐霞楼送烟子元演隐仙城山序》，李白时年35岁）

（2）出山揖牧伯，长啸轻衣簪。

（《送韩准裴政孔巢父还山》，李白时年40岁）

（3）揄扬九重万乘主，谑浪赤墀青琐贤。

（《玉壶吟》，李白时年43岁）

（4）昭昭严子陵，垂钓沧波间。……长揖万乘君，还归富春山。

（《古风·松柏本孤直》，李白时年45岁）

（5）且放白鹿青崖间，须请即骑访名山。安能摧眉折腰事权贵，使我不得开心颜。

（《梦游天姥吟留别》，李白时年47岁）

（6）黄金白璧买歌笑，一醉累月轻王侯。

（《忆旧游寄谯郡元参军》，李白时年51岁）

（7）手持一枝菊，调笑二千石。

（《宣城九日闻崔四侍御与宇文太守游敬亭余时登响山不同此赏醉后寄崔侍御》其一，李白时年53岁）

（8）昔在长安醉花柳，五侯七贵同杯酒。气岸遥凌豪士前，风流岂落他人后。

（《流夜郎赠辛判官》，李白时年58岁）

第三章 酷爱神仙的道家方士

上面第（1）例，李白写于道教大师胡紫阳先生送道友元演的宴会上。从道教的传授来说，陶弘景传王远知，王远知传潘师正，潘师正传司马承祯，承祯传李含光，李含光传胡紫阳，胡紫阳传元丹丘，因此胡紫阳是道教的大V没有悬念。令人惊奇的是，李白一生往来的道友，竟囊括了当时道家的所有掌门者，因为从司马承祯到元丹丘，四代道教传人皆为李白好友。李白此序，写得非常高大上，也非常明确地表达了自己平交王侯之理想，说我和官场中那些王公大人交往时是以平等相待，决不会因对方有权有势而卑躬屈膝。李白此言写在一个相当庄重的场合，可见不是随意之说。

第（2）例至（5）例，则表达了李白对地方大吏的兀傲态度。例（2）赞美韩准、孔巢父等对牧伯（泛指地方高级长官）长揖不拜。我们知道，古代有些士人为了表示对官僚的兀傲不屈，在见面时是行长揖不拜之礼的。汉高祖时，有"郦生不拜长揖"。（《汉书·高祖纪》）李白在《梁甫吟》中赞美郦生："高阳酒徒起草中，长揖山东隆准公。入门不拜骋雄辩，两女辍洗来趋风。东下齐城七十二，指挥楚汉如旋蓬。"可见李白对郦食其见刘邦时长揖不拜十分欣赏。第（4）例，他称颂严子陵"长揖万乘君，还归富春山"，对东汉光武帝兀傲不屈。因此，李白对于"出山揖牧伯，长啸轻衣簪"的韩准、裴政等的称赞，其实正是表达自己有同类思想。因为李白在第（5）例中，就不但说要"平交"，并且说自己对于郡太守（二千石）是敢于随意调笑的。

李白不仅欣赏古人对皇上的长揖不拜，而且自己见于行动。在《与韩荆州书》的文章中，李白不但要求他求荐的对象荆州刺史韩朝宗对自己"不以富贵而骄之，寒贱而忽之"，要"开张心颜，不以长揖见拒"，而且提出"必若接之高宴，纵之以清谈",则如何如何,即不但完全以平等交往的口吻与地方长官说话,甚至敢于提出"接之高宴"的交流条件。可以说,主张、赞美对官僚乃至君王长揖不拜,是李白平交王侯思想的一种相当突出的表现。

李白不但在作为"一介布衣"的时候有"平交王侯"之想,而且在步入宫廷,时时要面对权豪势要的时候,不卑躬屈膝,不谄谀逢迎,敢于把他们视如同列,敢于无所顾忌地对他们戏谑玩笑。上文第(3)、(4)、(6)例,即是表现他在长安供奉翰林时的兀傲不驯。"昔在长安"四句,生动地描绘了他平交王侯、意气傲岸的活动和性格。李白既揄扬万乘又谑浪朝贤的作风,与汉代东方朔很有些相像,因此《玉壶吟》"谑浪赤墀青琐贤"句下直接以东方朔自喻:"世人不识东方朔,大隐金门是谪仙。"东方朔喜欢在朝廷中嘲弄公卿,《汉书·东方朔传》称他"自公卿在位,朔皆放弄,无所为屈"。说明李白"谑浪赤墀青琐贤"之行止,正是膜拜了东方朔这位玩笑大师。李白《书怀赠南陵常赞府》诗云:"岁星入汉年,方朔见明主。调笑当事时人,中天谢云雨。"也以东方朔自比,突出调笑时人的性格和作风。

由上可见,李白主张对统治阶级中的上层人物,长揖不拜,待之以平等之礼;对他们态度随便,谑浪调笑,而不必谨慎小心;不愿为求爵禄富贵而卑躬屈膝、谄媚逢迎:这种平交王侯思想,即使在比较开放的盛唐时代,也显得很突出。

(二)李白平交思想之渊源

李白的平交王侯思想自何而来?论者以为渊源有三:
第一是道教宗师庄周的影响。庄子一生对一般人所艳羡的爵禄富贵，非常鄙夷不屑。他拒绝楚威王的征聘，认为做大官犹如被屠宰后供祭祀用的牺牛，是一种灾难。据《史记·老子韩非列传》载：

> 楚威王闻庄周贤，使使厚币迎之，许以为相。庄周笑谓楚使者曰：千金，重利；卿相，尊位也。子独不见郊祭之牺牛乎？养食数岁，衣以文绣，以入太庙。当是之时，虽欲为孤豚，岂可得乎？子亟去，无污我。我宁游戏污渎之中自快，无为有国者所羁。终身不仕，以快吾志。
>
> （古典名著普及文库《史记》卷六十三，岳麓出版社1988年版，第493页）

庄子到梁国看朋友惠施，惠施担心庄子夺其相位。庄子讲了一个寓言，自比鹓雏，认为梁国的相位犹如一个腐臭的死鼠，是不屑一顾的。（《庄子·秋水》）

庄子生活的战国中晚期，是一个战乱频繁、势力纷争的年代，政治上表现出前所未有的动荡与不安，正如刘向在《战国策书录》中所写："兵革不休，诈伪并起。"战争给人民的生活带来了痛苦，权术诈伪也将人民推向了险恶之境。《庄子》中多次写到的战争、暴君、权臣等，都是这种社会情况的直接体现，而其根源，庄子则指向了整个等级制度、处于等级制度最上层的统治者，以及统治者用以统治百姓的仁义道德。他在《胠箧》篇中说："圣人不死，大盗不止。……彼窃钩者诛，窃国者为诸侯，诸侯之门而仁义存焉。"他因此提出废弃君臣之分、复归原始的无君返璞思想，并为人们勾画了一个无等级君臣的理想社会。（方勇译注《庄子·前言》）

李白虽然企望位登宰辅建立赫赫功业，但并不贪恋爵禄富贵，而要求功成身退。李白称庄子为"南华老仙"，他吸收了庄子这种思想，增长了他平交王侯的气概，不愿为获得政治出路而向权贵们卑躬屈膝。李白非常喜欢《庄子·逍遥游》中所描绘的大鹏鸟形象。在他的《大鹏赋》《上李邕》《临终歌》等作品中，都以大鹏鸟自比，抒写其壮阔胸怀和宏伟抱负。他从《庄子》书中汲取了精神力量，正是在以大鹏自比，把那些权贵和庸俗之徒视同渺小的学鸠、斥鷃的思想状态中，产生了非凡的睥睨王侯、不肯摧眉折腰的气概。

  第二是著名历史人物的影响。王运熙先生指出："李白的平交王侯思想，从思想渊源方面看，深受不少著名历史人物的启迪和影响。这些历史人物，按照他们的身份，大致可分为宰辅大臣、隐士和隐逸文人、玩世不恭的文人、侠义之士几个类型。"其中，宰辅大臣类的有周初的吕尚、春秋时的管仲、三国的诸葛亮。吕尚，即姜太公，当其未遇时，曾垂钓磻溪，后被周文王赏识重用。吕尚由布衣骤登卿相，深受周文王敬重，不以一般臣僚视之，"立为师"，后来又为周武王师（见《史记·齐太公之家》）。"（齐）桓公厚礼以（管仲）为大夫，任政。"（《史记·齐太公世家》）李白在诗中每以吕尚自况，又常以自己的才能与管仲、诸葛亮相比，他认为自己之才能，犹可帝师，渴望自己也能像吕尚那样由布衣而为宰辅大臣，和管仲、诸葛亮一样深得君主尊重，"平交王侯"当然不在话下。隐士和隐逸文人中，有东汉隐士严光（子陵），西晋诗人左思，东晋诗人陶渊明，玩世不恭文人东方朔等。《后汉书·逸民传》载，严光与东汉光武是老同学。光武即位，严光改变名姓，"隐身不见"。后光武帝亲自到宾馆看严光，劝他帮助自己管理国家，他高卧不起，拒绝做官。平交王侯以至帝王的风概，在严光身上表现得非常充分，难怪李白为之倾倒。西晋诗人左思，仕宦不得志，晚年退隐，作《招隐诗》赞美隐士生活。《咏史》其一主张"功成不受爵，长揖归田庐"。

第三章 酷爱神仙的道家方士

《其六》赞美荆轲:"高眄邈四海,豪右何足陈。贵者虽自贵,视之若埃尘;贱者虽自贱,重之若千钧。"流露出睥睨权豪势要的豪迈气概,对李白的平交王侯思想有直接的启发和明显的影响。陶渊明不愿为五斗米向郡督邮折腰,对江州刺史王弘的拜望托病不见,充分表现了平交地方大吏的作风,也为李白所折服。至于玩世不恭的文人,以东方朔对李白的影响为大,竹林名士阮籍、嵇康等对李白之影响也不小。此外,还有侠义之士的影响。侠士重义气,主张扶危济困,不畏权势,其思想中包含打破贵贱界限的朴素平等观念。任侠之士对于李白思想的影响涉及许多方面,我们将在另章作专门的讨论。

第三是当时政治环境的影响。为了加强和巩固统治,唐代在太宗、高宗、武后各朝,都颇注意选拔人才。至玄宗开元期间,对此尤加致力。除每年设置进士、明经科外,还随时设置一些特殊科目,以便广泛地罗致人才。李白虽然不应科举考试,但其思想则显然受到影响。例:

1. 开元二年,特设"哲人奇士隐沦科",中此科者有孙逖、李玄成、沈谅等人。

(徐松:《登科记考》卷五)

2. 开元十九年夏四月丙申,令两京及天下诸州各置太公尚父庙(武庙),以张良配飨,春秋二时仲月上戊日祭之。

(《旧唐书·玄宗本纪》)

3. 开元三年十月,诏曰:"有怀才抱器、沉沦草泽、不能自达者,具以名闻。"

(《册府元龟》)

4. 开元十一年正月,幸并州,敕曰:"其有沉沦草泽、抱德栖迟,及武德功臣子孙并元从子孙才堪文武、未有官者,并委府县搜扬,具以名荐。"

(《旧唐书·玄宗本纪》《册府元龟》)

5.开元十五年,又特设"高才沉沦草泽自举科",中科者有邓景山、樊咏、王缙等人。

(《登科纪考》卷七)

6.天宝元年正月丁未说,诏:"前资官及白身人有儒学博通、文辞秀逸及军谋武艺者,所在具以名荐。"

(《旧唐书》卷九《玄宗本纪》下)

7.天宝六载,玄宗求天下之士,命"通一艺以上者皆可诣京师"。李林甫怕举子斥其奸恶,乃重重设阻使之不得上闻,遂无一人及第。

(《资治通鉴》卷二一四)

8.李白认为,他自己就是朝廷和皇帝屡屡征召的"草间人",他在不少诗中也往往以"草间人"自称:余亦草间人,颇怀拯物情。

(《读诸葛武侯传书怀赠长安崔少府叔封昆季》)

9.宁知草间人,腰下有龙泉。

(《在水军宴赠幕府诸侍御》)

10.仰天大笑出门去,我辈岂是蓬蒿人。

(《南陵别儿童入京》)

可见,玄宗"求贤"的一系列政治措施,滋长了"草间人""蓬蒿人"李白对自己才能的自负和待价而沽的心态。而太公尚父庙的设置,则更启发他为帝王师的志愿。这些都构成了他产生平交王侯思想的客观条件。

综合以上,可以看出李白的平交王侯观念的思想渊源来自多方面,其中有李白个人从小养成的酷爱自由、不愿受拘束的个性;有从广泛阅读古代各种典籍的过程中,从宰辅大臣、隐士、文人、侠客等中国历史人物身上,吸收了他们高自位置、傲视权贵的思想作风。

(三)平交王侯思想的当时意义

中国最早的历史典籍,从《尚书》到《史记》都谈到平等思想的问题。我们从《史记》的记载看,敢于质疑"帝王将相宁有种乎"的项羽,提出"苟富贵,毋相忘"最后"揭竿而起"陈胜吴广,以及后来提出"黄天当立……"的张角,其实都是"平等思想"的倡导者。中国的文学作品,从《诗经》起,便把"平等"作为一种崇高的思想来歌颂;而历史则证明,"平等"是一种权利,是值得整个人类化几千年的时间代价来追求的事业。

然而从奴隶社会到封建社会,抱持特权而同时剥夺人民平等权利的统治者,从来都用虚伪的说教和血腥的刀剑,封杀人民的平等权利。因此,历代的平民百姓和布衣大众,总是把敢于追求"平等权利"的人,视为英雄豪杰。

李白正是这样的豪杰。王运熙指出,李白这种平交王侯、兀傲不屈的精神,表现在作品中,大大丰富了他作品的思想内容。首先,他使读者体会到诗人高尚的情操和人格美。苏轼在《李太白碑阴记》的赞美李白"士以气为主。……"苏轼所谓气,指气节,是一个人的道德、思想修养的体现。苏轼引用西晋夏侯湛赞美东方朔的话,指出李白具有傲视权贵、不贪富贵的高尚豪迈的气节，是很确切的。其次，他对于封建等级秩序起了一定的冲击作用。一方面是不贪爵禄富贵，志趣高尚，自尊自重；另一方面是傲视权贵，不向他们逢迎谄媚，而是像朋友一样平交，杂以戏弄。这是中国古代少数士人所具有的优良品质和作风，在李白身上表现得尤为突出。最后，李白的平等思想，体现了一种侠义精神。重视侠义的人们，往往同情弱小，扶危济困，反抗强暴，讲究江湖义气，要求人与人平等相待。侠义精神和下层人民思想情绪有着紧密的联系。[王运熙：《论李白的平交王侯思想》，《中国李白研究》1990年集（上），第14—15页]

当然我们也要看到，李白追求"平交王侯"的思想是不彻底的。他尽管声明"王侯皆是平交人"，然而实际上，他并不能处处平交王侯，在他的一生中，为王侯将相歌功颂德的诗文并不很少。另外，当他在政治上得意时，他也有不少沾沾自喜的诗文，散发着庸俗气息，在被谗被迫离开朝廷以后，他对朝廷的眷恋，意味着他内心仍有对于"等级"的承认和追求。

八、反抗权贵的斗争精神

殷后乱天纪，楚怀亦已昏。夷羊满中野，菉葹盈高门。

（《古风·殷后乱天纪》其五十一，753）

我们在上一节指出李白的平交王侯思想具有"人生而平等"的朴素民主意识，对于冲击封建等级的伦理，具有十分重要的意义。然而更能展示李白个性思想的，是李白强烈的反权贵精神。李白以布衣之身傲视权贵，嘲笑以政治权力为中心的等级秩序，批判权贵腐败腐朽的政治现象，以大胆反抗的姿态，表现了一种不屈的傲然之气和无畏的英雄主义精神。这种蔑视富贵和反对权贵的精神，较多的成分来自道家思想。

道家学说具有反权贵的传统。道家的领袖人物庄子，即是一位反权贵的斗士。方勇先生在《庄子·前言》中说：

庄子蔑视权势利禄、追求独立自由人格和逍遥自适生命境界的精神，使中国文人在儒家的"修身齐家治国平天下"之外，有了另一种生命追求。阮籍、嵇康不拘礼教、任性不羁、愤世嫉俗的人格表现，陶渊明"不为五斗米折腰"而宁愿"采菊东篱下"的人生态度，甚至欧阳修流连山水时"醉翁之意不在酒，在乎山水之间也"的理想，无一不留有庄子的影子。李白、苏轼面对人生的大起大落，能够不惊不乱，依然旷达自适，都可以看出受庄子濡染之深。总之，庄子对中国文人精神的影响难以一言道尽，大到人格取向，小到细枝末节，都与庄子有着或多或少，或深或浅的联系，要真正体会中国文人的精神，不读庄子是不行的。

（中华经典名著全本全注全译丛书《庄子》，方勇译注，中华书局2010年版）

李白的反权贵意识，与庄子蔑视权贵思想的影响分不开。他最庄严的声明，是在《梦游天姥吟留别》喊出来的"安能摧眉折腰事权贵，使我不得开心颜！"天宝三载（744），李白被赐金放还，离京后他与杜甫、高适东游梁宋，而后又在齐州紫极宫入道，欲求仙于方外。一年后，他再度南游吴越，临行前作此诗赠友，表达自己的心情和志趣。全诗记述天姥游仙之梦，以仙窟折射大唐宫廷影像，以觉醒而悟人间欢乐，本是东流之水，一去不返。继而赠言友人，摆脱空虚，摒弃权贵，寄情白鹿青崖，遍访名山大川。明人周敬、周珽《唐诗选脉会通评林》："周珽曰：'出于千丝铁网之思，运以百色流苏之局，忽而飞步临顶，忽而烟云自舒。想其拈笔时，神魂毛发尽脱于毫而不自知，其神耶！'"李白发出"安能摧眉折腰事权贵，使我不得开心颜"的激越之音，表达的是诗人梦幻破灭以后，要与丑恶现实决裂，不与权贵妥协的宣言。这个宣言在李白诗歌中的意义，正如同杜甫的名句"朱门酒肉臭，路有冻死骨"（《自京赴奉先咏怀五百字》）在杜诗中一样重要。

在天宝时期唐朝社会政治日益恶化的政治形势下，李白的反权贵思想，更表现为对社会政治和朝廷当权者的无情批判。有的直指政治现实，为屈死的贤士仗义抗争，表达了对朝廷的失望和轻蔑；有的叙述自己遭谗去国、浪迹江湖的遭遇，抨击朝廷颠倒黑白，青蝇遂成冤，表达了心中的愤怒；有的以商纣王和楚怀王类比，借古讽今，暗指玄宗渐于昏庸，听信群小，疏远贤臣，朝中无人，抨击了朝廷的黑暗。总之，诗人从不同的角度，痛斥现实，甚至对玄宗本人提出了尖锐的斥责，把唐诗中反权贵的主题发挥到了淋漓酣畅的地步。

这里要说明的是，关于李白在权贵面前毫不屈服、为维护自我尊严而勇于反抗的意识，源头不但有道家思想，也有魏晋名士重个人价值和重气骨传统的影响，因此，我们在《放浪旷达的魏晋名士》一章，还要作必要的续论。

九、乐观自信的思想性格

天生我材必有用，千金散尽还复来。

（《将进酒》）

第三章 酷爱神仙的道家方士

"读杜诗增人愁,诵李诗销我忧。"是元朝诗人刘秉忠的诗句(中华传世藏书《永乐大典》,线装书局2011年版,第335页)。他告诉我们读李杜诗集竟有"增愁""销忧"这样的巨大差别,说明李诗充满乐观自信的巨大感染力,从中可见诗人乐观自信的思想性格。

笔者在拙著《李白:匡时济世的悲剧政治家》中,曾经谈到李白一生所遭遇的求荐悲剧、政场悲剧、环境悲剧、情感悲剧和家庭悲剧等"五出悲剧",有时联翩而来,有时数悲并作,令千古为之一哭!李白的求荐悲剧,是干谒求乞数百官,竟无一人真举荐;李白的政场悲剧,是谋得三个平台,竟无一处得好果;李白的环境悲剧,是营造四个根据地,竟无一地可容身;李白的感情悲剧,是一辈子四场婚姻,竟无一场有温暖;李白的家庭悲剧,是飘蓬万里恨无家,最终成为绝嗣人!"五出悲剧"集于一身,正如白居易《李白墓》一诗所说:"采石江边李白坟,绕田无限草连云。可怜荒陇穷泉骨,曾有惊天动地文。但是诗人多薄命,就中沦落不过君。"这个写下"惊天动地文"的李白,这个屡遭悲剧打击的"薄命"人,这个"大道如青天,我独不得出"的奇才,其命运何其悲惨!

但我们从李白的许多诗文中,常常"读"到的却是一个乐观自信、胸怀旷达的诗人形象,我们常常被他的乐观自信的文字所感染,得到一种自信心的激励。

李白在长期的怀才不遇中始终坚信自己的才华。李白出蜀之前,本已学得超人的文才武功,"十五好剑术,遍干诸侯。三十成文章,历抵卿相。虽长不满七尺,而心雄万夫。""日试万言,倚马可待"(《与韩荆州书》)。但出蜀之后,遭遇却相当凄惨:"孤剑谁托,悲歌自怜,迫于恓惶,席不暇暖。寄绝国而何仰,若浮云而无依,南徙莫从,北游失路"(《上

183

安州李长史书》）这样的惨状，虽然写在蹉跎安陆之时，其实也是他一生的写照。然而他满怀"申管晏之谈，谋帝王之术。愿为辅弼"（《代寿山答孟少府移文书》，727）之志，一生求仕，斗志高昂。从24岁出蜀，到42岁被玄宗征召，李白求官花了十八年。这十八年他是什么心态？天生我才，志在必得。"游说万乘苦不早，著鞭跨马涉远道。……仰天大笑出门去，我辈岂是蓬蒿人"（《南陵别儿童入京》，742），最真实、最生动地道出了他长期怀才不遇却自信强大的心境。李白表达才能自信的诗篇很多，不烦列举。

李白常用先贤的"际遇"来展望自己的未来。吕尚、孔子、张良、诸葛亮等历史大贤困厄和"虎变"的案例，成为李白抵抗怀才不遇遭遇的武器。"白玉一杯酒，绿杨三月时。春风余几日，两鬓各成丝。秉烛唯须饮，投竿也未迟。如逢渭水猎，犹可帝王师。"（《赠钱征君少阳》）春光将尽，眼看自己鬓发斑白，步入风烛残年，但李白把烛饮酒独自寻欢，认为遇明君赏识出仕还为时不晚。想想吕尚80多岁遇文王而被重用，李白自信完全有可能成为吕尚那样的"帝王师"，为国建功。

李白在政场失意后始终抱持对未来的希望。42岁那年，李白得到玄宗征召为供奉翰林，但不到三年即遭到朝廷"群小"的谗毁，不得已而"上疏乞归"，玄宗也顺水推舟"赐金放还"，这对抱持宏大政治理想的李白无疑是一个十分沉重的打击。不过政场失意的李白，并未感到天塌下来，"才力犹可倚，不惭世上雄"。（《还山留别金门知己》，744）他认为我的本事犹在，依然可以称雄于世。此后，这位远离魏阙的"布衣"，时时刻刻都在期盼国家的需要，对朝廷心存眷念："遥望长安日，不见长安人。长安宫阙接天上，此地曾经为近臣。

一朝复一朝,发白心不改。"(《单父东楼秋夜送族弟沈之秦》)当他感到自己的文才在重武不重文的时代无法立功时,他又依仗自己的武功,想去边塞立功:"且向虎穴探沙漠,鸣鞭走马凌黄河。"(《自广平乘醉走马六十里至邯郸登城楼览古书怀》,752)

最能表达李白乐观精神的,是他在绝境中仍怀重起的希望。"怀经济之才,抗巢由之节。文可以变风俗,学可以究天人,一命不沾,四海称屈。"(《为宋中丞自荐表》,757)这段话,李白写于因从李璘幕府系浔阳狱被宋中丞救出不久,他没有因被判"附逆"而气馁,他自信清白无辜而怀有稀世之才,寄望朝廷为他授官。即便在遭受流放夜郎的天大冤屈,遇赦后仍然希冀重获皇帝征召:"今圣朝舍季布,当征贾生。开颜洗目,一见白日。"(《江夏送倩公归汉东序》)他以强大的乐观自信,所以报国之初心至老无改。

李白的一生都与"悲""愁"并行。以他的经历,一般人可能走进消极、颓唐、沉沦之中,但李白不然。他似乎有一尊"乐观之神""自信之神",有一方百折不挠、万劫不倒的信念巨石屹立心中。于是,《行路难》中"多歧路,今安在"的疑问,为他"长风破浪会有时,直挂云帆济沧海"的豪迈情思所破除;长期怀才不遇的"万古愁",被他"天生我材必有用"的乐观精神所消解;"高堂明镜悲白发,朝如青丝暮成雪"(《将进酒》)的悲慨,为他"人生得意须尽欢,莫使金樽空对月"快乐手段所克服。"俱怀逸兴壮思飞,欲上青天揽明月"的志气,"安能摧眉折腰事权贵,使我不得开心颜"的勇气,都有一股发自心底的自信力和正能量。李白以乐观自信的豪情,积极向上的态度,单枪匹马地与黑暗现实层见叠出的"悲剧""铁幕"战斗,他是一名敢于抗争命运的无畏"斗士"!

李白：融汇百川的杰出思想家

那么，李白乐观自信的性格是怎样炼成的？他的强大自信的心理源泉又是什么？不少研究者认为，是道家的超越意识，养成了李白乐观自信的思想性格。葛景春先生指出：

道家的超越意识对李白思想和诗歌有很大影响。李白一生仕路蹭蹬，经历坎坷，但他仍然开朗旷达、态度乐观，其中虽有性格方面的因素，归根结底与道家的超越意识关系甚深，使他能够在更高层次来看待自己在政治上的怀才不遇、生活上的颠沛流离和种种磨难。庄子的超脱哲学启发他用豁达的态度和审美的眼光来看待生活，努力达到一种宠辱皆忘、功名荣利不计较于心的思想境界。

（《李白思想艺术探骊》，中州古籍出版社1991年版，第41页）

道家的超越意识或超脱哲学，确是李白乐观自信性格的奠基石。

十、游移恍惚的神仙信仰

仙人殊恍惚，未若醉中真。

（《拟古》其三，745）

（一）李白的神仙情结与渊源

神仙观念源远流长。早在远古时代，人们就认为自然界的一些现象都是神仙意志的表现。随着文字的出现，记载神仙传说的著作也越来越多，《汉书·艺文志》就记载了神仙十家，著作多达二百零五卷。据研究,"仙"字最早出现在《诗经·小雅·宾之初筵》中:"屡舞仙仙",本是形容舞步轻盈的样子。后来,"仙"慢慢与神仙义发生了联系,比如《庄子·天地》:"千岁厌世,去而上仙,乘彼白云,至于帝乡。"东汉刘熙有一部探求事物名源的著作叫《释名·释长幼》解释:"老而不死曰仙。"先秦时期,人们已经认为世人通过修炼是可以成仙的,如《庄子·大宗师》说:"夫道……西王母得之,坐乎少广,莫知其始,莫知其终;彭祖得之,以相武丁,奄有天下,乘东维,骑箕尾,而比于列星。"西王母、彭祖都是通过修炼才得以成仙的。(张松辉译注:《抱朴子内篇·论仙卷二》题解,中华书局2011年版,第19页)

相传神农、赤松子、彭祖、葛由是远古及夏商周三代时期得道的神仙。神仙神通广大,能够呼风唤雨,骑龙驾虎,而又长生不老。因而从战国时期的诸侯到秦皇、汉武,迷信神仙者无以数计。东汉末年道教创立,"道教以求长生不死,修道成仙为主要目标,神仙思想是道教理论的重要组成部分"(卿希泰主编:《中国道教史》)。文学家、史学家干宝(? —336)的《搜神记》(马银琴译注),以良史之才,精心为神仙鬼怪立传。其中载有许多修道求仙的术士,能够役使鬼神,羽化飞升,腾挪变换,不受形神之限。可见晋代以前,神仙方术之道,影响甚大。

关于李白的道教思想和他的从道活动,古今论者已多,毋庸赘述。李白自谓"十五游神仙,仙游未曾歇"(《感兴八首》之五),中年时"学道三十年,自言羲皇人"(《酬王补阙……》),晚年称"五岳寻仙不辞远,一生好入名山游"(《庐山谣》),可以说他的一生,从青年、中年到晚年都未忘神仙。李白的神仙思想从何而来?论者以为,一是家乡环境的熏陶；二是大唐崇道时尚的影响；三是道教人物如道教大师司马承祯的赞誉鼓励；四是李白个性中强烈的对自由精神的追求，与仙道非常契合。我们从李白的修仙之隐、炼丹之行、寻仙之游、道家之友、从道之家（李白妻女皆从仙道）和他的神仙之歌，可以看到他十分浓厚的神仙情结。据何念龙先生统计，李白诗中言及"仙"有11次，"仙人"24次，"神仙"21次，涉及与"仙"相关的词语有53种。现存李白诗文中，涉及神仙的诗有100多首。《神仙传》《列仙传》《搜神记》里许多著名的仙人都曾出现在李白的作品中。

（二）李白的神仙信仰之疑问

不过，关于李白的神仙信仰，学界长期以来都有争论，至目前已有"虔诚论""迷信论""阶段论""觉醒论""皮相论"等多种说法。有的认为李白虽然加入道教，只是名义上的道士，虽有一些修行，也非虔诚的道士。说李白并不真正信仰神仙的主要理由：一是认为李白怀疑神仙的存在；二是认为李白的入道教目的不纯；三是认为李白对道轨不遵；四是认为李白对道戒不守。有的论者甚至认为，说李白相信神仙或希望"出世"，是一种"皮相"之见。

说李白怀疑神仙的存在，主要着眼于其某些诗句对神仙存在的犹疑与否定，比如：

(1) 圣贤既已饮，何必求神仙。

（《月下独酌》其二，744）

(2) 蟹螯即金液，糟邱是蓬莱。

（《月下独酌》其四，744）

(3) 金丹宁误俗，昧者难精讨。

(《拟古》其八，745)

(4) 仙人殊恍惚，未若醉中真。

(《拟古》其三，745)

(5) 海客谈瀛洲，烟涛微茫信难求。

(《梦游天姥吟留别》，747)

(6) 尚采不死药，茫然使心哀。

(《古风》其三，747)

(7) 登高丘，望远海。六鳌骨已霜，三山流安在？扶桑半摧折，白日沈光彩。银台金阙如梦中，秦皇汉武空相待。

(《登高丘而望远海》，747)

(8) 富贵与神仙，蹉跎成两失。

(《长歌行》，737)

解读这些诗句，有的论者认为是李白的"晚年觉醒"，也有论者认为李白在青壮年时对神仙的态度便不虔诚，"晚年觉醒"说未必站得住脚，李白对神仙的态度时褒时贬，反复无常，表明他对神仙的存在是怀疑的，信仰是飘忽游移而非坚定的。

(三) 否定李白神仙信仰之理由

李白学道求仙具有多重目的，有的目的与信仰无关。目前关于李白学道寻仙之目的的看法，有以下六种：一曰"追求长生论"，即其目的在服食丹药、以求长生不死，有其诗《古风》其十五，以及炼丹的行动可证。二曰"清闲自由论"：

189

"云卧三十年,好闲复爱仙……独此林下意,杳无区中缘。永辞霜台客,千载方来旋"(《安陆白兆山桃花岩寄刘侍御绾》,733)。李白"爱闲""爱仙",自由主义,乃其秉性所在。三曰"痴迷仙术论"。仙人有"飞术"和神通,可以在空中自由翱翔,李白在《望黄鹤山》里有"东望黄鹤山,雄雄半空出……颇闻列仙人,于此学飞术"之句,说明腾云驾雾、遨游八极之仙人术,确为李白所慕。四曰"出仕手段论",认为李白是借入道趋奉唐朝统治者崇奉道教的时尚,寻求知己(赏识、荐拔自己者),走所谓的"终南捷径",作为其出仕的"手段"。唐人卢藏用隐居"终南山"修仙最后成为唐朝大臣,广为人知,多有仿效者,李白功名心强烈,自有借道出仕之意,且李白为玄宗所知,诏入翰林,也确为道流所举。五曰"挥斥幽愤论"。说李白求仙目的在于挥斥幽愤、排遣苦闷,如李阳冰《草堂集序》、刘全白《唐故翰林学士李君碣记》、安旗《论李白》,都持此论。六曰"创作手法论"。认为李白诗中常有出世之论,并非真有神仙之"志",而是其诗歌创作的一种手法。清人刘熙载《艺概·诗概》首发此论,并多有赞同者:

太白与少陵同一志在经世,而太白诗中多出世语者,有为言之也。屈子《远游》曰:"悲世俗之迫阨兮,愿轻举而远游。"使疑太白诚欲出世,亦将疑屈子诚欲轻举耶?

(《艺概》,浙江人民美术出版社2017年版,第61页)

太白诗言侠、言仙、言女、言酒,特借用乐府形体耳。读者或认为真身,岂非皮相!

(《艺概》,浙江人民美术出版社2017年版,第62页)

"以友天下之善士为未足,又尚论古之人",神仙犹古之人耳。故知李白诗好言神仙,只是将神仙当贤友,初非鄙薄当世也。

(《艺概》,浙江人民美术出版社2017年版,第62页)

太白早好纵横,晚学黄老,故诗意每托之以自娱。少陵一生却只在儒家界内。

(《艺概》,浙江人民美术出版社2017年版,第63页)

中国李白研究会副会长、中央民族大学教授裴斐亦完全否定李白的神仙信仰,他是"手段论"的坚持者。他认为:"从积极方面看,游仙访道实为李白从政的一种手段。""从消极方面说,李白的游仙访道又是他政治失意时采取的一种逃避现实和排遣苦闷的方式。他本身是消极的,却又具有批判现实的积极意义。""宋人葛立方在评论李白的游仙诗时说:'李太白古风两卷近七十篇(按现存59篇),身欲为神仙者殆十三四:或欲把芙蓉而蹑太清,或欲挟两龙而凌倒景,或欲留玉舄而上蓬山,或欲折若木而游八极,或欲结交王子晋,或欲高揖卫叔卿,或欲借白鹿于赤松,或欲餐金光于安期……抑身不用,郁郁不得志,而思高举远引耶!'(《韵语阳秋》)指出李白游仙诗的特殊风格,并指出他同诗人政治失意的关系,可见论者并不认为李白真相信神仙。"(《李白十论》,第124、134页)

不少论者都注意到,李白的神仙意念只是作为一种现实世界不得意的解脱,作为一个对非现实美好环境的追求,特别是作为一种对超现实的自在精神的热烈向往。他的理想是"济苍生""安社稷",但受到当权者的拒斥,"我本不弃世,世人自弃我"(《送蔡山人》),于是只好以神仙为依托,走向"永随长风去,天外恣飘扬"(《古风》四十一)的仙人境界。

李白：融汇百川的杰出思想家

　　按以上六项"目的"来考察，上述诗例中（4）、（5）、（6）都以为是一种精神"寄托"或手段、手法之"利用"，实际上与"信仰"无关，然而却可能是李白"爱"神仙、"游"神仙、"写"神仙的目的所在。

　　论者否认李白神仙信仰的又一理由是：不遵道行。罗宗强先生在《李白的神仙道教信仰》中指出："按照道教的要求，无论是入道还是炼丹，都应该远绝人间，才会有所成就，应该淡泊功名，才能达到高的境界。但是，李白并不是这样，他的功名心极其强烈。他既入道、炼丹，又追求功业。"葛洪论修仙方法有三条：第一，要想成仙，必先行善。"天地有司过之神，随人所犯轻重，以夺其算，算减则人贫耗疾病，屡逢忧患，算尽则人死（《微旨》）。"第二，服食金丹是成仙的最佳途径。第三，其他修道方法还有：修炼内丹；行气（气功）；房中术，等等。也有人认为，李白关于神仙信仰的诗文，多谈的是"愿望"，而作为道士的实践，无论斋戒、安处、存想、坐忘、神解等等环节，都"修炼"不够，此可视为李白对"道行"有些漠视。不过，神仙家葛洪主张儒、道兼修，因此唐时道士以"道"为名，修炼不守道轨者，其实不止李白，许多重要诗人亦都如此。这种现象的存在，乃因唐代道教理论家（包括司马承祯和吴筠），都有把神仙"人间化"的倾向，主张"神仙可学论"，认为"神仙亦人也"。（罗宗强：《李白的神仙道教信仰》，《中国李白研究集萃》下，第552—561页）

　　论者否认李白神仙信仰的第四条理由是：不守道戒。凡宗教都有清规戒律，道教的戒律和其他宗教一样多如牛毛。唐代出家的道士，可以依次受三戒、五戒、八戒、十诫，以至三百大戒。如被称为"老君五戒"的戒条是：第一戒杀，第二戒盗，第三戒淫，第四戒妄语，第五戒酒；还有称为"老君一百八十戒"

者。道士能否严格持戒，反映出奉道之心是否虔诚，显示他宗教修持、道德涵养的品位。然而我们从李白的诗文来看，其游居生涯如同常人，若说他"不守戒规"，言恐不虚。

本章小结

李白少年即有神仙崇拜，曾行过入道仪式，受过炼丹秘诀，亲自炼过丹药，但他用自己一生去体验神仙信仰，又用自己的体验否定了神仙的存在，他不是一个真正的神仙迷信者，也不是一个虔诚的道教徒。然而神仙思想对于李白一生的影响尤其是对诗文创作的影响却相当巨大。李白从青年以至暮年，欣然以"仙"自居，而千百年来，中国人真正认同的"谪仙""酒仙""诗仙"唯李白一人而已。

神仙思想对李白的影响，从正面而言，约有以下六端：

其一，"神仙"赋予李白一个酷爱自由的高贵灵魂；

其二，"神仙"赋予李白一种乐观自信的旷达性格；

其三，"神仙"提供了强大动力使李白成为伟大旅者；

其四，"神仙"使李白得以进入盛唐玄宗皇帝之朝廷；

其五，"神仙"促成李白遍交五湖四海的英雄豪杰；

其六，"神仙"造成了李白诗的"仙气"，助推李白登上中国浪漫主义文学之巅峰。

总之，李白的思想、性格以及创作，受惠于"神仙思想"者至多至广，请恕不能一一详举。

李白对于道家和道教神仙思想的选择性吸收，见表5。

表5 李白对道家、道教思想的选择

吸收其积极面	摈弃其消极面
1. 唯物辩证的哲学思想；	1. 隐遁山林的出世思想；
2. 无为而治的政治理想；	2. 长生不死的神仙思想；
3. 功成身退的功业思想；	3. 人生如寄的虚无思想；
4. 平交王侯的伦理观念；	4. 享乐主义的颓废思想；
5. 蔑视权贵的凛然风骨；	5. 绝圣弃智的愚民思想；
6. 傲视传统的批判精神；	6. 小国寡民的倒退思想；
7. 自由开放的人生追求；	7. 贵柔避刚的人生哲学；
8. 乐观自信的思想性格。	8. 阴谋诡诈的统治权术。

第四章

豪气凌云的剑客侠士

前贤研究李白的思想和作品,都注意到了李白的"气"。或谓李白"气盖天下"(苏轼:《李太白碑阴记》);或谓"太白以气为主,以自然为宗,以俊逸高畅为贵"(明王世贞:《艺苑卮言》);或谓"李白作品从艺术上就是一个'奇'字,在思想上就是一个'气'字。气骨高举、高气盖世、斯文之雄,实为气充。太白之奇,盖在气生也。其所谓气,就是傲世独立的人格力量,岂有他哉!"(裴斐:《李白个性论》,《中国李白研究》1990集上,第17页)

那么,李白的"盖世之气"又是从何而来的呢?

我们在前面三章探讨了李白思想与儒家、道家、纵横家的关系,学者大都认为,在影响李白思想的诸家思想中,儒、道为最,释家次之,却很少有人具体探索游侠思想对李白的影响。其实在关于李白的不少文献中,倒是注意到李白的游侠风仪和任侠经历,例如《新唐书》本传载,李白"喜纵横术,击剑,为任侠。"刘全白《唐故翰林学士李君碣记》称李白"少任侠,不事产业,名闻京师"。范传正在《唐左拾遗翰林学士李公新墓碑》上记载李白"少以侠自任,而门多长者车,常欲一鸣惊人,一飞冲天……慷慨自负,不拘常调。器度弘大,声闻于天。"辛文房《唐才子传》也有类似记载:(白)"喜纵横,击剑,为任侠,轻财好施。"宋祁说李白"为任侠,轻财重施"(《新唐书·文艺列传》)。而深知李白经历和为人的忘年交朋友魏颢,则在《李翰林集序》中说:"少任侠,曾手刃数人"。李华也说:"义以济难,公(李白)其志焉"(《故翰林学士李君墓志》)。从以上记述可见,李白生前,人们对他的侠士形象已有充分认识,他的侠行和侠气,是人所共知的。

任侠是李白生活的重要内容,而任侠思想也是李白思想的重要方面之一。有些论者谈到李白的任侠,认为主要是受到"蜀中"残余的任侠之风的影响。然而汪聚应的《唐代侠风与文学》一书,则用丰富的史料证明,盛唐恰恰是侠风兴盛的一代。汪的博士导师霍松林先生在《唐代侠风与文学·序》中指出:

侠是中国古代社会的特有产物。历来褒贬不一,但侠的人格精神及其侠义观念对中华民族性格的铸塑作用确实不容忽视,而侠的人生的传奇性、处事的超异性、追求的理想化又使侠与文人结下了不解之缘。历代文人以侠自况,使中国文学的发展长河中灌注着一股英雄之气,流淌着闪光的侠义之篇什,这对中国传统文学中的才子佳人模式也无疑是一种补偿。

唐代是中国侠文化发展史上承前启后的重要阶段,也是侠文化发展史上开拓创新的黄金时期。整个社会崇尚任侠,文人尤多侠行,歌颂游侠的诗篇在数量上与艺术上都达到了一个高峰,而唐人豪侠小说的创作对后世武侠小说的影响与奠基作用更不容忽视。

（《唐代侠风与文学》，中国社会科学出版社2006年版，第2页）

原来，是任侠，为李白灌注了一股英雄豪气！

在传统观念中，人们将侠的盛行归之于乱世。但盛唐侠风的炽盛，似有悖此常理而行。盛唐时代是唐人任侠的高昂期，这种高昂的任侠风气得益于时代造化。自贞观之治为唐帝国文治武功奠定了基础，到玄宗开元、天宝年间，整个社会呈现一派繁荣景象，人们充满民族自信心和积极进取的功业精神，于是，"任侠，乃和人们的功业理想融为一体，被赋予了积极的意义，它不再是一种带有区域性的民间风尚，而且也成了人同此心的一种精神上的追求。"（钟元凯：《唐诗的任侠精神》）与初唐相比，任侠风气进入盛唐成为一种风尚和社会思潮，渗透到社会生活的诸多领域。任侠与儒、释、道合而成为唐代社会的四大精神，任侠又与游宴、狎妓、求仙一起列为唐代闲适领域的四大潮流之一。（陈伯海：《唐诗学引论》，上海东方出版中心1988年版，第58页，转引自汪聚应《唐代侠风与文学》，第125页）任侠与儒家思想相结合，则有唐人积极进取、建功立业的人生追求和忠臣义士的视死如归、敢于直言、犯颜进谏；任侠与尚武精神相结合，则有豪杰侠义之士感恩图报、效命边塞疆场和文人扬侠抑儒、投笔从戎的慷慨；任侠与佛教相结合，则有侠义之士的仗义疏财、振济贫乏；与道及自由精神相结合，则有游侠少年的狂荡不羁、恣欲自快和怀才不遇落拓之士的纵张性情、放浪人生。一般说来，建功立业和放纵人生是盛唐任侠精神的突出特点，也是盛唐时代精神的表征。

以下我们以李白的诗文为主要依据，探索任侠思想对李白的影响，看看李白从任侠思想中究竟选择和吸收了些什么。

李白：融汇百川的杰出思想家

一、雄心千里、腰挎龙泉的剑气

十五好剑术,遍干诸侯。

（《与韩荆州书》,734）

李白是一个"笔落惊风雨,诗成泣鬼神"的诗人,但他的诗中却有名堂繁多的"武器"——宝剑,如雄剑、长剑、倚天剑,龙剑、天钩、腰下剑、玉剑、孤剑、玉巨剑、龙泉、青萍、七道剑,以及莲花剑、湛卢剑、延陵剑,等等。循着李白的剑,我们看到的是一个袖有匕首、腰挎龙泉,剑气凌云、英雄豪迈的剑客侠士形象!

剑!当我们把目光聚焦到太白先生腰下的龙泉宝剑时,我们蓦地发现:"剑侠",正是李白在大唐文人舞台上扮演得分外耀眼的角色!

李白用诗为我们塑造了一个个头戴高冠、腰佩雄剑、身穿珠袍的"佩剑英雄"形象。"风流少年时,京洛事游遨。腰间延陵剑,玉带明珠袍。"（《叙旧赠江阳宰陆调》）赞的是诗人衷心感谢的朋友陆调。"君马黄,我马白。马色虽不同,人心本无隔。共作游冶盘,双行洛阳陌。长剑戏照耀,冠盖何赤赫。各有千金裘,俱为五侯客。"（《君马黄》）赞的是李白崇拜的五陵豪。不过,李白用"剑"塑造的形象,更多的是"我"——风流少年李白：

忆昔作少年,结交赵与燕。
金羁络骏马,锦带横龙泉。

（《留别广陵诸公》,747）

第四章 豪气凌云的剑客侠士

十五好剑术,遍干诸侯。

(《与韩荆州书》,734)

李白正是一位英雄豪迈的剑客。他从小就有强烈的剑崇拜,少年时期便对剑术十分钟情,有较长时间的学剑经历。他在孔子"志于学"的年龄已钟情于"剑术",并把学好剑术视为其干谒求官、建功立业的重要条件。开元十二年(724),二十四岁的李白"乃仗剑去国,辞亲远游"。(《上安州裴长史书》,730)说明青年诗人不但已经学了剑术,而且信心满满地腰"仗"宝剑,要把学得的"文武艺""货与帝王家"了。

开元二十八年(740),在安陆"蹉跎十年"、求官失败的李白决定移居山东任城(今兖州)。为什么去山东?答案是"顾余不及仕,学剑来山东。"(《五月东鲁行答汶上翁》,740)即言我既然以文功不能"及仕",当改用武功来"出将入相",这时他已不是"少年"而是40岁的盛年,可见他对于剑术有多么强烈的追求。李白曾投书当时剑术第一的裴旻将军,要求师从裴旻。80年后,裴将军的后人、秘书省校书郎裴敬感李白投书其曾叔祖(即裴旻将军)学剑未成,于会昌三年(843)游江左时过李白墓,在《翰林学士李公墓碑》中专门回忆了李白投书学剑的故事:

(李白)常心许剑舞。裴将军,予曾叔祖也,尝投书曰:"如白愿出将军门下。"其文高,其气雄,世稀其本,惧失其传,故序传之。太和初,文宗皇帝命翰林学士为三绝赞,公之诗歌,与将军剑器,泊张旭长史草书,为三绝。

在文宗皇帝"三绝"中占了"诗歌一绝"的李白,向"剑器一绝"的裴旻投书拜艺,可见李白对剑术的真诚崇拜!虽然

李白：融汇百川的杰出思想家

我们从裴政的碑文中看到李白并未实现师从裴旻的愿望，但李白的诗却向我们表明，他的一生与剑似乎须臾不能离，他在许多诗中常常以剑自指，用"剑"代"我"，诸如：

少年时："忆昔作少年，结交赵与燕。金羁络骏马，锦带横龙泉。"

（《留别广陵诸公》，747）

青年时："愿一佐明主，功成还旧林。西来何所为，孤剑托知音。"

（《留别王司马嵩》，731）

壮年时："高冠佩雄剑，长揖韩荆州。"

（《忆襄阳旧游赠马少府巨》，740）

盛年时："悲吟雨霜动林木，放书辍剑思高堂。"

（《留别于十一史逖裴十三游塞垣》，747）

老年时："十年罢西笑，览镜如秋霜。闭剑琉璃匣，炼丹紫翠房。"

（《留别曹南群官之江南》，753）

暮年时："抚剑夜吟啸，雄心日千里。誓欲斩鲸鲵，澄清洛阳水。"

（《赠张相镐二首》其二，757）

从少年的"十五好剑术，遍干诸侯"，到暮年"抚剑夜吟啸，雄心日千里"，四十多年里，剑与李白相依相伴，如影随形。有人统计，"剑"在李白全集中出现达106次，说明诗人视剑为英雄形象的重要组成部分。在李白诗中，剑、侠、英雄

第四章　豪气凌云的剑客侠士

与诗人浑然一体，诗人时时用剑来装点和塑造自己，赋予剑以非凡的魅力！

我们从李白诗中的满纸"剑气"，看到一位英雄豪迈的剑客侠士形象！

二、轻财好施、扶危济困的豪气

囊昔东游维扬，不逾一年，散金三十余万，有落魄公子，悉皆济之。此则是白之轻财好施也。

（《上安州裴长史书》）

英雄豪迈，是李白性格的显著特征。轻财好施、救人急难，一身豪气，正是李白豪迈性格的典型表现之一。

志在"辅弼"的李白，出蜀时曾准备了一个不小的"荷包"，这个荷包，本来是有"盘缠"和"从政活动费"两大开支内涵。不过，李白却在政治活动尚未开张的"热身"阶段，就把它挥之一空。上面这段话，信息量很大。

第一，"不逾一年，散金三十余万"，这"三十余万"是一个什么概念？有人考证，在李白出蜀的唐开元十二年（724）时期，"两京斗米不至二十文"（周勋初：《李白评传》，第14页），可知这"三十余万"可购大米1500石，是一个天文大数据。如果用官俸来衡量，则当时三品官的月俸总额（当时月俸包括布帛、粮食、钱三项）为17000钱，七品官的月俸总额为4050钱，按此推算，李白一年"散金三十余万"，这笔钱相当于一位三品官（如狄仁杰）17个月、七品官（如县太爷）74个月的俸禄。因此李白一年散钱如许，真"阔绰"得令人咋舌

201

了!

第二,李白把这三十余万都散给谁了?答案是:"有落魄公子,悉皆济之。"他是拿这许多钱去救济"落魄公子"去了。"公子"而"落魄",对于"草间人"或布衣的李白而言,完全是"两股不同道的车","落魄公子"不可能是李白的投资对象。因此,李白的散金,是属于不求回报的"救济"或施舍,他的"好施"之意是鲜明的。

第三,李白把自己的"盘缠"和"政治活动费"拿去"救济"落魄公子以后,自己的荷包究竟如何?如果"散金"以后,荷包照样硬而鼓,那李白不过"沽名钓誉"而已。但实际上嘚瑟了一下"轻财好施"的李白,很快就沦为一个"无财"的穷蛋了。证据有二,其一是他从维扬写信给自己的老师赵蕤,大叹凄苦;其二是他为改葬朋友吴指南,是"乞丐贷"而为的,即"轻财"以后,就贫病交加,日子难过啦。其实他后来有许多诗,都写到经济拮据,有时不得不向朋友伸手:"夫子秉家义,群公难与邻。莫持西江水,空许东溟臣。他日青云去,黄金报主人。"(《赠友人三首》其三)这类的诗,可谓屡见不鲜。

第四,根据李白大手笔散金以后的狼狈相,带来一个新的问题值得探究:李白的"三十余万"究竟是什么钱?是从父亲那里张口而得、用完可以再取的"学费"吗?有的论者认为李白是富商,家里有权有势,钱多得很!然而笔者以为,似乎非是!倘是,前述李白的两种"狼狈相"就不会发生。对此,笔者曾经在拙作《李白:匡时济世的悲剧政治家》书中谈到,此"三十万"抑或是李白在出蜀前分家所得。李白在家排行称"李十二",出蜀后未尝念及父母兄弟,可以推想其出蜀之际,家庭必有纷争。由于家庭"漏籍"不能参加科举等原因,

"不求禄仕"的李白父母及族中兄弟也许十分反对李白出蜀谋官，而李白则踌躇满志、坚定不移，最后李白虽勉强拿得一笔可观的钱，却付出和兄弟父母说了狠话（例如"不能为官，誓不还家"之类）、关系如同破裂的代价。据考，李白出蜀后，一辈子都没有回过自己的故乡，而长流被赦时，李白已到达蜀中的夔州，而未尝念及父母兄弟，却"两岸猿声啼不住，轻舟已过万重山"，飞一般地离开了故乡之地。足见当时满怀"荣亲之义"、发誓要"建功及春荣"而如今成为"刑余"之人的李白，并非缺乏孝悌之情，实在是无颜去见乡亲父老。

　　综合以上，可知李白对裴长史所说的"此白之轻财好施也"，这顶李白自戴的高帽，是十分恰当的。

　　慷慨好施，是古今游侠的共同特征。盛唐游侠之风炽烈，"慷慨好施"的侠人也非个别。卢藏用在《陈氏别传》中说，陈子昂的父亲陈元敬："瑰玮调悦。年二十，以豪侠闻。属乡人阻饥，一朝散万钟之粟而不求报。于是远近归之，若龟鱼之赴渊也。"可谓一证。

三、拯人急难、不图回报的侠气

　　壮志怀远略，志在解世纷。

（《送张秀才从军》）

　　事了拂衣去，深藏身与名。

（《侠客行》）

　　历史上侠士最盛行的战国时代，到李白生活的盛唐已经一千多年，为什么任侠之风禁而不绝、盛而不衰，乃至于今天

李白：融汇百川的杰出思想家

老百姓仍然赞赏行侠仗义的英雄？是因为侠士们有一些常人难以具备的英雄特质，而舍己为人、救人急难、施恩不图报，即为其最突出的亮点，也最为时人称道。

班固的《汉书·游侠传》在追述游侠的源头时谈到，游侠起于春秋战国："周室既微，礼乐征伐自诸侯出。桓文之后，大夫世权，陪臣执命。陵夷至于战国，合纵连横，力政争强。由是列国公子，魏有信陵，赵有平原，齐有孟尝，楚有春申，皆籍王公之势，竞为游侠，鸡鸣狗盗，无不宾礼。……于是背公死党之议成，守职奉上之义废矣。"班固认为，信陵、平原、孟尝、春申"四公子"，是游侠一族的"先行者"。到了汉代，侠客并未匡改而更盛行，从通都大邑，到乡鄙间阎，都有可称者：

及至汉兴，禁网疏阔，未之匡改也。是故……布衣游侠剧孟、郭解之徒驰骛于间阎，权行州域，力折公侯。众庶荣其名迹，觊而慕之。虽其陷于刑辟，自与杀身成名，若季路、仇牧，死而不悔也。……古之正法：五伯，三王之罪人也；而六国，五伯之罪人也。夫四豪者，又六国之罪人也。况于郭解之伦，以匹夫之细，窃杀生之权，其罪已不容于诛矣。观其温良泛爱，振穷周急，谦退不伐，亦皆有绝异之姿。惜乎不入于道德，苟放纵于末流，杀身亡宗，非不幸也。

（《汉书·游侠传》，第3698—3699页）

班固认为"四豪"（即"四公子"）已属罪人。而豪侠剧孟、郭解之伦，以匹夫之细，窃杀生之权，更是罪不容诛了！《汉书·游侠传》以朱家、剧孟、郭解等人为例，道其形状云：

朱家，鲁人，高祖同时也。鲁人皆以儒教，而朱家用侠

第四章　豪气凌云的剑客侠士

闻。所臧活豪士以百数，其余庸人不可胜言。然终不伐其能，饮其德。诸所尝施，唯恐见之。振人不赡，先从贫贱始。家亡余财，衣不兼采，食不重味，乘不过𫘣牛。专趋人之急，甚于己私。既阴脱季布之厄，及布尊贵，终身不见。自关以东，莫不延颈愿交。

（《汉书·游侠传》，第3699—3700页）

郭解，……解父任侠，孝文时诛死。解……少时阴贼感慨，不快意，所杀甚众。以躯借友报仇，臧命作奸剽攻，休乃铸钱掘冢，不可胜数。……及解年长，更折节为俭，以德报怨，厚施而薄望。……既已振人之命，不矜其功，……而少年慕其行，亦辄为报仇，不使知也。

（《汉书·游侠传》，第3701页）

班固与司马迁不同，他是儒家信徒，反游侠的铁杆分子。他认为侠士动辄杀人，"天子切齿"，对汉朝统治者对侠士一族的大举诛杀，班固无疑是赞同的。但是，《汉书》也看到朱家、剧孟、郭解这些大侠"温良泛爱，振穷周急，谦退不伐，亦皆有绝异之姿"；"不伐其能，饮其德"；"专趋人之急，甚于己私"。即言之，对于侠士的这些英雄品质和高风亮节，是连班固这样的封建卫道者也难以否认。

李白有许多诗篇，热情地歌颂剑客侠士们"专趋人之急，甚于己私"的英雄品格，尤其赞赏他们施恩不图报的侠气：

猛虎落陷阱，壮士时屈厄。相知在急难，独好亦何益？

（《君马黄》）

事了拂衣去，深藏身与名。

（《侠客行》）

李白：融汇百川的杰出思想家

> 壮志怀远略，志在解世纷，周粟犹不顾，齐珪安肯分？
>
> （《送张秀才从军》）

> 闻有贞义女，振穷溧水湾。清光了在眼，白日如披颜。
> 高坟五里墩，崒兀栖猛虎。遗迹翳九泉，芳名动千古。
> 子胥昔乞食，此女倾壶浆。……凛冽天地间，闻名若怀霜。
>
> （《游溧阳北湖亭望瓦屋山怀古赠同旅》）

其中"闻有贞义女"此诗，是李白对溧阳一位为掩护他人不惜献出生命的贞义侠女的礼赞。这位贞义女子救济窘困之士在这溧水湾，清美的风采了然在眼，白日好似她的笑颜。远望那五六墩坟头，高耸似猛虎卧在山前。遗迹虽然埋在九泉之下，美好的名声却千古流传：伍子胥昔日求食时，正是她送给伍子胥以汤饭。——原来，这位给伍子胥"倾壶浆"的贞义女，为了不暴露伍子胥的行踪，在救了伍子胥以后，就毅然投水而死。这种以生命来掩护他人，施恩不图报的高洁品质，深得李白的赞扬。

但李白最为倾倒的历史英雄，正是为人排难解纷、功成身退、有功不受赏、施恩不图报的鲁仲连。《史记·鲁仲连邹阳列传》说："鲁仲连者，齐人也。好奇伟俶傥之画策，而不肯仕宦任职，好持高节。"我们在"纵横家"一章，曾谈到他的纵横家本领，他下聊城、却秦兵，为齐国做了两件垂青史册的大事。这里主要介绍他具有不同于纵横家的侠客性格。

李白全集中载有歌颂鲁仲连的诗19首，兹举其中的几例：

> 鲁连卖谈笑，岂是顾千金？
>
> （《留别司马嵩》，731）

鲁连逃千金，圭组岂可酬？
(《赠崔郎中宗之》，732)

绮皓不得不遁于南山，鲁连不得不蹈于东海。
(《奉饯十七翁二十四翁寻桃花源序》，736)

谁道泰山高，下却鲁连节？谁云秦军众，摧却鲁连舌？
独立天地间，清风洒兰雪。
(《别鲁颂》，741)

齐有倜傥生，鲁连特高妙。
(《古风》其十，741)

岧峣广成子，倜傥鲁仲连。
(《赠宣城宇文太守兼呈崔侍御》，753)

鲁连及夷齐，可以蹑清芬。
(《感兴》其七，753)

所冀旄头灭，功成追鲁连。
(《在水军宴赠幕府诸侍御》，757)

在以上多首诗作中，李白反复称颂鲁仲连为人排难解纷、施恩不图报的高尚品质，这种品质是任侠精神的精髓。任侠精神的可贵，就在于他为人牺牲而不图报答的精神。这是一种献身精神，其价值之伟大，绝不是金钱所能衡量的，李白所歌颂的这种任侠精神，是我们中华民族传统美德之一，是很值得今天继承发扬的。

我们在前文中谈到李白"功成身退"的人生理想，其实这个理想也和侠义思想密切相关。因为"事了拂衣去，深藏身与名"（《侠客行》）的侠士风度，为正义献身而不求报答的侠气，与"功成身退"的思想观点，是非常契合的。

在李白颂扬的侠士中，有一位临危不惧，愿意牺牲自我、急人之困的义士，正是自己的门人武谔。原来，在至德元年（756年）春天，李白往来于宣城当涂溧阳，武谔专程拜访，是时安史之乱爆发，李白的儿子伯禽在鲁地，十分惦念。武谔慨然应允冒险将伯禽接来，诗人甚为感激，于是写诗以赠。诗中描绘了他的侠士形象，讴歌了他的侠义精神。其诗云：

马如一匹练，明日过吴门。乃是要离客，西来欲报恩。
笑开燕匕首，拂拭竟无言。狄犬吠清洛，天津成塞垣。
爱子隔东鲁，空悲断肠猿。林回弃白璧，千里阻同奔。
君为我致之，轻赍涉淮原。精诚合天道，不愧远游魂。

（《赠武十七谔》）

李白对于"门人"武谔之赞，我们完全可以视作李白的自赞——他通过对"门人"的讴歌，赞扬的正是自己平生的侠气。

四、重信然诺、知恩必报的义气

三杯吐然诺，五岳倒为轻。

（《侠客行》）

司马迁在《史记·游侠列传》中说："今游侠，其行虽不轨于正义，然其言必信，其行必果，已诺必诚，不爱其躯，赴士之厄困。既已存亡生死矣，而不矜其能，羞伐其德，盖亦有足多者焉。"作为一个历史学家，太史公明知游侠其行"不轨于正义"（指不合法律规范），却仍然认为游侠（无论是乡曲之侠、布衣之侠、闾巷之侠、匹夫之侠）"有足多者焉"可以赞赏。他对于游侠的"其言必信，其行必果，已诺必诚，不爱其躯，赴士之厄困。既已存亡生死矣，而不矜其能，羞伐其德"的精神品德和行为作风，可谓赞不绝口。这和班固在《汉书》中大骂游侠是很不一样的，这究竟是为什么呢？司马迁说：

且缓急，人之所时有也。昔者虞舜窘于井廪，伊尹负于鼎俎，傅说匿于傅险，吕尚困于棘津，夷吾桎梏，百里饭牛，仲尼畏匡，菜色陈、蔡。此皆学士所谓有道仁人也，犹然遭此灾，况以中材而涉乱世之末流乎？其遇害何可胜道哉！

缓急人所时有，即使虞舜、孔子这样的有道之人，也有遭灾倒霉的时候，那么，如果是普通人，如果是遭遇乱世，遇害的就不知道有多少了！

今拘学而抱咫尺之义，久孤于世，岂若卑论侪俗，与世沉浮而取荣名哉！布衣之徒，设取予然诺，千里诵义，为死不顾世，此亦有所长，非苟而已也。故士穷窘而得委命，此岂非人之所谓贤豪间者耶？诚使乡曲之侠，予季次、原宪比权量力，效功于当世，不同日而语矣。要以功见言信，侠客之义又曷可少哉！

即使是布衣之徒，在别人困厄的时候"取予然诺，千里诵义，为死不顾世"，这样高尚的品德，说明他们就是"贤豪"之人啊！

古布衣之侠，靡得而闻已。……至如闾巷之侠，修行砥名，声施于天下，莫不称贤，是为难耳。然儒墨皆排摈不载。

李白：融汇百川的杰出思想家

自秦以前，匹夫之侠，湮灭不见，余甚恨之。以余所闻，汉兴有朱家、田仲、主公、剧孟、郭解之徒，虽时扞当世之文罔，然其私义廉洁退让，有足称者。名不虚立，士不虚附。至若朋党宗强比周，设财役贫，豪暴侵凌孤弱，恣欲自快，游侠亦丑之。余悲世俗不察其意，而猥以朱家、郭解等令与暴豪之徒同类而笑之也。

（以上皆见《史记·游侠列传》）

无论布衣之侠、闾巷之侠、匹夫之侠，都是修行砥名、名扬天下，世上莫不称贤，却遭到儒家、墨家的排斥。其实朱家、郭解等大侠，他们和暴侠完全不是同类！

这篇游侠列传，其实是太史公对游侠的礼赞，也为历史上的著名游侠（如郭解）洗冤。司马迁认为，在一个"'窃钩者诛，窃国者侯，侯之门仁义存'，非虚言也"的世界里，游侠的地位，其实是应该归于"豪贤者"之列的。

距离司马迁700多年的李白，以一百多首诗作写剑客侠士，我们从他的诗中同样可以读出他对游侠的欣赏，可见在这个问题上，李白与太史公是完全"同调"的。以下，我们着重谈李白关于"重信守诺""知恩图报"的游侠理念。

重然诺，尚义气，是秦汉时侠士们立身行事的共同特征。李白常常满腔热情地表达对侠士这种"义气"的赞颂。

三杯吐然诺，五岳倒为轻。

（《侠客行》）

片辞贵白璧，一诺轻黄金。

（《忆旧游书怀赠江夏韦太守良宰》）

爱君山岳心不移，随君云雾迷所为。

（《赠从弟太守之遥》）

第四章 豪气凌云的剑客侠士

《侠客行》是乐府旧题。《乐府诗集》卷六十七列于《杂曲歌辞》,郭茂倩于张华《游侠篇》前序云:"《汉书·游侠传》曰:'战国时,列国公子魏有信陵,赵有平原,齐有孟尝,楚有春申,皆籍王公之势,竞为游侠,以取重诸侯,显名天下。故后世称游侠者,以四豪为首焉。汉兴,有鲁人朱家及剧孟、郭解之徒,驰骛于闾阎,皆以侠闻。其后长安炽盛,街闾间皆有豪侠。'后世遂有《游侠曲》。"李白这首《侠客行》,大约作于天宝三载(744),表达了他对侠士疾恶如仇、乐于助人言必信、行必果的向往之情。

上面三例,李白歌颂了侠士重然诺,讲义气,重义守信,言一不二,说到做到的品质;许诺别人的事,重于"五岳";说出来的话(哪怕是"片辞"),贵于白璧,贵于黄金。这种侠肝义胆,对于世态炎凉的封建社会之世风,是一种强烈的否定。同时,它反映了封建社会下层小生产弱小者的愿望和需求,也是布衣诗人李白的精神寄托和需要。

李白还歌颂侠士"知恩必报"的精神。前面我们说过侠士"施恩不图报",但对于曾经在困难时刻帮助过自己的,哪怕是一饭之恩的布衣百姓,却要"有德必报"。"他日青云去,黄金报主人。"(《赠友人》其三)"黄金久已罄,为报故交恩。"(《赠别从甥高五》)我们知道,李白曾有诗歌颂在淮水接济韩信的漂母,也歌颂过在他客中"跪进雕胡饭,月光明素盘"的五松山农妇。诗句里都有具体的历史或现实故事,表达出强烈的"感恩""报恩"之义。

李白不但歌颂朋友之义,也歌颂礼贤下士、尊若师友的君臣之义。请读他的乐府诗《结袜子》:

燕南壮士吴门豪,筑中置铅鱼隐刀。

> 感君恩重许君命，泰山一掷轻鸿毛。

全诗只有短短四句。写的是两个义薄云天、气壮山河的历史故事。"燕南壮士"指高渐离；"吴门豪"指专诸。在"荆轲刺秦王"的故事中，太子丹在燕之南的易水送别时，高渐离击筑，荆轲和而歌，士皆瞋目，怒发冲冠；"吴门豪"专诸刺吴王僚则发生在吴王宫的宴会上。这两个壮士的故事，发生在广阔的背景上，其壮志豪情、英声侠气通过两件惊天动地、富于传奇色彩的大事而垂名青史，具有感人的精神力量。李白的诗，借古代两位著名侠士的事迹，赞扬了侠士为报答知遇之恩，而献出了自己宝贵生命的豪壮义气，指出这两位侠士为知己而死，是死得其所，是"重于泰山"的。全诗慷慨激昂，让今天的读者，也能感受到作者对这两位侠士的向往和崇敬。

五、洒血流沙、为国赴难的正气

> 万里横戈探虎穴，三杯拔剑出龙泉。
>
> （《送羽林陶将军》）

李白的咏侠诗，洋溢着洒血流沙、为国赴难的正气：

> 功成献凯见明主，丹青画像麒麟台。
>
> （《司马将军歌》）

> 斩得名王献桂宫，封侯起第一日中。
>
> （《出自蓟门行》）

李白讴歌边塞军功，用将军出征之豪迈，塑造边地将军的英雄形象。"倚剑登燕然,边烽列嵯峨。"(《发白马》)作者渴望如窦宪一样倚剑而登燕然之山,勒石记功,边烽虽仍在嵯峨的群山设置而没有边地警报。而有的诗,则直接地歌颂戍边将士仗剑去边,为国赴难、死而不惜的冲天豪气:

别时提剑救边去,遗此虎文金鞞釵。

(《北风行》,752)

严风吹霜海草凋,筋干精坚胡马骄。
汉家战士三十万,将军兼领霍嫖姚。
流星白羽腰间插,剑花秋莲光出匣。
天兵照雪下玉关,虏箭如沙射金甲。
云龙风虎尽交回,太白入月敌可摧。
敌可摧,旄头灭,履胡之肠涉胡血。
悬胡青天上,埋胡紫塞旁。
胡无人,汉道昌,陛下之寿三千霜。
但歌大风云飞扬,安得猛士兮守四方。

(《胡无人行》)

李白歌颂边塞将士舍身报国的高尚情操:"愿将腰下剑,直为斩楼兰。"(《塞下曲六首》其一)楼兰在今新疆维吾尔自治区鄯善县东南一带。诗人李白用汉昭帝时傅介子杀楼兰王的典故,歌颂了边塞健儿破敌立功的雄心壮志。李白赞颂边塞艰苦的战争生活:"边月随弓影,胡霜指剑花。"(《塞下曲六首》其五)赞颂边塞健儿的坚强意志。李白写边塞紧张的作战气氛:"杀气毒剑戟,严风裂衣裳。"(《北上行》)塑造勇义之士。当朋友从征赴边立功的时候,李白的送别诗更是大展其英雄豪气:"起舞莲华剑,行歌明月宫。"(《送梁公昌

李白：融汇百川的杰出思想家

从信安王北征》）"剑决浮云气，弓弯明月辉。"（《送白利从金梁董将军西征》）"抱剑辞高堂，将投霍冠军。"（《送张秀才从军》）他的咏侠诗把剑气、侠气、英雄气，与出征、立功、报国紧密联系，为英雄增色，为豪气增辉。李白诗中的报国正气，洋溢着十分炽烈的侠风。

自古多有慷慨报国之侠。韩非说："儒以文乱世，而侠以武犯禁。"（史记·游侠列传）这两句话，似乎把侠者都判为动乱之源，是封建社会"维稳"的对象。然而在历史上，曾有许多的证明，侠士虽不为统治者待见，却往往多有慷慨自负、英勇报国之士。司马迁《史记·游侠列传》记录的剧孟，就是一位为国立功的大侠士：

> 洛阳有剧孟。周人以商贾为资，而剧孟以任侠显诸侯。吴楚反时，条侯为太尉，乘传车将至河南，得剧孟，喜曰："吴楚举大事而不求孟，吾知其无能为已矣。"天下骚动，宰相得之若得一敌国云。剧孟行大类朱家，而好博，多少年之戏。然剧孟母死，自远方送丧盖千乘。及剧孟死，家无余十金之财。
>
> （《史记·游侠列传》）

太史公这段话，透露四大信息：第一，剧孟以任侠显于诸侯；第二，汉景帝的太尉条侯（周亚夫）因得剧孟而破了吴楚之反，所以剧孟是国家平息吴楚之乱的栋梁人物；第三，剧孟母丧，送丧者车马千乘，在当时影响非常巨大；第四，剧孟死时家中余财不多：说明这个大侠不是一个聚敛贪财者，却是一个于国有功的爱国之士。

李白歌颂崇武的爱国之侠。歌颂他们以武行侠、壮心报国的爱国主义精神。请看他的《行行且游猎篇》（752）：

> 边城儿闲不读书，但知游猎夸轻趫。
> 胡马秋肥宜白草，骑来蹑影何矜骄。
> 金鞭拂雪挥鸣鞘，半酣呼鹰出远郊。
> 弓弯满月不虚发，双鸧迸落连飞髇。
> 海边观者皆辟易，猛气英风振沙碛。
> 儒生不及游侠人，白首下帷复何益！

这是天宝十一载（752）李白北游幽燕时目睹边城儿游猎有感而发。这些边城少年，闲不读书，平生不识一字。但知骑马游猎，争夸矫健。胡地草白，正是秋盛马肥时节，边城少年扬鞭催马，竞相驰逐，何等矜骄。马鞭甩起积雪，发出清脆的响声，骑手们乘着酒兴，臂架苍鹰，出城远猎。个个挽弓如满月，箭箭无虚发，鸣镝响处，只见空中双雕，一箭而穿。他们的英风猛气威震大漠，在草原瀚海边观看射猎的人们，都惊得连连后退。看来那些儒生哪比得上游侠儿，他们终日在帷帐中苦读经书，读到白头又有什么用！诗中的"白首下帷"，引用的是汉儒董仲舒三年读书不出园的典故。李白此诗，是他十五学剑、仗剑天下的内心写照。在年过半百、功名无成的背景下，李白借此诗表明，自己也要像边城儿一样，白马银鞍，弯弓满月，追逐自己报效国家的梦想。

检索李白的游侠诗，表达这种以武勇报国的诗篇很不少：

> 长剑一杯酒，男儿方寸心。洛阳因剧孟，托宿话胸襟。
> 　　　　　　　　　　　　　　　　　（《赠崔侍御》）

> 羞作济南生，九十诵古文。不然拂剑起，沙漠收奇勋。
> 　　　　　　　　　　　　　　　　　（《赠何七判官昌浩》）

李白：融汇百川的杰出思想家

出门不顾后,报国死何难。

(《幽州胡马歌》)

李白自负有报国的正气。"长揖蒙垂国士恩,壮心剖出酬知己。一别蹉跎朝市间,青云之交不可攀。倘其公子重回顾,何必侯嬴长抱关?"(《走笔赠独孤驸马》,753)李白写此诗,已经离开朝廷在江湖流浪多年。窘迫中的诗人,向曾经同在朝廷的独孤驸马陈说旧情,说你现在宝马香车,光彩照人,我过去是在朝廷金门的供奉翰林,长揖天子,蒙垂国士之恩,剖心沥胆以酬知己。离京以后,岁月蹉跎,以前交往的青云之士就高不可攀了。如果公子能对我重新垂颜,我何必像侯嬴那样做一个抱关的隐士呢!在此"干谒"求荐的关键性时刻,李白要向驸马爷展示什么?他说我是一个像侯嬴那样的侠士,我要用我的文才武略和侠士忠心来报效朝廷!

李白有壮心报国之实践。我们在"心系社稷的博学儒士"一章,曾介绍了李白的儒家积极入世思想,列举了李白为建功立业而"席不暇暖"的奇葩经历。这里,我们以李白从永王璘的冤案,解剖一下李白壮心报国的实践与其任侠思想的联系。

李白为从永王璘这件事,被肃宗朝廷整得死去活来。在垂暮之年,两次入狱,几乎被杀,最后长流夜郎中途遇赦,总算留得性命。千年以来,或被视作"政治失节",或被判为"识见污下",或被视为"政治白痴"。那么,从璘之行的动力究竟是何?读一读《与贾少公书》,便可得知,从璘之行乃是李白壮心报国与任侠性格的共同驱动:

宿昔惟清胜。白绵疾疲苶,去期恬退,才微识浅,无足济时。虽中原横溃,将何以救之。王命崇重,大总元戎,辟书三至,人轻礼重。严期迫发,难以固辞,扶力一行,前观进退。

且殷深源庐岳十载，时人观其起与不起，以卜江左兴亡。谢安高卧东山，苍生属望。白不树矫抗之迹，耻振玄邈之风，混游渔商，隐不绝俗。岂徒贩卖云壑，要射虚名，方之二子，实有惭德。徒尘忝幕府，终无能为。唯当报国荐贤，持以自免，斯言若谬，天实殛之。以足下深知，具申中款。惠子知我，夫何间然。勾当小事，但增悚惕。

游侠尚气、尚勇、重报恩。一如李白诗中所说："长揖蒙垂国士恩，壮心剖出酬知己。"永王"王命崇重，大总元戎，辟书三至，人轻礼重"，李白很可能感其知遇之恩，于是慨然入幕。至于统治者内部的争斗，为李白所始料未及。因此，李白之入永王幕府，主因有三：一为爱国正气所激励；二为策士抱负所驱使；三为游侠精神所鼓动。

要之，报国有壮心，赴难不回头，正是李白任侠之目的。

六、笃于友谊、广交天下的大气

白上探玄古，中观人世，下察交道。海内豪俊，相识如浮云。

（《送戴十五归衡山序》）

笔者读李白《上安州裴长史书》，其中的一段话，使我终生难忘：

昔与蜀中友人吴指南同游于楚，指南死于洞庭之上，白禫服恸哭，若丧天伦。炎月伏尸，泣尽而继之以血。行路闻者，悉皆伤心。猛虎前临，坚守不动。遂权殡于湖侧，便之金陵。

数年来视,筋肉尚在。白雪泣持刃,躬申洗削。裹骨徒步,负之而趋。寝兴携持,无辍身手,遂丐贷营葬于鄂城之东。故乡路遥,魂魄无主,礼之迁窆,式昭朋情。此则白存交重义也。

要看一个人的品性,看他对死友的态度就足够。李白以故乡路远,指南无亲,于是以礼迁葬,以显示朋友间的深情。这个"礼之迁窆"的举动,非常折腾,从中足以透视李白重义交友理念。只身无助的情况下,冒死保护朋友的遗体,两次将其安葬,甚至借钱葬友,这种义薄云天之举,红尘如海,名人能人无数,能有几人做得到!?

李白笃于友谊,待友真诚而热烈,因而朋友遍天下,相识豪杰如浮云。他说:"忆昔作少年,结交赵与燕。"(《留别广陵诸公》)"结发未识事,所交尽豪杰。"(《赠从兄襄阳少府皓》)"人生贵相知,何必金与钱?"《赠友人》其三"赤心用尽为知己,黄金不惜栽桃李。"(《少年行》)李白的仰慕者任华谈到李白的重交之义时有诗云:"白璧一双买交者,黄金百镒相知人。"(《杂言寄李白》)李白把"知己"看得比黄金还重要。有人以为,儒家思想中也有重朋友之义的思想,《论语·公冶长》就有"愿车马衣裘与朋友共,敝之而无憾"一说。不过儒家重视在共行仁道的基础上建立友情,而侠士们似乎不管合不合儒家的仁道,合不合国家的法律,只要意气相投,就可为朋友两肋插刀。

李白自称自己"白上探玄古,中观人世,下察交道。海内豪俊,相识如浮云。"(《送戴十五归衡山序》)可以说,在结交豪侠俊杰方面,李白与历代诗人相比,都显得非常奇葩。他在一路求官、一路旅游、一路写诗、一路喝酒中,以其性格豪爽,存交重义,"三杯吐然诺,五岳倒为轻"(《侠客行》），一生交友无数。按今天的说法，他有非常多的"朋友圈"。裴斐先生在《李白十论》中谈道：

> 李白交游之广，世所罕见。上至帝王，下至平民，三教九流，五行八作，有交无类。……从刺史、太守、别驾、长史、司马、判官、都史、司户、司士、参军，到明府、少府、赞府、录事、主簿。……现存李白集中赠答之作过半，其对象大都是上述地方官吏。

裴先生所谓"现存李白集中赠答之作过半"，涉及的对象已达500人左右。按李白诗文"十丧其九说"，则被李白写进诗文的友人当有数千人（一两千绝对没有悬念），连同未写入诗文的，一定是一个极类现代人"微信朋友圈"的大数据！稍作分析，李白的"朋友圈"（或"接触圈"）计有：帝王将相圈，宗室氏族圈，地方诸侯圈，州县佐吏圈，神仙隐士圈，佛门僧侣圈，文学艺术圈，剑客侠士圈，饮中豪士圈，弹唱娱乐圈，等等。这些"朋友圈"，范围大，人数多，层次高，他说"海内豪俊，相识如浮云"，真不是夸张！

比如在"帝王将相"圈子中，李白与之相识、接触或有诗文赠答的即有玄宗李隆基，玄宗子永王李璘，宁王、徐王、吴王等，玄宗妹玉真公主，左相崔涣、宰相张镐等等。

在"宗室氏族圈"中，为李白称为"兄"的5人，有新平长史李粲、襄阳少府李皓、虞城宰李锡，中都明府某，徐王李延年；为李白称为"弟"的多达17人；还有被称为"族叔"的，如李阳冰等数人。

在"朝廷京官圈"中，有秘书监贺知章、御史中丞宋若思（宋之悌子），右司郎中魏少游，至于朝廷的"侍御史"，则不胜枚举，李白参与的"酒中八仙"全是京官。

李白：融汇百川的杰出思想家

在"地方官吏圈"中，有杭州太守李晔，宣城赵悦太守、宇文太守，江夏太守韦良宰，汉中郑太守，南平太守李之遥等。

李白的"文学艺术圈"则囊括当时几乎所有的文坛艺坛之领袖，包括：诗人孟浩然、王昌龄、杜甫、高适，书法家颜真卿、李阳冰、释怀素，画家吴道子，剑术家裴旻。唐文宗所称的"大唐三绝"，"书绝"张旭、"剑绝"裴旻，正是"诗绝"李白的好朋友！

至于"州县佐吏圈"，则车载斗量，举不胜举矣！

我们似乎可以说，李白的朋友圈，几乎把盛唐时期许多行业的顶级人物"一网打尽"！其交友之目的，虽有经济、宗教或兴趣爱好等因素，但主要是因其政治活动而建立，是因政治目的而创造的人脉，即李白为打造政治品牌、寻找荐举"知音"的桥梁。有趣的是，李白的第一个政治平台——翰林供奉，正是"道家朋友圈"中的元丹丘、玉真公主、贺知章等联袂做出的贡献！而且，当李白含冤被系浔阳狱的时候，是他"京官朋友圈"的崔涣、宋中丞救了他，并提携他进入第三个政治平台——宋中丞军幕。在李白含冤流放夜郎的时候，虽然有肃宗圈子中人要往死里打，"世人皆欲杀"，但也有像"诗人文士圈"中的杜甫为之冒险喊冤，有"帝王将相圈"中的张镐送衣赠诗表示慰问，有"地方诸侯圈"和"州县佐吏圈"中的"群官"，于李白赴夜郎之沿途迎来送往、酒宴相待。

"朋友圈"，常常是一个人学识、才能与人生层次的重要参照物。李白以一介布衣而做到"海内豪俊，相识如浮云"，不但可见李白为践行政治理想而付出的无数时间与心血，同时也足以证明，李白广交天下豪杰的侠客豪情和大气，对于"海内豪俊"具有不可抗拒的吸引力。

七、路见不平、拔刀相助的勇气

十步杀一人，千里不留行。事了拂衣去，深藏身与名。

(《侠客行》)

"尚勇"，是游侠最突出的性格特征。急人所难，急公好义，路见不平、拔刀相助，扶弱济困，勇打抱不平；为了朋友，为了正义，不惜其躯，敢于牺牲，慷慨赴死，成为侠士为人称赞的重要品质。信陵君为急平原之困，曾带三百门客以赴秦军，荆轲在秦廷行刺镇定自若，这是游侠尚勇的典范而垂青于历史。

李白常常在自己的诗中，用赞赏的目光，描绘了侠客急人所难、勇于助人的"尚勇"风貌，塑造了许多鲜活的英雄侠士形象：

赵客缦胡缨，吴钩霜雪明。银鞍照白马，飒沓如流星。
十步杀一人，千里不留行。事了拂衣去，深藏身与名。
闲过信陵饮，脱剑膝前横。将炙啖朱亥，持觞劝侯嬴。
三杯吐然诺，五岳倒为轻。眼花耳热后，意气素霓生。
救赵挥金槌，邯郸先震惊。千秋二壮士，烜赫大梁城。
纵死侠骨香，不惭世上英。谁能书阁下，白首太玄经。

(《侠客行》)

这首诗，借战国时期魏国侠士侯嬴和朱亥助信陵君救赵的故事，歌颂侠士的崇高品质。开头两句先见剑侠的缨带，次言其剑霜雪之锋，再写骏马的英姿，奔驰的迅疾，以马写人的非凡气概，写侠的武艺高强，以"十步杀一人，千里不留行"写侠客的英勇无敌。接着写剑侠的高尚品格：仗义杀人，匡时济世，践行诺言，不留名声。以上是泛写。接下去是特写侯赢和朱亥：侯赢窃得魏王兵符，解邯郸之围，突出其膝前横剑的英雄气概。而又用信陵君救赵前与侯赢、朱亥的宴饮，写其豪气。饮酒吐然诺，其一诺千金，五岳相形也轻不足言。据史书立意而突出其意气，呼之欲出。接下去凝练史书之意，当信陵君与朱亥以偷得兵符和假借魏王之命，前去接替晋鄙的统帅位置时，"晋鄙合符，疑之，举手视公子曰：'今吾拥十万之众，屯于境上，国之重任，今单车来代之，何如哉？'欲无听。朱亥袖四十斤铁椎，椎杀晋鄙，公子遂将晋鄙军"。（《史记·魏公子列传》）末四句赞美侯赢、朱亥的侠义，说他们的精神千秋永存，人虽死而侠骨犹香，与世上英雄相比，毫不逊色。最后断然结论：谁愿意像扬雄那样，终身埋头于《太玄经》？！

"三杯吐然诺，五岳倒为轻"，"纵死侠骨香，不惭世上英"。《侠客行》这首古风，不但抒发了李白对侠客的倾慕，对拯危济难、用世立功生活的向往，也非常典型地反映出李白的任侠思想和人生价值取向。我们知道，唐代游侠之风颇为盛行，这是与唐代西域交通发达、全国经济日益繁荣、城市商业兴旺的时代背景密切相关的。李白此诗，其本意恐怕并非瞩意先秦时期燕赵的游侠传统，而是着意于当时。据学者考证，其时关陇一带的风习"融胡汉为一体，文武不殊途"。（陈寅恪：《唐代政治史述论稿》）那么，少年喜剑术、尚任侠，亦是当时情状。李白少年时代，颇受关陇文化风习的影响，他自幼勤苦读书"观百家"外，"十五好剑术"（《与韩州书》），且一生不离剑。他出蜀时自称"已将书剑许明时"，安史乱中称"抚剑夜吟啸,雄心日千里"(《赠张相镐》其二),"长剑一杯酒,男儿方寸心"(《赠崔侍御》),都是因为李白的从政活动在"文武不殊途"的时代,而李白确乎文武兼备于一身。正是当时任侠流行的社会意识,为了事业心和抱负的驱使,尚任侠的少年都企求干一番豪纵、快意的事,得到社会上的普遍赞誉。李白《侠客行》一诗虽在礼赞侠客"尚勇"精神,但由于诗人就是尚任侠的,所以此诗也是诗人的自我写照,诗人的豪情壮志在诗中表现无遗。

八、惩恶扬善、除暴安良的血气

赞美侠士的血气,是李白侠士诗的重要主题之一。游侠尚气尚勇,轻生好斗,勇于慷慨赴死,却也动辄杀人。游侠的祖师爷"四公子"如孟尝君者,一方面表现为突出的"礼贤下士",因而世闻其"贤"。但同时,孟尝君杀气很重。孟尝君过赵国,赵国人讥笑孟尝君是"渺小丈夫",引起孟尝君大怒,杀人数百,灭一县。(《史记·孟尝君列传》)其使气逞性至于如此残忍恐怖,可见具有行侠仗义高节的侠士,或有其恣性任行的可怕一面。有的一言相忤,动辄杀伐,状同今天的"黑道"。

侠士杀人,理由千差万别,固有是报怨报仇、逞能使气者,但更多的是锄奸惩恶、除暴安良者,这后者才是侠士能称誉世俗的原因。

李白的侠士诗,不时跳出"杀人"字眼:"笑尽一杯酒,杀人都市中。"(《结客少年场行》)"酒后竞风采,三杯弄宝刀。杀人如剪草,剧孟同游遨。"(《白马篇》)可见李白

李白：融汇百川的杰出思想家

赞赏这种儒者不具的勇武血气，歌颂这种雄壮威武的英雄形象。于是有人就批判李白的"目无王法"，"想在闹市杀人犯罪"。但我们如果认真阅读李白歌颂女侠的诗，就可以了然李白所赞的侠士之举，究竟是为了什么。请看女英雄秦女休：

> 西门秦氏女，秀色如琼花。手挥白杨刀，清昼杀仇家。
> 罗袖洒赤血，英声凌紫霞。直上西山去，关吏相邀遮。
> 婿为燕国王，身被诏狱加。犯刑若履虎，不畏落爪牙。
> 素颈未及断，摧眉卧泥沙。金鸡忽放赦，大辟得宽贳。
> 何惭聂政姐，万古共惊嗟。

(《秦女休行》，732)

秦氏女是一个"秀色如琼花"的弱女子，为何有"清昼杀人"之举？原来她是为"杀仇家"。而她白昼杀人为何竟得到"英声凌紫霞"的结果？因为她的"婿""身被诏狱加"，被人陷害。她明知"犯刑若履虎"，为何"不畏落爪牙"？因为她并非不知后果，而是早将生死置之度外。最后，这位女侠，竟然得到朝廷宽贳，说明秦女之为，血气报仇报怨，情有可恕。而李白，则称她是不惭聂政、"万古共惊嗟"的女英雄。

按，李白《秦女休行》的题材脱胎于魏朝协律都尉左延年同名的乐府诗。原诗有"父母家有重怨，仇人暴且强。虽有男兄弟，志弱不能当。烈女念此痛，丹心为寸伤"之句，可见秦女杀的是一个"暴且强"的恶棍。李白以强烈的感情肯定主人公"万古共惊嗟"，歌颂的正是除暴安良的血气。

李白还有《东海有勇妇》(745) 一诗，歌颂了当时东海勇妇"捐躯报夫仇，万死不顾生"的勇敢行为。她冒死耀白刃，斩仇首，抛国门，剖仇腹，踏内脏，"豁此伉俪愤，粲然大义明"。其血气义举，感动朝野，免其死罪，美誉流传，名列史册。《唐宋诗醇》卷四称"写出义烈之情,凛凛有生气"。可见李白歌颂的这位女侠,是又一位惩恶扬善的血气女英雄。

李白用自己的诗歌塑造了许多性格鲜明的血气游侠,从一个侧面反映了唐代某些地方政治黑暗、法纪松弛的社会现实。盛唐侠士富有惩恶扬善、除暴安良的血气和勇气,难怪李白要称颂他们"纵死侠骨香,不惭世上英"(《侠客行》)了。

而实际上,李白自己就是一位有血气的剑客侠士。其一,李白"十五好剑术",有武功,其武功首先就是为任侠而来。其二,李白在一入长安干谒失败时,曾与五陵豪有过往来,并且被迫参加了一次与五陵豪的生死搏斗,幸亏侠士朋友元演的解救,才得以幸存。其三,李白曾自述有过"托身白刃里,杀人红尘中"的游侠经历:

> 结发未识事,所交尽豪雄。却秦不受赏,击晋宁为功。
> 脱身白刃里,杀人红尘中。当朝揖高义,举世称英雄。
> 小节岂足言,退耕春陵东。归来无产业,生事如转蓬。
> 一朝乌裘敝,百镒黄金空。弹剑徒激昂,出门悲路穷。
> 吾兄青云士,然诺闻诸公。所以陈片言,片言贵情通。
> 棣华倘不接,甘与秋草同。
>
> (《赠从兄襄阳少府皓》)

李白"脱身白刃里,杀人红尘中"的经历,有李白的"铁粉"魏颢之佐证。(魏颢:《李翰林集序》)但魏颢序对李白为何"手刃数人",手刃后的遭遇与结果如何殆无交代,因而留下许多悬念。论者以为,到李白的青少年时代,大唐建国已近百年,社会秩序比较稳定,如何会有"手刃数人"而不被追究?周勋初先生在《李白评传》中甚至据此认为李白就是蜀中的豪强;还有论者断定李白是一个"逃犯",且有祖传的"犯法基因"等等。实际上李白"杀人红尘中"诗句后有"当朝揖高义,举世称英雄。小节岂足言,退耕春陵东"的续句,已经明明白白:李白所杀定是地方的暴徒恶棍,政府追缉人员,李白因是除暴安良,故被"当朝揖高义,举世称英雄"!

李白崇尚血气之侠,鄙视一些没有任侠行为的文人。他在《秋夜于安府送孟赞府兄还都序》中说:"夫士有饰危冠,佩长剑,扬眉吐诺,激昂青云者,咸夸炫意气,托交王侯。若告之急难,乃十失八九。"骂的正是文人中尚侠而无侠行者。

盛年的李白虽然没有再去重复血气方刚的任侠行动,但只要我们仔细体会李白歌颂两个女侠英勇行为的满腔热情,就会发现盛年的李白在思想深处对侠士"万古惊嗟"的"粲然大义",怀有多么深的向往和崇敬!

九、平交王侯、藐视礼法的傲气

大鹏一日同风起,扶摇直上九万里。

(《上李邕》)

儒生不及游侠人,白首垂帷复何益?

(《行行且游猎篇》)

在李白之"气"中,读者最熟悉的莫过于他的"傲气"。李白因"傲"得出格,人便称之为"狂",苏东坡说"李太白,狂士也"。(《李太白碑阴记》)千多年来,人们似乎爱用"狂傲"的帽子为李白盖棺定论!奇怪的是,我们如果认真研究李白的诗文和平生轨迹,会发现李白其实是一个可爱的人,他对于朋友、对于平民、对于老者、对于晚辈、对于妇女都平易可亲。李白一生交友无数，天下豪俊相识如浮云，亦绝非"狂傲"可致。他的"狂傲"有一个特定的对象，就是权贵和小人。因此，他的"傲"，于平民和普通文士而言，是不但可亲而且可敬的，这也就是人们称李白狂傲，却又十分爱戴他的原因。

说李白"傲"，大体因三种情况：一是因他"自言大志、自许大才"的言行；二是因他"藐视权贵、平交王侯"的态度；三是因他"放浪不羁、不拘礼法"的作风。时人谓李白："平生傲岸，其志不可测。数十年为客，未尝一日低颜色。"（任华：《杂言寄李白》）而在李白全集中，表现上述三种情况的篇什，真不胜枚举。

探索一下李白"傲气"的来因，前人多从其天才禀赋和自由个性来分说，笔者认为，这或许忽略了李白的一个思想性格特质，即侠气！以下，我们从这一特定的角度稍做分析。

（一）李白的"自言大志"之傲，来自自我张扬的侠士自信

李白自言大志，他要"辅弼帝王"："达则兼济天下，穷则独善一身。……申管晏之谈，谋帝王之术。奋其智能，愿为辅弼，使寰区大定，海县清一。"（《代寿山答孟少府移文书》）他要做济代安邦的英雄："苟无济代心，独善亦何益……终与安社稷，功成去五湖。"（《赠韦秘书子春二首》）他用"斗转而天动，山摇而海倾"的大鹏来寄托自己的高远之志："大鹏一日同风起，扶摇直上九万里。"（《大鹏赋》《上李邕》）他自言大才，自比吕尚："白日不照吾精诚，杞国无事忧天倾……风云感会起屠钓，大人峨屼当安之。"（《梁甫

李白：融汇百川的杰出思想家

吟》）他自比诸葛："武侯立岷蜀，壮志吞咸京……余亦草间人，颇怀拯物情……托意在经济……"（《读诸葛武侯传书怀赠长安崔少府叔封昆季》）他自比鲁仲连："我以一箭书，能取聊城功。"（《五月东鲁行答汶上翁》）他自比谢安："暂因苍生起，谈笑安黎元。余亦爱此人，丹霞冀飞翻。遭遇圣明主，敢进兴亡言。"（《书情赠蔡舍人雄》）他自称"怀经济之才，抗巢由之节。文可以变风俗，学可以究天人，一命不沾，四海称屈。"说自己是"稀世之英，清朝之宝"。（《为宋中丞自荐表》）认为自己"如逢渭水猎，犹可帝王师"（《赠钱征君少阳》）。可谓大志满满，大言炎炎。

自言大志、自许大才的人，往往使听者不舒服，因此收获许多冷笑："众人见我恒殊调，闻我大言皆冷笑。"（《上李邕》）说明在时人眼中，李白这样的大志大言难以接受。即便到了今天，我们已经公认李白是罕见天才，依然有人觉得李白"傲"得可笑。刀尔登先生有《不必读书目》一书，其中有《不读李白》一节，就把李白封为一个"令人讨厌"的"牛皮大王"——

这里要议论的，不是他的诗才，而是他的性格。不妨想象，我们在宴会中初识到这样一个人，气派很大，嗓门也很大，一发言便说自己如何不得了，论家世是大姓望族，和帝王沾亲带故，又娶过宰相的孙女；论游历则南穷苍梧，东涉溟海，天下值得一看的事物，没有没见过的；论轻财好施，曾在一年之中，散金三十余万；论存交重义，则有削骨葬友的故事；论养高望机，则巢居山中，养奇禽千只，一呼唤便来他手中取食；论起文学才能，更有某大人，曾拍着肩膀对他说，这小子真是了不起呀，又有某大人，对别人议论说，那小子真是了不起呀。他说的这一大篇，除一两件外，或是夸大其词，或是自己瞎编的，那么，我们是打算喜欢这个牛皮大王，还是讨厌他呢？

（刀尔登：《不必读数目》，山西人民出版社2012年版，第57页）

刀尔登敢于写《不必读数目》，把中国古人的著作全"骂"一通，可见也是一个"狂傲"的主。他谈李白，不但说他夸大其词，而且瞎编造假，是令人讨厌的"牛皮大王"。不过，刀尔登在文中所说的六条"罪状"，皆查无实据。

以大言炎炎表现自信，是侠士固有的性格和常规表现方式。我们前面谈到，由于盛唐侠风炽烈的社会背景，与李白所处时代相近的著名诗人，因受侠风的影响，多为敢言大志、敢讲大话者。

陈子昂（661—702）："前不见古人，后不见来者，念天地之悠悠，独怆然而涕下！"

（《登幽州台歌》）

高适（704—765）："二十解书剑，西游长安城，举首望君门，屈指取公卿。"

（《别韦参军》）

杜甫（712—770）："致君尧舜上，再使风俗淳。"

（《奉赠韦丞丈二十二韵》）

李泌（722—789）："天覆吾，地载吾，天地生吾有意无？不然绝粒升天衢，不然鸣珂游帝都。焉能不贵复不去，空作昂藏一丈夫。一丈夫兮一丈夫，千生气志是良图。请君看取百年事，业就扁舟泛五湖。"

（《长歌行》）

李白：融汇百川的杰出思想家

……

这是一些和李白一样具有侠士之风的诗人，他们本来就有热烈豪迈的性格、光明磊落的胸襟和瑰绮雄逸的思想。他们以侠士的理想精神、英雄性格和浪漫气息，来表达抱负、抒写理想、寄托情怀，往往张扬侠士特有的强大自信，有时表现为"诗胆大于天"。这种自信是一种明朗高亢、奔放激越的时代强音，具有一股催人奋进的人格力量。而这一切，在不具侠风的常人看来，便是吹牛，便是骄傲，便要付之冷笑了！

（二）李白的"藐视权势"之傲，来自古代大侠的遗风

我们在前面分析李白"平交王侯"思想的来因，曾经谈到他受到儒家的孟子以及纵横家的影响。而实际上，游侠思想对李白形成"平交王侯"思想，也有重要的作用。因为如郦食其、孟尝君等古代大侠，他们正是向李白传授平交王侯思想的政治老师。《史记·孟尝君传》载："孟尝君在薛，招致诸侯宾客，及亡人有罪者，皆归孟尝君。孟尝君舍业厚遇之，以故倾天下之士。食客数千人，无贵贱一与文等。孟尝君曾待客夜食，有一人蔽火光。客怒，以饭不等，辍食辞去。孟尝君起，自持其饭比之。客惭，自刭。士以此多归孟尝君。孟尝君客无所择，皆善遇之。人人各自以为孟尝君亲己。"侠士的老祖宗孟尝君（即田文），贵为齐公子，门下食客数千人，而他却与食客们"无贵贱一与文等"。这是士人们多么向往的"平等世界"啊！李白在自己的诗里，不时地歌颂侠士们这种不畏权势、平交王侯的精神：

府县尽为门下客，王侯皆是平交人。

（《少年行》）

归来使酒气，未肯拜萧曹。

（《白马篇》）

扶风豪士天下奇，意气相倾山可移。
作人不倚将军势，饮酒岂顾尚书期。

（《扶风豪士歌》）

侠士重义气，主张扶贫济困、不畏权势，其思想中包含着打破贵贱界限的朴素平等观念。李白的"长揖不拜"也好，"五候七贵同杯酒"也好，"气岸遥凌豪士前，风流岂落他人后"也好，"安能摧眉折腰事权贵"也好，这些对于当时的权贵来说的"犯上不恭""身有反骨"表现，在侠士的行状之中，却是"常态"！其实这种不怕得罪权贵的"傲气"，在李白的朋友孟浩然身上也同样突出，据《新唐书》载："采访使韩朝宗约浩然偕至京师，欲荐诸朝。会故人至，饮极欢甚，或曰：'君与韩公有期。'浩然叱曰：'业已饮，遑恤他！'卒不赴。朝宗怒，辞行，浩然不悔也。"（《新唐书》卷二〇三《文苑传下》，第5779页）

（三）李白的"不拘礼法"之傲，来自豪爽自由的侠士个性

恣逞意气、任张个性、桀骜不驯、不护细行等等，是侠士豪爽自由行为特征的一部分，在李白生活的盛唐年代仍很普遍。"天宝中，刘希夷、王昌龄、祖咏、张若虚、常建、李白、杜甫，虽有文名，但流落不偶，恃才浮诞而然也。"（郑处海：《明皇杂录》，中华书局1994年版，第64页）据文献

231

记载，崔颢"有俊才，无士行"（《旧唐书》卷一九〇《文苑传中》，第5049页）。王昌龄"不护细行，屡见贬斥"（《旧唐书》卷一九〇《文苑传中》，第5050页）。高适"少性拓落，不拘小节"（《唐才子传》卷二，《唐才子传校笺》第一册，第416页）。王翰"少豪荡不羁，登进士第，日蒲酒为事"（《旧唐书》卷一九〇《文苑传下》，第5039页）。贺知章"性旷放，喜谈笑……晚年尤加纵诞，无复规检，自号'四明狂客'，又称'秘书外监'，遨游里巷"（《旧唐书》卷一九〇《文苑传下》，第5034页）。杜甫自称"性豪业嗜酒，嫉恶怀刚肠"（杜甫：《壮游》），"而性偏躁傲诞"（《新唐书》卷二〇一《文苑传上》，第5738页）。

"上不朝天子，下不臣诸侯"；"府县尽为门上客，王侯皆是平交人"（《少年行》其三）。唐代文人在生活态度上颇为心仪侠者洒脱跳跃的生命存在，崇尚绝对的个人意志和个性自由，自适性情而无视正统的社会秩序和伦理道德，率真放任而不拘法令与规范，形成一种天马行空的绝对生命自由，即所谓"身在法令外，纵逸常不禁"（晋张华：《博陵王宫侠曲》）。

沈从文先生在《湘西·凤凰》中说："个人的浪漫精神与历史的宗教情绪结合为一，便成为游侠者精神。游侠的价值也不仅在于其仗义行侠，而且在于那种不拘世俗的自由精神。"唐人崇尚的游侠精神，正是"个人的浪漫精神"。他们的生活理想，是渴望和追求一种像游侠那样豪放自由、充满浪漫传奇色彩的生活。文人从游侠身上发现了一种美的生活方式：个性自由的推崇；传统伦理道德束缚的解脱。游侠的这种被对于封建卫道视为"狂傲放荡"的生活方式，在当时的社会背景下，具有一定反封建道统的进步意义。

历来论者指陈李白"狂傲"的还有一端，是"非圣无法，藐视儒生"。李白自称小儒,从儒家学说中接受了积极进取、忠君报国等许多的思想营养,如我们在"匡时济世的博学儒士"一章所论。但他确有诗文表达对儒生轻视、鄙薄或讥刺:

儒生不及游侠人,白首垂帷复何益?

(《行行且游猎篇》)

发愤去函谷,从军向临洮。叱咤经百战,匈奴尽奔逃。归来使酒气,未肯拜萧曹。羞入原宪室,荒径隐蓬蒿。

(《白马篇》)

谁能书阁下,白首《太玄经》?

(《侠客行》)

他的被称为"非圣无王,鄙薄儒生"的傲气,来自侠士与儒生的对比。这种对比,在当时文人群体的语言环境中并不陌生:

岂学书生辈,窗前老一经。

(王维:《送赵都督赴代州得青字》)

知我沧溟心,脱略腐儒辈。

(王昌龄:《宿灞上寄侍御玙弟》)

大笑向文士,一经何足穷。

(高适:《塞下曲》)

汪聚应先生指出:"以儒生的卑弱无用比衬侠者高大有为的人格魅力,这是唐人咏侠诗的一个基调。一方面这是唐代儒学多章句之学而脱离实际的反映;另一方面也是侠者人格精神与泛儒文化精神在唐代对立而表现出'功名只向马上取'的价值观念的影响。壮游《国民新灵魂》中将侠义传统与泛儒文化比较后指出：'侠者儒之反，儒者有死容而侠者有生气，儒者尚空言而侠者重实际，儒者计祸福而侠者忘利害，儒者蹈故常而侠者多创异。'儒侠这种在观念、性格和作风上的对立，使唐人咏侠诗在高扬侠的同时，无不将儒生作为独立面，'儒生不及游侠人'可谓唐代尚武任侠诗人共同的心理感受和人格表白。"（汪聚应：《唐代侠风与文学》，中国社科院出版社2007年版，第289—290页）

总之，李白的"傲气"（或称之为"傲骨"），在很大程度上来自对侠士思想性格的接受。它既是李白豪气、侠气、义气、大气、正气、勇气、血气的集成，也是盛唐昂扬奋进的时代精神的体现。多少年来，人们对于李白的傲气，多作审美对象来欣赏。唐人任华说李白："身骑天马多意气，目送飞鸿对豪贵。承恩召入凡几回，待诏归来仍半醉。……平生傲岸，其志不可测。数十年为客，未尝一日低颜色。"（《杂言寄李白》）李白自谓"一生傲岸苦不谐，恩疏媒劳志多乖。"（《答王十二寒夜独酌有怀》，747）他为"傲岸"付出沉重的代价，却终生坚守不渝。莫芙青、蒋力余在《李白与游侠》文中说："李白傲骨的美学意义，显示了诗人对自我人格的珍视，对自我价值的肯定，对自由精神的弘扬。更昭示了诗人有一种蔑视权贵、蔑视礼法的反抗精神。正因为如此，李白在中国文化史上的美学价值，不仅仅在于他光华万丈的不朽诗篇，而且还在于他冠绝今古的孤傲性格。"

李白的傲气与游侠精神有关。不过李白的孤傲，与市井游侠的任性使气有本质区别，已升华为一种审美境界。

十、追求理想、放纵逸乐的奢气

侠士有自己的政治理想和功业理想，因而匡扶正义、拯人困厄、慷慨赴难；也有自己的生活理想，因而自由浪漫、放纵逸乐。下面我们探索李白的生活理想。

任侠风尚，强化了文人士子不屈己、不干人的侠义孤傲之气，也培养了其追求享乐的世俗气。他们追求世俗生活的快乐、满足情感上需要的刺激，崇高的责任感与人世的欲望并行不悖，理想的光辉和生活的情趣紧密相连。唐人这种极富任侠色彩的世俗生活理想，突出地表现在三个方面，即豪爽自由的生活态度、追求享乐的生活方式、仗剑远游的生活情趣。

王仁裕《开元天宝遗事》谈到："长安侠少，每至春时，结朋联党，各置矮马，饰以锦鞯金络，并辔于花树下往来，使仆从执酒皿而随之，遇好围则驻马而饮。"这说明，唐代游侠一族与历史上的大侠们已有很大不同，追求豪奢，放纵逸乐，已成为他们生活方式的重要组成部分。李白与这些及时行乐、冶游无定的逸少有实际的接触，因此这些侠少放纵自适的生活方式对李白也有不小的影响。

开元、天宝年间，是唐王朝的极盛时期，在长安等大城市这类斗鸡走马、豪奢逸乐的侠少很是不少。李白对这些侠少有这样的描绘：

风流少年时，京洛事游遨。腰间延陵剑，玉带明珠袍。

（《叙旧赠江阳宰陆调》）

李白：融汇百川的杰出思想家

> 忆昔作少年，结交赵与燕。金羁络骏马，锦带横龙泉。
>
> （《留别广陵诸公》）

前诗说的是侠友陆调，后诗似乎就是说自己。看来侠少们的装束行头相当可观，家中没有银子可不行。那么他们的行踪风仪又如何？李白的《少年行三首》就写得生动而具体：

> 君不见淮南少年游侠客，白日球猎夜拥掷。
> 呼卢百万终不惜，报仇千里如咫尺。
> 少年游侠好经过，浑身装束皆绮罗。
> 兰蕙相随喧妓女，风光去处满笙歌。
> 骄矜自言不可有，侠士堂中养来久。
> 好鞍好马乞与人，十千五千旋沽酒。
> 赤心用尽为知己，黄金不惜栽桃李。
> 桃李栽来几度春，一回花落一回新。
> 府县尽为门下客，王侯皆是平交人。
> 男儿百年且乐命，何须徇书受贫病。
> 男儿百年且荣身，何须徇节甘风尘。
> 衣冠半是征战士，穷儒浪作林泉民。
> 遮莫枝根长百丈，不如当代多还往。
> 遮莫姻亲连帝城，不如当身自簪缨。
> 看取富贵眼前者，何用悠悠身后名。
>
> （《少年行三首》其一）

> 五陵年少金市东，银鞍白马度春风。
> 落花踏尽游何处，笑入胡姬酒肆中。
>
> （《少年行三首》其二）

延陵宝剑，玉带珠袍，金羁银鞍，骏马轻裘；或球猎呼庐,或风流纵妓,或一掷百万,或报仇千里。唐代游侠大别于古代游侠,追求豪奢逸乐、放纵恣肆的生活是他们的共同风尚。李白中晚年追求放纵自适的生活,明显带有唐代豪侠的典型特征。

李白放纵自我、追求及时享乐,好饮成名。《旧唐书·文艺列传》云:"荐之于朝……白既嗜酒,日与饮徒醉于酒肆。"也就是说,在安陆"蹉跎十年","三百六十日,日日醉如泥"的李白,本来可以用"怀才不遇""借酒浇愁"来解释,但他到了"著书金銮殿"的待诏翰林时,还是有酒必饮,每饮必醉。好在李白酒醉后神志却清醒,因而博得"李白斗酒诗百篇"的盛誉(杜甫)。李白"嗜酒不拘小节""时人号为醉圣"(王仁裕:《开元天宝遗事》)。他晚年回忆自己长安生活时说:"昔在长安醉花柳,五侯七贵同杯酒。气岸遥领豪士前,风流岂肯落人后。"而在《将进酒》的诗中则有"五花马、千金裘,呼儿将出换美酒,与尔同销万古愁"这样的豪迈诗句。李白被玄宗"赐金放还"后,还常常挟妓漫游,他仰慕晋人谢安隐居时挟妓漫游的潇洒,有诗云:"我今携谢妓,长啸绝人群。欲报东山客,开门扫白云。"(《忆东山二首》其二)他是一个"佳酿、骏马、美妾三不离"的唐代大侠。

不过,我们也应该看到,盛唐一代在具有侠气的文人士子中,奢靡的生活已成风俗。服饰佩戴,吃喝玩乐;鲜衣宝马,黄金饰剑;出则连骑,从者如云;斗鸡走马、飞鹰纵犬;饮酒博猎,狎妓游冶……这些本是游侠少年纵任情性的奢靡生活方式,因任侠风气炽烈的原因,竟成为许多盛唐文人生活方式的择向。王仁裕的《开元天宝遗事》有"风流薮泽"一条载:"长安有平康坊,妓女所居之地,京都侠少萃集于此，兼每年新进士，以红笺名纸游谒其中，时人谓此坊为风流薮泽。"又"颠饮"条载："长安进士郑愚、刘参、郭保衡、王冲、张道隐等十数辈，不拘小节，旁若无人。每春时，选妖妓三五人，乘小犊车，诣名园曲沼，籍草裸形，去其巾帽，叫笑喧呼，自谓颠饮。"进士本是士人"冠冕"，是士人成功的榜样，而他们的行为却如此荒唐浮诞，让千年后的读者难免感到讶异。

就饮酒而言，唐代许多著名诗人，都有豪饮的事迹。王绩时人呼为"斗酒学士"。杜甫自称"朝回日日典春衣，每日江头尽醉归。酒债寻常行处有，人生七十古来稀"。（杜甫：《曲江二首》之二）"得钱即相觅，沽酒不复迷。忘形到尔汝，痛饮真吾师。"（杜甫：《醉时歌》）李白的好友孟浩然，有诗《宴包二融宅》称"五日休沐归，相携竹林下。开襟成欢趣，对酒不能罢"。杜牧则"落魄江湖载酒行"（杜牧：《遣怀》）。酒是豪杰之气的催化剂，与游侠有不解之缘，也是名士风度的体现。盛唐一些颇有侠性的文人们，少年时代都有一段任侠放荡、耽于玩乐的人生，除了李白，陈子昂、王翰、王之涣、韦应物亦皆如此。

追求豪饮中的名士风度，追求玩乐中的纵情足欲，追求交友中的侠义慷慨，唐代文人生活理想可谓丰富多彩，但遭受的批评也很尖锐。不过，汪聚应先生在《唐代侠风与文学》中指出：唐代士人的生活理想和生活方式"一任性情的自由流露和欲望的满足，有觉醒的一面，它培养了文人士子经世济用的思想和与现实相结合的行动人生。当然也造就了他们天真纯情和浮躁浅露的一面"。应该说，这两个方面，都是大唐时代精神的反映。

奢气，是侠士豪气的伴生物，在李白接受的侠风侠行中，无疑接受了部分的消极因素。

本章小结

　　以上我们从10个小侧面，探讨李白对于游侠思想的选择和接受，我们发现游侠思想对李白立身行事的影响几乎是全方位的。可惜，有些论者似乎不愿提及李白的侠气侠风侠行，有些专门研究李白的专著也只是"附带讨论一下李白的豪侠之风"。（《李白评传》，第70页）

　　葛景春先生认为：在李白数十篇游侠诗中，有的是歌唱古代侠士排难解纷，功成不受赏的高尚情操；有的是赞颂侠士们重然诺、讲义气，忠于友谊的优良品德；有的是通过对游侠儿从军报国的热情歌颂来表达作者的爱国热情及对建功立业的向往；有的是对豪侠自由荒诞生活的羡慕，体现出诗人对世俗礼法的叛逆精神，追求个性自由的思想愿望。总之，在李白任侠诗歌与活动中充满着蓬勃热情的青春活力和血气方刚的少年意气，给李白其人及其诗歌增添了瑰丽的浪漫精神和传奇色彩。（《李白思想艺术探骊》，第102页）

　　李白从小崇尚游侠，少年有侠行，行止有侠风，诗文有侠气，终生有侠味。李白对游侠思想接受的简要情况，见表6。

表6　李白对游侠思想行为的选择性接受

接受	排斥
1. 文武兼备，雄心千里	1. 以武犯禁
2. 匡扶正义，疾恶如仇	2. 杀人玩命
3. 重信然诺，知恩图报	3. 斗殴寻衅
4. 建功立业，报国荣亲	4. 赌气使酒
5. 扶危济困，轻财好施	5. 纵博豪饮
6. 排难解纷，不惜其躯	6. 跑马游猎
7. 笃于友谊，广交豪俊	7. 浪漫放肆
8. 藐视礼法，豪迈不羁	8. 哥们义气
9. 刚勇有为，傲岸自尊	
10. 追求理想，放纵逸乐	

第五章

兼爱尚贤的墨家斗士

在李白的开放型思想体系中,不但有前文所述的儒、道、纵横、侠客思想,还有墨家思想。

墨家是一个有领袖、有学说、有组织的学派,他们有强烈的社会实践精神。墨者们吃苦耐劳、严于律己,把维护公理与道义看作是义不容辞的责任。墨者大多是有知识的劳动者。按墨家的规定,被派往各国做官的墨者,必须推行墨家的政治主张;行不通时宁可辞职。另外,做官的墨者要向团体捐献俸禄,做到"有财相分",当首领的要以身作则。

前期墨家在战国初即有很大影响,与儒家并称显学。它的社会伦理思想以"兼爱"为核心,反对儒家所强调的社会等级观念。它提出"兼相爱,交相利",以尚贤、尚同、节用、节葬作为治国方法。提出"非攻"的主张,反对当时的兼并战争。它主张非命、天志、明鬼,一方面否定天命,另一方面又承认鬼神的存在。后期墨家汇合成二支:一支注重认识论、逻辑学、几何学、几何光学、静力学等学科的研究,是谓"墨家后学"或称"后期墨家";另一支则转化为秦汉社会的游侠。

据载，墨子和他的门徒曾组成过一个纪律组织严明的社团，奉行大禹遗教，将财产归于社团所有，生活十分节俭，专门做利天下的好事，体现其理论与实践的一致性。司马谈在《论六家之要旨》中说："强本节用，则人给家足之道也。此墨子之所长，虽百家不能废也。"用今天的观点来说，墨子即是古代的社会主义者，甚至是共产主义者！

应该说，在李白生活的盛唐时代，研究墨学的人已经非常稀有。但我们从李白诗文考证其思想的渊源，却发现李白在诗文中有多处直接引用墨子的语典、事典，而李白诗文中的许多思想和理念，与墨子学说也十分契合。这或许与李白读的政治教科书《长短经》有关。沈凯文先生在《李白对墨家的接受》中认为，赵蕤的《长短经》中多次谈论墨学，颇为欣赏墨子关于治国理政学说，特别是"尚贤"和"节用"理论；赵蕤将孔墨并称以赞其德，谓"神农形悴，唐尧瘦癯，舜黧黑，禹胼胝，伊尹负鼎而干汤，吕望鼓刀而入周，墨翟无黔突，孔子无暖席，非以贪禄位，将欲起天下之利，除万人之害"。非常称许墨翟的献身精神。这些对于一心从政的李白，想必有所启发。

一、兼利天下的博爱思想

"兼爱"，是《墨子》中最重要的篇章之一。文章首先提出了"兼爱"的主旨："仁人之所以为事者，必兴天下之利，除去天下之害，以此为事者也。"

与儒家的"仁者爱人"的对象不同，墨子的爱是"爱天下"的博爱，是无等级、无差别的爱，是正义无私、舍己为人、损己利人、行侠仗义、轻财好施、自我牺牲的爱。尤其可贵的是，墨子一生用无比的刻苦和奋斗，高规格高标准地践行了自己的博爱精神。

李白，则以墨子的精神作为榜样，他在《上安州裴长史书》里谈到自己的一段经历，为自己的"兼爱"精神作了注脚：

囊昔东游维扬，不逾一年，散金三十余万，有落魄公子，悉皆济之。此则是白之轻财好施也。又昔与蜀中友人吴指南同游于楚，指南死于洞庭之上，白禫服恸哭，若丧天伦。炎月伏尸，泣尽而继之以血。行路间者，悉皆伤心。猛虎前临，坚守不动。遂权殡于湖侧，便之金陵。数年来观，筋骨尚在。白雪泣持刃，躬申洗削。裹骨徒步，负之而趋。寝兴携持，无辍身手。遂丐贷营葬于鄂城之东。故乡路遥，魂魄无主，礼以迁窆，式昭明情。此则是白存交重义也。

这段话，有三点值得注意：

第一，李白的轻财好施是大手笔。李白东游维扬，"有落魄公子，悉皆济之"。不到一年，"散金三十余万"，俨然是一个"大土豪"的形象。他自称这就是我慷慨解囊，乐于助人的具体表现。实际上确是如此，从他写给老师赵蕤的诗《淮南卧病书怀寄蜀中赵征君蕤》中，我们可以得知他那次救济落魄公子的"豪举"，已经耗尽财力，以至于病困扬州，只好向老师叫苦。

第二，李白的存交重义是真投入。一个人是不是"存交重义"，在酒桌上是断然看不出来的，标志看朋友落难时，你取何种态度与行动。蜀中友人吴指南死于洞庭，李白做了三件事：一是"禫服恸哭，若丧天伦"，哭到什么程度？泣尽而继之以血，使过路人都见之伤心。二是为保护指南的尸体，猛虎前来，仍坚守不动。这得有何等真情、何等勇气！三是他把友人安葬后,"数年来观,筋骨尚在。白雪泣持刃,躬申洗削。裹骨徒步,负之而趋。寝兴携持,无辍身手"。洗削尸骨,裹而背之,"寝兴携持,无辍身手",徒步数百里,最后用"丐贷"的钱"葬于鄂城之东"。笔者估计,这"鄂城(武昌)之东",一定是一块风水宝地。李白这样对待一位死去的同乡,情意真可谓无以复加!

第三,李白的"兼爱天下"是自甘为之。李白初游维扬,救济许多落魄公子,这些公子哥们,与李白其实素昧平生。李白既未相识,也难以指望其作何回报。同游洞庭的友人吴指南已死,即使付与万丈高情,又安能望其回报?因此,李白的轻财好施,存交重义,是一种不图回报是行侠仗义之举、损己利人之举、自甘牺牲之举。李白的"兼爱"天下,表现了一种英雄式的高尚情操,与墨子的高尚德行是非常契合的。

"兼爱",亦即博爱,乃是李白接受墨家思想之第一项。

二、尚贤使能的治国思想

在墨家的治国理念中,核心谓之"尚贤"。《墨子》中有《尚贤》一篇,其开篇即云:

子墨子言曰:"今者王公大人为政于国家者,皆欲国家之富,人民之众,刑政之治。然而不得富而得贫,不得众而得寡,不得治而得乱,则是本失其所欲,得其所恶。是其故何也?"子墨子言曰:"是在王公大人为政于国家者,不能以尚贤事能为政也。是故国有贤良之士众,则国家之治厚;贤良之士寡,则国家之治薄。故大人之务,将在于众贤而已。"

第五章　兼爱尚贤的墨家斗士

墨子认为，国家之治，在于"尚贤事（使）能"。那么何为"尚贤"？墨子说，"虽在农与工肆之人，有能则举之"。"官无常贵，而民无终贱。有能则举之，无能则下之。举公义，辟私怨。"墨子举例："古者尧举舜于服泽之阳，授之政，天下平。禹举益于阴方之中，授之政，九州成。汤举伊尹于庖厨之中，授之政，其谋得。文王举闳夭、泰颠于罝罔之中，授之政，西土服。"结论是："尚欲祖述尧舜禹汤之道，将不可以不尚贤。夫尚贤者，政之本也。""尚贤"是为政之本。难怪一心追求为政的李白，其有大量的诗文，谈的正是这个话题。

中国数千年的文明史，是一部人才发展史。人才的选拔和任用，对于任何朝代，都是一个不变的话题。《吕氏春秋》说："得贤人，国无不安，名无不荣；失贤人，国无不危，名无不辱。"唐太宗李世民说："致安之本，唯在得人。"其即位以来屡有求贤之诏，据《唐太宗全集》所载就有七八次。而太宗《帝范·求贤篇》，则系统地论述"求贤"乃是皇帝的必修课。玄宗为帝，继承太宗遗风，初也"求贤若渴"，如在李白被召入翰林的天宝元年（742），在李白去朝不久的天宝六载（747），都有玄宗的求贤诏。

不过，朝廷的"求贤"，往往是官场表演的一种把戏。李白用自己怀奇才而不遇的典型案例，及无数怀才不遇的呐喊、控诉和抗议，无情地揭开了盛唐官场用人腐败的真相。请看李白《古风》其三十六"抱玉入楚国"：

抱玉入楚国，见疑古所闻。良宝终见弃，徒劳三献君。
直木忌先伐，芳兰哀自焚。盈满天所损，沉冥道为群。
东海泛碧水，西关乘紫云。鲁连及柱史，可以蹑清芬。

诗中"良宝"二字语出《墨子·耕柱》："子墨子曰：'和氏之璧，隋后之珠，三棘六异，此诸侯之所谓良宝也'。""良宝"此处自然是指和氏璧——卞和献玉，反遭怀疑和酷刑，古今知之。虽然三度献给楚王，但宝玉被弃置不采用。巨大挺直的树木总是被先采伐，兰草芳香，得来的却总是焚烧的命运。——然而李白引用《墨子》"和氏璧""隋后珠"故事，是为了重复千年前的老故事吗？自然不是，他要讲的是作为"良宝"的自己，表达对朝廷不能"尚贤"现实的不满，表达诗人对贞士被污、高才见弃、忠臣遭谗、良将受戮的不合理社会现象的控诉，抨击这个玉石不分、"怀璧其罪"、黑白颠倒的社会。

《通典·选举典》说："开元、天宝中，一岁贡举凡数千，凡门荫、武功、艺术、胥吏、众名杂目，百户千途，入为仕者不可胜记。比于汉代，且增数十百倍。"在李白大呼"行路难"的时候，唐玄宗开元二十一年（733），官自三品以下17686员，吏自佐史以上57416员，要是把流外官都算在内，全国共有官吏三十六万八千余员（左言东：《中国政治制度史》，第265页）。入为仕者众名杂目百户千途不可胜记，冗官庸吏多如牛毛，但才干超卓、千古一人的李白，直到去世仍"一介布衣"，这对屡下"举贤诏"的唐朝廷，是一个多么大的讽刺！李白以文武双全之身，仗剑去国，辞亲远游，寄希望于玄宗朝廷能像燕昭王那样礼贤下士，但李白所见的是朝廷弃贤用奸、权奸当道，现实是多么令人失望！

怀抱"和氏之璧"，大写"不遇"之诗，似鸣一己之不平，实为国家而忧虑、为黎民而抗争——"尚贤使能"，是李白接受墨子思想之第二项。

三、防奢节用的爱民思想

使天人宴安,草木蕃植。六宫斥其珠玉,百姓乐于耕织。寝郑卫之声,却靡曼之色。

(《大猎赋》)

在诸子百家思想中,墨子的"节用""节葬"思想,独树一帜。

(一)墨子的节用思想

追溯墨学一派之立,其实正是从墨子坚持"节用"始。《淮南子·要略》中说:"墨子学儒者之业,受孔子之术,以为其礼烦扰而不说,厚葬靡财而贫民,(久)服伤生而害事,故背周而用夏政。"可知,墨子之所以别立墨学,首先是不满意儒家的繁文缛礼,不满意其"厚葬久丧"浪费钱财生命的复古倒退做法。他要仿效夏王朝的奠基者古代英雄大禹,大禹虽为帝王,但"亲自操橐耜而九杂天下之川,腓无胈,胫无毛,沐甚雨,栉疾风"(《庄子·天下》);"菲饮食""恶衣服""卑宫室而尽力乎沟洫"(《论语·泰伯》);"用夏政"的墨子以禹为榜样,他"摩顶放踵,利天下而为之"(《孟子》)。

墨子为何倡导节用?原出于爱民。他说:"圣王为政,其发令、兴事、使民、用财也,无不加用而为者。是故用财不费,民德不劳,其兴利多矣!""今天下为政者,其所以寡人之道多。其使民劳，其籍敛厚，民财不足、冻饿死者，不可胜数也。"故子墨子曰："去无用之费，圣王之道，天下之大利也。"其用意是崇高的。

墨子还有"节葬"一篇，对孔子的"厚葬久丧"之礼大加抨击，是一篇痛快淋漓的儒术批判书。墨子指出：王公大人有丧者，曰棺椁必重，葬埋必厚，衣衾必多，文绣必繁，丘陇必巨。存乎匹夫贱人死者，殆竭家室；存乎诸侯死者，虚车府，然后金玉珠玑比乎身，纶组节约，车马藏乎圹。又必多为屋幕、鼎鼓、几梴、壶滥、戈剑、羽旄、齿革，寝而埋之，满意。若送徒。曰：天子杀殉，众者数百，寡者数十。将军、大夫杀殉，众者数十，寡者数人。君死，丧之三年；父母死，丧之三年；妻与后子死者，五皆丧之三年；然后伯父、叔父、兄弟、孽子，其族人五月；姑姊甥舅皆有月数，则毁瘠必有制矣。是故以厚葬久丧者为政，国家必贫，人民必寡，刑政必乱。这种"辍民之事，靡民之财，不可胜计"的恶政，"上稽之尧、舜、禹、汤、文、武之道，而政逆之；下稽之桀、纣、幽、厉之事，犹合节也。若以此观，则厚葬久丧，其非圣王之道也"。墨子指出，厚葬久丧，浪费不节，是大失圣王之道，而与桀纣幽厉之事非常"合节"的！

（二）历代的败亡教训

自古以来，历代帝王败亡的教训，往往都有"奢侈荒淫"一端。其奢侈的方式当然多种多样，大都有大事畋猎、大兴宫室、大造陵墓、大事封禅、大事行幸、大起边衅、醉于歌舞等恶行。因此，一些英明的君主常把"节用""崇俭"当作治国之箴规。唐太宗李世民在《帝范·崇俭》中告诫高宗李治说：

夫圣世之君，存乎节俭。富贵广大，守之以约；睿智聪明，守之以愚。不以身尊而骄人，不以德厚而矜物。茅茨不剪，采椽不斫，舟车不饰，衣服无文，土阶不崇，大羹不和。非憎荣而恶味，乃处薄而行俭。故风淳俗朴，比屋可封。斯二者，荣辱之端。奢俭由人，安危在己。五关近闭，则嘉命远盈；千欲内攻，则凶源外发。是以丹桂抱蠹，终摧荣耀之芳；朱火含烟，遂郁凌云之焰。以是知骄出于志，不节则志倾；欲生于心，不遏则身丧。故桀纣肆情而祸结，尧舜约己而福延，可不务乎？

吾在位以来，所制多矣。奇丽服玩，锦绣珠玉，不绝于前，此非防欲也；雕楹刻桷，高台深池，每兴其役，此非俭志也；犬马鹰鹘，无远必致，此非节心也；数有行幸，以亟劳人，此非屈己也。斯事者，吾之深过，勿以兹为是而后法焉。但我济育苍生其益多，平定寰宇其功大，益多损少，人不怨；功大过微，德未亏。然犹之尽美之踪，于焉多愧；尽善之道，顾此怀惭。况汝无纤毫之功，直缘基而履庆？若崇善以广德，则业泰身安；若肆情以从非，则业倾身丧。且成迟败速者，国基也；失易得难者，天位也。可不惜哉？

这说明，聪明的君主和忠贞的大臣，都会把"节俭"视为国家长治久安的法宝。唐太宗虽然借以此告诫儿孙，然而他自己也缺少崇俭之德，何论禁止后代！

（三）李白的防奢节用思想

李白对墨家"节用"思想的接受，我们可以在他的《明堂赋》《大猎赋》中见其踪迹：

李白：融汇百川的杰出思想家

"俄而君王茫然改容，愀然有失，于安思危，防险戒逸，斯驰骋以狂发，非至理之弘术。且夫人君以端拱为尊，玄妙为宝。暴殄天物，是谓不道。乃命去三面之网，示六合之仁。已杀者皆其犯命，未伤者全其天真。虽剪毛而不献，岂割鲜以悴轮。解凤皇与鸑鷟兮，旋驺虞与麒麟。获天宝于陈仓，载非熊于渭滨。""使天人宴安，草木蕃植。六宫斥其珠玉，百姓乐于耕织。寝郑卫之声，却靡曼之色。"

（《大猎赋》）

而圣主犹夕惕若厉，惧人未安，乃目极于天，耳下于泉。飞聪驰明，无远不察，考鬼神之奥，摧阴阳之荒。下明诏，班旧章，振穷乏，散敖仓。毁玉沉珠，卑宫颓墙。使山泽无间，往来相望。帝躬乎天田，后亲于郊桑。弃末反本，人和时康。

（《明堂赋》）

本书第一章（儒士）有"逆鳞敢谏"一节，谈到李白在《大猎赋》《明堂赋》中之"谏"，其内容无论是希图以"大道匡君，示物周博"，告诫君王要"以端拱为尊，玄妙为宝。暴殄天物，是谓不道"。（《大猎赋》）还是要求皇帝"下明诏，班旧章，振穷乏，散敖仓。毁玉沉珠，卑宫颓墙。……帝躬乎天田，后亲于郊桑。弃末反本，人和时康"。（《明堂赋》）都关乎"防奢节用"这个墨子十分重视的大题目。值得注意的是，从开元中后期乃至天宝年间，"防奢节用"早已不是什么历史经验，而是严重的现实危机。

李白无论在蓬蒿之野，还是居庙堂之中，都有一股"节用利民"的强烈意识，它应该是李白从墨子思想中接受的第三项。

四、大利天下的"非攻"思想

如何舞干戚,一使有苗平!

(《古风》其三十四"羽檄如流星")

《墨子·非攻》是一篇体现墨家反对掠夺性战争的文章。它通过层层比喻和推论,文章从偷盗行为说起,逐层推进,用富于逻辑性的论辩,论证了损人越甚越不义、罪越大的道理,指出"今小为非,则知而非之;大为非攻国,则不知非,从而誉之,谓之义:此可谓知义与不义之辩乎?是以知天下之君子也,辩义与不义之乱也"的荒谬状况,强调掠夺战争是最大的不义行为,抨击了攻掠他国的不义战争。指出:"今天下为政者,其所以寡人之道多。其使民劳,其籍敛厚,民财不足、冻饿死者,不可胜数也。且大人惟毋兴师,以攻伐邻国,久者终年,速者数月,男女久不相见,此所以寡人之道也。与居处不安,饮食不时,作疾病死者,有与侵就橐,攻城野战死者,不可胜数。此不令为政者所以寡人之道、数术而起与?圣人为政特无此。不圣人为政,其所以众人之道,亦数术而起与?"故子墨子曰:"去无用之费,圣王之道,天下之大利也。"

李白接受和继承了墨子的《非攻》思想,他有多篇诗文涉及战争的内容,以"义战"和"不义战争"的严格区分,表现了对于掠夺性、侵略性战争的反对,反映了他对于墨子"非攻"反战理念的认同和接受,表达诗人进步的战争观。我们从李白的这些诗中,领略了李白作为人诗人的思想光辉。这里,我们重点解读李白《古风》其三十四"羽檄如流星",

李白：融汇百川的杰出思想家

全诗如下：

羽檄如流星，虎符合专城。喧呼救边急，群鸟皆夜鸣。
白日曜紫微，三公运权衡。天地皆得一，澹然四海清。
借问此何为？答言楚征兵。渡泸及五月，将赴云南征。
怯卒非战士，炎方难远行。长号别严亲，日月惨光晶。
泣尽继以血，心摧两无声。困兽当猛虎，穷鱼饵奔鲸。
千去不一回，投躯岂全生！如何舞干戚，一使有苗平！

插着羽毛的征兵文书疾如流星，朝廷调兵的虎符发到了州城。紧急救边喧呼声震动四野，夜宿的鸟群也被惊得深夜乱鸣。皇帝在宫中像白日一样高照天下，三公大臣运筹帷幄，各司其职，天地皆循大道自然运行，天下清平，四海安宁，那么现在为何这样紧急调兵？答曰，所以在楚地抓兵拉夫，是准备五月渡泸水，赴云南征南诏。被征的百姓哪里敢上战场去战斗，再加上南方炎热难以远行。征夫们大哭大号与家人告别，悲啼之声使日月为之惨淡无光。哭尽了泪水最后泣之以血，被征的士卒与亲人都肠断心裂泣不成声。面对这样惊天动地、惨不忍睹的场景，诗人悲悯有去无回的征夫，发出沉痛的感叹：他们去与南诏作战，是驱困兽以饲猛虎，送穷鱼去喂长鲸，是驱民于虎口、"千去不一回"的白白送命！诗人最后大声呼吁："如何舞干戚，一使有苗平！"因为古代有苗氏部族不接受舜的政令，舜没有用武力去征服，而是跳一个手舞干戚的象征性舞蹈，便使有苗臣服。诗人希望大唐王朝学习先圣榜样，修文德平服四方，以免生灵涂炭。

这首诗约写于天宝十载（751）。其时唐玄宗荒于酒色、好大喜功，把持朝政的权奸杨国忠为了邀功媚上，命剑南节度使鲜于仲通率兵八万攻打南诏（在今云南大理一带），与南诏王阁罗凤战于西洱河畔，结果唐兵大败，伤亡六万。据《资治通鉴》载，鲜于仲通败后，杨国忠不甘心认输，再度举兵，于是便到各处征集甚至派御史去各州各郡分道抓人押送军中，以应讨南诏之急。李白此诗，即有感于这一事件而作。史实表明，李白反对侵略南诏，主张修德绥远的主张是切实可行的。因为南诏国本来不愿意战争，在战争中曾派使者请罪，愿意修和，后来不得已向吐蕃称臣时还在国门立碑明志："我世世事唐，受其封爵，后世容复归唐，当指碑以示唐使者，知吾之叛非本心也。"可见与南诏修和的条件是存在的，诗人的呼吁是可行的。

我们在前面曾谈到李白是一个立志报国、忧国忧民的人。李白有许多诗文赞美将士的却敌壮举，鼓励将士在边陲立功，对于戍边的将士给予了真诚的歌颂，而在安史之乱中，李白对于叛军的行径表达了无比的愤怒和抨击，并几次参加到平息叛乱的战斗之中。由此我们可以得到一个结论，即李白对于战争的态度，是以战争的性质而定的。

支持和拥护正义的战争，反对非正义的战争，这正是墨子"非攻"的真谛所在，是李白接受墨子思想之第四个观点。

五、交道险恶的"悲丝"思想

路歧有南北，素丝易变移。

（《古风》其五十九）

据《墨子·所染》篇记载："子墨子言见染丝者而叹，曰：'染于苍则苍，染于黄则黄，所入者变，其色亦变，而已则为五色矣。故染不可不慎也。'"近朱者赤，近墨者黑。颜料对于染丝来说，影响实在是巨大的。引申言之，人生何尝不是因环境的变化而变化，而国家随人事而兴衰，社会随风俗而浮沉。因此，墨子发出了"染不可不慎也"的感慨。

李白在《古风》其五十九（759）中，从"墨子悲丝"的典故出发，感叹人生多变、交道险恶。全诗如下：

恻恻泣路歧，哀哀悲素丝。路歧有南北，素丝易变移。
万事固如此，人生无定期。田窦相倾夺，宾客互盈亏。
世途多翻覆，交道方崄巇。斗酒强然诺，寸心终自疑。
张陈竟火灭，萧朱亦星离。众鸟集荣柯，穷鱼守枯池。
嗟嗟失欢客，勤问何所规。

杨子临歧路而哭，墨子见素丝而悲，为什么？因路歧可以南可以北，素丝却不应可以黄可以黑。分歧和变化令人担心，天下万事都是这样，人生也是没有定准。汉朝的田蚡和窦婴互相倾夺，他们的宾客也互有盈亏。因世途多所反复，于是交友之道便变得难以实行。虽然酒筵上当面慷慨许诺，其实内心里还是令人生疑。张耳与陈余当初是刎颈之交，后来二人竟火并而终；萧育和朱博二人原是至交好友，后来终于分道扬镳。鸟儿都争向茂盛的大树高枝，只有穷鱼才固守枯池。我这样到处碰壁之人，能有别人关心，还有什么可求的呢？

据考，这首诗作于李白晚年（759），是李白流放夜郎期间，有感于旧友因罪躲避、纷纷疏离而作。"万事固如此，人生无定期"，正是李白的切身感受。元代萧士赟曰："此诗讥市道交者。太白罹难之余，友朋之交道其不能如一者，谅亦多矣。"全诗以"杨朱泣歧"和"墨子悲丝"的典故起兴，一泣一悲，哀叹于无常的世风和人心，状写了旧友疏离后极端孤苦的境况，阐明了人生多变、交道险恶的主旨，表达了对于友情的失望，这与墨子对于"素丝染色"的悲伤，是一致的。

以"墨子悲丝"为比，道出世途翻覆、人生多变、交道险恶的真谛，是李白从墨子思想中接受之第五项。

六、殉其主义的高洁本性

回车避朝歌，掩口去盗泉。

（《赠宣城宇文太守兼呈崔侍御》）

天宝十二载（753），53岁的李白客居宣城，常与宣城太守宇文太守等诗酒往来，有《赠宣城宇文太守兼呈崔侍御》长诗一首，叙生平，表心迹，陈情干谒，渴望引荐。诗里说：

白若白鹭鲜，清如清唳蝉。受气有本性，不为外物迁。
饮水箕山上，食雪首阳颠。回车避朝歌，掩口去盗泉。
岩峣广成子，倜傥鲁仲连。卓绝二公外，丹心无间然。
昔攀六龙飞，今作百炼铅。怀恩欲报主，投佩向北燕。
弯弓绿弦开，满月不惮坚。闲骑骏马猎，一射两虎穿。
回旋若流光，转背落双鸢。胡虏三叹息，兼知五兵权。
枪枪突云将，却掩我之妍。多逢剿绝儿，先著祖生鞭。
据鞍空矍铄，壮志竟谁宣。蹉跎复来归，忧恨坐相煎。
无风难破浪，失计长江边。危苦惜颓光，金波忽三圆。
时游敬亭上，闲听松风眠。或弄宛溪月，虚舟信洄沿。
颜公二十万，尽付酒家钱。兴发每取之，聊向醉中仙。
过此无一事，静谈秋水篇。……
良图扫沙漠，别梦绕旌旃。富贵日成疏，愿言杳无缘。

255

李白：融汇百川的杰出思想家

登龙有直道，倚玉阻芳筵。敢献绕朝策，思同郭泰船。
何言一水浅，似隔九重天。……

年过半百的李白，文武全才，不得其用，在历经挫折的状况下，向宇文太守陈情求荐。不过，即使到了这样的地步，李白还是首先表述自己的品性。他说，洁白有如白鹭的羽毛，清明有如清唳的寒蝉，本性气质乃上天所赐予，不以外界事物而有所迁移。在箕山清清的泉源饮水，在首阳高高的山巅食雪。遇"朝歌"这个地方就回车相避，经号称"盗泉"的地方就掩口远去。

诗中"回车避朝歌"一句，是化用了"墨子回车"的典故。《汉书》载："邑号朝歌，墨子回车。晋灼曰：纣作朝歌之音。朝歌者，不时也。颜师古注曰：朝歌，殷之邑名也。《淮南子》云：墨子非乐，不入朝歌。"（王琦注：《李太白全集》，第522页）因为，墨子曾汲汲于国家和人民利益，明确提出"非乐"思想。他认为音乐非但无用，而且会妨碍统治者治国理政，耽误人民百姓的生产劳动，因此主张摒弃所有的音乐活动。李白此处化用"墨子回车"的典故，虽并不是反对音乐（李白其实和孔子相似，是一位酷爱音乐的音乐家），却是以圣贤墨子不忘初心、殉其主义的人格自比，强烈表明了自己清白高洁的本性。

不忘初心，殉其主义，保持自己的高洁本性，是李白接受墨子思想之第六项。

七、摩顶放踵的牺牲精神

齐心戴朝恩，不惜捐微驱。

(《在水军宴赠幕府诸侍御》)

孟子曰："杨子取为我，拔一毛而利天下，不为也，墨子兼爱，摩顶放踵，为之。""摩顶放踵利天下"即毫无私念，全心全意，不惜自我牺牲，成为墨子伟大精神的最生动的概括。

与儒家空洞的说教不同，墨者具有强大的实践精神和伟大的牺牲精神。我们前面谈到墨子的"兼爱"或"博爱"，"反战""非攻"，可贵的是这些思想理念不是停留在嘴皮上，而是落实在行动中。《墨子·公输般》一篇，讲了墨子行十日十夜，亲往楚国制止楚国攻宋的故事，最能展示墨子的伟大精神。《墨子·公输》原文：

公输盘为楚造云梯之械，成，将以攻宋。子墨子闻之，起于齐，行十日十夜而至于郢，见公输盘。公输盘曰："夫子何命焉为？"子墨子曰："北方有侮臣，愿藉子杀之。"公输盘不悦。子墨子曰："请献十金。"公输盘曰："吾义固不杀人。"子墨子起，再拜曰："请说之。吾从北方，闻子为梯，将以攻宋。宋何罪之有？荆国有余于地，而不足于民。杀所不足，而争所有余，不可谓智；宋无罪而攻之，不可谓仁。知而不争，不可谓忠。争而不得，不可谓强。义不杀少而杀众，不可谓知类。"公输盘服。子墨子曰："然，胡不已乎？"公输盘曰："不可，吾既已言之王矣。"子墨子曰："胡不见我于王？"公输盘曰："诺。"子墨子见王，曰："今有人于此，舍其文轩，邻有敝舆而欲窃之；舍其锦绣，邻有短褐，而欲窃之；舍其梁肉，邻有糠糟，而欲窃之。此为何若人？"王曰："必为有窃疾矣。"子墨子曰："荆之地，方五千里，宋之地，方五百里，此犹文轩之与敝舆也；荆有云梦，犀兕麋鹿满之，江汉之鱼鳖鼋鼍为天下富，宋所为无雉兔狐狸者也，此犹梁肉之与糠糟也；荆有长松、文梓、楩、枏、豫章，宋元长木，此犹锦绣之与短褐也。臣以王之攻宋也，为与此同类，臣见大王之必伤义而不得。"王曰："善哉！虽然，公输盘为我为云梯，必取宋。"于是见公输盘，子墨子解带为城，以牒为械，公输盘九设攻城之机变，子墨子九距之。公输盘之攻械尽，子墨子之守圉有余。公输盘诎，而曰："吾知所以距子矣，吾不言。"子墨子亦曰："吾知子之所以距我，吾不言。"楚王问其故，子墨子曰："公输子之意，不过欲杀臣。杀臣，宋莫能守，乃可攻也。然臣之弟子禽滑厘等三百人，已持臣守圉之器在宋城上而待楚寇矣。虽杀臣，不能绝也。"楚王曰："善哉！吾请无攻宋矣。"

笔者这里引用公输般一篇，目的不在说明墨子是军事家，具有高超的守城防御技术；而是强调墨家"摩顶放踵"的牺牲精神。而李白，正是这种精神的继承者和弘扬者，请读《在水军宴赠幕府诸侍御》：

月化五白龙，翻飞凌九天。胡沙惊北海，电扫洛阳川。……
卷身编蓬下，冥机四十年。宁知草间人，腰下有龙泉。
浮云在一决，誓欲清幽燕。愿与四座公，静谈金匮篇。
齐心戴朝恩，不惜微躯捐。所冀旄头灭，功成追鲁连。

诗中，李白谴责安禄山的叛乱，歌颂永王率军平乱的功绩，誓言甘为平定叛乱贡献一切，勉励幕府诸侍御勠力同心报效国家。可见李白入永王军幕,不但不是什么"附逆""失节""没头脑",相反,他为救国难甘"捐微躯",表现了"摩顶放踵利天下"的伟大牺牲精神。

是为李白从墨家思想中接受者七。

本章小结

墨子是一位集思想家、哲学家、教育家、科学家、军事家、社会活动家于一身的时代巨子,他的思想和学问是非常多元的;同时他又是诸子百家中唯一的平民学派。李白出身平民(林庚教授曾称李白是"布衣诗人"),因此他对墨子思想有天然的亲近感。在墨子的十大思想中,李白选择性地接受了兼爱、非攻、尚贤、尚同、节用、节葬、非命等积极的思想成分,而摒弃了天志、明鬼、非乐等消极的不合理的思想(表7)。

表7 李白对墨家思想的选择性接受

李白对墨家思想的接受	李白对墨家思想的否定
1. 兼爱思想	1. 天志
2. 尚贤思想	2. 明鬼
3. 尚同思想	3. 非乐
4. 节用思想	
5. 非攻思想	
6. 慎染思想	
7. 非命思想	
8. 牺牲精神	

第六章

腹有良谋的兵家壮士

前面我们主要从"崇文"的一面讨论李白的思想,事实上李白的思想还有"尚武"(武功、兵略)的另一面。李白的理想是"入相",以卿相之位,辅弼明主,以登麟阁;然而"赐金还山"之后,看看"入相"不成,思想便转到他曾经准备到的另一面:"出将。"对此,专家们谈的比较少,笔者不揣冒昧,作一点探索。

李白的"出将"之举,从蜀中学武,到任侠表现,到高冠雄剑"遍干诸侯",到移家山东学剑裴旻,到北上幽州探秘虎穴,到永王军幕遭遇大祸,到入宋中丞幕参谋军事,到最后皓首从军"冀申一割",以许多互相联系的"流程",构成了一个符合李白尚武思想的轨迹。可见,"崇文"和"尚武",在李白践行"功成身退"宏大规划中,地位绝非可有可无。而我们倘以"尚武"的思路考察李白的人生,便会发现,李白的"武",不仅仅是"好剑术",也不仅仅是"任侠"而已,他对用兵的意义,战争的后果,御敌戍边与开边黩武的差异,朝廷兵败的原因,边防择将的关键,克敌制胜的战略与策略,胜仗与用谋和用策的关系，以及熟读兵书与个人武功的价值，均有自己独立的见解，因此绝不能以其"没有系统的策论"一言以蔽之。

那么，李白在古代兵家思想的影响下，究竟接受了哪些思想理念，或者说，他真的具有属于自己的军事思想吗？我们试从李白的生平及其50多首论及战争、边塞的诗篇中，窥其一斑。

一、崇武报国的将门后代

本家陇西人，先为汉边将。功略盖天地，名飞青云上。
抚剑夜吟啸，雄心日千里。誓欲斩鲸鲵，澄清洛阳水。
（《赠张镐二首》其二，757）

李白是一个军迷。溯其兵家之缘，首先在其祖先。据李白自叙，他本是西汉飞将军李广之后，那么，他是具有强大的将门基因的。其诗《赠张相镐二首》其二（757），非常明确地强调这一点：

本家陇西人，先为汉边将。功略盖天地，名飞青云上。
苦战竟不侯，富年颇惆怅。世传崆峒勇，气激金风壮。
英烈遗厥孙，百代神犹王。十五观奇书，作赋凌相如。
龙颜惠殊宠，麟阁凭天居。晚途未云已，蹭蹬遭逸毁。
想象晋末时，崩腾胡尘起。衣冠陷锋镝，戎虏盈朝市。
石勒窥神州，刘聪劫天子。抚剑夜吟啸，雄心日千里。
誓欲斩鲸鲵，澄清洛阳水。……

又有：

烽火动沙漠，连照甘泉云。汉皇按剑起，还召李将军。
兵气天上合，鼓声陇底闻。横行负勇气，一战净妖氛。

（《塞下曲六首》其六）

李白在自己的诗中经常宣示自己将门之后的身份，经常表现对古代军事家、谋略家、名将的英雄崇拜。后人对此颇感困惑，多以李白好任侠或好"大言"视之，却不知道陷入一种偏见。

许多李白研究者都注意到李白思想与大唐时代风尚的联系，指出李白树立宏大政治理想的一个重大因素，是唐朝开明包容、风发向上的政治风气的鼓动，这当然非常正确。遗憾的是很少有人注意到大唐崇武的政策风尚鼓励了李白崇武立功的志向，因此不少人对于李白认真学得的武功、韬略的事实，不但不予"当真"，还讥之为"牛皮大王"。

大唐政治，既重文，亦崇武。开元十九年，玄宗为表彰并祭祀历代名将，设立武成王庙，简称"武庙"，追尊姜太公为武成王，以张良为配祀，"十哲"为从祀。即以周朝开国太师、军师姜尚（姜子牙）为主祭，以汉朝留侯张良为配享，以历代名将十人从之，谓之武庙"十哲"。相对于文庙的祭祀体系，武庙祭祀的都是古代贤良名将：

"圣王"：武成王姜太公；

"亚圣"：张良；

"十哲"：白起、韩信、诸葛亮、李靖、李勣、张良、司马穰苴、孙武、吴起、乐毅。

李白对"圣王"姜太公非常崇敬。姜太公（约前1156—前1017），长期埋没草野，屡经困厄，遇机缘而位至辅弼，为周文王军师,助周灭殷,功劳极大。玄宗立武庙,尊其为"圣王"。李白《在水军宴赠幕府诸侍御》诗中写到"愿与四座公,静谈《金匮篇》",这里所说的"金匮篇"即姜太公的兵书,《隋书·经籍志》有《太公金匮》二卷。李白诗文言及姜太公的,共10首。

李白对"亚圣"张良非常崇敬。张良(前250—前186),这位"运筹帷幄之中,决胜千里之外"的谋略家,玄宗"武庙"尊其为"亚圣",李白称之为"智勇冠终古,萧陈难与群"(《送张秀才谒高中丞》)。他是西汉开国元勋、"汉初三杰",又功成不居、全身而退,深为李白钦服。李白在被系浔阳监狱的时候,还手中不释《留侯传》!李白诗文言及张良的,凡10首。

李白崇敬武庙"十哲"之一的韩信(前231—前196)。他是西汉开国元勋、"汉初三杰","功高无二,略不世出"的杰出军事家,史称"兵权谋家"。李白称韩信"屈体若无骨,壮心有所凭"(《赠新平少年》),是少年落魄而怀抱远志的励志榜样。李白诗文言及韩信的,有10首。

李白崇敬武庙"十哲"之一的诸葛亮(181—234)。三国时期蜀汉丞相诸葛亮是中国古代杰出的政治家、军事家、发明家、文学家,其一生"鞠躬尽瘁,死而后已",是中国传统文化中忠臣与智者的代表,也是李白始终景慕并每以自比的人物。李白诗文言及诸葛亮的,有10首。

李白在诗中表达仰慕和称颂的古代军事家,不但有被称为"战国四大名将"的白起、廉颇、李牧、王翦,有被称为"东方六国八大名将"的赵奢、孙膑、田忌、吴起、乐毅、匡章,还有汉朝名将卫青、霍去病,南北朝名将王猛、谢安等。此外,对当代名将李光弼等,李白也有诗文歌颂。有的甚至频繁提及,不吝笔墨,例如谢安。

东晋政治家、军事家谢安(320—385),李白称颂其"暂因苍生起,谈笑安黎元""一起济横流,功成复潇洒"(《书情赠蔡舍人雄》),其军事才能、苍生情结和风流气度,都为李白所折服。李白称许谢安"谢公不徒然,起来为苍生"(《赠常侍御》),"谢公终一起,相与济苍生"(《送裴十八图南归嵩山》),每引以为自己的榜样。李白在《永王东巡歌》其二中说"但用东山谢安石,为君谈笑静胡沙",就是以谢安自比,要在"谈笑间"建立奇功殊勋。李白言及谢安的诗文,多达24首。

不但如此,春秋时期帮助吴王阖闾大败勾践的军事战略家伍子胥(前559—前484);"谈笑三军却""一箭下聊城"的齐国高士鲁仲连(前305—前245);指挥五国联军连下齐国七十二城的燕国名将乐毅(生卒不详);被李白称之为"李牧今不在,边人饲豺虎"(《古风》其五十九)的赵国名将、杰出军事家李牧(前280—前229年);李白颂其"功成画麟阁,独有霍嫖姚"(《塞下曲六首》其三)的年轻军事家、西汉大将霍去病(前140—前117);汉景帝时吴濞等七国兵变,周亚夫领军平叛,被李白称为"亚夫得剧孟,敌国空无人"(《赠张相镐二首》其一)的豪侠剧孟(生卒不详);有"扪虱话良图"(《赠韦秘书春二首》)的前秦军事家、政治家王猛(325—375),以及李白暮年前往投军的大唐中兴第一名将李光弼(708—764),这些具有出色的武略、以武建功的军事家、大将和高士,都受到李白的歌颂。

总之,李白用自己的诗歌,为中华民族树立了一个"武林英雄谱"。它反映了将门之后的李白,不但有强烈的兵家英雄崇拜,而且有强烈的武功报国情结。

二、不能忘战的战略思想

天地赌一掷，未能忘战争。

（《经乱离后天恩流夜郎忆旧游书怀赠江夏韦太守良宰》）

我们记得，李白于开元十二年告别"匡山读书处"出蜀的时候，是有一篇宣言的，那就是《别匡山》诗：

晓峰如画参差碧，藤影摇风拂槛垂。
野径来多将犬伴，人间归晚带樵随。
看云客倚啼猿树，洗钵僧临失鹤池。
莫怪无心恋清境，已将书剑许明时。

青少年的李白，为何有"已将书剑许明时"之句？

原来，大唐帝国成立以后，国内的阶级矛盾得到缓和，而民族矛盾却十分尖锐。大唐四边国家、民族众多：东面和东北有高丽、百济、日本、契丹和鲜卑；南面和西南面有南诏、吐蕃；西面及西北面、北面有突厥、吐谷浑等。这些国家及部族不断与唐帝国产生这样或那样的矛盾和纠葛。唐帝国建立初期，经常受到周边部族的侵扰。高祖时，突厥多年连续侵扰幽州、并州各地，使汉族居民深受其害，高祖李渊甚至打算迁都。626年，唐太宗即位，突厥十余万兵进至咸阳西南的渭桥，直接威胁唐都长安。因此这一时期唐帝国对外主要进行的是御敌戍边的战争。故"文武双全"，文能"入相"，武能"出将"，就成了李白"建功立业""功成身退"宏大理想之两翼。

2021年，笔者在拙作《李白：匡时济世的悲剧政治家》

中，曾经论及李白的"从政准备"，计有博览群书、坚定志向、研究英雄、修养品性、猛攻诗赋、苦练武功、潜心纵横术和准备荷包等8项，而论其要者，则文武两艺而已。李白《别匡山》诗，宣示自己拥有的报国之资本，正是"书剑"两端。

李白为什么要学武？他的"学武"到底学到了什么？我们可以到李白老师赵蕤那里看看他的教科书《长短经》卷九"兵权"一篇，那里说：

孙子云："《诗》云'允文允武'，《书》称'乃文乃武'。"孔子曰："君子有文事，必有武备。"《传》曰："天生五才，民并用之，废一不可，谁能去兵？"黄帝与蚩尤战，颛顼与共工争，尧伐驩兜，舜伐有苗，启伐有扈，汤伐有夏，文王伐崇，武王伐纣，汉高有京索之战，光武兴昆阳之师，魏动官渡之军，晋举平吴之役，故《吕氏春秋》曰："圣王有仁义之兵，而无偃兵。"《淮南子》曰："以废不义而授有德者也。"是知取威定霸，何莫由斯。自古兵书殆将千计，若不知合变，虽多亦奚以为？故曰：少则得，多则惑，所以举体要而作兵权云。

《长短经·兵权》开篇就谈历史上的战争凡十二例，证明孔子所言的"君子有文事，必有武备"，"武备"是"立国保国"之要，更是"取威定霸"之要。因此，赵蕤以《长短经》教导李白，其"兵权"二十四章乃为极重要的一部分。然对李白学成的文武两艺，"文"的一面研究者众，"武"的一面研究者寡。其实李白于"武"一侧花费了大量工夫，其"武"的内容有两个大板块，一曰武功；二曰武略。

李白的"武功"，主要学了剑术、骑术，还学了多种兵器。他的用功，我们即从其"学剑三师"就可见一斑。李白

"十五好剑术",第一位武师可能是其父李客,因为李客倘无武功,既无法在人人皆有武功的西域生存,更无法举家几十口安全迁徙数千里。李白的第二位武师,就是他的业师赵蕤。赵蕤既任侠,又纵横,没有武功可不行。从赵蕤学剑后,李白的剑术达何境界?只要看他24岁时"仗剑去国,辞亲远游","莫怪无心恋情境,已经书剑许明时"的行动就大体可知。他急着要出蜀立功,资本是什么呢?他在《与韩荆州书》中说:"白陇西布衣,流落楚汉。十五好剑术,遍干诸侯。三十成文章,历抵卿相。虽长不满七尺,而心雄万夫。"以此来看,李白向韩荆州隆重展示的,不只是擅长文章诗歌的文士,亦是满身武艺"心雄万夫"的武士。由此可知,李白的剑术功夫,已达可与诸侯或将军们比试的高度!

但李白"遍干诸侯""历抵卿相"的成效并不佳,故李白在年将四十的时候毅然移家东鲁拜师学剑,这有李白自己的诗"顾余不及仕,学剑来山东"为证(《五月东鲁答汶上翁》)。所以,李白的第三任武师是大唐"剑圣"裴旻将军,裴旻将军的剑舞被文宗皇帝称为大唐"三绝"之一。关于李白向裴旻学剑,郭沫若在《李白与杜甫》中也予以确认,他说:

和李白同时有一位击剑名人叫裴旻。唐文宗太和初年(827)曾将李白诗歌、张旭草书、裴旻剑舞,称为"三绝"。裴旻事略在《新唐书》中附见《李白传》后。他曾随幽州都督孙佺北伐奚人,为奚人所围,乃舞刀立马上,飞矢四集,迎刃而断。奚人大惊,解围而去。裴旻又曾为北平守,当时北平多虎,一日射虎31头之多。这样一位舞剑名人、射虎能手,是李白崇敬的,愿意拜他为师。李白曾经写信给裴旻,说:"如白,愿出将军门下。"(见裴敬《翰林学士李公墓碑》)裴旻当时或许隐居在东鲁，故李白移家就教。

裴敬是裴旻的侄孙，他所写的《翰林学士李公墓碑》碑文，说李白为裴旻的剑技所吸引出来已久，他投书裴将军属于"天付上才，必同灵气。贤杰相投，龙虎两合"。按，开元中有诏，除常科外绝艺奇技，莫不兼取。那么，从"剑圣"门下学得的剑术，可谓"绝艺奇技"，李白显然视其为"及仕"之门径。

李白在裴将军门下学剑，据裴敬言，并未成行。但李白有《赠武十七谔》诗一首，描述他的"门人"武谔勇武之状与高尚品性，由此可知李白在东鲁或曾开设武馆，以剑授徒，至少曾做过武谔的剑艺之师！

不过，李白和项羽一样，都深知"剑非万人敌"（《经乱离后天恩流夜郎忆旧游书怀赠江夏韦太守良宰》），而成大功者，要的不是舞剑杀敌的"儿戏"，而是"万人敌"的霸略，是指挥百万军的战略、将略、谋略。我们在后面将要谈到，李白确实胸怀多种克敌制胜的"王霸之略"。

三、御敌戍边的建功思想

晓战随金鼓，宵眠抱玉鞍。愿将腰下剑，直为斩楼兰。

（《塞下曲》之一）

有人认为李白有反战思想。关于对战争的态度，确实是李白军事思想的一个重要内容。不过李白对于战争并非一概反对，他严格区分战争的正义性与非正义性，旗帜鲜明地支持和拥护唐帝国正义的御敌戍边战争。

第六章 腹有良谋的兵家壮士

唐帝国建立以后,周边部族侵唐之事经常发生。开元十四年(626)7月,突厥颉利河汗率十余万骑兵进犯渭桥,李白有诗《塞上曲》写道:

大汉无中策,匈奴犯渭桥。五原秋草绿,胡马一何骄!
命将征西极,横行阴山侧。燕支落汉家,妇女无花色。
转战渡黄河,休兵乐事多。萧条清万里,瀚海寂无波。

在这里,李白正是写了唐太宗连续派兵对于入侵者的正义反击。

李白对于戍边将士予以高度关注,赞颂他们的却敌壮举。其著名者如《塞下曲六首》及《从军行》:

(一)

五月天山雪,无花只有寒。笛中闻折柳,春色未曾看。
晓战随金鼓,宵眠抱玉鞍。愿将腰下剑,直为斩楼兰。

(二)

天兵下北荒,胡马欲南饮。横戈从百战,直为衔恩甚。
握雪海上餐,拂沙陇头寝。何当破月氏,然后方高枕。

(三)

骏马似风飙,鸣鞭出渭桥。弯弓辞汉月,插羽破天骄。
阵解星芒尽,营空海雾消。功成画麟阁,独有霍嫖姚。

(四)

白马黄金塞,云砂绕梦思。那堪愁苦节,远忆边城儿。
萤飞秋窗满,月度霜闺迟。摧残梧桐叶,萧飒沙棠枝。
无时独不见,流泪空自知。

（五）

塞虏乘秋下，天兵出汉家。将军分虎竹，战士卧龙沙。
边月随弓影，胡霜拂剑花。玉关殊未入，少妇莫长嗟。

（六）

烽火动沙漠，连照甘泉云。汉皇按剑起，还召李将军。
兵气天上合，鼓声陇底闻。横行负勇气，一战净妖氛。

《从军行》其二：

百战沙场碎铁衣，城南已合数重围。
突营射杀呼延将，独领残兵千骑归。

这些诗篇，高度赞扬边防将士的反侵略战争，热情鼓励边防将士边陲立功的精神风貌。在诗人反映戍边战争的作品里，读者一方面可以感受到作者所倡导的忠君爱国精神，另一方面也可以看到作者鼓励将士边陲建功的态度。

唐帝国自建立到开元之际，由于实行了一系列缓解阶级矛盾、发展生产的政策，生产力迅速提高，阶级日益繁荣，人们生活安定，整个社会在各方面呈现出奋发向上的气氛。特别是在这一时期，统治者注意提高中小地主的社会政治地位，极大地鼓舞了地主知识分子参与时政、立功边庭的积极性。这一时代的氛围对李白与同时代的诗人、作家都产生了深远的影响，使他们中不少人萌发了建功立业的强烈愿望。王维就曾鄙视儒生"窗间老一经"的迂腐情态，而高唱"孰知不向边庭死，纵死犹闻侠骨香"。高适豪情更甚，向往沙场建功，永垂青史："万里不惜死，一朝得成功。画图麒麟阁，入朝明光宫"。李白则以大鹏自比，产生了"济苍生""安社稷""解世纷"的宏伟抱负，盼望有朝一日能够实现其建功济世的政治理想。诗

第六章 腹有良谋的兵家壮士

人说:"功名不早著,竹帛将何宣","老死阡陌间,何因扬清芬"。可见诗人的建功立业思想相当强烈。

由于御敌戍边的需要,青年人奔赴沙场就不可避免。诗人非常热情地勉励出征将士沙场建功,在一些送亲戚从军入幕的诗中尤其明显:

> 汉家兵马乘北风,鼓行而西破犬戎。
> 尔随汉将出门去,剪虏若草收奇功。
>
> (《送族弟绾从军安西》)

> 张子勇且英,少轻卫霍孱。投躯紫髯将,千里望风颜。
> 勖尔效才略,功成衣锦还。
>
> (《送张遥入寿阳幕府》)

一方面赞颂张遥勇而有谋;另一方面祝愿他功成名就、衣锦还乡。

再看他的《送外甥郑灌从军三首》,全诗云:

> 六博争雄好彩来,金盘一掷万人开。
> 丈夫赌命报天子,当斩胡头衣锦回。
>
> 丈八蛇矛出陇西,弯弧拂箭白猿啼。
> 破胡必用龙韬策,积甲应将熊耳齐。
>
> 月蚀西方破敌时,及瓜归日未应迟。
> 斩胡血变黄河水,枭首当悬白鹊旗。

这是三首充满了爱国主义激情的组诗,大约作于天宝年间,李白在长安送郑灌参军所写。这是李白对外甥郑灌进行

李白：融汇百川的杰出思想家

教育和勉励，是出征前的一堂很好的政治、军事动员课。诗中以热情洋溢的语言，盛赞外甥郑灌的爱国壮举，对他寄予殷切的希望。第一首，用奇异的联想，把郑灌获得从军的机会比喻为博得"好彩"头，说为了保卫祖国，从军戍边，这是非常光荣、幸运的事，应当感到高兴。"万人开"三字，把大军浩浩荡荡地开赴边境的场面展现出来，多么豪迈有气魄！诗中勉励外甥树立起"大丈夫"的雄心壮志，英勇杀敌"斩胡头"，以报效祖国，衣锦还乡。第二首，描写边境战斗的壮丽图景。英武的将士们手持丈八蛇矛，威风凛凛地开赴陇西边境，刚开弓搭箭就使敌兵震惊不已，闻风丧胆，一触即溃。这虽然是一种设想的情景，但却流露出诗人对于正义之师的赞美。诗人为祖国有这样的军威阵势而感到自豪，也很关切战斗的胜利。因此，他特意叮咛郑灌要精通祖先传下的兵法，瓦解敌军，使其真正降服，大量缴获他们的军需军备。第三首，展望战斗的胜利，满怀信心，鼓励郑灌勇敢杀敌，克期凯旋。诗人以长辈的口吻，反复嘱咐郑灌：完成破敌任务后就荣归故乡，亲人们都在等待着你早日归来！诗中还反映了诗人对于进犯祖国的敌人的痛恨。"枭首当悬"，则表明诗人希望对敌人杀一儆百、攻心为上，做好安抚事宜。

全诗感情炽烈，语重心长，具有强烈的鼓舞和教育作用。非常鲜明地表达了李白对于御敌戍边、建立功业的强烈愿望，体现了李白具有浓厚的以武功报国的政治理想。

李白讴歌苦战疆场、突破重围的将士形象，赞扬他们忠于国家、所向无敌的英雄气概。《从军行》（743）：

> 百战沙场碎铁衣，城南已合数重围。
> 突营射杀呼延将，独领残兵千骑归。

第六章 腹有良谋的兵家壮士

以武建功,不但是李白出蜀之前的规划,也是李白屡屡付诸的行动。他在《赠何七判官昌浩》诗中说:"不然拂剑起,沙漠建奇勋。"而后果有幽州之行。对此行的真实意图,学术界的看法有五:一是安旗在《李太白别传》中说:"此行实欲'探虎穴'以'得虎子'也。即不惜冒生命危险,亲至安禄山盘踞地幽州,探得真相,以上奏朝廷,以期戡祸乱于未发。"认为李白前往幽州直接就是为了朝廷去打探虚实,以利朝廷及早动手,消除祸患。一旦安禄山有事,至少不至于措手不及,束手待毙。二是郁贤皓在《李太白全集校注·前言》中说:"特别是朝廷内外盛传安禄山在北方招兵买马,阴谋叛乱时,他更不顾安危,深入虎穴探看事实。"说李白出于报国心切,朝廷未曾委派,"主动作为"。如此说来,李白形象更加高大,英雄主义光芒四射。三是詹锳在《李白全集校注汇释集评·前言》中说道:"李白从'安社稷''济苍生'的理想出发,带着'怀恩报明主'的心情,'投佩向北燕'。"此说更为直接地道出了李白幽州之行的"崇高目的"和"伟大动机"。四是赵昌平《李白诗选评》分析李白《赠何七判官昌浩》一诗,认为"他拂剑而起,决意远赴边场,建立盖世奇勋"。亦即李白发现安禄山有反叛之心纯属偶然。但是,他此去幽州的目的仍然是"崇高而伟大"的,是一种自觉的行动。尽管自己早已被大唐王朝无情地抛弃,他仍未放弃报国之志。五是卢燕平在《李白诗路管窥》中说,"李白天宝十年(751年),北上燕蓟",是因为"李白久滞江南,既与'辅弼'无缘,于是想投笔从戎,另寻建功出路"。

李白的幽州之行,专家们说法虽有差异,但有一点可以肯定,即已被"放还"江湖的李白,济世之心不死,报国之行不息。他的一颗家国心、一怀济世志、一生功业梦,无论成败,他都砥砺前行,从未暂歇。他的投笔从戎、御敌戍边以建奇功的出发点,是自觉的、"崇高而伟大"的。

四、兵是凶器的慎战思想

万里长征战,三军尽衰老。……
乃知兵者是凶器,圣人不得已而用之。

(《战城南》)

唐玄宗早年励精图治,因而有开元盛世;但到天宝以后,他生活上穷奢极欲,沉湎酒色;政治上好大喜功,穷兵黩武。他在国家强盛之际,徒生吞并四夷之志,大举开边战争。《资治通鉴》载:"开元之前,每岁供边兵衣粮,费不过二百万。天宝之后……每岁用衣千二十万匹,粮九十万斛。公私劳费,民始困苦矣。"(《资治通鉴》卷二一五)给人民带来了沉重的经济负担和兵役灾难。"边庭流血成海水,武皇开边意未已。"杜甫的《兵车行》,就是写的玄宗开边政策下的情景。

面对玄宗的穷兵黩武,李白一改对于战争的肯定态度,对玄宗发动的一系列开边战争表示了反对和抨击。他在《登高丘而望北海》中说:

登高丘而望远海,
六鳌骨已霜,三山流安在?
扶桑半摧折,白日沉光彩。
银台金阙如梦中,秦皇汉武空相待。
精卫费木石,鼋鼍无所凭。

第六章 腹有良谋的兵家壮士

君不见骊山茂陵尽灰灭，牧羊之子来攀登。
盗贼劫宝玉，精灵竟何能。
穷兵黩武今如此，鼎湖飞龙安可乘？

登上高山，远望大海，烟波浩渺，一望无际。传说中那六只天帝派来驮负大地的大海龟被龙伯国的人钓起后早已变成了一堆白骨，蓬莱、方丈、瀛洲三座仙山不知道有没有流向北极，现在是否还在？大海上波浪滔天，连太阳都被遮住了光彩，仙山上的仙树恐怕也被摧折死掉了。由此看来，长生不老的神仙之说是不存在的，只害得秦始皇、汉武帝等白白地追求了一番。大海如此深广，精卫是不可能衔一些树枝和石子就能填平的，鼋鼍为梁之说也无所凭据。秦始皇和汉武帝的陵墓早已经灰飞烟灭，这些地方就连牧童都可以随意攀登，盗墓贼经常来挖掘珍宝，他们的灵魂又能怎么样呢？相比之下，如今执政者不顾百姓安危大肆征战，杀人无数，就算建立了不世之功业，又怎能会得道成仙永垂不朽？

看此诗，李白是多么强烈地谴责当权者所进行的非正义的侵略战争。

李白用诗揭示了开边战争给人民带来的灾难。请读《战城南》：

去年战桑干源，今年战葱河道。
洗兵条支海上波，放马天山雪中草。
万里长征战，三军尽衰老。
匈奴以杀戮为耕作，古来唯见白骨黄沙田。
秦家筑城避胡处，汉家还有烽火然。
烽火然不息，征战无已时。
野战格斗死，败马号鸣向天悲。

李白：融汇百川的杰出思想家

乌鸢啄人肠，衔飞上挂枯树枝。
士卒涂草莽，将军空尔为。
乃知兵者是凶器，圣人不得已而用之。

《战城南》是一首用血泪控诉玄宗穷兵黩武的著名作品，反映的是天宝元年由王忠嗣率兵三败奚怒，以及天宝六载以步骑一万征讨吐蕃的开边战事。诗人说，去年征战于桑干河源头，今年转战葱河河畔，曾经在条支海中洗过兵器上的污秽，也在天山草原上牧放过疲惫的战马。不远万里到这些地方征战，三军将士皆已耗尽了青春年华。匈奴人以杀戮掠夺为业，古今不知有多少人战死荒漠之中，结果只是白骨黄沙。秦筑长城防御胡人的地方，汉时仍然烽火高举。烽火没有燃尽的时候，那么战争也就没有结束的时候。荒野上的战斗如此残酷，战败的马匹在战场上悲鸣，而它的主人却被乌鸦和鹰啄食，肠子都挂上枯树枝头。士卒之血涂满草莽，将军到头来空无所获。

诗人揭露战争无情地吞噬了将士的生命，指出"兵者是凶器，圣人不得已而用之"。有德的君主非不得已是不会用它的。

五、睦邻和藩的安边思想

君不能学哥舒，横行青海夜带刀，西图石堡取紫袍。

（《答王十二寒夜独酌有怀》）

天宝六载，玄宗欲对吐蕃进行武力征服，使河西、陇右节度使王忠嗣攻吐蕃石堡城，为王忠嗣所谏阻。后将军董延光自请将兵取石堡，屡攻不克。天宝八年，玄宗使哥舒翰率陇右、河西、朔方、河东兵六万余，以死亡数万士卒的代价，攻伐吐蕃仅以四百人防守的石堡城。石堡攻克后，对该城百姓肆意屠杀，民谣曰："北斗七星高，哥舒夜带刀。吐蕃总杀尽，更筑两重濠。"（《太平广记》卷四九五）于是这个杀人魔王大获其功，加官晋爵，官至"加摄御史大夫"。（《旧唐书·哥舒翰传》）

对于玄宗发动攻取石堡的战争，李白痛心疾首，《答王十二寒夜独酌有怀》说："君不能学哥舒，横行青海夜带刀，西图石堡取紫袍。"就是对这位杀人魔王的直接讽刺。李白反对石头堡战事及后面多次开边战争，反映了李白持有强烈的睦邻和藩安边思想。

吐蕃位于唐帝国之西面和西南面。618年唐高祖李渊在长安称帝后，唐朝初年与吐蕃之间常有剑拔弩张的对战状态。唐太宗贞观十五年（641），文成公主入蕃"和亲"，于是唐与吐蕃建立了"甥舅关系"。唐帝国对吐蕃实行"和亲"政策的目的，是为维护边疆安定和发展，加强各民族之间的联系，并和各民族政权之间保持良好和稳定的外交关系。这一政策对大唐盛世的开展和延续，起到了不可估量的作用。

在文成公主入蕃之后，吐蕃前后三次请求与唐朝"和亲"，却未得到唐朝统治者的允许。主要原因是当时唐朝与其他外族（如吐谷浑）关系更近，而且唐蕃因边疆问题屡次发生争端和战争。直到唐睿宗景云元年（710），才有金城公主嫁给吐蕃赞普赤祖德赞的唐蕃第二次"和亲"。总的来看，唐帝国与各民族的"和亲"政策，是一种特殊的政治手段。在保障国家利益、政治稳定的前提下，通过"和亲"的方式加强各民族之间联系，并进行经济、文化以及军事交流，以名义上的"舅甥关系"形成一种的"军事同盟"，有利于唐帝国加强对周边少数民族政权的统治。

在李白看来，睦邻和蕃，安定边庭，是有利于国家、有利于人民、有利于周边外部民族安定发展的。

六、择将用贤的强军思想

李牧今不在，边人饲豺虎。

（《古风》其十三）

这两句诗，出自李白的《古风》其十三，全诗如下：

胡关饶风沙，萧索竟终古。木落秋草黄，登高望戎虏。
荒城空大漠，边邑无遗堵。白骨横秋霜，嵯峨蔽榛莽。
借问谁陵虐，天骄毒威武。赫怒我圣皇，劳师事鼙鼓。
阳和变杀气，发卒骚中土。三十六万人，哀哀泪如雨。
且悲就行役，安得营农圃？不见征戍儿，岂知关山苦？
李牧今不在，边人饲豺虎。

诗人在霜凋木叶秋草已黄的边地登高远望，只见大漠里边城空荒残破，邑无遗堵。皑皑的白骨堆积如山，原来是胡人下此毒手。大唐圣皇赫然大怒，决定派大军前去征讨。三十六万农人被征入伍，哭声动天，泪如雨降。大量的劳力都去行军打仗，还有谁在经营农田？征戍的战士处境悲惨，谁人知道守卫边关的艰苦！可惜当今没有李牧这样的守边良将啊，使得边塞的军民都为豺狼般的胡兵残杀蹂躏。

对胡人的侵略表示愤慨，对唐玄宗穷兵黩武表示不满，同时为边防用人失策、将帅无能感到忧虑和担心。陈沆解读此诗，认为这是"自忠嗣谗死，而边人涂炭矣"。

第六章 腹有良谋的兵家壮士

关注时局和战事的李白,对于朝廷的择将用贤,批评颇多。每见边防用人失策,将帅无能,边人涂炭,就痛心疾首,不能自已,这是与同时期其他诗人表现大不一样的。这首诗,面对"白骨横秋霜,嵯峨蔽榛莽""边人饲豺虎"的惨状追究原因,李白的结论是:"李牧今不在",从而提出了一个择将用贤的重大问题。李白感叹李牧今不在,正是批评玄宗择将非人。

李牧(约前300—前229),战国时期赵国人,与白起、王翦、廉颇并称"战国四大名将",战国末期"东方六国最优秀的将领",又是中国古代蒙冤而死的5位名将之一。李牧一生,前期守御北方,打破匈奴;后期两破秦军,功勋卓著。李牧富有韬略,善于治军。他厚待战士,精于教练,军民合作,韬光养晦,固守边防,形成了一支装备精良而素质极高的边防军。在匈奴单于以李牧为怯,率大军入侵时,李牧设奇阵,迂回包抄,大破匈奴10余万骑,接连攻破东胡,降服林胡,单于落荒而逃,十有余年不敢窥赵国边城。

"李牧今不在,边人饲豺虎。"李白借用战国时赵国良将李牧的事迹,透射出李白深刻的军事思想内涵。第一,边境的安定,在于朝廷任用李牧那样的良将安边;第二,如果朝廷用人失策,将帅无能,边地的人民就只有"饲豺虎",无谓牺牲;第三,造成今天"荒城空大漠,边邑无遗堵。白骨横秋霜,嵯峨蔽榛莽"惨状的根源,在朝廷用人不当;第四,李牧是一个具有良将素质、功劳而被谗致死的蒙冤之将,李白用李牧暗喻冤死的大将王忠嗣,有讽朝廷冤杀良将之义。

李白青年学习的《长短经》之《兵权》二十四章,有出军、练士、结营、道德、禁令、教战、天时、地形、水火、五间、将体、料敌、势略、攻心、伐交、格形、蛇势、先胜、围师、变通、利害、奇兵、掩发、还师等内容,是一部袖珍型的兵书集成。其中《将体》一章,正是李白聚焦"李牧"的由因。我们摘录其中的"五才""四机""将之道"等几个观点:

吴子曰:"凡人之论将,恒观之于勇。勇之于将,乃万分之一耳。"故《六韬》曰:"将不仁,则三军不亲;将不勇,则三军不为动。"孙子曰:"将者,勇、智、仁、信、必也。"勇,则不可犯;智,则不可乱;仁,则爱人;信,则不欺人;必,则无二心。此所谓"五才"者也。

三军之众,百万之师,张设轻重,在于一人,谓之气机。道狭路险,名山大塞,十人所守,千人不过,是谓地机。善行间谍,分散其众,使君臣相怨,是谓事机。车坚舟利,士马闲习,是谓力机。此所谓"四机"者也。

故将能清能静,能平能整,能受谏,能听讼,能纳人,能采善言,能知国俗,能图山川,能裁厄难,能制军权。危者安之,惧者欢之,叛者还之,冤者原之,诉者察之,卑者贵之,强者抑之,敌者残之,贪者丰之,欲者使之,畏者隐之,谋者近之,逸者覆之,毁者复之,反者废之,横者挫之,服者活之,降者说之,获城者割之,获地者裂之,获国者守之。获厄塞之,获难屯之,获财散之。敌动伺之,敌强下之,敌凌假之,敌暴安之,敌悖义之,敌睦携之,顺举挫之,因势破之,放言过之,四纲罗之。此为将之道也。

只有了解李白对于为将之道的熟稔,我们才能理解李白对于当时朝廷择将用人的不满,才能理解李白对于自己的"不遇"何以如此愤慨。

七、奇谋巧计的制胜思想

将无七擒略，鲁女惜园葵。

(《书怀赠南陵常赞府》，755)

孙子曰：上兵伐谋，其次伐交，其下攻城。攻城之法为不得已。修橹轒辒、具器械，三月而后成；距堙，又三月而后已。将不胜其忿，而蚁附之，杀士三分之一，而城不拔者，此攻之灾也。故善用兵者，屈人之兵而非战也，拔人之城而非攻也，毁人之国而非久也，必以全争天下，故兵不顿而利可全，此谋攻之法也。

(中华国粹经典文库《孙子兵法·谋攻篇第三》，崇文书局2010年第3版，第27页)

李白青年时代师从于赵蕤。赵蕤是一位具有兵家造诣的隐者，对于历代兵家思想有精湛的研究，其《长短经》（又称《反经》）九卷六十四章中，有《兵权》一卷二十四章。赵蕤说："自古兵书殆以千计，若不知合变，虽多亦奚以为？故曰：少则得，多则惑，所以举体要而作兵权云。"所以《长短经》后二十四章，实际上是一部提纲挈领式的"兵法"大作。

李白凭借从《长短经》中学到的兵法，在诗文中屡屡有论及军事和战争的篇章，表示自己具有战略、策略和谋略。他在《书怀赠南陵常赞府》（755）诗中，追述大唐战争失败的原因时，着重强调的就是将军的谋略，并希望自己（"壮士"）的才略能得到朝廷的启用：

> 云南五月中，频丧渡泸师。毒草杀汉马，张兵夺云旗。
> 至今西二河，流血拥僵尸。将无七擒略，鲁女惜园葵。
> 咸阳天下枢，累岁人不足。虽有数斗玉，不如一盘粟。
> 赖得契宰衡，持钧慰风俗。自顾无所用，辞家方来归。
> 霜惊壮士发，泪满逐臣衣。以此不安席，蹉跎身世违。
> 终当灭卫谤，不受鲁人讥。

诗中"云南五月中，频丧渡泸师"以下，所述即唐天宝十载征伐南诏之事——云南夏日五月，大唐渡泸之师屡屡军丧人亡，有毒之草毒杀唐军战马，蛮夷之兵夺取大唐战旗。至今西洱河中，血水流淌着僵硬的尸体。这样的败仗归因何处？是因为领军之将没有诸葛亮那样的七擒七纵之谋略。

"七擒略。"史典见于《三国志·蜀志·诸葛亮传》裴松之注引《汉晋春秋》："亮至南中，所在战捷。闻孟获者，为夷汉所服，募生致之。既得，使观于营陈之间，问曰：'此军何如？'获对曰：'向者不知虚实，故败。今蒙赐观看营陈，若只如此，即定易胜耳。'亮笑，纵使更战，七纵七禽，而亮犹遣获。获止不去，曰：'公，天威也，南人不复反矣。'""七擒略"指运用智计使人彻底折服。

李白在批评朝廷征伐南诏失败的诗中谈"将无七擒略"，特别强调了谋略对于将军的重要性。他常在诗中说自己"试涉霸王略"（《经乱离后天恩流夜郎忆旧游赠江夏韦太守良宰》），"报国有长策"（《赠从弟洌》），但由于读者在他的诗文中未尝详见其"策"，因而不免怀疑他是否"吹牛"？我们在"纵横策士"一章，曾经谈到李白策谋之大概，举证其诗文所涉的策谋"十二端"及"文韬"四则，这里就其诗文所涉的"武略"八条，略作介绍。

第六章　腹有良谋的兵家壮士

"**龙韬策**。"李白《送外甥郑灌参军》(其二):"丈八蛇矛出陇西,弯弧拂箭白猿啼。破胡必用龙韬策,积甲应将熊耳齐"。龙韬,《太公六韬》中的一部分。相传是吕尚编的古兵书,分文韬、武韬、龙韬、虎韬、豹韬、犬韬六篇,记载周文王、武王问太公兵战之事,对后世影响较大。李白在诗里说:打击入侵者必须采用太公兵法的《龙韬》策略,迫使敌军投降,缴出的铠甲和兵器堆积如熊耳山那样高。

"**救赵策**。"李白在《赠升州王使君忠臣》诗中说"应须救赵策,未肯弃侯嬴。"侯嬴是战国时魏国人,年七十,家贫,为天梁夷门监者,信陵君引为门客。魏安釐王二十年(前257),秦军围赵都邯郸,魏王使晋鄙率军救赵。晋鄙畏秦,屯兵于邺以观望之。侯嬴向信陵君献计,并荐力士朱亥。信陵君至邺,使朱亥击杀晋鄙,窃得兵符夺其兵权,遂解邯郸之围。事见《史记·魏公子列传》。李白此诗,约作于唐肃宗上元二年(761)秋漂泊昇州(治所在今南京市)时,用侯嬴向信陵君献策窃符救赵故事,以侯嬴自比,认为自己亦有"救赵策"在身,可以为国效命,在平定北方叛乱中建立功勋,希望得到王忠臣的理解和支持。

"**金匮篇**。"李白《在水军宴赠幕府诸侍御》诗:"浮云在一决,誓欲清幽燕。愿与四座公,静谈《金匮篇》。"《金匮篇》指姜太公的韬略之著。姜太公集韬略家、军事家与政治家于一身,儒、道、法、兵、纵横诸家皆将他视为本家人物,故被尊为"百家宗师"。姜子牙的军事思想,在《六韬》《阴符经》《太公兵法》《太公金匮》等著作中都有论述,历代著名的军事家如孙武、鬼谷子、黄石公、诸葛亮等,都吸收了《六韬》等著作的精华,并予以发扬光大,故皆能在中国的历史上名垂不朽。李白时在永王东巡的军幕,他以扫除安禄山叛军为使命，因而在宴席的赠诗中，说要和诸侍御"静谈""金匮篇"，希望一起商量灭胡的韬略，以贡献他的"灭胡"之策。

"**左车略。**""左车略"即秦末汉初人李左车的谋略。《史记·淮阴侯列传》载，李左车初在赵，封广武君。汉使韩信、张耳率兵击赵，左车献计赵王断绝汉兵粮道，未被采纳，赵终为韩信所败。李左车后归韩信，韩信用其计而得燕地。李白诗："意在斩巨鳌，何论鲙长鲸？恨无左车略，多愧鲁连生。拂剑照严霜，雕戈鬘胡缨。愿雪会稽耻，将期报恩荣。"（《闻李太尉大举秦兵百万出征东南懦夫请缨冀申一割之用半道病还留别金陵崔侍御十九韵》）李白写此诗时已61岁，其勇赴彭州欲为李太尉军幕请缨"冀申一割之用"的依凭是何？是左车之略、鲁连之智。然而李白的"策略智谋"，竟然无人理会，而疾病缠身，于是大呼"天夺壮士心"而还。

"**陈琳檄。**"李白诗《江夏寄汉阳辅录事》（759）中说："君草陈琳檄，我书鲁连箭。报国有壮心，龙颜不回眷。长吁结浮云，埋没顾荣扇。"这里所涉三个"策典"，虽不是"策"名，却是"策"的本意。李白当时从夜郎流放的冤案中刚刚解脱，年已59岁，在垂老之年重燃报国壮心，渴望得到朝廷的重新起用。"陈琳檄"见于《三国志·魏志·王粲传》："军国书檄，多琳、瑀所作也。"裴松之注："琳作诸书及檄，草成呈太祖。太祖先苦头风，是日疾发，卧读琳所作，翕然而起曰：'此愈我病。'数加厚赐。"后因以"陈琳檄"泛指檄文。明邵璨《香囊记·点将》："一卷吕公书，七纸陈琳檄，甲兵十万在胸中，笔底收功绩。"比喻"陈琳檄"笔底自有十万甲兵。

"**鲁连箭。**""鲁连箭"典出《史记·鲁仲连邹阳列传》："燕将攻下聊城，聊城人或谗之燕，燕将惧诛，因保守聊城，不敢归。齐田单攻聊城岁余，士卒多死而聊城不下。鲁连乃为书，约之矢以射城中……燕将见鲁连书，泣三日，犹豫不能自决。欲归燕，已有隙，恐诛；欲降齐，所杀虏于齐甚众，恐已降而后见辱。喟然叹曰：'与人刃我，宁自刃。'乃自杀。"鲁仲连以一封信使燕将自杀，后以"鲁连箭"谓以文克敌，不战而胜，亦称"鲁连书"。

"**顾荣扇**。"见《晋书·顾荣传》："晋怀帝永嘉元年，陈敏反，率万人渡江未济，顾荣以羽扇麾之，其众皆溃。"后以"顾荣扇"称善于以奇谋克敌者。李白为何"长吁结浮云，埋没顾荣扇"？是说我明明有顾荣那样奇谋善策以克敌，却无人用我，惜乎被浮云埋没矣！

"**灭胡策**。"见李白诗："有策不敢犯龙鳞，窜身南国避胡尘。宝书玉剑挂高阁，金鞍骏马散故人。"（《猛虎行》，756）李白的《猛虎行》诗写于安史之乱爆发的次年，即756年。当年夏，李白意欲密商徐王延年及其弟延陵起兵勤王，因而秘密奔赴杭州。途经溧阳，遇老友张旭，作《猛虎行》以赠。诗中自谓我虽然胸有消灭胡人的安邦济世之策，但不敢犯颜进谏，只好窜身躲避战乱，却敌的宝书束之高阁，杀敌的玉剑高挂壁间，金鞍的宝马赠送朋友。——这里，李白向好友透露了一个重要信息：我，其实胸中早有"灭胡策"。惜李白的著作十之八九散佚，我们今天已经无法拜读他的良谋善策了。

从"七擒略"到"灭胡策"，笔者列举李白诗文提及的文韬武略多端。由于李白诗文"十丧其九"，实际上李白诗文中的计谋策略，一定有更多的表述。即使就所举之策而论，大唐诗人像李白一样在诗中频繁地大谈军谋智略者，也绝无仅有！

以文韬武略来克敌制胜，在李白的军事思想中，具有重要地位。

李白：融汇百川的杰出思想家

八、矢志不渝的治平思想

天夺壮士心，长吁别吴京。

（《闻李太尉大举秦兵百万出征东南懦夫请缨冀申一割之用半道病还留别金陵崔侍御十九韵》）

李白作为一个企图以武建功的布衣士人，在其诗文中表达了非常强烈的献身精神，使千年以后的读者，深为其"治国平天下"的爱国精神所感动。

李白在27岁所写的《代寿山答孟少府移文书》中，申明自己的政治理想是"寰区大定，海县清一"，然而直到皓首暮年，依然战事纷起，社稷难安。

上元二年（761），李白61岁，鬓发皤然，垂垂老矣！读者一定会认为，年过花甲而饱经政治磨难的李白，必会终止求官之路，以神仙为归宿。但李白之为李白，总是出人意表。他在《赠升州王使君忠臣》中说："六代帝王国，三吴佳丽城。贤人当重寄，天子借高名。巨海一边静，长江万里清。应须救赵策，未肯弃侯嬴。"他以为，我就是策士侯嬴啊，我这里有救赵之策，国家需要"巨海一边静，长江万里清"，那么，朝廷不会舍弃我的！

这年五月，李光弼大破史朝义，分兵东南讨伐袁晁。李白听说李光弼举兵出征东南，便从金陵出发，到彭城投军，走到半路，因病而返，有诗《闻李太尉大举秦兵百万出征东南懦夫请缨冀申一割之用半道病还留别金陵崔侍御十九韵》记其事。全诗如下：

秦出天下兵，蹴踏燕赵倾。黄河饮马竭，赤羽连天明。
太尉杖旄钺，云旗绕彭城。三军受号令，千里肃雷霆。
函谷绝飞鸟，武关拥连营。意在斩巨鳌，何论鲙长鲸。
恨无左车略，多愧鲁连生。拂剑照严霜，雕戈鬘胡缨。
愿雪会稽耻，将期报恩荣。半道谢病还，无因东南征。
亚夫未见顾，剧孟阻先行。天夺壮士心，长吁别吴京。
金陵遇太守，倒屣相逢迎。群公咸祖饯，四座罗朝英。
初发临沧观，醉栖征房亭。旧国见秋月，长江流寒声。
帝车信回转，河汉复纵横。孤凤向西海，飞鸿辞北溟。
因之出寥廓，挥手谢公卿。

此诗写于唐肃宗上元二年（761）秋，对于考察李白晚年行迹与思想非常重要。李白在诗中首先写了唐军声势之壮，蕴含着诗人对唐军的祝愿，对李太尉的崇敬，对胜利的信心，对国家的希望。接着写自己要以李左车、鲁连生为榜样，投其军旅，为歼灭叛军、直捣幽燕而献计献策。"愧"，是诗人的自谦之词，"恨"，是诗人的雄心所在。烈士暮年，壮心不已。白发满头，志在千里。"愿雪会稽耻，将期报恩荣"，是借历史上吴越故事，抒发诗人对唐廷在安史乱中两京失陷，玄宗、肃宗分别出奔蜀郡、灵武，几至亡国的痛切之情。一个"雪"字，可见诗人平叛复仇决心之坚定：维护祖国统一，反对分裂割据，不以个人恩怨、得失为念，要"雪"民族、国家之耻，"报"君国、父老之恩。李白用生命结束前的最后一搏，证明自己至死也不是一个失去人间烟火味的道徒或隐士，而是在垂暮之年也不忘驰驱沙场，为祖国的统一而"冀申一割之用"的英雄。李白的爱国之志和奋发精神，是十分可贵的。

清代赵翼《瓯北诗话》：青莲虽有志出世，而功名之念，至老不衰。集中有留别金陵诸公诗，题云《闻李太尉大举秦兵百万出征懦夫请缨冀申一割之用半道病还》。按李光弼为太尉，在上元元年，统八道行营，镇临淮。青莲于乾元二年赦归，是时已在金陵矣。一闻光弼出师，又欲赴其军自效，何其壮心不已耶？或欲自雪其从璘之累耶？

本章小结

李白出身于将门，青少年时代文武兼修，尤其是刻苦攻读政治百科全书与兵法集成的著作《长短经》，具有文韬武略的深厚学养与师承。他以吕尚、范蠡、墨子、乐毅、鲁连、张良、韩信、卫青、霍去病、李广、诸葛亮、王猛、谢安等历代著名军事家和名将为师，对于太公佐周灭商，墨子星夜救宋，乐毅助燕灭齐，白起一代战神，韩信百战兴汉，张良运筹帷幄，李广功高未封，卫青威震漠北，霍去病建功河西，诸葛亮三分天下，王猛扪虱话良图，谢安终因苍生起等以武建勋的故事，可谓终身膜拜。他对军事和兵法的研究，同他对文学诗赋的研究一样是认真、深入的，他是一位胸有文韬武略未得其用的军事谋略家。他的怀才不遇呐喊，固然有对于文学天才的惋惜，但其后期对朝廷的批评，恰恰是对自己武功武略不得其用的不满。

本章仅谈及李白的部分军事和战略思想，这些思想是可贵的，于今仍有借鉴意义。而且他没有停留在"思想"（更不是"幻想"）层面，"言必信，行必果"，他多次投身军幕，前有"不惜微躯捐"的决心誓言，后有"冀申一割"的皓首请缨，惜前以"附逆"获罪，后以"天夺壮士心"告终，令千年后的读者如我等，不胜唏嘘。李白的军事思想简述，见表8。

表8 李白的军事思想

李白主张	李白反对
1. 主张不忘战争	1. 反对忘战轻敌
2. 主张慎重用兵	2. 反对穷兵黩武
3. 支持正义之战	3. 反对不义之战
4. 主张择将用贤	4. 反对无能之军
5. 主张谋略取胜	5. 反对无谋之将
6. 谨防边将坐大	6. 反对叛乱分裂
7. 主张强军保民	7. 反对血染紫袍
8. 主张捐躯报国	

第七章

融佛于道的青莲居士

佛教从东汉传入中国，经六朝至唐，经我国高僧及宗教家学者的努力，将佛经中有关哲理奥义内容，与儒、道两家学说要旨巧妙融合，形成许多新的佛教宗派，其中不少带有浓厚的中国文化特色，成为中国化佛教，如天台宗、华严宗、法相宗、净土宗、禅宗等，都盛行于唐。唐朝历代君主，除唐武宗外，均尊尚佛教。初唐、盛唐的著名文人、诗人，几乎都与佛教有染，李白亦然。

据统计，《李白全集》中有涉及佛教的诗文50余篇（首），游览佛教名山寺院20多处，交往有姓名的僧人30多人。李芳民先生检索李白现存涉佛诗文中语汇典故出于佛经者，得22篇，涉佛经16部。其中有《法华经》（14次），《维摩诘经》（10次），《楞严经》《弥陀经》各6次、《涅槃经》《观无量寿经》（各5次），《华严经》（3次），以及《大般若经》《报恩经》《地藏菩萨本愿经》《贤愚因缘经》《金光明经》《心经》等，范围涉及净土、华严、禅宗和律宗。（李芳民：《论李白对佛教的接受及其文学表现》）这表明，李白不但是一个自称"小儒"的儒家,一个自称"谪仙人"的道家,一个要做"帝王师"的策士,而且也是一个涉足佛门的"青莲居士",是一个佛道兼崇、涉足两教的思想家。

那么,李白从佛教思想中,到底接受了些什么呢?

一、青莲居士的自号者

青莲居士谪仙人,酒肆藏名三十春。
湖州司马何须问,金粟如来是后身。

(《答湖州迦叶司马问余是何人》)

此诗是李白于天宝六载(747)南下越中途经湖州时所作。离开朝廷不久的李白,在自己的诗中以"青莲居士"自号,表明自己是佛门信众中的一员。据安旗先生考,李白自号"青莲居士"的诗,不止上面一处:他在天宝六载南下越中途径金陵时,有《登梅岗望金陵,赠族侄高座寺僧中孚》诗和《答族侄僧中孚赠玉泉仙人掌茶并序》,他在序中说:"后之高僧大隐,知仙人掌茶,发乎中孚僧子及青莲居士李白也。"说明此时李白已然自号"青莲居士"了。(《中国李白研究》1991年集,第362页)

历来有人把"青莲居士"中的"青莲"二字,混同于李白家在"青莲乡",以为李白是以故乡之名自号。但事实上,"青莲"并非普通名词,而是一个佛学概念,李白的"青莲"之号乃取义于佛经。古天竺盛产莲花,色有多种,以青莲为贵。《智度经》卷二十七:"一切莲花中,青莲为第一。"故诸经中或以之喻佛根,或以之佛心。《维摩经·佛国品》:

"目净修广如青莲"。僧肇注:"天竺有青莲华,其页修而广,青白分明,有大人目相,故以为喻。"《华严经·离世间品》:"菩提心者,犹如青莲花不染一切诸罪垢。"唐诗中常称佛寺为"青莲宫""青莲宇",亦以其为清净之地。李白《僧伽歌》有"心如世上青莲色"之语,《游化城寺清风亭》中有"青莲出尘埃"之语,亦皆取其清净不染之义。居士,佛家奉佛之人,维摩诘就是天竺最著名的佛教居士。其人虽处居家,不著三界;虽有妻子,常修梵行;虽明世典,常乐佛法。善于因地制宜,因材施教,以无量方便超度众人。(《维摩诘·方便品》)

李白在《答湖州迦叶司马问余是何人》诗里说"金粟如来是后身",这个"金粟如来"乃是古佛名,相传维摩诘是金粟如来转世。维摩诘富翁出身,善说法要,辩才无碍。《维摩诘所说经》谓其:"虽处居家,不着三戒;示有妻子,常修梵行;现有眷属,常乐远离;虽服宝饰,而又相如严身;虽复饮食,而以禅悦为味;入诸淫舍,示欲之过;入诸酒肆,能立其志。"李白诗以"青莲居士谪仙人"开头,以"金粟如来是后身"作结,是说自己既如中国的谪仙人,暂降凡世;又如天竺的维摩诘,权居人间。

李白自号"青莲居士",不仅表示他是居家的佛家信众,而且表示他决心离尘去垢,将来终归要成仙成佛去的。

二、佛门功德的认同者

李白自称"青莲居士",又以"金粟如来"作为未来修炼的目标,说明他对佛的伟大、佛的功德、佛的法门神通、对佛

第七章 融佛于道的青莲居士

教的理论是认同的。他曾在一些佛教的活动场所，把这个外来的宗教，与中国传说中功德最大的"圣人"如女娲、大禹、孔子进行比较，并且认为"释迦牟尼"之功居于"众圣"之上。请看他写的《崇明寺佛顶尊胜陀罗尼幢颂并序》：

共工不触山，娲皇不补天，其洪波汩汩流！伯禹不治水，万人其鱼乎！礼乐大坏，仲尼不作，王道其昏乎！而有功包阴阳，力掩造化，首出众圣，卓称大雄。彼三者之不足征矣！粤有我西方金仙之垂范，觉旷劫之大梦，碎群愚之重昏；寂然不动，湛而常存。使苦海静滔天之波，疑山灭炎昆之火，囊括天地，置之清凉。日月或坠，神通自在，不其伟欤！

由于西方金仙"功包阴阳，力掩造化，首出众圣，卓称大雄"，我们中国那补天的女娲，治水的大禹，制礼乐的孔子，"彼三者之不足征矣"！即无法与"释迦"比拟了！因为这"西方大圣"实在太伟大、太厉害，李白最后作颂诗，曰：

揭高幢兮表天宫，嶷独出兮凌星虹。
神纵纵兮来空，仡扶倾兮苍穹。
西方大圣称大雄，横绝苦海舟群蒙。
陀罗尼藏万法宗，善住天子获厥功。
明明李君牧东鲁，再新颓规扶众苦。
如大云王注法雨，邦人清凉喜聚舞。
扬鸿名兮振海浦，铭丰碑兮昭万古。

《崇明寺佛顶尊胜陀罗尼幢颂并序》（750）这篇颂并序，是李白天宝九载东由江淮返东鲁，时值鲁郡崇明寺陀罗尼幢功成，应郡人都水使者宣道先生孙太冲之请而作。"陀罗尼幢"是镌刻佛经的方形石柱。李白为此幢作颂诗并序，序中认为：

293

李白：融汇百川的杰出思想家

"况其清景烛物，香风动尘，群形所沾，积苦都雪。粲星辰而增辉，挂文字而不灭，虽汉家金茎，伏波铜柱，拟兹陋矣！"无论颂"陀罗尼幢"，还是赞扬佛教、歌颂释迦，用词高到无可比拟。

如果说，上面的"颂"佛功德之"伟大"，是因为受托而为人作嫁，不免用词夸张，那么李白的《庐山东林寺夜怀》（750）诗，是抒"夜怀"之作，应该更体现他的本心。诗云：

我寻青莲宇，独往谢城阙。霜清东林钟，水白虎溪月。
天香生虚空，天乐鸣不歇。宴坐寂不动，大千入毫发。
湛然冥真心，旷劫断出没。

这首诗基本用佛教语言写成，大意是：我为了寻访佛家的名寺，独自辞别了繁华的都城。东林寺的钟声如霜清朗，虎溪中的月色如水明净。奇妙的天香从虚空飘下，乐声如天籁般响个不停。放松打坐禅堂寂然不动，大千世界进我毫发之中。将真心淹没在湛然佛法，让它千古万世永不浮升。有专家解读此诗认为："此诗不但句句都用佛典，佛教色彩十分浓厚；而且显示禅宗特色。慧能《坛经》云：'菩提般若之智，世人本自有之，即缘心迷，不能自悟。……遇悟即成智。'亦即成佛。又云：'若识本心，即是解脱。既得解脱，即是般若三昧。'亦即诸佛境界。故此派特点可以用八字概括，即：明心见性，顿悟成佛。由此可知，李白此时从思想到实践均已皈依南禅。"（安旗：《李白有关佛教诗文系年选笺》，《中国李白研究》1991年集，第364页）

总之，从自号"青莲居士"，到歌颂释迦牟尼"卓然大雄"，功高"三圣"，到"湛然冥真心，旷劫断出没"，可见李白是真有一片成佛之心。

三、空无观念的宣扬者

佛教的全部教义集中在"苦空"观上。它认为人生的痛苦产生于人们对世界的事物没有真正的了解。解脱痛苦的根本办法在于体认一切实物并非实体，即"无自性"，也就是"空"。如大乘空宗认为万物都是因缘和合而生，即依靠其他原因、并非从自身中产生。凡是凭借因缘产生的事物可以说是"空"，是假的、空幻不实的。李白有《赠宣州灵源寺仲浚公》一诗，反映了他对于佛家空无观念的认同：

观心同水月，解语得明珠。
今日逢支遁，高谈出有无。

对于此诗，章继光先生在《李白与佛教思想》一文中，作如下解读：

"水月"，语出佛典。《五灯会元》卷八："应物现形，如水中月。"《景德传灯录》卷十四："三界六道，惟自心观。水月揽像，岂有生灭？""明珠"指佛在菩提树下悟得的无上正觉。支遁，即支道林，东晋佛教"本无"宗的代表，《法苑珠林》称其为"老释风流之宗"。"高谈出有无"指一切皆空。大乘佛教认为一切皆空。如《维摩诘经·弟子品》称："诸法究竟无所有，是空义。"《维摩诘经注》云："不可得而有，不可得而无，其唯大乘行乎！欲言其有，无相无名；欲言其无，万德斯行。万德斯行，故无有虽而无相无名，故虽有而无……有无虽殊,其致一也。"

(《中国李白研究》1990年集下,第68页)

这说明,李白对于佛教"空无"观念,有透彻的理解,并且认同和接受。他在《同族侄评事黯游昌禅师山池二首》(其一)诗中,也流露出同样的思想:

> 远公爱康乐,为我开禅关。萧然松石下,何异清凉山。
> 花将色不染,心与水俱闲。一坐度小劫,观空天地间。

按,诗中的"远公"指晋代庐山高僧慧远。"康乐"指谢灵运,《莲社高贤传》云:"谢灵运为康乐公玄孙,袭封康乐公。至庐山,一见远公,肃然心服,乃即寺筑台,翻《涅槃经》,凿池种白莲。时远公诸贤同修净土之业,因号白莲社。""禅关",佛家语,即禅法之门。《释门正统三》曰:"然启禅关者,虽分宗不同,挹流寻源,亦不越经论之禅定与今家之定圣一行也。""清凉山"即五台山。"小劫",佛教语,佛教以"劫"(劫波)为假设的计时之词,谓人的寿命从十岁增至八万岁,又由八万岁回到十岁,经二十返为一小劫;又有说一小劫为1680万年,二十小劫为一中劫,四中劫为一大劫。则一大劫为13亿4400万年。"观空",佛教语,谓观照诸法之空相,《天台仁王经》疏中曰:"言观空者,谓无相妙慧,照无相境,内外并寂,缘观共空。"僧肇《维摩诘经注》:"二乘观空,惟在无我,大乘观空,无法不在。"

这首诗译成白话,意为昌禅师像远公爱康乐一样一样喜爱我,为我开启禅关,指点禅之奥义。松石之下肃然起敬,与佛土清凉山又有何异。山池之上花不染色,我的心与水一样闲逸。坐于山池上经历一次小劫放眼天地之间,万物皆为空相。

看来诗人游佛家山池,向往花不染色、心与水俱闲的空灵境界,幻想在禅境中度过"小劫"(1680万年),观彻大千世界之"空无"。郁贤皓说:"末两句写心灵的感受。全诗充满佛家的禅理与意趣。"(《李太白全集校注》,第2478页)

四、自性清净的向慕者

章继光在《李白与佛教思想》一文中说:佛教宣扬"诸法无我",认为世界上没有单独存在的永恒事物。从人来看,他是形体与精神的集合体,由色、受、想、行、识五蕴构成。假名为人,虚妄不实,本为无我,离开五蕴的和合不成为人,但世俗之人不明此义,执着于我体,从而产生种种思想活动与欲求、瞋恚、愚痴,形成种种烦恼。因此佛教主张排除一切染污心想及苦乐感受,进入一种无念、无我的精神境界。如唐代华严宗大师宗密认为,一切众生都有空寂真心,"无始以来,常住清净,昭昭不昧"。但由于执着于妄想,"而不证得。若离妄想,一切智、无碍智即得眼前"(《原人论》)。禅宗更是注重净性。它的实际创始人慧能说:"如是一切浊,尽在自性。自性常清净"(《坛经》)。为此,他提出了"无念为宗"的修行方法。人们如果实行这一方法,做到不执着、不追求,自然体验到心性的空寂与广大,就能成佛。

李白诗中,表达"自性清净"思想的代表作,有《地藏菩萨赞》(并序):

大雄掩照,日月崩落。惟佛智慧大而光生死雪。赖假普慈力,能救无边苦。独出旷劫,导开横流,则地藏菩萨为当仁矣。

李白：融汇百川的杰出思想家

弟子扶风窦滔，少以英气爽迈，结交王侯，清风豪侠，极乐生疾，乃得惠剑于真宰，湛本心于虚空。愿图圣容，以祈景福，庶冥力凭助，而厌苦有廖。爰命小才，式赞其事。赞词曰：

　　本心若虚空，清净无一物。焚荡淫怒痴，圆寂了见佛。
　　五彩图圣像，悟真非妄传。扫雪万病尽，爽然清凉天。
　　赞此功德海，永为旷代宣。

《地藏菩萨赞》是李白的一首五言古诗，创作年代大约为天宝十五载（亦即至德元载，756）即安史之乱期间。地藏菩萨，梵名乞叉底蘖沙。佛教谓其安忍不动如大地，静虑深密如秘藏，故曰地藏菩萨。大雄，即释迦牟尼。旷劫，佛教谓天地自形成到毁灭为一劫，旷劫为去时之久远。惠剑，谓智慧之剑，佛教谓智慧能断烦恼，绝生死之绊，譬如利剑。"圆寂"，佛教谓死。"焚荡淫怒痴"，王琦注："人心虚静，本无一物，耽着于色，则起而为淫；触于忿戾，则发而为怒；蔽于邪见，昧于大道，则流而为痴。三者谓三毒，皆心之累也。苟能一切捐弃，若火之焚，若水之荡而尽去之，不使一毫少累其心，则心之本体见矣。"

《地藏菩萨赞》（并序）告诉我们，抛弃了种种欲望，就能够摆脱一切烦恼，使本心虚空、清净，顿悟成佛。我们从此可以理解，为什么天宝后期李白对佛门尤其热衷？是借此摆脱烦恼。这与当今社会有的人因"烦恼"而"遁入空门"，是一脉相承的。

李白借礼佛摆脱烦恼的思想，在《僧伽歌》（750）诗中表达得更其清晰，诗云：

　　　　真僧法号号僧伽，有时与我论三车。
　　　　问言诵咒几千遍，口道恒河沙复沙。

此僧本住南天竺,为法头陀来此国。
戒得长天秋月明,心如世上青莲色。
意清净,貌棱棱。亦不减,亦不增。
瓶里千年铁柱骨,手中万岁胡孙藤。
嗟予落魄江淮久,罕遇真僧说空有。
一言散尽波罗夷,再礼浑除犯轻垢。

《僧伽歌》写于天宝九载。诗一开始即交代其与僧伽研讨佛法,讨论"三车"之喻。这就深入到佛教典籍之中了。"三车"(羊车、鹿车、牛车)之典,出自《妙法莲华经》,是佛在给舍利弗说法时,谈其如何使众生离我见及有无见而得到解脱所用的譬喻故事。

五、超脱尘世的同路者

佛教以人生为苦,它将人生视为一个痛苦的过程,并在时间和空间两方面将人生的苦难加以扩展,宣扬过去、现在、未来三世皆苦。"三界无安,犹如火宅。"大千世界,红尘滚滚,人生在火宅之中备受煎熬。从人生的痛苦奠定了佛教超脱世俗的立场。整个佛教学说实际上就是论证世人如何从痛苦中解脱的问题。李白在一些诗歌中宣扬了这一思想。如《鲁郡叶和尚赞》(750):

海岳英灵,诞彼开士。了身皆空,观月在水。
如薪传火,朗彻生死。如云开天,廓然万里。
寂灭为乐,江海而闲。逆旅形内,虚舟世间。
邈彼崑阆,谁云可攀?

李白：融汇百川的杰出思想家

从诗中"了身皆空,观月在水""寂灭为乐,江海而闲"的句子看,此诗的李白对佛法的体悟已经比较深入。"了身皆空,观月在水",《维摩诘所说经》有句云:"一切法生灭不住,如幻如电,诸法不相待乃至一念不住;诸法皆妄见,如梦、如炎、如水中月、镜中像,以妄想生。"因此,《赞》文之语,也许即是李白由《维摩诘所说经》体悟而来,并用以来赞扬鲁郡的叶和尚。而"寂灭为乐"句,则出自《涅槃经》:"诸行无常,是生灭法,生灭灭已,寂灭为乐。"由此可见李白此《赞》,显示了李白对佛理的领悟已进入了更高的境界。

"了身皆空,观月在水"是说构成人身的"四大"(地、水、火、风)本来空无,智者观之,如水中之月。"如薪传火,朗彻生死"是宣扬"形空神不灭"论。如慧远就宣称:"火之传异薪,犹神之传异彩"(《弘明集》卷五),认为形体可朽于一生而尽,灵魂却永存而不灭。"寂灭为乐"为实现涅槃,才可摆脱生死不已的轮回,结束人生苦恼而进入西方乐土。《涅槃经》称:"生灭不已,寂灭为乐",谓生灭只灭此生,不能摆脱轮回;寂灭才能永远摆脱轮回,超脱生死,使灵魂永存。李白以形体为人生逆旅,又若寄托灵魂的不系之舟,于人世的茫茫苦海上任意漂流。他期求永生与超脱,但是对此只能发出难以企及的慨叹:邈彼仙宫,谁云可攀?再如其《寻山僧不遇作》:

石径入丹壑,松门闭青苔。闲阶有鸟迹,禅室无人开。窥窗见白拂,挂壁生尘埃。使我空叹息,欲去仍徘徊。香云遍山起,花雨从天来。已有空乐好,况闻青猿哀。了然绝世事,此地方悠哉!

论者认为,"香云""花雨"均出于佛典。《华严经》:

"乐音和悦,香云照耀。"《楞严经》:"即时天雨百宝莲花,青黄赤白,间错粉糅。"石径丹壑,松木门紧闭,地上长青苔。闲阶上满是鸟迹,敲敲禅室无人开。从窗户窥见白拂尘,挂在墙壁上生满尘埃。使我空自叹息,想离去又不愿意,犹豫徘徊。芳香的云彩遍山而起,鲜花如雨从天上飞来。空中传来美妙的天籁,却又听到青猿的哀鸣。很明显,要了绝世事,这个地方最悠哉。诗人显然把这座远隔人嚣的僻静山寺当作一块脱离人世烦扰的"净土",他在这里领略到了一种超然自得的情趣。(章继光:《李白与佛教思想》,《中国李白研究》1990年集下,第71—72页)

六、佛道融合的践行者

如果认真体味李白与佛教有关的诗文,不难发现,作者的佛教思想往往与道家思想融合在一起。这不但可从李白写了上百首涉道家之诗,又写了50多首涉佛教之诗可以说明,更可从其在既涉道又谈佛的同一首诗中得到反映。这里试分析其《与元丹丘方城寺谈玄作》(750)一诗:

茫茫大梦中,惟我独先觉。腾转风火来,假合作容貌。
灭除昏疑尽,领略入精要。澄虑观此身,因得通寂照。
朗悟前后际,始知金仙妙。幸逢禅居人,酌玉坐相召。
彼我俱若丧,云山岂殊调。清风生虚空,明月见谈笑。
怡然青莲宫,永愿恣游眺。

"茫茫大梦中,惟我独先觉"两句,出于《庄子·齐物论》:"觉而后知其梦也,且有大觉而后知此其大梦也,而愚者自以为觉，窃窃然知之。"庄子将人生视为一场大梦，只有十分清醒的人（"大觉者"）才能真正了解与认识人生。这与佛教否认客观世界的存在，以之为"空"，为"假"，以否定的态度看待人生是一致的。"腾转风火来，假合作容貌"两句语出佛典，佛教认为人身为地、水、火、风"四大"假合而成。"灭除昏疑尽，领略入精要"两句是说要领略佛家真谛，荡尽人生烦恼。"澄虑观此身，因得通寂照。郎悟前后际，始知金仙妙"四句，说贯通佛家顿悟之学，明心见性，就能洞彻过去、现在、未来三世，领会佛家的妙用。"金仙"指佛。王琦注：《楞严经》谓"净极光通达，寂照含虚空，却求观世间，犹如梦中事，湛然常定之谓寂，莹然不昧谓之照。寂其体也，照其用也。体用不离，寂照双运，即是定慧交修，止观互用之妙谛"。（王琦：《李太白诗集注》）"寂"即止定、坐禅等修行方式，以静性自悟的顿教，体验心性本体上的固有智慧。在这首诗中可以看出，庄子的齐物论与佛教的空无观、顿悟说是交织为一的。

李白晚年所作的《赠僧崖公》更是生动地反映了诗人的思想出入于释、道的情况：

昔在朗陵东，学禅白眉空。大地了镜彻，回旋寄轮风。
揽彼造化力，持为我神通。晚谒泰山君，亲见日没云。
中夜卧山月，拂衣逃人群。授余金仙道，旷劫未始闻。
冥机发天光，独朗谢垢氛。虚舟不系物，观化游江濆。
江濆遇同声，道崖乃僧英。说法动海岳，游方化公卿。
手秉玉麈尾，如登白楼亭。微言注百川，亹亹信可听。
一风鼓群有，万籁各自鸣。启闭八窗牖，托宿掣电霆。
自言历天台，搏壁蹑翠屏。凌兢石桥去，恍惚入青冥。
昔往今来归，绝景无不经。何日更携手，乘杯向蓬瀛。

第七章 融佛于道的青莲居士

作者说，往昔我在蔡州朗陵东，跟随白眉空学禅。大地了然如明镜透彻，回旋变化寄托风云轮。揽取尊师造化力，转化成为我的神通能力。晚来拜谒泰山君，亲眼看见太阳没在云中。夜卧雪上，月光皎洁，拂衣逃离人群。尊师授我的金仙之道，前所未闻。冥冥之中，激发天光，乾坤明朗，不染一尘。身如不系之虚舟，观自在变化，如在江湖之中。途中遇到志趣相同之人，说僧崖就是僧中佼佼者。

他说法时，海岳感动，游方海内，点化公卿。手执玉拂尘，如登山阴白楼亭。精深微妙的言辞如水流注入百川，勤勉不倦，娓娓动听。宛如一风鼓动万物，万籁各自鸣出各自的心声。开启八面窗牖，了然光明，好像居住在光明宫。尊师自言到过天台山，攀登上翠屏样的悬崖。战栗、恐惧地走过石桥，恍惚如入青天。古往今来，世上美好无比的风景无不经历。我们什么时候再携手，乘着木杯驶向蓬瀛三仙岛？

白眉空、道崖均为僧人，金仙道谓佛理；大山君为道教中主宰泰山之神。"大地了镜彻，回旋寄轮风"系称引佛典，"虚舟不系物，观化游江溃"，"手持玉麈尾"等又关涉玄道，"乘杯向蓬瀛"则将释道典故融为一体。"乘杯"指《法苑珠林》中的杯渡和尚，"蓬瀛"为道教中的仙山。以佛教中的木杯渡海，驶向道教中的蓬莱仙境，可谓浪漫已极。足见诗人不滞凝于物，在佛道二家中出入之自由。

章继光先生认为，李白诗歌中这种释道融合的情况，反映了唐代佛教与玄学合流的趋向。佛教作为一种外来的文化传入中国后，即和中国本土固有的种种传统思想撞击、融合从而导致自身的不断改造、变化和发展。其中之一就是道家思想。佛道两家思想虽有互相排斥的一面，但他们毕竟以宗教唯心主义作为基础，两者有着一些可以调和、接近的共同点。在对待现实世界的看法上，佛说性空，道主无名，两者皆以虚无为本（如佛教中道缘起说认为，因缘和合而生的一切现象自性皆空；而老子与王弼皆以"无"为"有"的精神本原）；在对人生问题的认识上，二者皆以人生为苦，以为人生的理想在于断除现实生活的种种痛苦，而求得解脱；在修持手段上，佛教以禅定追求涅槃寂静，道教以静坐、坐忘（《庄子·大宗师》：堕肢体，黜聪明，离形去知，同于大道，此谓坐忘）以达到物我同一的境界。佛道两家因此互相依附，借此求得发展。早在东汉光武帝时就有"好黄老之微言，尚浮屠之仁祠"（《后汉书·楚王英传》）之说，将佛教与黄老并重。魏晋时期，玄学成为思想的主流，佛学遂与玄学合流。此时期的佛教学说即以玄学为基础，人们用玄学的观点解释《般若经》，从而形成不同的流派。其中"本无派"与王弼玄学"贵无"一派在理论上颇为接近，宣称"无在万化之前，空为众形之始"（吉藏：《中观论疏》，《大正藏》卷四十二）。道安的《合放光光赞略解》说："等道有三义焉：法身也，如也，真际也。""真际者，无所著也，泊然不动，湛尔玄齐，无为也，无不为也。万物有为，而此法渊默，故曰无所有者，是法之真也。"他用道家无为的观念解释佛法，这是援道入佛的最好证明。盛唐时代，虽然玄宗尊道抑佛，但佛道两家互相吸收与融合的趋势仍然有增无已。这种情况必然要在李白的思想中得到体现。李白屡屡称述的高僧支遁、慧远就是东晋深受道家影响的两位佛教大师，前者为"老释风流之宗"（《法苑珠林》），后者"博综六经，尤善老庄"（《神僧传》）。（《李白与佛教思想》，《中国李白研究》1990年集下，第73—74页）

七、禅境审美的创作者

禅宗对"顿悟"的追求,使诗人实现了禅境与审美境界的同一。

从审美与艺术创造来看,它强调主体的直觉与内容的体验,追求的是一种超越利害得失的自由理想的境界。禅宗致力于内心世界的大彻大悟,认为世界的一切都是虚妄不实的,只有"佛性"才是真实永存的;而"佛性"就存在于各人自身。因此,人们只要破除了对外在世界的迷妄执着与种种欲望,认识本身的"佛性",就可以实现"顿悟",进入悟境而成佛,所谓"一悟即佛地"(《六祖坛经·说摩诃般若波罗蜜门》)。显然,禅宗的这一思想与审美观照有着沟通的地方,他对"顿悟"的追求与艺术中的审美境界有着相通之妙。故严羽说:"大抵禅宗唯在妙语,诗道也在妙语。"(《沧浪诗话·诗辩》)禅宗认为,人们的种种欲望与机心是束缚精神的绳索,遮障心性的浮云。而在直觉与"顿悟"中,欲望消解了,得失超脱了,机心泯灭了,精神更自由了。主体的自由是进行审美观照的前提。以自由、虚空的心境静观物体,于是便对事物做出美的观照,使之成为美的对象。宗白华先生在谈到这一问题时说:"艺术心灵的诞生,在人忘我的一刹那,即美学上所谓'静照'。静照的起点在于空诸一切,心无挂碍,和世务暂时绝缘。这时一点觉心,静观万象,万象如在镜中,光明莹洁,而各得其所,呈现着它们各自的充实的、内在的、自由的生命,所谓事物静观皆自得。这自得的、自由的各个生命在静默里吐露光辉。"(《美学散步·论文艺的空灵与真实》)这种"静照"亦即直觉的、内省的体验它是短暂的。正是在这空诸一切、心无挂碍的瞬间，主体似乎超越了一切时空物我的界限，与对象世界合为一体了。

香云遍山起，花雨从天来。已有空乐好，况闻青猿哀。
（《寻山僧不遇作》）

众鸟高飞尽，孤云独去闲。相看两不厌，只有敬亭山。
（《独坐敬亭山》）

在这些诗中，诗人所感受到的那种"顿悟"与摆脱挂碍自得其所的审美愉悦，流动在字里行间。有人认为，这是道，是老庄。实际上，禅与道在封建社会知识分子与士大夫的心灵中是连成一片的，他们既在摆脱世俗利害、追求精神的超脱与自由方面相通，同时在审美观照上也十分接近。正由于这样，人们常把道与禅密切联系起来，在艺术领域中，禅、道更是常常浑然一体，难以分辨。（章继光，《李白与佛教思想》，《中国李白研究》1990年集下，第77页）

八、佛教浪漫的吸取者

"浪漫"一词，最早出于1654年，最初的含义是"不真实的、虚构的"，略有贬义。直到18世纪末19世纪初，人们才确定了它是欧洲古典主义之后形成的一个文学流派和社会文化思想，并且命名为"浪漫主义"。就其实际而言，浪漫主义是资产阶级反对王权和封建贵族的民主运动，因此要求浪漫主义具有追求独立个性解放的特点。作为一种文学形式，人们常把浪漫主义与古典主义相比，它以各种夸张、对比、奇幻的想象和丰富充沛的感情来表现理想，推崇个性的解放和发展。

李白被今人称为中国继屈原之后最伟大的浪漫主义诗人，这应该是20世纪50年代的事。人们追溯其浪漫主义之源泉，认定为"庄骚"即庄子、屈原的文章是李白浪漫主义的源头。而其浪漫主义的特征，主要是奔放的感情、奇幻的想象、极度的夸张、自由的风格和自然清丽的语言。人们多以《蜀道难》《梦游天姥吟留别》《远别离》以及许多的游仙诗作为李白浪漫主义风格的例证。但多数学者似乎讳言，道教和佛教也是李白浪漫主义的重要源泉之一。

佛教之言堪为夸饰之大师，我们这里试以李白《金银泥画西方净土变相赞》并序为例。这是李白至德元载（756）游湖州时应原湖州韦刺史夫人之请，为超度其亡夫而绘制的一幅净土变相画所作的赞文。西方净土，即西方极乐世界，佛教净土宗尊崇弥勒佛，谓死后可升往西方净土极乐世界，弥勒佛是西方教主。李白在此图赞中所描绘的"沼明金沙，岸列珍树……"就是西方净土变相画中的富丽堂皇的景象。变相，唐时僧人向僧俗宣讲佛教故事，文图并用，文曰变文，图曰变相。李白在其序言说：

我闻金天之西，日没之所，去中华十万亿刹，有极乐世界焉。彼国之佛，身长六十万亿常沙由旬，眉间白毫，向右宛转如五须弥山，目光清白若四海水。端坐说法，湛然常存。沼明金沙，岸列珍树。栏楯弥覆，罗网周张。车渠琉璃，为楼殿之饰；颇黎玛瑙，耀创砌之荣。皆诸佛所证，无虚言者。

这个序，说了四件事。第一，西方有一个"极乐世界"，这个极乐世界的地点在哪儿？是在距离我们中华有"十万亿刹"的地方，佛典未言每刹多长，但即使每刹为一里，也有十万亿里！第二，这个极乐国有"佛"，佛是什么样的？身长"六十万亿常沙由旬"，由旬是古印度的长度单位，郁贤皓在《李太白全集校注》中注"以中国道里较之，一由旬合得十六里"（第3892页），那么佛的身高就是960万亿里，身高如此，岂不要顶破宇宙天穹吗？！佛的眉间白毛如"五须弥山"，目光如"四海水"。第三，那极乐世界是什么样呢？是"沼明金沙，岸列珍树。栏楯弥覆，罗网周张。车渠琉璃，为楼殿之饰；颇黎玛瑙，耀创砌之荣"。王琦注引《佛说阿弥陀经》："极乐国土七重栏楯，七重落网，七重行树，皆是四宝周匝围绕。有七宝池，八功德水充满其中，池底纯以金沙布地，四边阶通，金银、琉璃、玻璃合成。上有楼阁，亦有金银、琉璃、玻璃、车渠、赤珠、玛瑙而严饰之……"第四，说这些都是真的，证据在哪儿？有"诸佛所证，无虚言者"！

佛教经典塑造的"极乐净土"，完完全全是一个"不真实的，虚构的"浪漫之作，空说无凭，就让"诸佛所证"！

我们再看李白的"赞"：

向西日没处，遥瞻大悲颜。目净四海水，身光紫金山。
勤念必往生，是故称极乐。珠网珍宝树，天花散香阁。
图画了在眼，愿托彼道场。以此功德海，冥祐为舟梁。
八十一劫罪，如风扫轻霜。庶观无量寿，长愿玉毫光。

赞词说了五件事。其一，"大悲颜"指佛，他干啥的？"大慈与一切众生乐，大悲拔一切众生苦。"其二，"勤念必往生，是故称极乐"，你天天勤念佛，就可以在未来出生到那个极乐世界。其三，佛以行善为功，善报为德，功德广如海，礼佛可保佑阴间亲人通过佛法度过苦海。其四，你修满功德，即便有八十一劫罪都可以如风扫轻霜般消除。其五，说希

望看到无量寿佛长放佛光，因为见佛眉间白毫（佛光）者，"八万四千相好，自然当现"。（王琦注引：《观无量寿佛经》）

笔者认为，佛教经典中对佛之形、德、能、法的形容夸张，其想象力比之于李白"燕山雪花大如席""白发三千丈""疑是银河落九天"等夸张，是实实在在的"大巫"。这样的例子，在李白五十多首涉佛的诗文中，还有不少。但即使以此一篇也足以证明，李白诗文的浪漫主义，无论是意象的飘逸性、情节的虚构性、构想的理想化、语言的夸张性，还是感情的强烈、气势的奔放、辞藻的精妙华丽，都有道教和佛教的智慧、意象和语言之助。

本章小结

许多人依据李白诗文中有对释家三宝的赞颂，有对佛教圣地（名山、名寺）的向往，有对佛教名人的信仰和与释家名人的交往，有对佛教理论的认同与播扬，故判断李白受佛教思想影响很深。至于李白奉佛的原因，论者认为一是三教并重的大唐时代背景；二是青年时期与蜀中僧人的接触；三是寻求政治平台的辅助愿望；四是政治失意时的精神寄托。

不过，李白并非虔诚的佛教徒。理由一，李白传播的佛教理论，或"铭"或"赞"，其写作均有因人所托、为人"作嫁衣裳"的背景。理由二，李白对佛门的热情，淡而浓，浓而消，并非一贯。在长流夜郎遇赦后，在《峨眉山月歌送蜀僧晏入中京》（759）诗中，劝僧晏早日归隐；同年作《江夏赠韦南陵冰》，则对著名佛寺头陀寺流露厌烦情绪。理由三，李白在心灵最痛苦的时刻,在临终之际,仍以大鹏自喻,并无念佛之心。理由四,李白虽有参禅打坐的诗文,但从其一生的行踪来看,他对佛教烦琐的清规戒律,几乎不屑一顾。

我们记得李白曾经入道,但范传正说李白"上疏乞归"后,"脱屣轩冕,释羁缰锁,因肆情性,大放宇宙间。饮酒非嗜其酣乐,取其昏以自富;作诗非事于文律,取其吟以自适。好神仙非慕其轻举,将不可求之事求之。欲耗壮心,遗余年也"。(《唐左拾遗翰林学士李公新墓碑并序》)"好神仙"是如此,则其奉佛,亦与求仙相类。天宝年间,唐王朝乌云满天,黄风匝地,李白忧愤深广,遣愁无术,因向佛教寻求解脱。正如王维所言:"一生几许伤心事,不向空门何处消?"(《叹白发》)读李白临终前的《笑歌行》《悲歌行》,了无佛教影响,可见"西方金仙"对于李白,既未显灵广大神通,也未获得李白虔诚信仰。

毋庸讳言,接受佛教禅宗理念,对于李白精神安顿和诗歌创作,都具有正面的影响(表9)。

表9　李白对佛教思想的选择性接受

认同与接受	反对与否定
1. 青莲高洁之志	1. 无父无君理念
2. 佛法拔苦之善	2. 因果报应理念
3. 空无理念之智	3. 六道轮回观念
4. 自性清净之美	4. 普度众生理念
5. 超脱尘世之愿	5. 超脱生死理念
6. 禅境审美之高	6. 出家苦修方式
7. 佛道融合之妙	7. 佛门烦琐仪式
8. 浪漫主义之学	8. 种种清规戒律

第八章

旷达放浪的魏晋名士

《李白评传》指出"李白有魏晋情结"。的确,如果我们拿李白的行状对照南朝那本非常有名的《世说新语》,我们就会慨叹:这《世说新语》不但是魏晋名士的教科书,简直也是李白的教科书——是李白除《诗经》《庄子》《离骚》《史记》《文选》《长短经》以外的又一本教科书!

《世说新语》是南朝宋临川王刘义庆编撰的志人笔记小说,主要记述东汉末年至南朝宋时二百多年间士族阶层的言谈风尚和琐闻轶事。分为德行、言语、政事、文学、方正等三十六篇,共一千一百三十则。其内容包罗万象,举凡政治、思想、道德、文学、哲学、美学等方面皆有涉及,鲁迅先生称之为"一部名士底教科书"(《中国小说史略》)。

《世说新语》集中反映了魏晋时期的名士风度。名士风度,也称魏晋风度,是对魏晋时期名士们言谈举止的一个总括。《世说新语·文学第四》谈到袁宏写的《名士传》,主要记述魏晋名士的逸闻轶事。以夏侯玄、何晏、王弼为"正始名士",阮籍、嵇康、山涛、向秀、刘伶、阮咸、王戎为"竹林名士",

李白：融汇百川的杰出思想家

裴楷、乐广、王衍、王承、阮瞻、卫玠、谢鲲为"中朝名士"。这些"名士风度"有几个主要的外在表现形式，如清谈、饮酒、服药和隐逸，特立独行，造成了一种特别的"魏晋文化"，对唐代文士的思想、性格、风仪、行为带来巨大影响。

李白，正是较多接受魏晋名士影响的一位"大唐名士"。

我们在前面各章主要讨论了李白对先秦各个学派思想的接受，看到李白对于各派学说精华有"主动选择，为我所用"特殊接受方式。然而对于李白行为中的谈玄、饮酒、狎妓、隐逸等等表现，其主因是何，尚未及讨论，而此题在学界多有争论。对照《世说新语》中名士风度的外在表现，笔者认为，魏晋名士风度对李白的影响，可以断为李白狂放不羁、嗜酒沉饮、放浪旷达的重要原因之一。

谈到魏晋名士，人们或以为那是一帮吹大牛、说空话、放浪无耻、醉生梦死的家伙，而魏晋风度，则不过是清谈、饮酒、携妓之类的狂放而已。其实不然。葛景春先生在《李白思想艺术探骊》中认为：

> 魏晋风度是唐人所艳羡的生活风范和审美情趣。唐人以其泱泱大国的恢宏气度，洒脱自由的开放心态，十分欣赏和追求魏晋人的狂放旷达、超然飘逸、自在风流的雅士风度。杜牧曾在一首诗中充分地表达了唐人这一审美心理倾向："大抵南朝皆旷达，可怜东晋最风流！"（《润州二首》其一）李白这位曾使龙袍拭涎、力士脱靴，"戏万乘若僚友，视俦列如草芥"（苏轼：《李太白碑阴记》）、雄节迈伦、高气盖世的一代诗豪，更是魏晋风度的推崇者和崇拜者。他最佩服的政治家是东晋的谢安；最喜欢的魏晋名士是嵇康、阮籍；最崇拜的南朝诗人是陶渊明、谢灵运、谢朓。这些魏晋南朝诗人、名士，旷达

的思想、狂放的性格和飘逸的风度，在李白的思想、性格和诗风上都留下了深刻而明显的烙印。

(《李白思想艺术探骊·英雄、狂士、高人》，第113页)

本章重点讨论李白对于魏晋名士风度的选择性接受。

一、拯救苍生的济世情怀

但用东山谢安石，为君谈笑静胡沙。

(《永王东巡歌十一首》其二)

不少人认为魏晋名士是狂妄不羁、堕落颓废的代表，而实际上真正的魏晋名士，不乏建功立业、功业卓著的高士。三国时期的诸葛亮是一个。诸葛亮作为蜀国的丞相和北伐大军的统帅，始终是素车羽扇，不着武装，令他的对手司马懿佩服得五体投地，称赞他"诸葛君，可谓名士矣"。（裴启：《语林》）东晋的谢安是又一个。谢安建功立业而又能功成身退，在李白眼里，最是魏晋名士的典范，是他进取型的政治理想和享受型生活理想的榜样：

安石在东山，无心济天下。一起振横流，功成复潇洒。
大贤有卷舒，季叶轻风雅。

(《赠常侍御》)

谢安出仕前高卧东山，待机而起；出仕后又位居宰辅，建功立业；功成后又能放情丘壑，啸傲林泉，携妓行乐。他在处理入世出世、舒卷进退的关系方面，即儒道互补的处世哲学方面，是运用得最为适度、最为成功的。葛景春先生在《英雄、狂人、高士》一文中指出，李白一生对谢安钦佩仰慕，所学之处甚多：

一是高卧东山，养时待机的高士情怀。谢安少时即有"重名"，虽屡经征辟，不就，时人有"安石不肯出，将如苍生何"的慨叹。（晋书·谢安传）李白对谢安以退为进、隐山埋名、待价而沽的"金高南山买君顾"（《赠裴十四》）的处世方略，十分佩服，在诗文中屡加称赞：

谢安四十，卧白云于东山，桓公累征，为苍生而一起。

（《江夏送倩公归汉东序》）

蜀主思孔明，晋家望安石。时来列五鼎，谈笑期一掷。

（《赠友人三首》其三）

安史之乱时，永王以平叛为号召，东巡至浔阳，邀正在庐山隐居的李白参加幕府。李白以谢安为榜样，在"辟书三至"之后，才答应出山。他说："谢安高卧东山，苍生属望。白不树矫抗之迹，耻振玄邈之风，混游鱼商，隐不绝俗，岂徒贩卖云壑，要射虚名？方之二子，实有惭德。"（《与贾少公书》）这里，请读者注意两点：第一，李白胸怀"济苍生""安社稷"宏大抱负，"苟无济代心，独善亦何益？"建功之心其实十分强烈，与谢安相似；第二，安史之乱起，李白平叛之心迫不及待，为何要"三征"而后起？其实也从谢安那里学来，即为抬高身价，争得"帝王师"的身份，而不甘心做依附权贵的下僚。这些，正是李白接受了魏晋名士独立意识和庄子自由人格的表现。

二是指挥戎旅，谈笑安邦的从容风度。谢安不但胸有大志，而且胆识过人，雅量宽宏，有大将之风。《晋书·谢安

传》所载谢安故事甚多,其中谢安谈笑安邦一节,深为李白所膺服,在诗中屡加歌唱:

> 西秦百万兵,戈甲如云屯。投鞭可填江,一扫不足论。
> 皇运有返正,丑虏无遗魂。谈笑遏横流,苍生望斯存。
> （《登金陵冶城西北谢安墩》）

实际上李白不但服膺谢安,而且常常自比谢安。安史之乱时,李白在永王军中,写了《永王东巡歌》十一首,其二云:

> 三川北虏乱如麻,四海南奔似永嘉。
> 但用东山谢安石,为君谈笑静胡沙。

其十一云:

> 试借君王玉马鞭,指挥戎虏坐琼筵。
> 南风一扫胡尘净,西入长安到日边。

李白在诗中傲然以谢安自比,要为大唐指挥戎虏,重现东晋故事。读者读出的李白,正是那位谈笑却敌百万的谢安!

三是不留恋权势,功成身退的处世态度。人们无数次谈到李白"功成身退"的政治理想和生活理想,争论这种思想的来龙去脉,老子论、庄子论、现实论,等等,虽然都不无理由,却忽视了这个李白最最服膺的老谢安:或许谢安不恋权势、功成身退的做派,正是李白之师。

谢安在官场上是个潇洒的主,他多次辞让高官,有病则上疏逊位,在士大夫砸破脑袋争官、厚颜无耻恋栈的封建社会,谢安的情怀和境界,可谓凤毛麟角。

对此,李白极为赞赏,请看他的诗《赠韦秘书子春》:

> 谷口郑子真，躬耕在岩石。高名动京师，天下皆籍籍。
> 斯人竟不起，云卧从所适。苟无济代心，独善亦何益。
> 谢公不徒然，起来为苍生。……终与安社稷，功成去五湖。

汉代的郑子真，终生躬耕于褒斜谷，虽"高名动京师，天下皆籍籍"，但李白认为："苟无济代心，独善亦何益？"而谢安则不同，他"起来为苍生"，"终与安社稷，功成去五湖"。谢安既有儒家的理想主义进取精神，又有道家的自由个性独立人格，集"兼善"与"独善"于一身，正是李白的理想！

二、不畏权势的英雄品性

> 慕蔺岂曩古，攀嵇是当年。愧非黄石老，安识子房贤。
> （《赠饶阳张司户燧》）

《世说新语》有"方正"一节。方正，指人的品行正直不阿，不为外力所屈服。"贤良方正"是历代选士的重要标准，西汉时期就有诏令举"贤良方正能直言极谏者"的措施。后成为制科之一，以德行方正为取士的标准。（《世说新语·前言·方正》）到李白生活的唐代，仍有"贤良方正直言极谏科"，此科可以举荐，可以自荐，最后廷试。贤良方正，也成为古代士子的美德之一。

汉末至于魏晋，名士们都极重内在修养，虽然身逢乱世，仍以德行为高。如陈蕃"言为士则，行为世范"，王祥至孝感动后母，庾亮不以己嫁祸于人，罗企生尽忠就义。而李白十分尊崇的魏晋名士嵇康，则表现了一种疾恶如仇、不畏权势的英雄节慨。据《晋书·嵇康传》载：

> 嵇康，字叔夜，谯国铚人也。……康早孤，有奇才，远迈不群。身长七尺八寸，美词气，有风仪，而土木形骸，不自藻饰，人以为龙章凤姿，天质自然。恬静寡欲，含垢匿瑕，宽简有大量。学不师受，博览无不该通，长好《老》《庄》。与魏宗室婚，拜中散大夫。常修养性服食之事，弹琴咏诗，自足于怀。以为神仙禀之自然，非积学所得，至于导养得理，则安期、彭祖之伦可及，乃著《养生论》。……盖其胸怀所寄，以高契难期，每思郢质。所与神交者惟陈留阮籍、河内山涛，豫其流者河内向秀、沛国刘伶、籍兄子咸、琅邪王戎，遂为竹林之游，世所谓"竹林七贤"也。戎自言与康居山阳二十年，未尝见其喜愠之色。

《晋书·嵇康传》比较详细记载了最能体现嵇康英雄节慨的三件事。

第一件，不畏权势。初，康居贫，尝与向秀共锻于大树之下，以自赡给。颍川钟会，贵公子也，精练有才辩，故往造焉。康不为之礼，而锻不辍。良久会去，康谓曰："何所闻而来？何所见而去？"会曰："闻所闻而来，见所见而去。"会以此憾之。

第二件，不慕富贵。"山涛将去选官，举康自代。康乃与涛书告绝。"嵇康的老朋友、竹林七贤之一的山涛要举荐嵇康代替自己做官，结果嵇康不但不领情，反而写信与山涛绝交，表示"其不可羁屈"。这等于公然宣布，绝不与司马氏的政权合作。

第三件，临刑不屈。（钟会）言于文帝曰："嵇康，卧龙也，不可起。公无忧天下，顾以康为虑耳。"因谮"康欲助毌丘俭，赖山涛不听。昔齐戮华士，鲁诛少正卯，诚以害时乱教，故圣贤去之。康、安等言论放荡，非毁典谟，帝王者所不宜容。宜因衅除之，以淳风俗"。帝既昵听信会，遂并害之。康将刑东市，太学生三千人请以为师，弗许。康顾视日影，索琴弹之，曰："昔袁孝尼尝从吾学《广陵散》，吾每靳固之，《广陵散》于今绝矣！"时年四十。海内之士，莫不痛之。帝寻悟而恨焉。初，康尝游于洛西，暮宿华阳亭，引琴而弹。夜分，忽有客诣之，称是古人，与康共谈音律，辞致清辩，因索琴弹之，而为《广陵散》，声调绝伦，遂以授康，仍誓不传人，亦不言其姓字。

嵇康不畏权势，为钟会所谮毁，付出了生命的代价，但他确是一个敢于硬碰硬的响当当的名士英雄。鲁迅辑有《嵇康集》一书，在其"序"中对嵇康之评价极高。嵇康明知自己所为是以卵击石的游戏，敢于向必死的结局挑战，这需要极强的勇气。所以嵇康之死，最根本的原因，正是不以传统为然的叛逆精神。

李白一生，蔑视王侯，不畏权势，不慕富贵，可以说是以嵇康为师。他心仪"竹林七贤"，于是在"学剑来山东"的当年（740），即在山东徂徕山与孔巢父、韩准、裴政、张叔明、陶沔结成"竹溪六逸"；在长安市酒肆，又与贺知章、崔宗之、张旭等结为"饮中八仙"。这些，或可视为对"竹林七贤"的刻意模仿。他自己曾明白地谈到他对嵇康的肯定和模仿：

慕蔺岂曩昔，攀嵇是当年。愧非黄石老，安识子房贤。

（《赠饶阳张司户燧》）

白之不敏，窃慕余论。何图叔夜（嵇康）潦倒，不切于事情；正平（祢衡）猖狂，自贻于耻辱。

（《上安州李长史书》）

而李白的行状，也与嵇康颇有"同类项"：

李白一斗诗百篇，长安市上酒家眠。
天子呼来不上船，自称臣是酒中仙。

（杜甫《饮中八仙歌》）

手持一枝菊，调笑二千石。
（《宣城九日闻崔四侍御与宇文太守游敬亭余时登响山不同此赏醉后寄崔侍御二首》）

揄扬九重万乘主，谑浪赤墀青琐贤。

（《玉壶吟》）

安能摧眉折腰事权贵，使我不得开心颜。

（《梦游天姥吟留别》）

黄金白璧买歌笑，一醉累月轻王侯。

（《忆旧游寄谯郡元参军》）

从"一醉累月轻王侯"，到"天子呼来不上船"（杜甫：《饮中八仙歌》，744），到公开宣言"安能摧眉折腰事权贵"（747），说明李白蔑视权贵的理念早就萌发，早就存在，十分明确且一以贯之。我们似乎可以说，李白是嵇康政治思想与精神性格的继承者。而时人是如何看待李白的呢？与李白成为"忘年交"的诗人魏颢说："议者奈何以（李）白有叔夜之短，倘黄祖过祢，晋帝罪阮，古无其贤。"（魏颢：《李翰林集序》）范传正在《唐左拾遗翰林学士李公新墓碑序》也认为，李白"受五行之刚气，叔夜心高"。他们不约而同地发现：李白思想、心气，与嵇康都具有很大的类同性。

悲夫！嵇康蔑视权贵，因性格刚烈而被害；李白蔑视权贵，因胸怀坦荡而被弃。他们在不同的时代表现了自身的价值，而生命结局竟又是如此相类！

嵇康和李白的悲剧，在中国文学史上恐怕不是绝无仅有。而其"非汤武，薄周孔"的进取精神，"刚肠疾恶，遇事便发"的直面人生的态度，对于今人为文，也有一定的借鉴之处。

三、蔑视礼法的挑战精神

何时竹林下，更与步兵邻？

（《对雪奉饯任城六父秩满归京》）

蔑视王侯、不畏权势，其实只是嵇康政治思想的一个侧面；嵇康思想的另一个重要侧面，则是蔑视礼法，挑战名教，离经叛道。我们可以从他的一封信，即《与山巨源绝交书》中十分清楚地看到这一点。

嵇康有一个朋友山涛，是西晋司马氏朝廷的吏部尚书，因为"左迁"，好意地举荐嵇康代替自己（去当吏部尚书）。谁知嵇康竟大不乐意，不但不乐意，还因此写信与山涛绝交。

信中不但直言自己为官有"七不堪""二不可"，而且宣称自己"每非汤、武而薄周、孔"，是为"世教所不容"的。请注意，这是嵇康对一位朝廷大员写的信，公然承认对"人伦有礼，朝廷有法"即所谓"礼法""世教"持否定的态度，可以说是一种对"名教"的公然挑战。

李白对嵇康信中提到的另一位反礼教代表人物阮籍，表示了同样的赞赏。

第八章　旷达放浪的魏晋名士

请读《赠闾丘宿松》（757）诗：

阮籍为太守，乘驴上东平。剖竹十日间，一朝风化清。
偶来拂衣去，谁测主人情。夫子理宿松，浮云知古城。
扫地物莽然，秋来百草生。飞鸟还旧巢，迁人返躬耕。
何惭宓子贱，不减陶渊明。吾知千载后，却掩二贤名。

李白称赞阮籍的政绩，超过孔子赞赏过的宓子贱，超过陶渊明，认为千年以后，阮籍的名声一定会在宓子贱和陶渊明"二贤"之上。

阮籍（210—263），字嗣宗，曾任步兵校尉，世称"阮步兵"。他崇奉老庄之学，政治上谨慎避祸，但我们读他那十分著名的《大人先生传》，可知他和嵇康一样是"蔑视礼法，挑战名教"的斗士。

《大人先生传》是一篇赋体散文。阮籍在文中对那些故步自封、言行不副的所谓礼法卫道士——即百姓所称之"大人先生"予以极其辛辣的讽刺，将他们比作寄生于体的"群虱"："汝独不见夫虱处于裤中？逃乎深缝，匿乎坏絮，自以为吉宅也。行不敢离缝际，动不敢出裤裆，自以为得绳墨也。饥则啮人，自以为无穷食也。然炎斥火流，焦邑灭都，群虱死于裤中而不能出。汝君子之处区内，亦何异夫虱之处裤中乎？"阮籍以道家自然无为思想为武器，批评儒家采取种种"尊贤""竞能""争势""宠贵""重赏""严刑"等礼法之术，驱使天下上下相残，"竭天地万物之至以奉声色无穷之欲，非此所以养百姓也"。"汝君子之礼法，诚天下残贼、乱危、死亡之术耳，尔乃自以为美行不易之道，不亦过乎！"

在阮籍生活的时代，司马氏的暴政横行天下，政治黑暗残暴，一些有骨气的文人不肯与朝廷同流合污，只有消极避世。

阮籍对儒教中的"坐制礼法，束缚下民"展开了激烈的讽刺和批判，并将矛头直接指向当权者，指责司马氏"假廉而成贪，内险而一"。他以永恒之道和变化无穷的世界为参照，指"礼法"只是短暂时间里的产物，是封建社会贪婪的装饰，"竭天地万物之至以奉声色无穷之欲"一句，更是透彻有力地揭露了统治者统治的真相。

"非汤武而薄周礼，越明教而任自然"的名士代表嵇康和阮籍，可谓李白"藐视礼法、挑战名教"的思想导师。

四、超尘绝俗的人生态度

阮籍在《大人先生传》中，突出地表现了超世绝群、遗俗独往、逍遥自在的观念。

阮籍认为：与世俗争高贵，这种高贵不足以尊重；与世俗争富有，这种富有不足以抢先。一定要超脱人世而隔绝人群，遗弃世俗而独自来往，登临在太初时代之前，游览到自然之道的初始，思虑到周游于无边的地域，志气浩荡而自然舒展，飘摇于四季，翻翱翔在八方。欲望纵放而隐隐约约，情思奔放而不受拘束，小事小节不足成为谤毁，圣人贤者不足成为荣誉。变化运动，都跟神明相依相扶，囊括无边的空域作为自己的家宅，包围宇宙作为自己的室庐；强固天地八方而居住安康，依据万物控制来永久居留。只有这样，才可以作为富贵了。因此，不要和唐尧、虞舜的道德等同，不要跟商汤、周武王的功业并立，王倪、许由不足以作为比较的对象，阳货、孔丘哪能和神仙比较行踪呢？天地尚且不能超过神的寿命，广成子何曾值得与神相提并论呢？激荡起天地八方的风来宣扬声誉，踩着大吉大利的高远踪迹；披着九天来开拓啊，招来云气把飞龙驾驭。专致于天地万物以控制统治啊，有别于古今之法而毫不相同。那些世间的名利，怎么值得牵累自己呢？

超尘绝俗，追求自由，李白与阮籍相当一致，试看以下三例：

（1）阮籍：

云间有玄鹄，抗志扬哀声。一飞冲青天，旷世不再鸣。岂与鹑鹴游，连翩戏中庭。

（《咏怀》其二十四）

危冠切浮云，长剑出天外。细故何足虑，高度跨一世。非子为我御，逍遥游荒裔。顾谢西王母，吾将从此逝。岂与蓬户士，弹琴诵言誓。

（《咏怀》其四十二）

李白：

吾将囊括大块，浩然与溟涬同科。

（《日出入行》）

阮籍心中要追求自由人格，摆脱卑狭的世俗观念，即使其高亢的精神气质不容于世，也决不降志从俗。李白则高歌"囊括大块，浩然与溟涬同科"，表现了同样的超越尘世的自由精神。

（2）若拿李白的《大鹏赋》与阮籍的《大人先生传》对照，从中可见阮籍理想人格对李白思想精神的明显影响：

阮籍赞大人先生的理想人格超越有限时空，追求绝对自由：

323

李白：融汇百川的杰出思想家

超世而绝群，遗俗而独往，登乎太初之前，览乎忽漠之初，虑周流于无外，志浩荡而自舒，飘摇于四运，翻翱翔乎八隅。

（阮籍：《大人先生传》）

李白赞大鹏：

上摩苍苍，下覆漫漫。盘古开天而直视，羲和倚日而旁叹。纷纷乎八荒之间，掩映乎四海之半。当胸臆之掩画，若混茫之未判。

（李白：《大鹏赋》）

（3）阮籍赞大人先生理想人格之雄伟气魄，称：

激八风以扬声，蹑元吉之高踪。被九天之开除兮，来云气以驭飞龙。

（《大人先生传》）

李白赞大鹏之气势非凡：

一鼓一舞，烟蒙沙昏。五岳为之震荡，百川为之崩奔。喷气则六合生云，洒毛则千里飞雪。

（《大鹏赋》）

李白一生，从青少年时期的《上李邕》"大鹏一日同风起，扶摇直上九万里"，到生命终点的《临终歌》"大鹏飞兮振八亿裔，中天摧兮力不济"，"大鹏"一词在其全集中出现近20次，可见李白对大鹏注入了无比的热情。过去，论者往往从"南华老仙"庄子的《逍遥游》那里寻根，其实，根子还有另一处，即阮籍等魏晋名士的世界观。大鹏的形象从庄子的《逍遥游》而来，庄子独立不羁、不肯与统治者合作，常常斥责批判统治者,他要的是自己的独立自由。庄子的学说,到了魏晋时期,成了"玄学"的来源之一,成为"三玄"的一部分。而魏晋名士们对于自由的追求,无论思想内容和形式行状,都比道家有过之而无不及。

有论者指出,阮籍、嵇康虽然高呼"越名教而任自然",却始终未能越出名教。"实际上他们并不反对真正的名教,而仅是反对司马氏集团所宣传的虚伪名教。李白所生活的盛唐时代,政治比较开明,名教并不似魏晋时代那样荒谬丑恶,故太白的放达,是真正意义上的个性解放,是自然向名教的实际挑战,在一定程度上否定和超越了名教。这种挑战和超越触及封建统治的根基,故太白生前备受诋毁,坎坷终身,身后也屡遭道学先生的指责。"(贾晋华:《李白与名士传统》,《李白研究论文精选集》,第510页)这一见解是深刻的。

五、清谈三玄的名士风范

至于清谈浩歌,雄笔丽藻,笑饮醇酒,醉挥素琴,余实不愧于古人也。

(《暮春于江夏送张祖监丞之东都序》)

李白认为自己"实不愧于古人"的技艺有清谈、唱歌、诗文、饮酒、弹琴等五端,而"清谈"则为第一端,足见李白对"清谈"多么看重。不过研究李白的诸多学者,都视之若无,而不顾清谈其实是魏晋名士风度最大特征之一。

清谈起于汉末。名士群集,臧否人物,评论时事,称为清议。魏晋时期的清谈则侧重于玄学,即所谓内圣外王、天人之际的玄远哲理，所以清谈又称为谈玄。《周易》《老子》《庄子》三部著作受到士人的推崇，总称"三玄"，是玄学产生的思想渊源，"寡以制众""崇本息末""知足逍遥""自然无为"等抽象玄远的哲理，成为名士们清谈的主要内容。品题人物也是魏晋士族中流行的一种风尚，内容涉及人物品性、才能、容止、风度等各个方面，从一个侧面反映出魏晋时代的审美风尚。何晏和王弼是开启魏晋清谈的重要人物，主张"无"是万物本体，代表"正始之音"。竹林七贤则开"竹林风气"，有阮籍的"通老""通易""达庄"，嵇康的"养生""声无哀乐"等论。王衍、乐广将清谈之风推向高潮，其特点是措辞简约、崇尚自然。东晋时代的士族大名士王导、谢安、庾亮等，也注重清谈，张凭等人甚至通过清谈受到赏识重用。此外也有许多名僧，如支遁、康僧渊等加入清谈，在玄理中掺入佛家教义，推动了佛教思想的传播。

（朱碧莲、沈海波译注：《世说新语·前言》，中华书局2011年版，第2页）

　　简言之，汉末儒学衰微，老庄兴起，至魏正始时演化为玄学。正始名士何晏、王弼，以其精深的思辨态度，美妙的言辞音调，开两晋玄学清谈之风，号称正始之音。其后清谈成为名士的一个特征。

　　我们在前面谈到《世说新语》是魏晋名士教科书。朱、沈这篇"前言"，指出了魏晋名士风度最大特征清谈之缘起，指出清谈的学术思想渊源"三玄"即《周易》《老子》和《庄子》。指出清谈的内容有四，一是玄远哲理，即"三玄"本身的内容；二是品题人物，评价一些著名人物的品性、才能、容止、风度；三是养生、音乐、艺术一类的内容；四是后期因名僧加入清谈队伍而掺入的佛家教义。

实际上，清谈的内容与风格，是随时代变化而嬗变的。比如，"正始名士"奠定了玄学清谈的基础，"竹林名士"则树立起"蔑礼法而崇放达"的人生态度和生活模式。那么，到了李白生活在盛唐时代，还有魏晋名士的清谈之风吗？

有的。据贾晋华先生考证："东晋玄风南渡，名士复与名僧结合，共承正始余音，流风余响，直贯南朝，至初盛唐仍不绝如缕。"（《李白与名士传统》）由于作为"玄学"理论基础《周易》《老子》《庄子》三大著作，李白少年即已烂熟于胸，所以"流风余响，直贯南朝，至初盛唐仍不绝如缕"的清谈"三玄"，就难怪被李白所欣然承接播扬了。从李白诗文可见，李白正是盛唐一代的清谈家。

其一，李白早年干谒求荐的时候，就爱突出自己的"清谈"水平："必若接之高宴，纵之以清谈，请日试万言，倚马可待。"（《与韩荆州书》）其二，李白认为自己的清谈之水平"不愧于古人"："至于清谈浩歌，雄笔丽藻，笑饮渌酒，醉挥素琴，余实不愧于古人。"（《暮春江夏送张祖监丞之东都序》）其三，李白是把清谈当作事业来做的，有时数月啥也不干专事"清谈"："过此无一事，静谈《秋水篇》。"（《赠宣城宇文太守兼呈崔侍御》）"谈玄赋诗，连兴数月，醉尽花柳，赏穷江山。"（《暮春江夏送张祖监丞之东都序》）其四，李白不但以清谈水平自许，也以此赞许和评价朋友："崔生何傲岸，纵酒复谈玄。"（《赠宣城宇文太守兼呈崔侍御》）其五，李白的清谈水平不是自吹，而是获得行内重要角色崇拜的："清论既抵掌，玄谈又绝倒。"（崔宗之：《赠李十二》）按玄谈绝倒，讲的正是魏晋名士王澄和卫玠的故事，在崔宗之的眼里，李白堪与王澄、卫玠这样的清谈家媲美。

唐代三教并立，因而唐士人不但崇儒重道，也与僧人谈佛成

李白：融汇百川的杰出思想家

风。李白与僧人过往频频，诗文中每每提到他们的"谈玄风流"：

今日逢支遁，高谈出有无。

（《赠宣州灵源寺仲濬公》，753）

谑浪肯居支遁下，风流还与远公齐。

（《别山僧》，755）

卓绝道门秀，谈玄乃支公。

（《将游衡岳过汉阳双松亭留别族弟浮屠谈皓》，759）

茫茫大梦中，惟我独先觉。……
幸逢禅居人，酌玉坐相召。彼我俱若丧，云山岂殊调。
清风生虚空，明月见谈笑。怡然青莲宫，永愿恣游眺。

（《与元丹丘方城寺谈玄作》，751）

有人认为李白对佛教思想的理解，往往与老庄玄学相混。因此，李白承袭名士玄谈余风，感兴趣的不是哲学理论，而是宅心事外、脱俗飘逸的风度。笔者认为，"谈玄"对于李白，也许正为他提供了一个融汇道、佛两家思想的活动平台。

六、嗜酒任诞的享乐作风

百年三万六千日，一日须倾三百杯。

（《襄阳歌》）

在安徽三河古镇老酒坊门前有一副对联，道："刘伶借问谁家好？李白还言此处佳。"人们把魏晋名士刘伶与李白相联系，媒介呢，居然是酒。

第八章 旷达放浪的魏晋名士

刘伶是魏晋名士中的"竹林七贤"之一。据学者研究，魏晋名士的外在表现有四个显著特点，饮酒，即是其中最突出的特点之一。朱碧莲、沈海波在《世说新语·前言》中指出：

清谈之外，饮酒是魏晋士人追求名士风度的重要手段，而且毫无节制。刘伶因饮酒过度而伤了身体，妻子哭泣着劝他戒酒，但他却说："妇人之言，慎不可听！"（《任诞》篇）接着便饮酒进肉，颓然大醉。孔群当田里收成不佳时，关心的不是口粮不够的问题，而是担心不够酿酒之用。周𫖮曾经一连三日醉酒不醒，被当事人称为"三日仆射"。阮咸等人甚至与群猪共饮。阮籍听说步兵校尉官署的厨房里贮酒数百斛，便求为步兵校尉。张翰有名言："使我有身后名，不如即时一杯酒！"

朱、沈还指出，魏晋士人沉溺于酒，同特定的社会背景和个人遭遇相关，究其原因，大致有以下四个方面：一是纵欲享乐，自我麻醉。因社会动乱使人们毫无安全感，很多人便开始转向及时行乐，用酒精麻醉自己。二是惧祸避世，明哲保身。为了在纷乱的时局中保全自己，便以嗜酒来表示自己在政治上的超脱。三是表现任放旷达的名士风度。魏晋名士追求旷达任放，并以饮酒作为表现形式，以显其洒脱和不羁，如竹林七贤。四是追求物我两忘的境界。魏晋名士好老庄之学，讲求形神相亲，而痛饮酣醉便可达到物我两忘的境界，求得高远之志。刘伶有一篇名著叫《酒德颂》，文章较短，抄录如下：

有大人先生，以天地为一朝，以万期为须臾，日月为扃牖，八荒为庭衢。行无辙迹，居无室庐，幕天席地，纵意所如。止则操卮执觚，动则挈榼提壶，唯酒是务，焉知其余？有贵介公子，搢绅处士，闻吾风声，议其所以。乃奋袂攘襟，怒目切齿，陈说礼法，是非锋起。先生于是方捧罌承槽、衔杯漱醪；奋髯踑踞，枕麹藉糟；无思无虑，其乐陶陶。兀然而醉，豁尔而醒；静听不闻雷霆之声，熟视不睹泰山之形，不觉寒暑之切肌，利欲之感情。俯观万物，扰扰焉，如江汉之载浮萍；二豪侍侧焉，如蜾蠃之与螟蛉。

《酒德颂》以一个虚拟的"大人先生"为主体，借饮酒表明了一种随心所欲。纵意所如的生活态度，对封建礼法和士大夫们作了辛辣的讽刺。全文嬉笑怒骂，痛快淋漓，泾渭分明，是非自辨："大人先生"虽沉湎于酒，却不沉湎其心，酒德由是而兴；而那公子、处士虽不沉湎于酒，却沉湎于礼法，满口的说教越显示出他们的无德。所谓的"有德者"最无德，所谓的"无德者"最有德，正是这篇文章的题旨所在。文章短小精悍，语言形象生动，清逸超拔，音韵铿锵，主客对峙，铺叙有致，文气浩荡，笔酣墨饱，有飘然出尘、凌云傲世之感。《酒德颂》其实正是魏晋名士（刘伶是其"饮酒使者"）的自画像。

《晋书·刘伶传》说刘伶"放情肆志，常以细宇宙齐万物为心"。"常乘鹿车，携一壶酒，使人荷锸而随之，谓曰：'死便埋我。'"魏晋名士在生活方式上，越礼放情，纵酒任真，轻时傲世，享乐纵欲，有其普遍性。

李白自称"酒仙翁"。他的嗜酒，因有他自己大量诗作以及杜甫《饮中八仙歌》做广告，在当时即人所共知，而千多年来，人们也津津乐道。学者于此做了有许多专门研究，郭沫若在《李白与杜甫》中，曾对李白的饮酒诗作了统计，得出李白的饮酒诗有200多首，占其全部作品的21%。李白在自己的饮酒诗中自比刘伶、自比山简、自比陶潜，魏晋名士风度的传承之迹是明显的。

第八章　旷达放浪的魏晋名士

李白与酒可以说是须臾不可缺,酒侵入了李白生活的全部。

取乐要饮酒。"解我金紫裘,且换金陵酒。酒来笑复欢,兴酣乐事多。"(《金陵江上遇蓬池隐者》)本诗题下注:"时于落星石以紫绮裘换酒为欢。"送别要饮酒。"昔日绣衣何足荣,今宵贳酒与君倾。暂就东山赊月色,酣歌一夜送泉明。"(《送韩侍御之广德》)"尧没三千岁,青松古庙存。送行奠桂酒,拜舞清心魂。日色促归人,连歌倒芳樽。"(《鲁郡尧祠送吴五之琅琊》)"玉瓶沽美酒,数里送君还。"(《广陵赠别》)游览要饮酒:"我来五松下,置酒穷跻攀。"(《与南陵常赞府游五松山》)观月要饮酒:"青天有月来几时,我今停杯一问之。……唯愿当歌对酒时,月光长照金樽里。"(《把酒问月》)怀人要饮酒:"独酌板桥铺,古人谁可征。玄晖难再得,洒泪气填膺。"(《秋夜板桥浦泛月独酌怀谢朓》)留别要饮酒:"食出野田类,酒临远山倾。东流若未尽,应见别离情。"(《口号留别金陵诸公》)高兴之时要饮酒:"高歌取醉欲自慰,起舞落日争光辉。"(《南陵别儿童入京》)牢骚来了要饮酒:"豪士无所用,弹弦醉金罍。东风吹山花,安可不尽杯。六帝没幽草,深宫冥绿苔。置酒勿复道,歌钟但相催。"(《金陵凤凰台置酒》)悲伤要饮酒:"昨夜谁为吴会吟?风生万壑振空林。……半酣更发江海声,客愁顿向杯中失。"(《夜泊黄山闻殷十四吴吟》)消愁要饮酒:"五花马,千金裘,呼儿将出换美酒,与尔同销万古愁!"(《将进酒》)吟诗作赋要饮酒:"李白斗酒诗百篇。"(杜甫:《饮中八仙歌》)"敏捷诗千首,飘零酒一杯"。(杜甫《不见》)风流之际要饮酒:"葡萄酒,金叵罗,吴姬十五细马驮。青黛画眉红锦靴,道字不正娇唱歌。玳瑁筵中怀里醉,芙蓉帐里奈君何。"(《对酒》)得意之时要饮酒:"人生得

331

意须尽欢,莫使金樽空对月。"(《将进酒》)行乐之时要饮酒:"劝君莫拒杯,春风吹入来。……自古帝王宅,城阙闭黄埃。君若不饮酒,昔人安在哉?"(《对酒》)弹琴要饮酒:"仙人骑彩凤,昨下阆风岑。……遗我绿玉杯,兼之紫琼琴。杯以倾美酒,琴以闲素心。"(《感遇》其十)怀古要饮酒:"清景南楼夜,风流在武昌。……我心还不浅,怀古醉余觞。"(《陪宋中丞武昌夜饮怀古》)孤独要饮酒:"独酌劝孤影,闲歌面芳林。"(《独酌》)……

如此看来,李白生活的一切方面,几乎都和酒相关。他有时甚至把酒看得比神仙还要重要:"石火无留光,还如世中人。即事已如梦,后来我谁身?提壶莫辞贫,取酒会四邻,仙人殊恍惚,未若醉中真。"(《拟古十二首》其三)

李白爱酒,可能超过刘伶等魏晋名士,因为李白有理想的期待,有抒情的需要,有养生的需要,有理论的高度。学者杨国娟认为:

> 酒是李白生命中的追求快乐,也是李白用来表达不同感情的方法与工具。杜甫诗云"痛饮狂歌空度日,飞扬跋扈为谁雄"(《赠李白》),说的是他的孤傲,酒意中顾盼自雄。杜甫诗云"敏捷诗千首,飘零酒一杯"(《不见》)。诗千首是李白的才华,酒一杯是李白的飘零身影与人生。杜甫在《饮中八仙歌》又云:"李白斗酒诗百篇,长安市上酒家眠。天子呼来不上船,自称臣是酒中仙。"也可见李白的爱酒与风流及孤傲了。

酒是李白的热情,酒是李白的豪气。酒是李白的幻想,酒也是李白的憧憬。酒是李白的忧愁,酒是李白的恋恋不舍,酒也是李白的苦闷。酒是李白的歌,酒是李白的泪,酒也是李白豁达的逍遥与潇洒。也因此,李白用诗句将这些热情与温柔、理想与憧憬、流连与爱恋、哀伤与忧愁，借着酒来表白与宣达。

（《论酒在李白诗中表现的生命形象与情调》，《中国李白研究集萃》上，黄山书社2017年版，第457页）

她把酒在李白诗中的表现，分为以下几类：一、酒是兴高采烈的热情；二、酒是浪漫风流的潇洒；三、酒是自我豪气的飞扬；四、酒是人生哲理的醒悟；五、酒是苦闷生命的象征；六、酒是孤傲人生的安慰；七、酒是乡愁离恨的诉说。在每一类的标题下，都列举李白的若干诗篇为证，论证十分充分。而周勋初先生在探讨李白嗜酒的原因时，则同时指出了酒对于诗人李白的巨大贡献：

李白酒后文思汹涌澎湃，异乎常人，这也是他列名"八仙"的原因之一。李肇《国史补》卷上曰："李白在翰林多沉饮。玄宗令撰乐词，醉不可待，以水沃之，白稍能动，索笔一挥十数章，文不加点。"《唐摭言》卷十三《敏捷》曰："李翰林应诏草《白莲花开序》及宫词十首。时方大醉，中贵人以冷水沃之，稍醒，白于御前索笔一挥，文不加点。"李东阳《怀麓堂诗话》曰："太白天才绝出，真所谓'秋水出芙蓉，天然去雕饰'。今所传石刻《处世若大梦》一诗，序称'大醉中作，贺生为我读之'。此等诗皆信手纵笔而就，他可知已。"李白《冬日于龙门送从弟京兆参军令问之淮南觐省序》中称令问"常醉目吾曰：'兄心肝五脏皆锦绣耶！不然，何开口成文，挥翰雾散？'吾因抚掌大笑，扬眉当之。"此文作于"日落酒罢"时，可见李白酒后文思之盛。

（周勋初：《李白评传》，南京大学出版社2005年版，第394页）

李白诗文得益于酒的说法，得到许多研究者的赞成。台湾学者唐文德先生在《试论李白的诗才与酒精》文中说:"文人多半是喜欢酒的,最大的原因应该是因为酒不但可以帮助诗人在文思上构筑灵感,追寻和捕捉到诗魂,而且可以给予人一种快乐和安慰。""酒的伟大,是可以给人一双横绝世界的翅膀,可以使我们自由翱翔,而可以到达任何我们想去的地方。而在唐朝诗人中,李白对于酒感情最深。"(《中国李白研究集萃》上,黄山书社2017年版,第466页)

综上,李白好酒,其由因非止一端,但其受魏晋名士风度之影响,则显而易见。同时我们应该看到,李白的嗜酒与魏晋名士的纵酒还是有所不同。一是脱出了魏晋名士的荒诞可厌,有陶公的可爱;二是李白不是完全的醉生梦死,心中仍然惦记建功立业;三是李白不是像酒徒一样的病态糊涂饮,有哲理的支持和高度;四是李白嗜酒是"醉翁之意不在酒",用意与内涵,都大大超越了魏晋名士。更重要的是,酒对于李白虽有某些负面影响,但李白酒后的"生产力"非常可观,其正面之伟力是主要的,他的近万首诗文(如果不是"当时著述,十丧其九"的话其诗歌当有此数)可以做证。

七、任情丘壑的高雅情趣

相看两不厌,只有敬亭山。

(《独坐敬亭山》)

《世说新语》有"栖逸"一节。栖逸,指无意仕途、隐居赋闲。魏晋时期隐逸之风盛行,很多名士旷达任放、傲世独立,不以功名利禄为务,甘于淡泊,反抗世俗的束缚,或离群索居，或遁迹山林，追求内心世界的满足。

任情山水丘壑，源自汉季。汉季名士在个体自觉的同时，开始发现自然、钟情自然。东汉名士仲长统（180—220）在《乐志论》中，把"踌躇畦苑，游戏平林，濯清水，追凉风"的自然志趣与"思老氏之玄虚"相联系，开了魏晋名士领略山水、会心玄远之先河。据《后汉书·仲长统传》载：

> 统性俶傥，敢直言，不矜小节，默语无常，时人或谓之狂生。每州郡命召，辄称疾不就。常以为凡游帝王者，欲以立身扬名耳，而名不长存，人生易灭，优游偃仰，可以自娱，欲下居清旷，以乐其志，论之曰："使居有良田广宅，背山临流，沟池环币，竹木周布，场圃筑前，果园树后。舟车足以代步涉之艰，使令足以息四体之役。养亲有兼珍之膳，妻孥无苦身之劳。良朋萃止，则陈酒肴以娱之；嘉时吉日，则烹羊豚以奉之。踌躇畦苑，游戏平林，濯清水，追凉风，钓游鲤，弋高鸿。讽于舞雩之下，咏归高堂之上。安神闺房，思老氏之玄虚；呼吸精和，求至人之仿佛。与达者数子，论道讲书，俯仰二仪，错综人物。弹南风之雅操，发清商之妙曲。逍遥一世之上，睥睨天地之间。不受当时之责，永保性命之期。如是，则可以陵霄汉，出宇宙之外矣。岂羡夫帝王之门哉！"

（《后汉书》卷四十九，中华书局1965年版，第1644页）

仲长统的《乐志篇》写的林泉之美，相当动人，使人不免要鄙视"帝王之门"，"竹林名士"对此深有会意。《晋书·阮籍传》载："或登临山水，终日忘归。"《晋书·嵇康传》载："尝采药游山泽，会其得意，忽焉忘返。"东晋南渡后，江南的美丽风景与名士的玄远心境相契合，于是徜徉山水、放情丘壑成为名士风流的又一重要特征。《晋书·王羲之传》载:"会稽有佳山水,名士多居之,谢安未仕亦居焉。孙绰、李充、许询、支遁等皆以文义冠世,并筑室东土,与羲之同好。尝与同志宴集于会稽山阴之兰亭,羲之自为之序以申其志。"《世说新语·言语》载:"简文入华林园,顾谓左右曰:'会心处不必在远。翳然林水,便自有濠濮间想也。觉鸟兽禽鱼,自来亲人。'"(贾晋华:《李白与名士传统》,《中国李白研究集萃》,黄山书社,第550页)

李白早年即酷爱自然山水(包括鸟兽禽鱼)。他在《上安州裴长史书》中回顾自己的经历时,曾谈到他在岷山之阳,与东严子一起隐居养禽鸟的故事:

"昔与逸人东严子隐于岷山之阳,白巢居数年,不迹城市。养奇禽千计,呼皆就掌取食,了无惊猜。广汉太守闻而异之,诣庐亲睹,因举二人以有道,并不起。此则白养高忘机,不屈之迹也。"这说明,《世说新语》所谓的"觉鸟兽禽鱼,自来亲人"一说,李白不仅领会,而且付诸实践多年,当此时,李白尚在青少年间。

李白一生酷爱自然山水,显然受到汉晋名士传统的影响。我们读李白诗,即可了然他在漫游和欣赏山水中所保持的那种亲近自然、会心得意的态度:

清溪清我心,水色异诸水。

(《清溪行》)

我在巴东三峡时,西看明月忆峨眉。
月出峨眉照沧海,与人万里长相随。

(《峨眉山月歌送蜀僧晏入中京》)

众鸟高飞尽,孤云独去闲。相看两不厌,只有敬亭山。

(《独坐敬亭山》)

第八章　旷达放浪的魏晋名士

李白不仅从其漫游行踪接触的山水名胜中，体会大自然的佳处，而且把自然志趣与饮酒、清谈、啸咏等种种放达风流、高迈脱俗的行为结合起来，展示自己超凡脱俗的人格。如：

预拂青山一片石，与君连日醉壶觞。

（《早春寄王汉阳》）

谈玄赋诗，连兴数月，醉尽花柳，赏穷江山。

（《暮春江夏送张祖监丞之东都序》）

安石泛溟渤，独啸长风还。

（《与南陵常赞府游五松山》）

崇尚隐逸，任情丘壑，是魏晋名士的主要特点之一。追求飘然高逸、放浪旷达，固然是魏晋名士崇尚隐逸的重要原因，但从《世说新语·栖逸》的记载看，汉末大乱，魏晋士大夫隐居避世，明哲保身，应是隐逸之风形成的最直接、最主要的原因。此外，玄学标榜老庄，而老庄哲学主张超脱尘世，注重自然，于是隐逸又成为一种合乎自然的逍遥行为，目的只是为了追求玄远、崇尚超脱。

不过到了李白生活的盛唐时代，士人的环境已经翻过魏晋那一页。大唐相对开明的政治环境，使"隐居避世，明哲保身"不再是士人隐逸的"最直接、最主要的原因"；相反，"隐逸"多被用来作为求仕手段的"终南捷径"。或许，在李白来说，以"隐逸"来求名出仕，以"隐逸"来"求仙学道"，以"隐逸"来乱中避世，以"隐逸"为理想之归宿，为其不同的境况和内心所需，因此兼而有之：

他的隐居匡山，为求学之"隐"。

他的隐居岷山、寿山、白兆山、徂徕山，为求名之隐。

他的隐居嵩山，为求适之隐。

他的隐居庐山，为避乱之隐。

他的隐居宣城，也许主要是无可奈何之隐！

"功成拂衣去，摇曳沧州旁。"本是李白对于人生的战略性安排。然而，李白至终没有"功成"，因而也至终没有做成"摇曳沧州"的山林隐士。他为强烈的建功立业之心驱使，一直心在魏阙。但他的热爱自然志趣，却造就了他数量巨大而瑰丽动人的山水诗篇。

八、简傲慢世的独立个性

我们在"剑客侠士"一章，曾经谈到李白有"睥睨礼法"的"傲气"。不过这个傲气的来因却有多方，魏晋名士的做派，也是其中之一。汉晋名士多有才气，又有志气，其伴生物，就是傲气。《世说新语》这本"名士教科书"里有"简傲"一章。简傲，即简慢高傲，本是一种无理、无礼的举动，但魏晋士人出于对世俗的反抗，却常常故意做出种种简傲的行为，并形成一股慢世之风。笔者引用其中的三个故事，以窥名士简傲慢世行状之一斑。

故事一："晋文王功德盛大，坐席严敬，拟于王者。唯阮籍在坐，箕踞啸歌，酣放自若。"

故事二："王平子出为荆州，王太尉及时贤送者倾路。时庭中有大树，上有鹊巢，平子脱衣巾，径上树取鹊子，凉衣拘阁树枝，便复脱去。得鹊子还下弄，神色自若，旁若无人。"

故事三："王子猷作桓车骑骑兵参军，桓问曰：'卿何署？'答曰：'不知何署，时见牵马来，似是马曹。'桓又问：'官有几马？'答曰：'不问马，何由知其数？'又问：'马比死多少？'答曰：'未知生，焉知死？'"

按，故事一中的晋文王司马昭，功业兴旺、德行高尚，坐在席位上严肃庄重，可与君王相比，是一个有君王之尊、生杀予夺之权的人。名士阮籍，与司马昭的地位有天壤之别，但阮籍与司马昭同坐，却伸开两脚（无理状），随意吟唱，尽情饮酒，放纵不羁，神态自在。可见，阮籍见尊不尊，也许是故意傲慢司马氏。

故事二的主角王平子，即王澄，是大名士王衍之弟，在出任荆州刺史、太尉（其兄王衍）和当时名流都来送行的当儿，却脱了衣服上树捉小鹊，内衣被树枝挂住，干脆脱了内衣。下树来后，还要玩一把小鹊儿，确是一个"旁若无人"、傲慢到家的主！

故事三的主角王子猷，是王羲之的第五子，担任车骑将军桓冲的骑兵参军。但主将三问，似答非答，不仅不遵职守，而且藐视主官，放言无礼。

阮籍、王澄、王子猷，都是李白诗中出现过的魏晋名士。下面我们举李白的三个故事，可见他们之间的承袭关系。

李白故事一，教训大名士。李白20岁（720年）有渝州之行，拜会时任渝州刺史的李邕。当时，世称："李邕文名天下，卢藏用曰：'邕之文如干将莫邪，难与争锋。'"（张岱：《夜航船》，第205页）卢藏用其时官居黄门侍郎，可见李邕文名之大。但李白在李邕面前不行"谒大官、见长者、待师儒"之礼，高谈阔论，为李邕不喜，未予理睬。这使李白很不满，离开时写了《上李邕》诗，其中有句："世人见我恒殊调，闻余大言皆冷笑。宣父犹能畏后生，丈夫未可轻年少。"竟然搬出圣人孔子，教训李邕要晓得"畏后生"，莫轻视自己

339

年少。

李白故事二，长揖韩荆州。李白35岁时，从安陆出发奔赴襄阳，去拜会具有推荐人才美誉、时任襄州刺史兼十道采访使的韩朝宗。李白为此专门写了干谒信《与韩荆州书》，时李白高冠佩雄剑，见韩荆州时长揖不拜，而信中却提出要求说："必若接之高宴，纵之以清谈，请日试万言，倚马可待……而君侯何惜阶前盈尺之地，不使白扬眉吐气，激昂青云耶！"至于我的"谟猷筹画"，"若赐观刍荛，请给纸墨，兼之书人。然后退扫闲轩，缮写呈上"。要么你用盛大的宴会接待我，我让你看看我"日试万言，倚马可待"的本事；要么你要提供纸墨和抄写的人手，我让你瞧瞧我谋划计策的文章！可惜，也许韩荆州从这信里看出李白的傲慢之气，竟然没有推荐这位天才的下文！

李白故事三，天子呼来不上船。杜甫《饮中八仙歌》里描绘了盛唐八位酒仙的形象，其中写李白的四句是："李白斗酒诗百篇，长安市上酒家眠。天子呼来步上船，自称臣是酒中仙。"杜甫诗中的八仙，除李白外，杜甫多不熟悉，那么这八位酒仙大人的故事，当为李白亲口所言，可知这四句诗的表述，大体为李白自述。"天子呼来不上船"，如清人仇兆鳌所释，是说他醉得"不能"上船，而不是李白"不肯"上船。但即便如此，"醉酒失礼"是肯定的。唐人孟棨所记载的李白醉酒故事多端，可以为证。奇怪的是，李白对于这样"失礼"的故事，不但不隐讳，而且大事宣传，可见他是视这种傲慢为嘉德的。

不过，有一点非常值得注意的是，李白的简慢傲物、"狂放不羁"，似乎有专门针对权势者的倾向。李白"海内豪俊，相识如浮云"，其诗亦以赠、送、别、寄之作为多，对象上至王侯,下至农妇,而"辞皆谨重而无袭慢之意"(朱谏语),并非是一个真正倨傲慢世的人。

这一点,我们从李白《望鹦鹉洲上怀祢衡》赞赏之意可见:"魏帝营八极,蚁观一祢衡。黄祖斗筲人,杀之受恶名。吴江赋《鹦鹉》,落笔超群英。锵锵振金玉,句句欲飞鸣。鸷鹗啄孤凤,千春伤我情。五岳起方寸,隐然讵可平?才高竟何施,寡识冒天刑。至今芳洲上,兰蕙不忍生。"魏武帝治理的是整个天下,在他眼里,祢衡只是一只蚂蚁。黄祖则是一个斗筲的小人,杀掉祢衡遭到千古的骂名。祢衡曾在吴江即席写作《鹦鹉赋》,落笔便压倒在座的群雄。字字铿锵如金玉,句句飞动似云龙。不幸这只孤凤竟死在恶鹰的血爪下,这一千古悲剧使我伤情。如同五岳在胸中,心中的起伏怎能平?祢衡才高为什么得不到施展?只因见识短浅而丧失了性命。就是因为他的孤芳自赏与刚傲,鹦鹉洲上至今不见兰蕙的踪影。

对于才士祢衡的悲剧,历来有人凭吊咨嗟。世人多以其性格傲慢,引为才士之戒,如道教家葛洪认为:"虽言行轻人,宁愿荣显,是以高游凤林,不能幽翳蒿莱,然修己驳剌,迷而不觉,故开口见憎,举足蹈祸。赏如此之伎俩,亦何理容于天下而得其死哉?犹枭鸣狐嚾,从皆不喜,音响不改,易处何益。许下,人物之海也。文举为之主人,荷之足以至到,于此不安,已可知矣。犹必死之病,俞附越人,所无如何。朽木铅铤,班输欧冶所不能匠也。而复走投荆楚间,终陷极害,此乃衡懵蔽之效也。盖欲之而不能得,非能得而弗用者矣。於戏才士,可勿戒哉!"而李白以此诗凭吊五百多年前的名士祢衡,表达了极为深厚的怀念。杜甫有诗"处士祢衡俊,诸生原宪贫"(《寄李十二白二十韵》),也看到李白与祢衡有才气与性格的共同之处。

李白：融汇百川的杰出思想家

骄傲简傲，傲岸傲慢，都是一种行为表现，背后的思想因素非常复杂。我们前面谈到李白的自信自负、傲岸傲骨，有儒家正气、纵横家大气、剑客侠士雄气的影响，有盛唐士人风气的影响，有"谪仙""天才"自信的影响，有个人性格的因素，当然都无不对。但对魏晋名士风度的追求，显然不可忽略。

而道家葛洪，认为祢衡的"傲"是"开口见憎，举足蹈祸"的必死之病。《颜氏家训·文章篇》则把"傲慢"归为"轻薄"，指出自古文人之翘秀者多陷于此：

自古文人，多陷轻薄：屈原露才扬己，显暴君过；宋玉体貌容冶，见遇俳优；东方曼倩，滑稽不雅；司马长卿，窃赀无操；王褒过章《僮约》；扬雄德败《美新》；李陵降辱夷虏；刘歆反覆莽世；傅毅党附权门；班固盗窃父史；赵元叔抗竦过度；冯敬通浮华摈压；马季长佞媚获诮；蔡伯喈同恶受诛；吴质诋忤乡里；曹植悖慢犯法；杜笃乞假无厌；路粹隘狭已甚；陈琳实号粗疏；繁钦性无检格；刘桢屈强输作；王粲率躁见嫌；孔融、祢衡，诞傲致殒；杨修、丁廙，扇动取毙；阮籍无礼败俗，嵇康凌物凶终，傅玄念斗免官，孙楚矜夸凌上，陆机犯顺履险，潘岳干没取危，颜延年负气摧黜，谢灵运空疏乱纪，王元长凶贼自诒，谢玄晖侮慢见及。凡此诸人，皆其翘秀者，不能悉记，大较如此。至于帝王，亦或未免。自昔天子而有才华者，唯汉武、魏太祖、文帝、明帝、宋孝武帝，皆负世议，非懿德之君也。自子游、子夏、荀况、孟轲、枚乘、贾谊、苏武、张衡、左思之传，有盛名而免过患者，时复闻之，但其损败居多耳。每尝思之，原其所积，文章之体，标举兴会，发引性灵，使人矜伐，故忽于持操，果于进取。今世文士，此患弥切，一事惬当，一句清巧，神厉九霄，志凌千载，自吟自赏，不觉更有傍人。加以砂砾所伤，惨于矛戟，讽刺之祸，速乎风尘。深宜防虑，以保元吉。

颜氏上面所举以傲取败的故事凡三十六，其中屈原、宋玉、司马相如、扬雄、东方曼倩、曹植、阮籍、嵇康、陆机、谢灵运和谢朓，都是李白诗中频予赞扬者，甚至是心中偶像或文学老师。也许李白深受名士风度影响，对简傲性格不能深加"防虑"，惜哉惜哉！

九、超迈古人的才性追求

魏晋南北朝三百八十余年，是一个战乱不断、国家分裂的非常不幸的时期，却也是一个思想异常活跃、精神生活空间开阔、文化环境较为宽松的时期，所以"是一个出思想家的时代"（罗宗强）。玄学、佛学、文学、艺术，都在这个时期获得极大发展，取得惊人的成就。

汉晋名士多才人。《世说新语·巧艺》篇，就记载了他们于诗歌文章以外，在书法、绘画、弹琴、唱歌、舞蹈、棋艺等多方面的精巧技艺和才华。唐代文化的开放性，使盛唐的文化艺术承继魏晋传统，无论书法、绘画、雕塑、歌舞，都发展到一个新的高峰。这样的时风，也成了李白艺术天赋的激发器，使我们在李白的诗文以外，看到一个多姿多彩的、"不特以诗鸣"的天才艺术家。笔者在拙著《李白：匡时济世的悲剧政治家——兼谈李白诗文以外的卓越才艺》里，曾分别谈到李白是一位心雄万夫的剑术家、笔气豪逸的书法家、慧眼独具的美术鉴赏家、席地幕天的歌唱家、醉挥素琴的演奏家、齿牙粲花的

李白：融汇百川的杰出思想家

脱口秀大师等六项，其实在此"六艺"之外，还应加上"清谈家"和"舞蹈家"！因为，这"八艺"其实都伴着李白的一生。

魏晋名士对李白的影响非常广泛。除了上面的介绍，魏晋文学思想对于李白的影响，也非常深刻（详见本书第十一章）。这里讨论一个为论者多半忽略但是非常有趣的问题，即李白"斗酒诗百篇"和"敏捷诗千首"之来因。

"李白斗酒诗百篇"，"敏捷诗千首"，都是杜甫的诗句。杜甫用这两句诗，非常准确地勾勒了李白创作思维"敏捷"的特色。千多年来，人们论诗，无不谈到这一点。罗大经："李太白一斗百篇，援笔立成；杜子美改罢长吟，一丝不苟。"（《鹤林玉露》卷六）皮日休：李白"醉中草乐府，十幅笔一息。"（《七爱诗》）释贯休："御宴千钟酒，蕃书一笔成。"（《观李翰林真二首》）王安石："太白词语迅快，无疏脱处……"（宋释惠洪：《冷斋夜话》）陆游："饮似长鲸快吸川，思如渴骥勇奔泉。"（《吊李翰林墓诗》）

罗大经是宋代著名文学评论家，皮日休、贯休是唐代著名诗人，王安石、陆游是宋代诗坛翘楚，他们一齐赞赏李白的才思敏捷，说明这是诗家和诗评家的共识。至于李白才思敏捷的原因，大家便归之于一路：天才！裴斐在《李白十论》中说：

> 李白从唐代开始便享有天才的声誉。据五代王仁裕《开元天宝遗事》载："李白有天才纵逸之誉。"宋人叶廷珪《海录碎事》亦称："唐人以李白为天才绝。"后世延续此说，如严羽《沧浪诗话》称"太白天才纵逸"，傅若金《清江集》称"太白天才放逸"，宋犖《太白酒楼》称李"天才气凌云"，方孝孺《吊李白》称"唯有李白天才夺造化"，高棅《唐诗品汇》称"李翰林天才纵逸"等等，……徐而庵《说唐诗》云

"吾于天才的李太白，于地才得杜子美"，王稺登《李翰林分体全集序》云"李盖天授，杜由人力"。

（《李白十论》，四川人民出版社1981年版，第10—11页）

很明显，人们似乎无暇探索李白"才思敏捷"的究竟，只以"天才"一言以蔽之，这当然是最为简便的论证，并且可能是比较接近实情的解释。

"才思敏捷"来自思维能力的强大和敏锐快捷，俗称"脑瓜聪明"，似乎源在禀赋。但若细细考究，则思维快速，也有后天的锻炼与习惯的养成。因此，笔者认为，这里应该有魏晋名士风流的贡献，是对魏晋名士风度的刻意追求，造就和强化了李白文思的"敏捷"性。理由有三：

其一是魏晋"倚马露布""七步成诗"的示范性。

有论者认为，《诗经》重章叠调，《离骚》篇幅甚长，魏晋而后，文人诗篇的创作呈现追求短章的格局，以至五言绝句在唐代成型。而文人诗尚短章，从何而起的呢？原来到了魏晋，终于风尚大变。"倚马露布""七步成诗"成了才子们艳羡并竭力表现的事，成为衡量文学家是否高才的一个标准。

"倚马露布"讲的是"袁虎倚马草露布"。东晋豫州刺史谢尚发现袁虎（即袁宏）文才很好，就把他推荐给大司马桓温。桓温北征前燕，"袁虎时从，被责免官。会需露布文，唤袁倚马前令作。手不辍笔，俄得七纸，殊可观。东亭（王珣）在侧，极叹其才。"（《世说新语·文学》）

"七步成诗"讲的是曹植。三国时，曹操的儿子曹植才思敏捷，文笔秀美，为曹操所喜爱。曹植哥哥曹丕做了皇帝后，命曹植七步成诗，欲借此杀害。曹植作诗曰："煮豆持作羹，漉菽以为汁。其在釜下燃，豆在釜中泣；本是同根生，相煎何太急!"果是七步而成。曹植因之名满天下。

"倚马露布"七步成诗,是《世说新语》中展示的"敏捷"的著名案例,为名士们所心仪。谢灵运说:"天下才共一石,曹子建独得八斗,我得一斗,自古及今共分一斗。"(《宋史·谢灵运传》)"七步成诗"的曹植成了谢灵运眼中"才高八斗"的超级天才。李白当然要争盛唐才子的"八斗"了,途径便是"诗思敏捷"!李白在《与韩荆州》中所言"日试万言,倚马可待",在另外的诗中叹自己有袁宏之才,可惜没有碰到袁尚那样的人(来举荐自己)。足见袁宏、曹植这样的人,从来是李白"敏捷"为诗文的榜样。

其二,是名士竞相展示"高才"的锻炼。

魏晋名士的最大特点是"清谈",清谈固然是求得理上的"畅彼我之怀",但清谈有主客,有观众,并以此展现、评判一个人的高下,于是清谈渐渐发展成为文士争奇斗彩的才思比赛。李山在《中国散文通史·绪论》中,分析了魏晋士人文化的"展现形态",指出魏晋文学创作往往是士人集体活动的一个重要节目。他说:

我们不知道屈原具体在哪里写作《离骚》,但那样长的诗篇,一定要经过漫长的酝酿才能完成;张衡作《二京赋》,精思傅会,十年乃成,一定是翻阅了大量资料慢慢构思、慎重下笔的结果。这样他就得一个人老实待在一个地方用功,这是可想而知的。但是,到了邺下风流,却是诗酒风流,诗篇形成于酒席之间,而且曹丕出个题目,大家一起作的情形,成了篇章写作的重要生态。西晋的金谷园聚会是诗歌不成"罚酒三斗";到东晋王羲之等主持的兰亭集会,更是把士人早有的玄理清谈,改变为士人聚会以作诗来清谈,把清谈与集会赋诗合并成一体。……到南朝，诗酒风流聚会更加盛行，规定时间内要求作出的诗文的限定更为繁难，简直就是智力竞赛。

（李山：《中国散文通史》，安徽教育出版社2013年版，第24页）

不是坐在闱中或高阁冥思苦索，而是要在酒席宴会的喧闹中拿出现货，作诗时不但要限时（如以燃香为限），而且要限韵、限句、限内容，有时诗题是临事指物，不容你有预先准备的可能，且交卷即有"大家"评议优劣。文思慢，便无法应付，只有当众丢丑。"才思是那个时代衡量文人高下的重要标准。与此相关，是人们喜欢聚集在一起吟诗作赋，因为唯有这样的文辞活动，才可以显示出谁是才思的骄子。于是文学就活动于一个'才性展现'的磁场之中。这正是魏晋南北朝文学的显著特征。"（李山：《中国散文通史》，安徽教育出版社2013年版，第24页）

到了李白生活的盛唐时代，这种展现才性智力竞赛式的文学活动并未衰歇。李白在《春夜宴从弟桃花园序》中说："会桃花之芳园，序天伦之乐事。群季俊秀，皆为惠连；吾人咏歌，独惭康乐。幽赏未已，高谈转清。开琼筵以坐花，飞羽觞而醉月。不有佳咏，何伸雅怀。如诗不成，罚以金谷酒数。"这说明，从西晋石崇传下来的诗不成者要"罚酒三斗"的"金谷园"旧规，至李白时代仍遵之不废，倘是李白主席，执行力尤其超强！李白乐于参与或主持这样的"智力竞赛"，更提升了他的"敏捷诗千首"的才思。

其三，是李白"风流"争先的性格驱动。《旧唐书·文苑列传》称李白"有逸才，志气宏放"。他个性张扬，好出风头，心慕东方朔，滑稽风趣，爱调笑他人，有时不免举止放肆。"昔者长安醉花柳，五侯七贵同杯酒。气岸遥领豪士前，风流岂落他人后。"(《流夜郎赠辛判官》)写的是他在玄宗供奉翰林时的行状,透出李白一生都保有魏晋名士那种竞逐风流的余风!这种竞争意识的驱动,使"日试万言,倚马可待"成了李白的内功!

这样看来,李白所以练成"敏捷诗千首"的天才诗人,原因并非全在"天才",也由于后天的锻炼。后天锻炼的动力点则有两个,一是纵横家赵蕤的教诲,操练过纵横家的"脑筋急转弯"——传说纵横家鬼谷子对于苏秦、张仪的训练,就有这一训练科目。李白以纵横策士为自己的岗位定位,接受"脑筋急转弯"为内容的训练是大概率。二是李白所仰慕的名士风度,促成了他对以敏捷见"天才"的追求。

本章小结

谈到魏晋的名士传统和魏晋风度,我们不免想到顾炎武《日知录》中"弃经典而尚老庄,蔑礼法而崇放达"这两句话,因为它道出了名士传统的核心。到了李白生活的盛唐时代,虽然名士阶层已经不再存在,但名士传统却并未随着名士阶层的消失而消失。以"弃经典,蔑礼法"为标志的名士传统,仍渗透于士大夫的心理深处,影响到他们的思维方式和生活方式。梳理李白的诗文,可见名士传统对于李白思想有着巨大的影响。

好在李白最为钟情的名士是诸葛亮和谢安。李阳冰《草堂集序》云:"咏歌之际,屡称东山。"李白全集有诗24首言及谢安。魏晋名士声誉著者凡数十人,李白为何对谢安情有独钟?因为谢安一生立身行事,兼有才貌、济世、清谈、放达、隐逸、丘壑、文艺、妓乐等，实在是汉晋南朝名士风流之集大成者。李白以谢安为理想人物，追慕不已，正足以见出他对名士传统的希企承袭。"李白全面地吸取了名士传统的精髓而又加以升华，从而将求名济世与自由人格完美地结合了起来。"（贾晋华：《李白与名士传统》，《20世纪李白研究论文精选集》，第513页）李白实现了对名士传统的继承与超越，对后世士人的觉醒和独立人格的建立，具有榜样的意义。

魏晋名士传统的正能量与负能量是同时存在的。李白主要吸取了名士传统的积极一面，但对其某些负面影响亦未能完全排斥，详见表10。

表10 李白对魏晋名士思想传统的选择性接受

接受	排斥
1. 拯救苍生的济世情怀	1. 谈玄清议，不务世事
2. 不畏权势的英雄品性	2. 养尊处优，醉生梦死
3. 蔑视礼教的挑战精神	3. 标新立异，沽名钓誉
4. 超尘绝俗的人生态度	4. 悲观厌世，尽情作乐
5. 清谈三玄的名士风范	5. 迷信仙药，追求长生
6. 任情丘壑的高雅志趣	6. 疏狂不羁，淫秽浮诞
7. 嗜酒任诞的享乐作风	
8. 携妓行乐的旷达做派	
9. 简傲慢世的独立个性	
10. 超迈古人的才性追求	

第九章

关情女性的博爱男士

李白一生，写了不少关于女性的诗歌。对这些诗，历来评价不一，其中以负评而影响最大者，就是唐宋八大家之一的王安石。而现当代，借此污蔑李白者依然不乏其人。20世纪末，杨海波先生在《李白思想研究》一书中以"罗袖丽赤血，英声凌紫霞"一章，系统地论述了李白的"妇女观"，驳斥了王安石的谬论，洗雪了千年以来一些论者对李白女性诗的污蔑。他说：

文学作品表现妇女的喜怒哀乐，这是天经地义的事。古今中外曾有无数作家把自己的热情倾注在伟大的妇女身上。唐代诗人李白就是一位。然而，他遭到了厄运。由于他写了130余首有关妇女题材的诗，从宋代至现代、当代，竟招来不少人的诋毁。归纳起来，其批评意见主要有两条：一是认为，他过多地描写妇女，其情趣见识低下。王安石就持这种观点，他曾编选李白、杜甫、韩愈、欧阳修诗作，而将李白诗放在最末，问其缘故，他的解释是："太白词语迅快，无疏脱处，然其识污下，诗词十句九句言妇人酒耳。"（宋惠洪：《冷斋夜话》）二是认为，李白写这么多妇女诗，鼓吹淫荡，表现了他对肉欲的追求，是一种"犯罪"行为。徐嘉瑞在《颓废派之文人李白》一文中指出：李白"小的时候非常下流"，"所描写的都是很下等的女子和肉欲"，他"一面对于肉欲尽量的追求，一面又憧憬天国，发神秘的信仰"，在他身上，"具备犯罪和天才的两种素质"。[徐嘉瑞文载《小说月报》第十七卷号外《中国文学研究》（上），商务印书馆1927年6月]这种强加在李白身上的污蔑之词，实在令人作呕，必须予以清除。

（《李白思想研究》，学林出版社1997年版，第154页）

通读李白全集中关于妇女题材的诗篇，我们发现，多数诗篇健康爽朗，表现了李白关爱女性的博大胸怀和扶持弱势、呼吁正义、控诉黑暗的凛然品格。尤其值得注意的是，其中许多作品表现了李白的自由、平等、民主、博爱思想和人道主义的情怀，体现了李白高于时人的开明进步妇女观。

李白用自己鲜活的诗笔，塑造了一个多种生态的女性群像。这里，笔者把她们编成十支方队，计有：美丽女性、勤劳女性、功勋女性、纯情女性、飘逸女性、勇武女性、叛逆女性、怨愤女性、悲剧女性、宫廷女性等。我们且逐次观摩，看看李白的女性诗究竟是否如王安石所说的"其识污下"，而徐嘉瑞的"犯罪论"、刘大杰的"色鬼论"，究竟荒谬在何处？

一、美丽女性的欣赏者

李白诗中女性形象的第一方队是美丽女性。

自有文学以来，美丽的女性，从来都是诗人和文学家描写的对象。有"诗仙"之称的李白自然不例外。李白有《越女词五首》写的是青春女性，这组诗描写越女美丽的容貌、姿态和性格，语言清爽，不假雕饰，在历代的女性作品中，颇具特色。全诗如下：

> 长干吴儿女，眉目艳新月。
> 屐上足如霜，不著鸦头袜。
>
> 吴儿多白皙，好为荡舟剧。
> 卖眼掷春心，折花调行客。
>
> 耶溪采莲女，见客棹歌回。
> 笑入荷花去，佯羞不出来。
>
> 东阳素足女，会稽素舸郎。
> 相看月未堕，白地断肝肠。
>
> 镜湖水如月，耶溪女似雪。
> 新妆荡新波，光景两奇绝。

第一首写吴越女子相貌的妩媚可爱与穿着的异样。她眉若弯月，眼似明星，光着脚丫，穿着木屐，素足裸露，皙白如霜雪。寥寥几笔，画出了一个妙女英姿。

第二首诗写吴越女郎天真活泼的姿态及调皮卖俏的开放性性格。皮肤白嫩的吴地女子，荡舟游乐，对水面上往来船只中的客人，或眉目传情暗送秋波，或拿着折来的花枝向对方调侃戏谑。传神地绘出了江南美女活泼泼的开朗性格。

第三首写的则是若耶溪上采撷莲藕的女子。当她看见别的船上的客人时便唱着歌掉转船头,伴随着欢乐的歌声将小船划入荷花丛中,并假装怕羞似的不再出来。这位女子性格内向,羞羞答答的,不过春心荡漾,似乎已被诗人窥破隐秘。鲜艳的花朵与美人的脸庞相互映衬,这和谐美妙的景象真令人魂梦心醉。

第四首诗写一对素不相识的青年男女一见钟情,互相倾慕。东阳的一位肤色白净的姑娘与会稽的一位荡着白色小舟的小伙子不期而遇,二人一见钟情,眉来眼去中似乎有许多心曲要倾吐,但因天色尚早,无由进行交谈幽会,不禁现出肝肠欲断,非常焦急的神色。

第五首诗写一位美丽的少女,着新装荡漾镜湖的绮丽娇媚。镜湖的水清明如月,若耶溪的少女洁白如雪。美女穿着新妆在明净澄清的水面上荡舟戏耍,那婀娜妩媚的倩影倒映在水间,显得更加娇娆可爱;那明净的湖水中溟漾着美丽的倩影,增添了无限的色彩与情趣。"光景两奇绝",构成一幅美丽动人的艺术画面。

五首诗选择的角度不同,塑造的人物性格各异,但组合在一起却可以给人一个总的印象,即吴越女子相貌美丽,肤色皙白,性格纯真开朗,朴素大方。她们挚爱人生,热烈大胆地追求自由幸福的爱情生活。"眉目艳星月"的"吴儿女"也好,"卖眼掷春心"的"吴儿"也好,"佯羞不出来"的"采莲女"也好,都能给读者留下很强烈的印象。

在李白全集中,描绘美丽女性的诗作不少。如《清平调三首》《浣纱石上女》《西施》《赠段七娘》等。这里略举其若干名句:

云想衣裳花想容,春风拂槛露华浓。
若非群玉山头见,会向瑶台月下逢。

(《清平调三首》其一)

名花倾国两相欢,长得君王带笑看。

(《清平调三首》其二)

借问汉宫谁得似,可怜飞燕倚新装。

(《清平调三首》其三)

秀色掩今古,荷花羞玉颜。

(《西施》)

玉面耶溪女,青娥红粉妆。一双金齿屐,两足白如霜。

(《浣纱石上女》)

李白像一位高明的摄影师,他用镜头捕捉他认为美丽的画面,然后调动他那奇绝的语言,用生动的文字把他摄下的画面,复制并呈现给读者,让读者从中得到一种美的享受。如果不是读者自己的思想"污下",我们能从李白以上用诗描写的女性形象中,读出李白是一个"识见污下""追求肉欲"的诗人吗?

二、劳动女性的赞美者

李白一生长期漫游全国各地,与劳动妇女有广泛的接触,尤其对江南水乡劳动妇女的生活情趣有较深的了解,写下了许多赞颂劳动妇女的诗篇。他对这些妇女的赞颂有三个方面:

李白赞美她们的淳朴可爱。《越女词》和《秋浦歌》就塑造了一群活泼可爱的采莲、采菱女子形象:

耶溪采莲女,见客棹歌回。笑入荷花去,佯羞不出来。

(《越女词》其三)

渌水净素月,月明白鹭飞。郎听采莲女,一道夜歌归。

(《秋浦歌》其十三)

这些劳动少女,生活简朴,健康活泼,充满劳动的欢乐,显示出清水芙蓉般的自然美,并因此得到诗人的喜爱。

李白赞美他们的贞洁无邪。诗人对劳动少女们追求纯洁自由的爱情流露出无限赞美之情,《湖边采莲妇》就是一首对姑嫂贞洁无邪的赞歌:

小姑织白纻,未解将人语。大嫂采芙蓉,溪湖千万重。
长兄行不在,莫使外人逢。愿学秋胡妇,贞心比古松。

这首诗是李白漫游会稽一带所作。诗人描写了丈夫远行,家中无男丁姑嫂对话的场景。诗人借助于《湖边采莲妇》这一乐府古题,运用对比的写法,刻画出一个对爱情坚贞不渝的女子形象。诗中以小姑的天真烂漫,来衬托"大嫂"的拘谨防范,使我们了解到采莲妇的贤淑和纯朴。最后以"愿学秋胡妻,贞心比古松"结尾,把采莲妇的贞洁之心升华到一个新的高度。《湖边采莲妇》没有奇特新颖的想象,没有精工华美的辞藻,通过对小事的描写,形象生动地写出了劳动女性对贞操的看重。

李白赞美她们辛勤劳动、真诚待人的品质。他在《宿五松山下荀媪家》的诗中,有句"田家秋作苦,邻女夜舂寒",表达了对劳动妇女白天秋收劳作辛苦，夜间又要冒着寒冷秋风舂粮的"苦寒"生活的同情；又对"跪进雕胡饭"的农家老媪的真诚好客，表达了"令人惭漂母，三跪不能餐"的感慨。

歌颂女性的勤劳淳朴、真诚好客，是李白进步妇女观的第二个亮点。

三、功勋女性的褒扬者

李白笔下的女性中，有一个特别的群体，时称"征妇"，指的是被征赴边作战青年男子（征夫）的妻子。如果扩大一点说，这个女性群体其实还应包括常年戍边的将士家属，甚或她们的母亲或女儿，犹如当今的"军嫂""军人家属"。

大唐自开元中期以来，朝廷依仗国力强盛，不断发动拓边战争，"边庭流血成海水，武皇开边意未已。"（杜甫：《兵车行》）战争造成大量青年男子被征战沙场，也造成一个数量巨大的"征妇"群体。她们经历着常人不曾体验的离居之痛苦，实际上她们是协助丈夫（或儿子）"沙漠建奇勋"的"后勤"力量，是国家、社会和历史不应忘却，然而常常被忘却的"功勋女性"。

李白以思想家的敏锐来观察这个群体，写下了不少对她们表示同情、尊重和褒扬的诗篇。请看他的《闺情》（752）：

流水去绝国，浮云辞故关。水或恋前浦，云犹归旧山。
恨君流沙去，弃妾渔阳间。玉箸夜垂泪，双双落朱颜。
黄鸟坐相悲，绿杨谁更攀。织锦心草草，挑灯泪斑斑。

丈夫像流水一样离开家乡，像浮云一样辞别家园，去哪呢?去了"流沙"之地。"征妇"们饮恨离别,于是进入"颦蛾对影恨离居"、盛年虚度的生活境地。《捣衣篇》描写的就是一位"年十余"就离别远戍"万里交河"丈夫的佳人:

> 闺里佳人年十余,颦蛾对影恨离居。
> 忽逢江上春归燕,衔得云中尺素书。
> 玉手开缄长叹息,狂夫犹戍交河北。
> 万里交河水北流,愿为双燕泛中洲。
> 君边云拥青丝骑,妾处苔生红粉楼。
> 楼上春风日将歇,谁能揽镜看愁发。
> 晓吹员管随落花,夜捣戎衣向明月。
> 明月高高刻漏长,真珠帘箔掩兰堂。
> 横垂宝幄同心结,半拂琼筵苏合香。
> 琼筵宝幄连枝锦,灯烛荧荧照孤寝。
> 有便凭将金剪刀,为君留下相思枕。
> 摘尽庭兰不见君,红巾拭泪生氤氲,
> 明年若更征边塞,愿作阳台一段云。

"君边云拥青丝骑,妾处苔生红粉楼。楼上春风日将歇,谁能揽镜看愁发。""横垂宝幄同心结","为君留下相思枕",李白笔下的征妇,对丈夫的爱情可谓坚贞,读去非常令人感动。然而征妇们不但要承受远离丈夫的思念之苦,而且要时时为在严寒残酷环境下戍边的丈夫夜捣戎衣、夜絮征袍,做好丈夫戍边的"后勤保障"工作:

> 明朝驿使发,一夜絮征袍。素手抽冷针,那堪把剪刀。
> 裁缝寄远道,几日到临洮。

(《子夜吴歌·冬》,742)

明晨驿使就要出发，征妇们连夜为远征的丈夫赶制棉衣。纤纤素手连抽针都冷得要命，更何况用那冰冷的剪刀来裁衣？一夜拼命，把裁制好的衣物寄去远方，不知何时到达边关临洮？无限的情致遐思，都寄托在为边关的"服务"之中！

不过，对于征妇最为痛苦的远不止此，最令征妇悲痛欲绝的，是丈夫在边关或前线的牺牲。李白在《北风行》（752）中写道：

> 烛龙栖寒门，光曜犹旦开。
> 日月照之何不及此？惟有北风号怒天上来。
> 燕山雪花大如席，片片吹落轩辕台。
> 幽州思妇十二月，停歌罢笑双蛾摧。
> 倚门望行人，念君长城苦寒良可哀。
> 别时提剑救边去，遗此虎文金鞞靫。
> 中有一双白羽箭，蜘蛛结网生尘埃。
> 箭空在，人今战死不复回。
> 不忍见此物，焚之已成灰。
> 黄河捧土尚可塞，北风雨雪恨难裁。

全诗描写了一个征妇对丈夫战死的悲痛。这位幽州思妇，丈夫"别时提剑救边去，遗此虎文金鞞靫"，只留下一个虎皮金柄的箭袋，里面装着一双白羽箭。今天，不忍见其旧物，于将其焚之为灰——因为"箭空在，人今战死不复回"。英武的丈夫已经战死边城，睹物思人，黯然神伤。"不忍见此物，焚之已成灰"一笔，入木三分地刻画了思妇将种种离愁别恨、忧思悬想统统化为极端痛苦的绝望心情。最后，作者用"黄河捧土尚可塞，北风雨雪恨难裁"这样惊心动魄的诗句，为征妇倾泻出满腔的悲痛，恰似火山喷射岩浆，又像江河冲破堤防，产生了强烈的震撼人心的力量。

李白关于征妇的诗,篇什较多。但历来的论者,多把"征妇"作为"思妇"一员,把她们列入"商人妇""游子妇"或"宫女"的群体之中。而实际上,征妇不但有思之痛,成之务,犹有夫亡之忧,她们是为国家的安危贡献青春的人,是有功于国家和人民的功勋女性!《塞下曲》其五写道:"塞虏乘秋下,天兵出汉家。将军分虎竹,战士卧龙沙。边月随弓影,胡霜拂剑花。玉关殊未入,少妇莫长嗟。"《学古思边》:"衔悲上陇首,肠断不见君。流水若有情,幽哀从此分。苍茫愁边色,惆怅落日曛。山外接远天,天际复有云。白雁从中来,飞鸣苦难闻。足系一书札,寄言难离群。离群心断绝,十见花成雪。胡地无春晖,征人行不归。相思杳如梦,珠泪湿罗衣。"《思边》(743):"去年何时君别妾,南园绿草飞蝴蝶。今岁何时妾忆君,西山白雪暗秦云。玉关去此三千里,欲寄音书那可闻?"李白着眼于"征妇",可见他眼光的独到之处。

保卫国家边塞的安全,造成大量将士和征夫有家难归,也造成无数妇女的生活困境和对亲人无限的思念。李白用自己的诗,站在维护国家和民族利益的立场上,抚慰在困境中思念丈夫的征妇,赞扬他们克服个人困难支持丈夫御敌戍边的正义行动。

四、纯真爱情的称颂者

歌颂女性的纯真爱情,是李白女性诗又一个常态化的主题。李白写过许多反映忠贞爱情的诗篇,热情歌颂女性纯情、忠贞的爱情节操和对美好夫妻生活的思念与期盼,语言清新,感情真挚,如《江夏行》《长干行》《黄葛篇》《荆州歌》等。《长干行》就是其中一首杰出的诗篇。

> 妾发初覆额,折花门前剧。郎骑竹马来,绕床弄青梅。
> 同居长干里,两小无嫌猜。十四为君妇,羞颜未尝开。
> 低头向暗壁,千唤不一回。十五始展眉,愿同尘与灰。
> 常存抱柱信,岂上望夫台。十六君远行,瞿塘滟滪堆。
> 五月不可触,猿声天上哀。门前迟行迹,一一生绿苔。
> 苔深不能扫,落叶秋风早。八月蝴蝶来,双飞西园草。
> 感此伤妾心,坐愁红颜老。早晚下三巴,预将书报家。
> 相迎不道远,直至长风沙。

长干是地名,在今江苏南京。乐府旧题有《长干曲》,与李白同时的崔颢有《长干曲》,崔国辅有《小长干曲》,都系五言四句的小乐府体,所描绘的都是长江中下游一带男女青年的生活场景,内容比较简单。

李白这首《长干行》,篇幅较长,内容丰富。它以一位居住在长干里的少妇自述的口气,叙述了她的爱情生活,倾吐了对于远方丈夫的殷切思念。诗人通过描绘这位少妇的各个生活阶段,从孩童嬉戏的风情画卷,到"十四为君妇"的新婚生活,到十六君远行的离别愁绪,将一个思念远行丈夫的少妇及其爱情经历,活生生地跃然于纸上。这是一位具有丰富深挚情感、令人喜爱的女性形象,具有动人的艺术力量。

如果说上面的诗,写出了作为"商人妇"的生活,那么《春思》一诗,则写一位出征军人的妻子在明媚的春日里对丈夫梦绕魂牵的思念:

第九章 关情女性的博爱男士

燕草如碧丝,秦桑低绿枝。当君怀归日,是妾断肠时。
春风不相识,何事入罗帏。

燕地的小草像绒毛一样的细腻如丝,秦地的桑叶早已茂密地压弯了树枝。当你怀念家乡盼望归家时,我早就因思念你而肝肠寸断。春风啊你我素不相识,为何要吹进罗帐撩拨起我的愁思呢?

李白有诸多诗作描写少妇的心理,《春思》是其中著名的一篇。远想"燕地如碧丝"的丈夫所在,近看"秦桑低绿枝"触目所见。远近两地也即夫妻两地,春景交融,美丽的"春"之画卷,令独处秦地的思妇触景生情,终日盼望在燕地行役屯戍的丈夫归来之念,油然而勃生,肝肠如寸断。想来远在燕地的丈夫此刻见到碧丝般的春草,也必然会产生思归之念。真是两处春光两地同相思啊!

其实李白本人就是很重感情的人,他对自己与妻子间的爱情极为珍重。他一生为崇高的政治理想而颠沛流离,"席不暇暖",然而他的许多诗却让我们看到他对妻儿间的真挚情思。他给许夫人、宗夫人都写过许多诗,例如《寄远十二首》(731)、《代赠远》(737)、《自代内赠》(755)、《秋浦寄内》(756)、《秋浦感主人归燕寄内》(756)、《别内赴征三首》(756)、《在浔阳非所寄内》(757)、《南流夜郎寄内》(759)、《送内寻庐山女道士李腾空二首》(761),都表达了他对夫妻爱情的珍重。以下我们以《寄远十二首》为例,看看他对夫人的无限情意:

三鸟别王母,衔书来见过。肠断若剪弦,其如愁思何。
遥知玉窗里,纤手弄云和。奏曲有深意,青松交女萝。
写水山井中,同泉岂殊波。秦心与楚恨,皎皎为谁多。

(其一)

李白：融汇百川的杰出思想家

——三青鸟辞别王母，给我衔来妻子的信。见信思人，柔肠寸断如剪丝弦。这哪里能慰藉我深切的思念。遥想家乡，玉窗里，妻子的纤手一定正弹奏着云和。曲中传出不尽的思念，婉转缠绵，像女萝盘绕着青松。两情如泉水泻入引中，同源的泉水，波纹怎能不同？秦地眷恋心，楚地相思恨，明明白白，是谁更深切？

本作一行书，殷勤道相忆。一行复一行，满纸情何极。
瑶台有黄鹤，为报青楼人。朱颜凋落尽，白发一何新。

（其三，节选）

——原本要写一行字，表达深切的相思。写了一行又一行。写满一纸情未尽。玉砌的台上有黄鹤飞，它能带信慰悟青楼人。朱颜凋落，白发新生。

远忆巫山阳，花明渌江暖。跨蹐未得往，泪向南云满。
春风复无情，吹我梦魂断。不见眼中人，天长音信短。

（其五）

——怀念那远遥远的巫山，想必渌江变暖，鲜花争艳。我心意踌躇，不能前往，向着那南去的白云，泪流涟涟。无情的春风，又将我思归的魂梦吹散。恍惚中不见了心上的人儿，天长地阔，音信苦短。

阳台隔楚水，春草生黄河。相思无日夜，浩荡若流波。
流波向海去，欲见终无因。遥将一点泪，远寄如花人。

（其六）

——佳人远离，天各一方，春来春去，难以相聚。我的思念从没有间断，就像那浩荡不息的流水，不舍昼夜。我的心随

第九章　关情女性的博爱男士

那流波寻你而去,然而它东流入海,终究又不能作为相见的凭依啊。我只有将万般思绪化作的相思之泪遥寄于你——如花儿一般美丽的人儿!

妾在春陵东,君居汉江岛。一日望花光,往来成白道。
一为云雨别,此地生秋草。秋草秋蛾飞,相思愁落晖。
何由一相见,灭烛解罗衣。

（其七）

——这是一首作者代夫人口吻谈情的诗。妾在春陵东,君居汉江岛。望穿了春花,来往成大道。自从作巫山云雨别,这里便暗暗生秋草。秋草中秋蛾飞舞,落辉更添相思烦恼。如何才能赶快相见,咱们就轻解罗衣,灭掉烛照。不料这最后这两句"艳语",竟被今人定罪为"对肉欲尽量追求"的"色鬼"和"颓废派"。

爱君芙蓉婵娟之艳色,色可餐兮难再得。
怜君冰玉清迥之明心,情不极兮意已深。
朝共琅玕之绮食,夜同鸳鸯之锦衾。
恩情婉娈忽为别,使人莫错乱愁心。
乱愁心,涕如雪。寒灯厌梦魂欲绝,觉来相思生白发。

（其十二）

——我爱你芙蓉般美丽的容貌,秀色可食,世间难再寻;爱你冰玉般高洁的品行,情虽不尽,恩爱意尤裸口早晨与你共食玉树的仙果,夜晚与你同盖鸳鸯锦衾。情投意合何等缠绵。却又忽然离别。使人心愁意乱,弟泪如同雪落。寒灯绰绰梦魂难成,梦空醒后顿生白发。

《寄远》系列作品非一时所作。论者以为是唐玄宗开元十九

363

年（731）前后，李白旅居洛阳、南阳等地寄内或自代内赠。其时，李白妻为许氏居于安陆。组诗直述写两地相忍之苦，抒发的执着的相思之情，朴素强烈，深切细腻，传神动人。而李白对于最后一位夫人，同样情意深厚，请读《别内赴征三首》：

> 王命三征去未还，明朝离别出吴关。
> 白玉高楼看不见，相思须上望夫山。
> 出门妻子强牵衣，问我西行几日归。
> 归时倘佩黄金印，莫学苏秦不下机。
> 翡翠为楼金作梯，谁人独宿倚门啼。
> 夜坐寒灯连晓月，行行泪尽楚关西。

又有《秋浦寄内》：

我今浔阳去，辞家千里余。结荷倦水宿，却寄大雷书。虽不同辛苦，怆离各自居。我自入秋浦，三年北信疏。红颜愁落尽，白发不能除。有客自梁苑，手携五色鱼。开鱼得锦字，归问我何如。江山虽道阻，意合不为殊。

《代寄情楚辞体》：

君不来兮，徒蓄怨积思而孤吟。
云阳一去已远，隔巫山绿水之沉沉。
留余香兮染绣被，夜欲寝兮愁人心。
朝驰余马于青楼，怳若空而夷犹。
浮云深兮不得语，却惆怅而怀忧。
使青鸟兮衔书，恨独宿兮伤离居。
何无情而雨绝，梦虽往而交疏。
横流涕而长嗟，折芳洲之瑶华。

送飞鸟以极目，怨夕阳之西斜。
愿为连根同死之秋草，不作飞空之落花。

此诗写别后相思，层层推进，渐进渐深，"愿为连根同死之秋草，不作飞空之落花"一句多么坚定，情至深切，无以复加。

五、飘逸女性的爱慕者

在李白的女性诗中，有一类被称为"飘逸女性"的仙女。她们常常出现在李白的"游仙诗"群落，在表达李白的自由乐观思想，营造梦幻式的意境方面，充当了特异的角色。兹举几例：

1.《古风》其十七

西上莲花山，迢迢见明星。素手把芙蓉，虚步蹑太清。
霓裳曳广带，飘拂升天行。邀我登云台，高揖卫叔卿。
恍恍与之去，驾鸿凌紫冥。……

2.《桂殿秋·仙女下》

仙女下，董双成，汉殿夜凉吹玉笙。
曲终却从仙宫去，万户千门惟月明。

3.《庐山谣寄卢侍御虚舟》

五岳寻仙不辞远，一生好入名山游。……
好为庐山谣，兴因庐山发。
闲窥石镜清我心，谢公行处苍苔没。

早服还丹无世情,琴心三叠道初成。
遥见仙人彩云里,手把芙蓉朝玉京。
先期汗漫九垓上,愿接卢敖游太清。

4.《梦游天姥吟留别》

青冥浩荡不见底,日月照耀金银台。
霓为衣兮风为马,云之君兮纷纷而来下。
虎鼓瑟兮鸾回车,仙之人兮列如麻。
……

5.《游泰山六首》其一

登高望蓬流,想象金银台。天门一长啸,万里清风来。
玉女四五人,飘飖下九垓。含笑引素手,遗我流霞杯。
稽首再拜之,自愧非仙才。旷然小宇宙,弃世何优哉。

6.《游泰山六首》其六

朝饮王母池,暝投天门关。独抱绿绮琴,夜行青山间。
山明月露白,夜静松风歇。仙人游碧峰,处处笙歌发。
寂静娱清辉,玉真连翠微。想象鸾凤舞,飘飖龙虎衣。
……

游仙诗是道教诗词的一种体式。我们在"道家方士"一章,曾经谈到李白虽然有百首关于道教和神仙的诗作,然而李白并非虔诚的道教徒。那么李白为何在诗中常常写到这些"飘逸"的"玉女""仙女"?刘熙载在《诗概》中论郭璞《游仙诗》说:"假栖遁之言,而激烈悲愤,自在言外,乃知识曲宜听其真也。"又说:"太白诗言侠、言仙、言女、言酒,特借用乐府形体耳。读者或认作真身,岂非皮相。"则李白游仙诗中频见"飘逸仙女"出没,表达的是其摆脱世俗羁绊、翱翔自由之志,或"托之以自娱"。

六、侠义女性的讴歌者

在李白笔下的抗争女性中,如果说弃妇的抗争之举侧重在口诛笔伐方面,那么烈女的抗争之举则偏重在具体行动上。让我们认真一读李白歌颂女侠的诗《东海有勇妇》,全诗如下:

> 梁山感杞妻,恸器为之倾。金石忽暂开,都由激深情。
> 东海有勇妇,何惭苏子卿。学剑越处子,超腾若流星。
> 捐躯报夫仇,万死不顾生。白刃耀素雪,苍天感精诚。
> 十步两躞跃,三呼一交兵。斩首掉国门,蹴踏五藏行。
> 割此伉俪愤,粲然大义明。北海李使君,飞章奏天庭。
> 舍罪警风俗,流芳播沧瀛。志在列女籍,行帛已光荣。
> 淳于免诏狱,汉主为缇萦。津妾一棹歌,脱父于严刑。
> 十子若不肖,不如一女英。豫让斩空衣,有心竟无成。
> 要离杀庆忌,壮夫素所轻。妻子亦何辜,焚之买虚名。
> 岂如东海妇,事立独扬名。

这首大约作于天宝四载(745)的女侠诗,热情歌颂了当时东海勇妇"捐躯报夫仇,万死不顾生"的勇敢行为。诗里说,梁山的倾颓,是因被杞梁妻的恸哭所感动,这真是深情所致、金石为开。但东海有一位勇妇的英勇事迹,一点也不比关东为父报仇的贤女苏来卿逊色。她曾像越处子一样的击剑名家学剑,超腾跳跃,快若流星。她为夫报仇,慷慨捐躯,万死不顾，其精诚可感动上苍。她冒死耀白刃，斩仇首，抛国门，剖仇腹，踏内脏，以此报答其夫妻伉俪之情，"豁此伉俪愤，粲然大义明"。勇妇的血气义举，感动朝野，免其死罪，美誉流传，名列史册。《唐宋诗醇》称此诗"写出义烈之情，凛凛有生气"。（卷四）可见，李白歌颂的这位女侠，是又一位报仇雪耻、惩恶扬善的女英雄。

有人曾经向孔子请教："以德报怨，何如？"不过，孔子并不同意，他说："何以报德？以直报怨，以德报德。"（《论语·宪问》）这似乎与老子的"以德报怨"理念颇不相同。李白歌颂的侠义女性，是"以直报怨"的女英雄。我们从李白的诗，可以看到李白对于孔子思想的接受。

七、叛逆女性的声援者

有压迫，就有反抗。李白对于在爱情婚姻中敢于反抗压迫、追求爱情、追求理想的女性，对于大胆冲破三从四德束缚的女性，毫无顾忌地表示赞赏和支持。请看《杨叛儿》（726）：

君歌杨叛儿，妾劝新丰酒。何许最关人？乌啼白门柳。
乌啼隐杨花，君醉留妾家。博山炉中沉香火，双烟一气凌紫霞。

君为我唱一曲《杨叛儿》，妾为君奉上一杯新丰酒。哪里才是君所最流连之处呢？金陵西门旁有乌啼的大柳树下。双鸟在杨花深处的巢中欢啼，因为那里是它们的家。君今痛饮何惧醉，妾家就是你的家。博山炉中的沉香所燃起的两股香烟，在空中追逐缭绕，渐渐地融为一体，直凌云霄。这就是君与妾的

第九章 关情女性的博爱男士

爱情象征啊！——好大胆的一位青年女性！

李白把男女追求自由爱情写得大胆热烈，反映了当时青年冲破男女"授受不亲"之大防而产生的一种新的观念、新的追求。而在《白纻辞三首》（726）《相逢行》等作品中，诗人表彰了那些无视封建伦理，"愿作天地双鸳鸯，一朝飞到青云上"的男女主人公。以下是《白纻辞三首》中的其二、其三：

> 月寒江清夜沉沉，美人一笑千黄金。
> 垂罗舞縠扬哀音，郢中白雪且莫吟，子夜吴歌动君心。
> 动君心，冀君赏。愿作天池双鸳鸯，一朝飞去青云上。

> 吴刀剪彩缝舞衣，明妆丽服夺春晖。
> 扬眉转袖若雪飞，倾城独立世所稀。
> 激楚结风醉忘归，高堂月落烛已微，玉钗挂缨君莫违。

《白纻辞三首》当作于李白出蜀后游金陵时。其二说太阳已经落山，寒月升起，夜色沉沉，江水清清，馆娃宫中，歌吹犹盛。君王不爱郢中《白雪》，动心的是《子夜》吴歌。我唱动君心意的吴歌，是希望得到君王赏识，和君王做一对"天池双鸳鸯"，"一朝飞去青云上"！其三则说，我穿着吴刀剪裁的舞衣，像春光一样明媚，扬眉转袖，倾国倾城，无人可比。楚歌绕梁，君乐忘归。高堂月落，红烛将尽。我的玉钗要是挂到您的帽缨上，您可莫要错过机会噢！这种对爱情的大胆向往，完全抛弃了那些束缚女性的封建伦理，使她们与那些屈服于"父母之命""媒妁之言"的青年女性，有了天壤之别！

八、悲剧女性的鸣冤者

封建社会女性的悲剧普遍而多样，其中有一个特殊的群体：弃妇。

弃妇是中国封建社会女性命运中最为悲惨者，因而受到李白的特别关爱。《大戴礼记·本命》云："妇有七去：不顺父母去，无子去，淫去，妒去，有恶疾去，多言去，窃盗去。""七去"，亦称"七出"，即封建时代丈夫休弃妻子的七条理由，是中国封建社会的爱情婚姻生活中束缚女性的7条绞索。这7条绞索，为男性的喜新厌旧创造了光明正大的理由，也给无数无辜女性造成痛不欲生的悲剧。柏杨先生说："七出之条，是典型的大男人沙文主义的产物，职业道德家英勇地为中国人的道德，订下了双重标准。""在七出之条时代，臭男人有无限的权威，这权威建立在两大支柱上，一是'学识'，一是'经济'，结合为生存的独立能力。女人缺少这些，只好在男人的铁蹄之下，用尽心机……构成一半中国人是残废的世界奇观。"（《柏杨妙语》，作家出版社1988年版，第7页）

李白用自己的大笔，控诉这种反人道的儒家教条，同时鼓励"弃妇"们面对"七出"信条的迫害，不示弱，不屈服，进行顽强的抗争。《白头吟》就是这样的诗作：

锦水东北流，波荡双鸳鸯。
雄巢汉宫树，雌弄秦草芳。
宁同万死碎绮翼，不忍云间两分张。
此时阿娇正娇妒，独坐长门愁日暮。

但愿君恩顾妾深,岂惜黄金买词赋。
相如作赋得黄金,丈夫好新多异心。
一朝将聘茂陵女,文君因赠白头吟。
东流不作西归水,落花辞条羞故林。
兔丝固无情,随风任倾倒。
谁使女萝枝,而来强萦抱。
两草犹一心,人心不如草。
莫卷龙须席,从他生网丝。
且留琥珀枕,或有梦来时。
覆水再收岂满杯,弃妾已去难重回。
古来得意不相负,只今惟见青陵台。

承诺为阿娇作"金屋贮之"的汉武帝,后来抛弃了陈皇后,于是这个阿娇只有"独坐长门愁日暮";贫穷出身的司马相如作赋得了黄金,于是"好新多异心",要抛弃私奔嫁给他的卓文君而去聘"茂陵女";只有青陵台上投身而死的韩朋之妻,用性命表达了对爱情的专一。李白在诗中借卓文君和司马相如的恋爱波折,歌颂了"宁同万死碎绮翼,不忍云间两分张"的纯洁爱情;斥责了"相如作赋得黄金,丈夫好新多异心"的卑劣行为;赞扬了"古来得意不相负,只今唯见青陵台"的韩朋之妻爱情专一的高尚品德。《白头吟》用三件爱情故事,抨击了"人心不如草"的社会世态。

李白还在《寒女吟》中,借寒女之口严正批判了男子得官忘妻的卑鄙行径:

昔君布衣时,与妾同辛苦。一拜五官郎,便索邯郸女。
妾欲辞君去,君心便相许。妾读蘼芜书,悲歌泪如雨。
忆昔嫁君时,曾无一夜乐。不是妾无堪,君家妇难作。

起来强歌舞,纵好君嫌恶。下堂辞君去,去后悔遮莫。

《寒女吟》歌颂的这位弃妇是一个读过"蘼芜书"的知识女性,《蘼芜》是汉人的佚名诗,其中有句:"上山采蘼芜,下山逢故夫。长跪问故夫,新人复何如?新人虽言好,未若故人姝。"最后的结论是"新人不如故"。不过李白塑造的寒女,却是有志气的女士,他决不为无情无义的丈夫殉节,而是在劝说无效的情况下,毅然主动离去。"下堂辞君去,去后悔遮莫。"她与汉乐府《蘼芜》中被动休去犹存思念的女主人不同,也许她正是从《蘼芜》的悲剧中,吸取了教训,下决心冲破罗网,自主去追求新的生活。这种敢于冲破礼教纲常罗网的行为,在夫为妻纲的封建社会是多么难能可贵!

我们从诗中"纵好君嫌恶"之句,可知这位女性的被弃,并不是她本身有什么不好,只是由于丈夫从"布衣"变成了"五官郎",责任在"多异心"的男性,在造成男性"多异心"的社会。因此,要改变妇女这种悲惨命运,只有改变造成这种悲剧的社会才有可能。

李白关于"弃妇"的诗篇,不但表达了他对"弃妇"这一反人道社会现象的强烈不平,而且表现了他对敢于反抗封建社会秩序女性的崇敬,具有高度的思想性。

九、美人比兴的言志者

我们都知道大唐开元、天宝年间(713—756)是中国历史最为昌盛的时期,似乎什么都是好的。不过,若以"宫女"的眼光来看,开、宝时期就最糟糕不过了。《新唐书》列传第

第九章 关情女性的博爱男士

一百三十二"宦者上"说：唐朝的"内侍省"十分庞大，至中宗，黄衣乃二千员，七品以上员外置千员。"玄宗承平，财用富足，志大事奢"，"开元、天宝中，宫嫔大率至四万"。这样多的青年女性被囚禁在宫廷，能够受到皇上恩宠的，不到千分之一，其余数万人都过着非人的生活，默默地葬送自己的一生。李白对这些终岁寂寞、被残酷剥夺青春幸福的宫女，投去的是同情的目光。他用自己的诗，写出宫女们的悲凉凄楚境地：

桂愁长殿不记春，黄金四屋起秋尘。
夜悬明镜青天上，独照长门宫里人。

（《长门怨》其二）

不过，李白的"宫怨诗"，似乎写的并不全是宫女之怨。安旗先生在《论李白》中指出："以诗干政"是"李白自觉的事业"，"但李白以一介布衣，难以上书言事，遑论捋虎须，批逆鳞？但李白作为一代巨擘确有他特殊的自由，即运用比兴言志的方法，发扬褒贬美刺的传统，言小指大，言浅意深，微而彰，曲而达，乃至反言若正，以美为刺。虽只字而寓褒贬，即片言可别善恶。"李白"比兴言志"的途径之一，就是借"写宫女"以自况，他的许多宫怨诗，正是他的托兴寄意之作。试看《怨歌行》：

十五入汉宫，花颜笑春红，君王选玉色，侍寝金屏中。
荐枕娇夕月，卷衣恋春风。宁知赵飞燕，夺宠恨无穷。
沉忧能伤人，绿鬓成霜蓬。一朝不得意，世事徒为空。
鹔鹴换美酒，舞衣罢雕龙。寒苦不忍言，为君奏丝桐。
肠断弦亦绝，悲心夜忡忡。

诗中以宫女口气，叙述自己十五入宫，始受青睐，可是

李白：融汇百川的杰出思想家

"一朝不得意，世事万事空"，终于被抛弃。她明明知道已经毫无得宠的希望了，却依然强忍愤恨，强颜欢笑，写尽了失宠宫女的悲哀。然而此诗的后半部却用司马相如以鹔鹴换酒事，露出作者本色，可见前半部的"宫怨"，其实是诗人自喻。再看《妾薄命》：

> 汉帝重阿娇，贮之黄金屋。咳唾落九天，随风生珠玉。
> 宠极爱还歇，妒深情却疏。长门一步地，不肯暂回车。
> 雨落不上天，水覆难再收。君情与妾意，各自东西流。
> 昔日芙蓉花，今成断根草。以色事他人，能得几时好？

这种诗，读者往往理解为诗人翻陈年故纸，或谓此诗是为汉武废陈后而作，或谓是为玄宗废王后而作。安旗先生谓："皆非。此亦借宫怨而抒其在朝失意之情。李白待诏翰林期间，不过以其新词丽句见赏于玄宗，亦犹后妃以容华见宠者，谓之'以色事他人'固其宜矣，而诗旨亦由是可知。"（《李太白别传》，西北大学出版社2005年版，第102页）

李白在待诏翰林期间借男女喻君臣之作，还有《相逢行》。其诗云：

> 朝骑五花马，谒帝出银台。秀色谁家子，云车珠箔开。
> 金鞭遥指点，玉勒近迟回。夹毂相借问，疑从天上来。
> 蹙入青绮门，当歌共衔杯。衔杯映歌扇，似月云中见。
> 相见不得亲，不如不相见。相见情已深，未语可知心。
> 胡为守空闺，孤眠愁锦衾。锦衾与罗帏，缠绵会有时。
> 春风正澹荡，暮雨何来迟？愿因三青鸟，更报长相思。
> 光景不待人，须臾发成丝。当年失行乐，老去徒伤悲。
> 持此道密意，无令旷佳期。

第九章 关情女性的博爱男士

这首诗的本意，前人早有剖解。如以"才识通达敏捷"著称的明朝文学家胡震亨就指出："按古辞言相逢行少，问知其家之豪盛。此则言相逢其人，仍不得相亲，恐失佳期，回环致望不已，较古辞用意尤深。《离骚》咏不得于君，必托男女致词，曰：'初既与余成言兮，后悔遁而有他'；又曰：'日月忽其不淹兮，恐美人之迟暮。'白诗虽取乐府，而意实本诸《骚》，盖有已近君而终不得近之怨焉。臣子暌隔之痛，思慕之诚，具见于是。观篇首以谒帝发端，大旨自明，不得仅作情辞读也。"（《李诗通》）以胡震亨的意见，这是李白为做了翰林却"终不得近之怨"，并非写男女之情的。类似之作，还有《夜坐吟》：

冬夜夜寒觉夜长，沉吟久坐坐北堂。
冰合井泉月入闺，金釭青凝照悲啼。
金釭灭，啼转多。掩妾泪，听君歌。
歌有声，妾有情。情声合，两无违。
一语不入意，从君万曲梁尘飞。

李白此诗拟鲍照的《夜坐吟》。鲍照原作，也系托意之作。所以陈沆在《诗比兴笺》里说："人之相知，贵相知心，而知心之言不在多。苟于此心曲之一言既不合，则万语款洽，皆虚文矣。喻君臣之际，惟志同而后道合。"指出了此诗以男女之情喻君臣之际的本意。

这样的例子在李白诗中真是不胜枚举。如《古风》其二十七："燕赵有秀色，绮楼青云端。眉目艳皎月，一笑倾城欢。常恐碧草完，坐泣秋风寒。纤手怨玉琴，清晨起长叹。焉得偶君子，共乘双飞鸾？"表面上，是写燕赵佳人独守空闺自伤青春，实际上却是喻己怀才不遇，岁月蹉跎；又以愿得良偶乘鸾双飞，比喻希望得遇明主，以骋壮怀。《古风》其四十九："美人出南国，灼灼芙蓉姿。皓齿终不发，芳心空自持。由来紫宫女，共妒青蛾眉。归去潇湘沚，沉吟何足悲？"萧士赟解读以为："此太白遭谗摈逐之诗也，去就之际，曾无留难。然自后人而观之，其志亦可悲也。"都是借美人比兴言志。

我们知道，在屈原《离骚》里，有"惟草木之零落兮，恐美人之迟暮"；"忽反顾以流涕兮，哀高丘之无女"；"吾令丰隆乘云兮，求宓妃之所在"；"望瑶台之偃蹇兮，见有娀之佚女"等语。在《九歌》里有"望美人兮未来，临风怳兮浩歌"；"满堂兮美人，忽独与余兮目成"；"子交手兮东行，送美人兮南浦"等句，如此这般的求女、求男，并非叙男女之情，而是如朱熹在《楚辞集注》所说的："寄吾忠君爱国之意。"

以屈原为师的李白，其诗文中屡见不鲜的痴男怨女之情，表的正是他的孤臣孽子之心。

本章小结

本章重点展现李白对于社会最底层的妇女所秉持的观点和态度，从而揭示了李白突出的民主主义和人道主义思想。

关注女性，同情女性，尊重女性，歌颂女性；热爱美丽，赞美爱情，尊重自由，歌颂坚贞；哀其不幸，乐其抗争——李白以人道的、平等的、民主的态度，展示了他的开明进步的妇女观。李白这种妇女观的形成，从社会因素方面来说，主要是因为唐帝国较为开明的政治路线，儒家独尊的地位已经打破，妇女的地位有所上升；武则天执政五十年，推行男女平等政策；唐统一以后，受北朝社会风气影响，男尊女卑的传统观念受到冲击；但最主要的，还是李白的主观因素。

李白"安社稷，济苍生"的宏大政治理想，驱动他必然要关注社会最底层的广大女性；李白反对儒教礼法束缚的思想性格，使他得以一种比较自由和民主的观念来同情妇女；李白的漫游经历和宫廷经历，对各阶级、阶层社会世态的观察，使他对社会各阶层女性的痛苦遭遇、思想品质，有非比常人的深刻了解。因此他的女性题材诗篇，就从一个特别的角度，深刻反映盛唐社会的正面与反面，具有异乎寻常的意义。（杨海波：《李白思想研究》，第154页）

古之君子其所以不但不弃其燕昵之嫌，反而取之一铸成伟辞者，盖天地间，发于自然，不能自已，且缠绵悱恻，甚至痴迷狂热者，莫过于男女之情。古代仁人志士忠君爱国之心，达于极致时，往往类之。当斯时也，非借男女之情不足以达其意而骋其情。故自上古以来在文学作品中即已形成此种"求女""求男"之传统，历数千年而不绝。直至现代，郭沫若尚有《炉中煤》，刘半农尚有《叫我如何不想她》，亦是与此传统一脉相承。王安石言李白"识见污下，十句九句言妇人与酒"，若非太无知，便是假道学！（安旗：《李太白别传》，第104页）

女性社会是整个社会的缩影。封建社会女性多以"卑贱者"身份居于社会最底层。李白关注女性、尊重女性、讴歌女性的美丽青春，赞美女性的优良品德，同情女性的人生不幸，抨击造成这种不幸的社会制度，展示了他的同情心、责任心、道德心和人道主义精神，表现了他的政治良心和政治理想的纯洁性。与此同时，李白对女性的负面思想或性格也有尖锐的批评和否定(《雪谗诗赠友人》),这些批评基于其切身体验,是正确而客观的。

李白的不少女性诗,蕴含比兴讽喻,内容不仅有伦理道德的规讽,有历史兴衰的感叹,也有其本人怀才不遇、苦闷人生的寄托。这些不仅使李白的女性诗具有思想高度与深度,而且使李白的人格闪耀着理性的光辉。

由于受名士风度和唐人风尚的消极影响,李白的"及时享乐"亦有女性的参与,但时代的风尚如此,李白光明磊落亦坦然自陈,并不损害李白精神和性格的伟大(表11)。

表11 李白女性诗反映的主要思想

对女性正面的赞颂与肯定	对女性负面的否定与批评
1. 美丽勤劳 2. 助夫报国 3. 爱情纯洁 4. 追求自由 5. 侠义刚烈 6. 叛逆精神 7. 哀其不幸 8. 乐其抗争	1. 淫乱 2. 嫉妒 3. 虚荣 4. 狠毒 5. 谗言 6. 自卑

第十章

学究天人的四海游士

本文所说的"游士",是指漂泊流浪、云游四方之士,非指战国时的说客。

韩兆琦先生在《诗仙游踪·序》(李秋弟著)中说:"神州的壮美山河与辉煌历史是一本大书,祖国优秀的文化遗产也是一本大书。汉代的司马迁和唐代的李白就是读这两本大书而取得伟大成就的历史文化名人。'读万卷书,行万里路'的精神,造就了一代代英才。"

的确,李白的一生,大部分时间都在漫游中度过。有人统计,李白综其一生游历过今天的四川、甘肃、湖北、湖南、江西、安徽、江苏、浙江、河南、山东、河北、山西、陕西、贵州、北京、天津等17个省市自治区,到过大唐206个州县,登过80多座山,游览过60多条江河川溪和20多个湖潭。"叹我万里游,飘摇三十春"是李白《门有车马客行》中的诗句,这首诗是李白最后一次游潇湘时所作(759),李白在诗里对自己一辈子游历,作了总结和反思。

与韩兆琦先生的见解不同,不少论者对于李白的"漫游"

多持批评之声。郭沫若认为李白"漫游成癖、挥霍成性、游手好闲"。(《李白与杜甫》,第18页)刘大杰认为"李白一生没有做过一点正经事","他是天才、浪子、道人、神仙、豪侠、隐士、酒徒、色鬼、革命家"。(刘大杰:《中国文学发展史》)周勋初认为:"盛唐之时,社会富裕,天下大安,人们沉溺在丰富多彩的物质享受之中。李白也追求现世的享乐,名山大川,恣其游乐;音乐歌舞,尽情享受。"(《李白评传》,第466页)三位权威对李白的"游"虽表述有异,然基点却颇相同:他们都把李白的"漫游"定位于不"正经"、不务正业的"浪子"之行,其"游"的目的,都是为了快乐和享受。

20世纪末,有学者对李白的游历、游踪进行了认真的"开发",因而有李秋弟先生的《诗仙游踪》出版;又有林东海先生花十多年时间,分别于20世纪80年代和21世纪初,两次对李白游踪进行全面考察,出版了《李白游踪探胜》和《李白游踪考察记》等著作。这对读者了解李白漫游的一生,理解李白许多相关的诗文,都有重要的帮助。然而许多论者除了研究漫游对于李白山水诗的贡献,似乎都无暇顾及漫游对李白形成独特政治思想与精神品格的重要价值。

李白的漫游果真是"浪子"之行吗?其目的果真只是图快乐和享受吗?李白一生漫游"没有做过一点正经事"吗?尤其是漫游与李白思想和创作成就是无关的吗?笔者不揣冒昧,拟对此做些探索。

一、观山河见天地之大美

庄子有言:"天地有大美而不言。"(《庄子·知北游》)一千年后,有人用自己四十多年的生命去研究这个"有大美而不言"的天地,并以诗歌颂赞言于后人,其人叫李白。

李白自谓"一生好入名山游",从出蜀之前遍游蜀中,到出蜀后遍游大唐数百州,用自己的脚和眼审视河山,发现和发掘了无数前人未发的天地之美,写下了许多前所未见的"大美"之诗,比如这一首《西岳云台歌送丹丘子》:

> 西岳峥嵘何壮哉,黄河如丝天际来。
> 黄河万里触山动,盘涡毂转秦地雷。
> 荣光休气纷五彩,千年一清圣人在。
> 巨灵咆哮擘两山,洪波喷箭射东海。
> 三峰却立如欲摧,翠崖丹谷高掌开。
> 白帝金精运元气,石作莲花云作台。……

历来诗评家论此诗,都认为这首诗以浪漫的笔法,将奇伟的山水和优美的神话巧妙结合,加以丰富多彩的想象,把华山、黄河描绘得气象万千、雄伟无比,由此抒写大河奔腾之壮丽豪情,高山仰止之真实情感,创造出奇幻飘逸的境界,全篇充盈着浪漫气息。一言以蔽之,此诗乃李白仰想象力而成功的范例。这样解说似乎非常合理,但林东海先生却用自己亲身体验否定此说,并揭示了此诗"真谛"。他说——

"黄河如丝天际来",原以为是极大的夸张,其实,登上西岳北高峰北望，黄河真的像一条丝线从天际飘下来，太白写的是眼前实景。太白的诗，固然很浪漫，但都是出于对自然环境的仔细观察和对社会生活的深切体验，所以能接续风骚余韵而开辟盛唐之风。

（《李白游踪考察记》，人民文学出版社2021年版）

林东海的考证，印证了古人所言"不登高山，不知天之高也；不临深溪，不知地之厚也；不闻先王之遗言，不知学问之大也"的教诲（《荀子·劝学》）。说明李白的"万里游"对其诗歌风格具有重要影响。宋人孙觌说："李太白周览四海，名山大川、一泉之旁、一山之阻、神林鬼冢、魑魅之穴、猿狖所家、鱼龙所宫，往往游焉，故其诗疏宕有奇气。"（《送删定侄归南安序》）孙觌是苏轼的私生子，聪明之基因来自东坡，他认为李白的诗所以有"奇气"，是李白诗所写的多为其亲身所历，别人无法企及之故。

李白用自己的脚和自己的眼观察世界，捕捉天地之大美，写下了无数"无敌佳篇"。前人对此已有充分的讨论，不烦赘引。这里仅以李白写长江"三门"的诗为例，说明李白以抒写"实境"而掬"天地大美"的创作实践对中国诗歌文化的巨大贡献。

李白成长于长江上游的重要支流涪江岸边，他在读书习剑的大匡山就能远远望见涪江一路向前的走势。出蜀以后，李白先后游历"长江三门"，写下多首独步千古的绝世之作。

长江第一门，是三峡入口的夔门。李白有《早发白帝城》，写自己从白帝出发到江陵：

> 朝辞白帝彩云间，千里江陵一日还。
> 两岸猿声啼不住，轻舟已过万重山。

论者对太白此诗评价极高。有的认为这首诗"惊风雨而泣鬼神"（杨慎：《升庵诗话》卷四）。有的认为"读之真有挥斥八极、凌属九霄意。贺监谓为谪仙，良不虚也"（胡应麟：《诗薮·内编》卷六）。有的认为此诗具有"神气俊逸"之"风概"（桂馥：《札朴》卷六）。有的认为这诗"腕凝神助"，"真天才之作也"（张总：《唐风怀》）。宋顾乐《唐人万首绝句选评》则坚信：这就是"三唐压卷"之作。

那么这样高超俊迈的作品是怎样写出来的？《唐诗选脉会通评林》说："周敬曰：洒脱流利，非实历此境说不出。"原来李白写得出此诗的根本原因，是"实历此境"。

李白的无数好诗，都由于"实历此境"所得。请看李白写的长江第二门——三峡出口处的荆门的诗：《渡荆门送别》。

渡远荆门外，来从楚国游。山随平野尽，江入大荒流。
月下飞天镜，云生结海楼。仍怜故乡水，万里送归舟。

评者认为李白此诗"赋其景而起故乡之思"，"目中所见，则山随平野邈旷之中而尽，江入大荒空阔之处而流"（《李诗直解》）。有的说它意境"雄壮"，有的说它语言"倜傥"，有的说"飘然思不群，唯此当之"（王夫之：《唐诗评选》），有的认为"太白之情多于景中生出，此作其尤者也"（应时：《李诗纬》卷三）。说明李白诗固然善于抒情，但其情多于"景中生出"，而景则源于"目中所见"！

李白还写过长江的第三门，有诗《望天门山》：

天门中断楚江开，碧水东流至此回。
两岸青山相对出，孤帆一片日边来。

李白：融汇百川的杰出思想家

天门山，在今安徽当涂县西南，是长江的下游。论者评李白此诗，有的把它和《早发白帝城》并举，作为诗人是"谪仙"的证明（胡应麟：《诗薮·内编》卷六）。有的认为其"诗中有画"（郭濬：《增定评注唐诗正声》）。有的以为"此天然图画境界，正难有此大手笔写成"（黄叔灿：《唐诗笺注》）。有的则觉得其境界高华，"可谓'眼前有景道不得'也"（宋顾乐：《唐人万首绝句选》），即后人无法超越。郁贤皓指出，这首诗的成功之根源，在于因作者的"亲历"而"逼真"，全诗四句，每一句都是一个特写镜头，于是构成一幅"山多么灵秀，水多么矫健，帆多么潇洒"的壮丽的山水画！（《李太白全集校注》卷六，第2676页）

我们在"魏晋名士"一章，曾经谈到魏晋名士对于自然和山水有一种特别的热爱，因而出现如谢安、王羲之一样酷爱山水的名士，如谢灵运、谢朓一样的山水大诗人。不过，实际上对山河湖海热爱的，李白可谓"青出于蓝而胜于蓝"。李白赞美自己的读书之地（《别匡山》），赞美家乡的道家之胜（《峨眉山月歌》），赞美祖国的母亲河黄河，赞美横贯神州的浩瀚长江，赞美雄伟壮丽的三山五岳，赞美美丽动人的秋浦、钱塘，赞美举世雄奇的匡庐瀑布，赞美若有神灵"相看两不厌"的安徽敬亭山（《独坐敬亭山》）。李白诗的雄奇飘逸、豪迈纵放，与其读遍天下大书、觅得天地大美是分不开的。

李白是盛唐诗人中在山水诗创作方面用力最勤、开掘最广、变创最多的诗人。他广泛采用五古、五律、五绝、七绝、七言歌行等体裁来表现山水主题，五律飞动、五绝娴雅，皆擅一时之胜；七言和歌行更可谓一空依傍，向楚骚传统复归，创造出鲜明的艺术个性，取得了很高的艺术成就，并为盛唐以后的山水诗开创了新的传统。

哲学家亚里士多德说："大自然的每一个领域都是美妙绝伦的。"但是，这种美妙绝伦，只属于善于捕捉并欣赏它的人们。襟抱建功报国伟大抱负浪迹天涯，挖掘与发现祖国河山天地之"大美"，发为"惊风雨泣鬼神"的诗文，正是李白一生的伟大事业，也是李白的伟大贡献。

二、尊卑贱见人性之大善

李白虽被称为"布衣诗人"，但他一生的活动，主要周旋于官吏和士人阶层中，与下层劳动人民的接触并不多。而论者长期以来为李白贴的"狂傲"标签，又把他的形象推到了似乎与民众距离很大的位置上。好在李白有许多游历中的诗，让我们触摸到李白对于"卑贱者"充满同情、怜悯和尊重，感悟到李白以"善良"为特征的大善之个性，从而把他与那些自命不凡的龌龊灵魂区别开来。请读李白有《宿五松山下荀媪家》一诗：

我宿五松下，寂寥无所欢。田家秋作苦，邻女夜舂寒。
跪进雕胡饭，月光明素盘。令人惭漂母，三谢不能餐。

这是一首内涵非常深厚的诗。诗人寄宿在一个偏僻山村，以亲身的经历感受到农民劳作的艰辛和心中的悲苦。秋收对于农民本应是欢乐的，但在繁重赋税压迫下却非常凄惨。热情好客的老年农妇特地为客人做了美餐雕胡饭，在月光照射下，手中的饭盘洁白耀眼。郁贤皓先生指出："这艰苦的山村里，主人如此热情，使诗人感到惭愧，只能再三表示内心的谢意。全诗风格朴实自然，与诗人多数诗篇的豪放飘逸不同，反映出诗

李白：融汇百川的杰出思想家

人对山村农民的诚挚谦恭和亲切的心态。"（《李太白全集校注》卷六，第2748页）王运熙先生则认为："诗人在统治阶级面前始终如一地表现得十分傲岸倔强，但在劳动人民面前却表现得如此谦逊，这种发自内心的羞愧心情，正是热爱人民的精神的鲜明体现。"（《李白精讲》，复旦大学出版社2008年版，第65页）而袁行霈先生则从李白的思想境界与李白的胸襟，看到了李白的伟大与可爱，由而看到了李白的境界。他说：

"李白目无权贵，但对苍生百姓却是亲切的。""对五松山下的这位荀老太太，李白是何等谦逊、何等体贴。而这与笑傲王侯的那个人正是同一个李白！李白的伟大与可爱于此可见。这首诗的境界看似平凡，其实是极其宏伟的。倘若没有一个宽广的胸襟，怎能写出这样的诗歌？这首诗从另一方面展现了李白的境界。"

（《李白的宇宙境界》，《中国李白研究集萃》下，黄山书社2017年版，第512页）

李白在"万里游"中接触被视为"卑贱者"的人民大众，又在与人民大众的接触中，学习其品质，接受其教育，开阔了自己的思想、视野和胸襟。他在《下泾县陵阳溪至涩滩》诗中，描写了"白波若卷雪，侧石不容舠"的万分凶险下"撑折万竿篙"的渔子舟人之艰辛；他在《秋浦歌》中描写了炼矿工人"炉火照天地，红星乱紫烟。赧郎明月夜，歌曲动寒川"的劳动场面，记录了"秋浦田舍翁，采鱼水中宿"的渔家生活；他在《送汪伦》中，用"桃花潭水深千尺，不及汪伦送我情"；在《哭宣城善酿纪叟》中，"不但齐一死生，又且雄视幽明"（杨慎）反映他对劳动人民的热爱与友谊。李白晚年由于生活的颠沛流离，增多了与劳动人民接触的机会，而他对于劳动人民的热爱、同情、友善之感情也与日俱增。

以善良的同情之心,关注黎民苍生疾苦,是一种伟大的思想感情和崇高的思想境界。罗曼·罗兰说:"除了善良我不承认其他还有任何高人一等的标志。我始终认为,那些心存善良的人是最先、最容易觉醒的人。因为他们怜悯苦难,同情弱者,当他们了解到这些苦难的根本时,就会痛恨制造苦难的源头……而冷漠无情者恰恰相反,他们无视正义,愚昧无知……"

李白用永不疲倦的神腿铁足接触黎民苍生,热情赞美"卑贱者"伟大善良的心灵,同时怜悯苦难,同情弱者,播送人间的温暖,证明他自己就是一位伟大的善者。

三、察交道得豪俊之大观

白上探玄古,中观人世,下察交道。海内豪俊,相识如浮云。

(《送戴十五归衡岳序》)

李白在《送戴十五归衡岳序》序中说:

白上探玄古,中观人世,下察交道。海内豪俊,相识如浮云。自谓德参夷、颜,才亚孔、墨,莫不名由口进,实从事退,而风义可合者,厥惟戴侯。寓居长沙,禀湖岳之气;少长咸、洛,窥霸王之图。精微可入神,懿重可以崇德,谟猷可以尊主,文藻可以成化。兼以五材,统以四美,何往而不济也。其二三诸昆,皆以才秀擢用,辞翰炳发,升闻天朝。而此君独潜光后世,以期大用。鲲海未跃,鹏霄悠然。不远千里,访余以道。国之秀,有廖侯焉。人伦精鉴,天下独立。每延以

李白：融汇百川的杰出思想家

宴谑，许为通人。独孤有邻及薛诸公，咸亦以为信然矣。属明主未梦，且归衡阳。憩祝融之云峰，弄茱萸之湍水。轩骑纠合，祖于魏公之林亭。笙歌鸣秋，剑舞增气。况江叶坠绿，沙鸿冥飞，登高送远，使人心醉。见周、张二子，为论平生。鸡黍之期，当速赴也。

《送戴十五归衡岳序》当作于开元年间，安旗系此文于开元二十一年（733）。戴十五，名不详，寓居长沙，曾慕名访道于太白。太白对他推许甚高，认为他名实如一，才堪王霸，谟猷可以尊主，文藻可以成化。可惜是怀才不遇，对他颇有惺惺惜惺惺之意。戴十五将与李白等告别，归游衡山，李白与安州诸公在安陆魏公林亭与他饯别。

以"上探玄古，中观人世，下察交道"为目标的李白，用自己的"万里游"得到了"天下豪俊，相识如浮云"的重大收获。我们在《侠士》一章，曾经谈到李白是一个"存交重义"的人。他的漫游，有寻求政治活动平台和结交天下豪杰的多重目的。

检索李白现存的诗文，有"赠诗"125首、"寄诗"51首、"别诗"36首、"送诗"101首、"酬答"32首、"游宴"60首，以上共405首，均系交际之作；而"登览"36首、"行役"24首、"怀古"36首、"闲适"36首、"题咏"12首、"咏物"24首等168首，也多有与交游相关者。李白诗中，题面上有名姓者即有400多人。不用说，没有漫游，李白不可能有四海的豪杰之交，不可能有如云的俊杰之友，不可能有如许的交际之诗，更不可能有那么多精彩绝伦的山水诗佳作。

我们在"侠士"一章，曾经谈到李白的存交重义和豪侠之气。李白以光明磊落的心地，真诚率真的性格，急人所难的义举，藐视权贵的骨气，使他能借神腿铁足带起的旋风，建立起洋洋大观的"豪俊群落"，走进盛唐文人舞台的中心。

四、重友情遂入朝之大愿

天宝元年（742）秋，李白42岁，突然接到入京诏书，不免欣喜若狂，大呼"仰天大笑出门去，我辈岂是蓬蒿人"，随即"著鞭跨马涉远道"（《南陵别儿童入京》），从山东南陵的寓居之地奔赴长安。李白入京后，受到玄宗特别隆重的优待。李阳冰《草堂集序》云："玄宗降辇步迎，如见绮、皓。以七宝床赐食，御手调羹以饭之，谓曰：'卿本布衣，名为朕知，非素蓄道义，何以及此？'置于金銮殿，出入翰林中，问以国政，潜草诏诰，人无知者。"待遇为大唐诗人所未有。虽然李白在京只做了玄宗的待诏翰林，与其最初的岗位定位"帝王师""布衣卿相"有距离，但总的来说，他自己也觉得得意。李白后来有许多诗，都谈到自己的翰林生涯，"布衣侍丹墀""著书金銮殿"，有炫耀之意。可谓部分地遂了李白之大愿。

论者有许多文章，探讨李白为何能以一介布衣得到唐玄宗的赏识，结论当然是有人推荐。但现存资料未见有哪个地方政府的正式举荐，因此只能是某个人推荐的。这个人是谁？于是有种种说法。目下的结论是有一个"推荐链"：约为李白蜀中的朋友元丹丘推荐给玉真公主，玉真公主与贺知章联合推荐给唐玄宗。因为李白的铁粉魏颢在《李翰林集序》中有"以玉真公主达"之说，所以认为玉真是李白最给力的荐者，给李白冠名"谪仙人"的贺知章是有力的助推者，当是确论。

李白入朝为翰林这件事，对于李白的人生，对于李白的创

李白：融汇百川的杰出思想家

作与中国文学发展史，对于李白的思想与中国思想发展史，都是一件大事。李白自己对于入朝翰林也十分看重，从他当时写的《驾去温泉宫后赠杨山人》诗来看，他入朝后，对玄宗的礼遇，对当时的生活境况也是满意的：

> 少年落魄楚汉间，风尘萧瑟多苦颜。
> 自言管葛竟谁许，长吁莫错还闭关。
> 一朝君王垂拂拭，剖心输丹雪胸臆。
> 忽蒙白日回景光，直上青云生羽翼。
> 幸陪鸾辇出鸿都，身骑飞龙天马驹。
> 王公大人借颜色，金璋紫绶来相趋。
> 当时结交何纷纷，片言道合惟有君。
> 待吾尽节报明主，然后相携卧白云。

李白以布衣跻身翰林院，得力于朋友之荐举。但谈到李白的朋友，必要溯及李白"万里游"而得的"四海豪杰，相识如浮云"。玄宗说的"卿本布衣，名为朕知，非素蓄道义，何以及此"？可知李白的"名动京师""文窃四海声"，正得力于"四海豪杰"中多位朋友的揄扬之助。

所以，李白得遂入朝之大愿，要归功于他的"五道并举"的战略举措，核心是迈开铁足的"走出去"战略！

五、悲徭役知黎民之大苦

> 羽檄如流星，虎符合专城，喧呼救边急，群鸟皆夜鸣。
>
> （《古风》其三十四）

第十章 学究天人的四海游士

李白要"上探玄古,中观人世,下察交道"(《送戴十五归衡岳序》)。这"观人世"的途径是什么?是漫游。用今天的话,曰"调研",曰"考察"。

李白以"万里游"得以深入民间,于是得以知晓黎民苍生的真实生存环境。李白的许多思想观念,并非只从历史典籍和诸子思想中来,也从活生生的现实生活中获得,比如李白对于迫害人民的穷兵黩武,表现了强烈的不满和控诉,即是因为"蹼涉是境"。请读他的《古风》其三十四:

羽檄如流星,虎符合专城,喧呼救边急,群鸟皆夜鸣。
白日耀紫薇,三公运权衡。天地皆得一,淡然四海清。
借问此何为?答言楚征兵。渡泸及五月,将赴云南征。
怯卒非战士,炎方难远行。长号别严亲,日月惨光晶。
泣尽继以血,心摧两无声。困兽当猛虎,穷鱼饵奔鲸。
千去不一回,投躯岂全生!如何舞干戚,一使有苗平。

这首诗写于天宝十载。《资治通鉴·唐玄宗天宝十载》:"夏四月壬午,剑南节度使鲜于仲通讨南诏蛮,大败于泸南。……士卒死者六万人,仲通仅以身免。杨国忠掩其败状,仍叙其功。……制大募两京及河南、北兵以击南诏;人闻云南多瘴疠,未战士卒死者什八九,莫肯应募。杨国忠遣御史分道捕人,连枷送诣军所。……于是行者愁怨,父母妻子送之,所在哭声振野。"李白此诗即叙写此次战争给人民带来的灾难,抨击当权者穷兵黩武之罪。诗中表达了忧国忧民、反对统治者不恤民力的开边侵略,与同时代诗人高适等人为南诏战争大唱赞歌形成鲜明对比,可以看出李白高尚的政治品格。

《唐宋诗醇》卷一评论此诗:

李白：融汇百川的杰出思想家

"群鸟夜鸣"，写出骚然之状；"白日"四句，形容黩武之非。至于征夫之凄惨，军势之怯弱，色色显豁，字字沉痛。归结德化，自是至论。此等诗殊有关系，体近"风""雅"；与杜甫《兵车行》《出塞》等作工力悉敌，不可轩轾。宋人罗大经作《鹤林玉露》，乃谓："白作为歌诗，不过狂醉于花月之间，社稷苍生曾不系其心膂，视杜甫之忧国忧民，不可同年语。"此种识见，真"蚍蜉撼大树"，多见其不知量也。

《唐诗品汇》卷四引刘辰翁评首四句："非蹀涉是境，不知其妙。"意谓即从此诗前四句而言，作者是因为"蹀涉是境"而得。李白亲见征战给黎民带来的重大苦难，激起满腔义愤，发为控诉之诗。

非蹀涉是境，不知其妙。这个道理，并非只有此诗。我们"儒士"一章曾经引用李白的《丁都护歌》，那里我们要说明的是李白热爱与同情劳动人民的思想。这里，我们继续探讨：李白缘何能写出这一"掩泪悲千古"的景象？无何，源于其亲历。其诗云：

云阳上征去，两岸饶商贾。吴牛喘月时，拖船一何苦。
水浊不可饮，壶浆半成土。一唱都护歌，心摧泪如雨。
万人凿盘石，无由达江浒。君看石芒砀，掩泪悲千古。

运河两岸，住着许多的商贾大户。这个富饶的环境与服徭役的纤夫的悲惨生活形成了鲜明对照。在"吴牛喘月"的炎炎盛夏，纤夫们沿江拖船，挥汗如雨，多么辛苦！江水混浊不堪不可饮用，壶里的水也半成泥土；人们唱着凄哀悲凉的拖船号子，内心摧裂泪下如雨。万名工人凿取奇异的文石，没办法很快运达江边水浒。你看那石头多么粗大笨重，掩面而泣为百姓悲伤千古。王琦说："考芒砀诸山，实产文石，或者是时官司取石于此山，僦舟搬运，适当天旱水涸牵挽而行。期令峻急，役者劳苦，太白悯之，而作此诗。"

这首诗作者怀着沉痛的心情，以朴质的语言给读者描绘了一幅辛酸的河工拉纤图，透过诗句读者仿佛看见了当时两岸冶游的富商，豪门子弟，瘦骨伶仃的船工；仿佛听到了河工的劳动号子，伤心的歌声，催人泪下的呻吟。透过诗句，读者也仿佛听到了正站在行舟上的年轻诗人的发自肺腑的悲叹。

这首诗语调沉郁，与李白平常明快、洒脱的诗风大异，显然代表了李诗的另一种风格。有人认为，世称杜工部诗多"沉郁顿挫"之作，其实这首诗倘若放入杜诗集，似乎也难辨雌雄。盖因此情此景，乃是作者的亲自所见，由而激发了诗人的无限同情心，和杜甫写诗的背景是相同的。

六、哭白骨知朝廷之大恶

白骨成丘山，苍生竟何罪？
　　　　　　（《经乱离后天恩流夜郎忆旧游赠江夏韦太守良宰》）

殷后乱天纪，楚怀亦已昏。
　　　　　　　　　　（《古风·殷后乱天纪》）

李白所处的盛唐时期在众多史家和诗人的笔下，是非常光鲜亮丽的。像杜甫诗《忆昔》被无数后人引用，而王维"万国衣冠拜冕旒"的诗句，也常被不知其所言者为何的后来人作为盛唐"极盛"的证明。唐玄宗李隆基，作为创造"盛唐"的"英主"，受到后人的热烈歌颂和吹捧。然而我们从李白全集

李白：融汇百川的杰出思想家

中读到的，却是诗人对统治者的强烈憎恨、高度蔑视和辛辣讽刺，对由他们造成的黑暗政治的无比愤慨和痛恨，是诗人对这些戕害祖国和人民的统治者的批判。

那么，为什么许多史家和文学家与李白笔下的盛唐有如此之大的差异？是因为经历有别。我们前面谈到，李白因"游"而"名动京师"，因"名动京师"而"游"进了长安，"游"进了金銮殿，于是他得以近距离地观察皇帝、宫廷、朝廷、宦官等以前只能在梦里幻想的情景与人物。那么，他亲眼所见的什么呢？

群沙秽明珠，众草凌孤芳。

（《古风》其三十七）

梧桐巢燕雀，枳棘栖鸳鸯。

（《古风》其三十九）

苍榛蔽层丘，琼草隐深谷。凤鸟鸣西海，欲集无珍木。
鸒斯得所居，蒿下盈万族。晋风日已颓，穷途方恸哭。

（《古风》其五十四）

——李白看到一个黑白不分、贤愚颠倒的社会：正直而有才能的人没有出路，奸邪阿谀的权佞之臣骄纵得意、不可一世。

咸阳二三月，宫柳黄金枝。绿帻谁家子，卖珠轻薄儿。
日暮醉酒归，白马骄且驰。意气人所仰，冶游方及时。
子云不晓事，晚献长杨辞。赋达人已老，草玄鬓若丝。
投阁良可叹，但为此辈嗤。

——李白从京城长安看到一个的政治现实：倚靠裙带关系而得势的外戚放肆轻狂，不可一世；以扬雄为代表的有才能的

第十章 学究天人的四海游士

知识分子无人赏识,而被埋没。

外戚得势如此,那"宫廷"又如何呢?

大车扬飞尘,亭午暗阡陌。中贵多黄金,连云开甲宅。
路逢斗鸡者,冠盖何辉赫。鼻息干虹霓,行人皆怵惕。
世无洗耳翁,谁知尧与跖?

——"中贵多黄金,连云开甲宅!"尤其令人惊讶的是"路逢斗鸡者","冠盖何辉赫"!诗人以很小的"斗鸡者"为观察点,揭示了一个十分荒唐的世界。当时民谣说:"生儿不用识文字,斗鸡走马胜读书。买家小儿年十三,富贵荣华代不如。能令金距期胜负,白罗绣衫随软舆。父死长安千里外,差夫治道挽丧车。"

那么"明主"怎么样?

一百四十年,国容何赫然。隐隐五凤楼,峨峨横三川。
王侯象星月,宾客如云烟。斗鸡金宫里,蹴鞠瑶台边。
举动摇白日,指挥回青天。当涂何翕忽,失路长弃捐。

(《古风》其四十七)

——李白用自己的眼睛,揭开了表面"赫然"的大唐面纱:远望隐隐约约的皇宫殿楼,高高地横耸在长安城中;王侯之众如同天上的星月,宾客之多如同空中的云烟;皇上和奴才们斗鸡在金碧辉煌的"宫殿"里,踢球就在雕饰华丽、结构精巧的"瑶台"边。那斗鸡、蹴球之徒,因皇帝的宠幸而气焰嚣张,举动能震撼天上的太阳,指挥能变换阴天和晴天。当权者一朝得志气势显赫,失势者被永远弃置难有生机。

李白这里特别地画了一幅"宫廷娱乐图",画出了大唐宫廷和宦官的腐败面貌。史载,当时玄宗宠任宦官,宦官声势极

395

为嚣张。"开元天宝中……宦官黄衣以上三千员,衣朱紫千余人,其称旨者,辄拜三品将军,列戟于门,其在殿头供奉,委任华重,持节传命,光焰殷殷动四方。所至郡县奔走,献遗至万计,……于是甲舍名园,上腴之田,为中人所名者,半京畿矣。"(《新唐书·宦者传》)当时最有权势的宦官高力士,专擅大权,势倾内外,凡"四方表奏,皆先呈力士,然后奏御,小者力士即决之"(《通鉴》卷二一三)。

萧士赟曰:有唐得国之久如此,国容之盛如此,王侯宾客又如此。所谓金宫、瑶台,正当为延贤之地,今乃为斗鸡、蹴球之场。"白日""青天"者,天日以比其君。斗鸡、蹴鞠,明皇所好。此等之人,得志用事,举动指挥,足以动摇主听也。

陈沆《诗比兴笺》卷三:此极言其盛以忧其乱也。"当涂""失路"二语,言权势之人,附者升青云,忤者委沟渠,是以知机之士,杜门潜德。

宦官专权,贪弊成风,"中贵多黄金,连云开甲宅";斗鸡成业,斗鸡小儿"鼻息干虹霓,行人皆怵惕":这样令人难以相信的事情,却是诗人亲眼所见实实在在的社会景象。李白心目中神圣的大唐宫廷,荒淫堕落到这步田地,难怪要受到李白愤怒的抨击。思考社会、宫廷之乱象,根子在哪里?李白在《古风》其五十一中写道:

殷后乱天纪,楚怀亦已昏。夷羊满中野,菉葹盈高门。
比干谏而死,屈平窜湘源。虎口何婉娈,女嬃空婵娟。
彭咸久沦没,此意与谁论?

奸臣当道,忠良受害,根子正是当今已经昏庸的皇上啊!据史载,玄宗执政后期,怠于庶政,不仅斗鸡蹴球,而且志求神仙,迷信方士,企慕长生,在宫中设坛,于嵩山炼药。李白在《古风》其三、其四十八及《登高丘望远海》诸篇中，借秦始皇、汉武帝的故事来隐射玄宗，讽刺其迷信求仙的愚蠢行为。

总之，李白以自己的诗文揭示了盛唐朝廷的黑暗面，深刻地触及朝廷政治的腐败黑暗的本质。不过，这并非因为他的"丰富想象力"，而是由于诗人对于朝廷、对宫廷、对皇帝有近距离观察和切身的体验。"漫游"对于李白的诗歌创作和思想成就，是一个强大的激发器与助推器。

七、探虎穴惊社稷之大祸

平明空啸宅，思欲解世纷。

（《赠何七判官昌浩》）

天宝十载（751）秋，李白在元丹丘石门山居盘桓期间，忽有幽州节度使幕府判官命驾来访，欲邀李白入幕或北上一游。白有《赠何七判官昌浩》，全诗如下：

有时忽惆怅，匡坐至夜分。平明空啸宅，思欲解世纷。
心随长风去，吹散万里云。羞作济南生，九十颂古文。
不然拂剑起，沙漠收奇勋。老死阡陌间，何因扬清芬？
夫子今管乐，英才冠三军。终与同出处，岂将沮溺群？

时年已半百的李白，虽然有志未申，又不愿如汉代老儒济南伏生者皓首穷经，无益于世；然李白早在待诏翰林期间，早已晓得安禄山之为人。于是与何判官虚与委蛇，表示愿意接受邀请，后乃有"且探虎穴向沙漠，鸣鞭走马凌黄河"（《留别于十一逖》）的幽州之行。据安旗先生研究，李白的幽州之行,是"不惜冒生命危险,亲至安禄山盘踞之幽州,探其真相,得其反迹,以上奏朝廷,以期戢祸乱于未发。则其济苍生、安社稷之功,岂小也哉!"(《李太白别传》,157页)而非李白欲入安禄山幕下立边功以报国。

李白抵达幽州,有诗多首,可见其深意在。如《出自蓟北门行》,写塞垣战事,佯言将帅之猛,救边之急;兵威匝地,杀气凌天,实则暗示安禄山势力之盛:

> 虏阵横北荒,胡星耀精芒。羽书速惊电,烽火昼连光。
> 虎竹救边急,戎车森已行。明主不安席,按剑心飞扬。
> 推毂出猛将,连旗登战场。兵威冲绝幕,杀气凌穹苍。
> 列卒赤山下,开营紫塞旁。孟冬风沙紧,旌旗飒凋伤。
> 画角悲海月,征衣卷天霜。挥刃斩楼兰,弯弓射贤王。
> 单于一平荡,种落自奔亡。收功报天子,行歌归咸阳。

安旗先生认为,"塞垣真相已洞若观火,幽州之势已祸在眉睫。李白可谓已探虎穴而得虎子,遂于天宝十一载岁梢自幽州南返。"惜时至今日,许多论者依然将此诗视为歌颂边地将士慷慨雄壮气势之诗。

安旗先生关于此诗内涵的研究,与明人朱谏意见相合。朱谏《李诗选注》卷三:按开元、天宝间,夷狄内侵,朝廷用兵不已,而天子喜邀边功,遂至胡雏舞权作衅,卒为天下大患。白盖有先见乎此者,故诗词间拳拳以选将灭胡为言,庶几闻之者有所戒。当时朝廷卒无一人能悟之者,所以有马嵬之祸也。(郁贤皓《李太白全集校注》,第628页)

李白的万里神游,使他成为盛唐大患的"先见者";李白的幽州之行,使他成为安史之乱的预警者。李白何曾"漫游成癖"?何曾"游手好闲"?!

八、栖林泉得洗心之大法

吾亦洗心者，忘机从尔游。

（《古风》其四十二）

许多人在分析李白的神游时，都会提及漫游对山水诗的贡献。这自然是非常正确的。不过安旗先生探索李白一生的游历，却得到不尽相同的结论。她在《论李白》中说：

固然，李白一生确实游了不少名山大川，写了不少优美的风景诗。但风景诗只不过是他的副产品。他在《暮春江夏送张祖监丞之东都序》中写道："每思欲遐登蓬莱，极目四海，手弄白日，顶摩苍穹，挥斥幽愤，不可得也。"他又在《赤壁歌送别》中写道："一一书来报古人，我欲因之壮心魄。"他又在《入彭蠡经松门观石镜缅怀谢康乐题诗书游览之志》之写道："余方窥石镜，兼得穷江源。将欲继风雅，岂徒清心魂？"可见李白一生好入名山游的真正目的，是为了"壮心魄""清心魂""继风雅""挥斥幽愤"。也就是说，是为了开豁心胸，荡涤灵魂，是为了取得灵感和形象，以抒写他的壮志豪情，以挥斥他幽深的愤懑。

原来漫游对于李白，还具有一个更重要的功能："清心魂""壮心魄"。

"吾亦洗心者，忘机从尔游。"（《古风》其四十二）太白这两句诗说的是，拟与白鸥为伍，以尽江海之兴。可见李白的漫游，有"清心魂""壮心魄"之目的，他是一个能巧借山水

李白：融汇百川的杰出思想家

林泉"挥斥幽愤"的"洗心者"。细读李白的《庐山谣寄卢侍御虚舟》一诗，我们可以了然李白的"洗心"之大法。诗云：

> 我本楚狂人，凤歌笑孔丘。手持绿玉杖，朝别黄鹤楼。
> 五岳寻仙不辞远，一生好入名山游。
> 庐山秀出南斗傍，屏风九叠云锦张。
> 影落明湖青黛光，金阙前开二峰长，银河倒挂三石梁。
> 香炉瀑布遥相望，回崖沓嶂凌苍苍。
> 翠影红霞映朝日，鸟飞不到吴天长。
> 登高壮观天地间，大江茫茫去不还。
> 黄云万里动风色，白波九道流雪山。
> 好为庐山谣，兴因庐山发。
> 闲窥石镜清我心，谢公行处苍苔没。
> 早服还丹无世情，琴心三叠道初成。
> 遥见仙人彩云里，手把芙蓉朝玉京。
> 先期汗漫九垓上，愿接卢敖游太清。

这首诗作于上元元年（760）。诗人流放遇赦后，在江夏、洞庭游览逗留近年，直到遇赦后的"中兴"之梦破灭，一片忠心赤诚再度被现实击得粉碎，无奈中赴浔阳，再游庐山，写下此诗。诗人一生曾多次游庐山，其长流夜郎的从璘之祸，始发地即在庐山。其时，李白内心沉郁悲愤无以言传，以何洗此悲愤之心呢？唯有秀美的庐山——

秀美的庐山挺拔在南斗旁，九叠云屏像锦绣云霞铺张，湖光山影相互映照泛青光。金阙岩前双峰矗立入云端，三叠泉如银河倒挂三石梁。香炉峰瀑布与它遥遥相望，重崖叠嶂耸云霄莽莽苍苍。翠云红霞与朝阳相互辉映，鸟儿也飞不过吴天广又长。登高远望天地间壮观景象，大江悠悠东流去永不回还。天上万里黄云变动着风色,江流波涛九道如雪山奔淌。我喜欢为雄伟的庐山歌唱,这兴致因庐山风光而滋长。……

"闲窥石镜清我心,谢公行处苍苔没。"悠闲地窥照石镜,顿觉神清气爽,当年谢灵运行走之处,如今已被青苔淹没。由此感到人生短暂,世情烦嚣,于是想摆脱世俗成仙。李白写此诗,年已六十,垂垂老矣。山水之游,足以洗心,此之谓。

以自然来"洗心""壮心",此法亦古已有之。西晋文学家成公绥(231—273)《啸赋》中有言:"若乃游崇岗,陵景山,临岩侧,望流川,坐磐石,漱清泉,藉皋兰之猗靡,荫修竹之婵娟。乃吟咏而发散,声络绎而响连,舒蓄思之悱愤,奋久结之缠绵。心涤荡而无累,志离俗而飘然。"这不正道出了李白游山或游仙的志趣之一角吗?

九、览宇宙得创作之大源

李白的诗歌,是用生命写成的。但其如椽大笔的导航者,却是他的铁足,他的诗文是铁足所到之处的记录。李白诗歌体裁和题材、内容和形式都十分丰富,但无论古体乐府还是自创的歌行,无论是宫中的应制还是朋友间赠答,无论是妇女题材还是登览放歌,抑或是对古人的凭吊和对英雄的缅怀,对山水的描绘和情怀的绽放,都离不开具体的时、地、景、物的引发。而这些时、地、景、物的"创造者",却要归功于李白的神腿铁足。因此,李白的诗歌成就是其一生漫游生涯的结晶。

李白诗歌内容的丰富性,李白诗歌强烈的抒情性和战斗性,李白对祖国和人民的热爱与社会现实的批判,同样建筑在对社会现实的观察和了解。没有"遍干诸侯""历抵卿相"

的挫折,没有几十波干谒求官的失败,李白不会有《行路难》《蜀道难》《将进酒》《梁甫吟》这样的优秀诗篇;没有"白日不照吾真诚"的刺激,没有"能言终见弃"的实际体验,赐金还山后的李白就不会有大量揭露黑暗、咒骂皇帝的勇气。因此,李白诗歌思想内容的深刻性和战斗性,我们平时所说的李白诗歌的人民性和进步思想,其实都来自李白对社会,对朝廷、宫廷、皇帝以及黎民苍生实际生活的深切感知和洞察。

李白是盛唐危机的吹哨者。盛唐开元期间的"盛"况,为当时众多的诗人们所热烈歌颂。能够在盛况中看到人民的痛苦和悲愤,能够在光明中看到社会的黑暗和腐败,能够在颂歌中看到"圣明主"的荒淫和政治的危机,需要高度的社会责任心、家国情怀和卓异的政治识见。这里可以引为佐证的是,在安史之乱前,大唐著名诗人能够指陈时弊、忧虑边将坐大、预感政治危机的,除了李白与杜甫,其实寥寥。复杂多元的社会现象、思潮、风尚及其源流,是思想家判断事物、熔铸思想的原料,但这个原料只能为迈开铁足、开放思维、调查研究的智者所拥有。

李白是以"大我"之笔抒写盛唐"春秋"的伟大诗人。他用俯视宇宙的视角,观察民生疾苦,观察社会风尚,观察政治善恶,观察朝廷、宫廷和皇帝,背负的是"社稷安危"的绝大命题。他的数量众多的"政治抒情诗",不是代表"小我"的"牢骚",而是常常代表着广大士人与底层人民的心声。他的诗所以能够得到当时和后代无数人的喜爱与共鸣,关键在此。

广泛的游历、丰富的见闻、开阔的视野、丰沛的感情,不断迸发和激荡出新的思想与灵感,是李白成为伟大诗人、杰出思想家的重要条件。在李白的身后,历代都有倾慕、模仿和企图超越李白的人,他们有的最后发现自己"力不能逮",有的最终甘于自己失败，原因之一就是他们未曾读过李白"万里游"所读的这本"社会大书"，缺乏李白所拥有的天地山水、社会万象之资源和"学究天人"的大学问。当然，这些资源只是李白成功的一个条件，而非全部，无数游遍世界的职业旅行家和疯狂的"驴友"，都与诗人、思想家的成功毫不相干。

本章小结

李白游历的初衷比较复杂，有求荐游、寻仙游、寻师游、交友游、求知游和娱乐游、洗心壮魄游等多种目的。而其效果，恰如一个大唐观察使，肩负安社稷、济苍生的使命，对大唐时政、风土民情和秀丽河山进行了40余年的综合考察。李白用自己的游历，接触社会、深入社会，取得无比丰富的资源和养料，融汇、熔铸、升华为自己的思想，获得他人难以企及的思想成就和艺术创作成就。他那些纪游的诗篇，正是大唐风貌的史鉴，一个观察使目击宇宙人生的实录。

走遍千山万水，才能海纳百川。李白从大自然学到诗歌，向劳动者学到善良，从现实中明察时政，从白骨中看透政治，从悲剧中学到同情，从"虎穴"中探出危机，从民风中勘得吏治，从民疾中发现民心，从民歌中学到语言，从失败中升华抱负——由而吞吐大唐百川，收纳社会万象，成就了"惊天动地"的事业。

因此，关于李白漫游所持的种种"隔膜"的贬词，应该寿终正寝（表12）。

表12　李白漫游的得与失

成果与收获	损失与遗憾
1. 得天地之大美	1. 失经济之来源
2. 知人性之大善	2. 失家庭之温暖
3. 得豪杰之大观	3. 失生活之安定
4. 遂入朝之大愿	4. 失子女之教育
5. 知苍生之大苦	
6. 知朝廷之大恶	
7. 知社稷之大患	
8. 知洗心之大法	
9. 得创作之大源	

第十一章

独步千载的诗国天才

前面我们从若干不同侧面，探索和梳理了李白的思想面貌。它的丰富、复杂、多元而统一于李白一身，令人无比惊异！本章拟从李白作为"诗仙"的一角，探寻他的文学思想。

千百年来，无数李白的拥趸，都惊异于李白的诗歌，艳羡于李白的天才。但我们遍读李白诗文，却发现了一个更值得注意的事实：李白的诗歌文章，并非来自"天才"一端。李白之成为"天才李白"的前三个关键词，其实是崇高的理想、勤奋的学习和批判的继承。李白"三拟文选"的故事，被其现存诗歌中大量带有模拟痕迹的篇什所证实，从而把李白"铁杵磨针"的精神光辉，融进了韩愈称颂李杜文章的"万丈光焰"之中！

李白当然是天才。但正如汉王符《潜夫论·释难》中所说："大鹏之动，非一羽之轻也；骐骥之速，非一足之力也。"李白这只大鹏冲天飞翔，并不是光靠"天才"这"一羽"的轻盈实现的！

一、俯视八代源流，振起诗论大纲

大雅久不作，吾衰竟谁陈。……
我志在删述，垂辉映千春。……

（《古风·大雅久不作》）

长期以来，文学史家对于李白的文学思想和文学理论重视不够。20世纪末，杨海波先生在《李白思想研究》中十分正确地指出：

> 伟大诗人李白，其千余首诗作为当代及后世人的广泛传诵。然而，作为时代风云的记录者和评判者，他不可能仅仅埋头于创作，对风雷滚滚的诗坛无动于衷，他还肩负着廓清妖雾、净化诗坛的历史重任。在这个方面，李白的贡献也是不能低估的。而历来文学史家对诗人的文学理论建树重视不够，一般文学史著作均未作专章论述，只是在分析作品时附带提及。人们较普遍地认为，李白没有文学批评文章，更没有文学理论专著，言外之意，无须作专门介绍。殊不知，李白是继陈子昂之后又一位诗界革命的斗士，大力主张改革齐梁以来雕藻浮华诗风的前驱是陈子昂，而以丰富的创作实践和文学理论彻底扫荡这种不正风气的战将却是李白。诗人虽没有文学批评的理论专著，但是以诗论的形式分析、评述诗坛形势、诸家诗歌创作得失的作品还为数不少。对于诗人这部分宝贵的文学遗产，我们应该重视，并加以批判地继承和发扬。

（杨海波：《李白思想研究·李白的文学观》，学林出版社1997年版，第141页）

第十一章 独步千载的诗国天才

以下，我们试从分析李白的两首《古风》和晚唐人孟棨《本事诗·高逸》中的一段故事入手，领略李白的文学思想。

1.《古风》其一

大雅久不作，吾衰竟谁陈。王风委蔓草，战国多荆榛。
龙虎相啖食，兵戈逮狂秦。正声何微茫，哀怨起骚人。
扬马激颓波，开流荡无垠。废兴虽万变，宪章亦已沦。
自从建安来，绮丽不足珍。圣代复元古，垂衣贵清真。
群才属休明，乘运共跃鳞。文质相炳焕，众星罗秋旻。
我志在删述，垂辉映千春。希圣如有立，绝笔于获麟。

2.《古风》其三十五

丑女来效颦，还家惊四邻。寿陵失本步，笑杀邯郸人。
一曲斐然子，雕虫丧天真。棘刺造沐猴，三年废精神。
功成无所用，楚楚且华身。《大雅》思文王，颂声久崩沦。
安得郢中质，一挥成风斤？

3. 孟棨《本事诗·高逸》

白才逸气高，与陈拾遗齐名，先后合德。其论诗云："梁陈以来，艳薄斯极，沈休文又尚以声律，将复古道，非我而谁与！"故陈（子昂）、李（白）二集，律诗殊少。尝言："兴寄深微，五言不如四言，七言又其靡也。况使束于声律俳优哉！"

研究以上两首《古风》和《本事诗》的这则记载，我们似乎找到了李白一个"诗论"的大纲。这个大纲申明了以下观点：

第一，指出《诗经》的"风雅""正声"是诗歌的真正源头。"大雅久不作，吾衰竟谁陈。王风委蔓草，战国多荆

407

榛。……"诗歌在春秋之后丧失了"王者之风",战国以来的战争导致诗坛荒芜,《风》《雅》"正声"即"平和雅正"的诗风衰微。葛立方《韵语阳秋》卷三:"则知李之所得在《雅》。"说明"风雅"正是李诗之源。

第二,指出"雅正"诗风衰微后出现了以哀怨愤激著称的《离骚》为代表的楚辞,"正声何微茫,哀怨起骚人"。"楚骚",乃是诗歌的第二大源。

第三,李白关注文学的废兴流变,认为以"杨、马"为代表的汉赋之铺张扬厉、驰骋藻丽的手法,是后来浮华"颓波"的激扬、开启者。在社会和文学的兴变中,随着"颓波"的激荡,《诗经》的传统"宪章"("法度")和"风雅"已被废弃。李白诗法中有"宪章""古道"两个大概念:宪章从古道而来,是李白对国风、雅、颂艺术精神与方法的概括。其具体内容,见于古人认为子夏亲传孔子诗学而作的《诗大序》。

第四,李白认为以建安三曹、七子为代表的"建安风骨",以其内容充实、格调刚健、也重藻丽而珍贵。但建安以后,南朝诗歌单纯追求辞藻声律对偶而内容空虚的绮丽之风,尤其是创作"束于声律俳优"的风气,贱不足珍。

第五,李白赞扬"圣朝"(唐朝)诗坛一变六朝浮靡绮丽之风,恢复了远古的淳厚质朴,珍视"清真"之美。既表达了李白对"清真"的审美追求,也明示了他追随陈子昂"复古道"的真实内涵。

第六,李白希望本朝诗人乘清明之世,群才跃起,以"文质相炳焕"的作品,开创诗坛灿若秋空繁星的新局面。李白要求文学作品的内容与形式相统一,即"文质并重""文质彬彬"。李白并不是一味反对辞藻,相反,他对于自己的"雄笔丽藻""余实不愧于古人也"是非常自豪的。(《暮春于江夏

送张祖监之东都序》）

第七，李白指出要重视学习和继承传统，在学习中变革创新。指出学习传统不是单纯模仿，不是东施效颦、寿陵学步，而是取其所长，勇于创造，形成自己的特色。

第八，李白推崇文学作品的"天然真实"。反对作品文采华丽、矫揉造作，蔑视丧失"天真"的"雕虫小技"。李白追思《诗经》的《雅》《颂》，感叹诗风的衰落，表示自己只要有机会，就会施展郢中巨匠那样"一挥成风斤"的绝技，创造天真自然之作。

第九，李白重视文章的社会功能，否定"棘刺造沐猴，三年废精神。功成无所用，楚楚且华身。"强调内容充实、感情真实、风格清新，反对内容空洞、情感虚伪、刻意雕饰，形式华丽而无补社会风教之作。

第十，李白表示要追踪孔子，立志删述，举"复远古"（即革新）之大旗，立言垂世，辉映千秋。

由上可见，前面所引的两首《古风》是李白非常成熟的诗论。联系诗论家相关的评述，我们看到李白的文学思想实际上有一个相当完整的体系。李白在十分有限的篇幅里，用诗的语言，简约而明朗地阐明了文学批评中的基本问题。诸如：

关于诗歌的源头；

关于文学与现实；

关于诗歌与传统；

关于现实主义与浪漫主义；

关于诗歌的内容和形式；

关于诗歌的风骨与辞采文风；

关于诗歌语言的清真与绮丽；

关于诗歌形式的选择与创作自由；

关于文学传统的模仿继承与变革创新；

关于步武孔子志向的使命意识。

我们从李白对以上十个问题的系列主张，可以觅得李白所以在诗坛独步千古的渊源与基石。

二、弘扬大雅传统，践行现实主义

中国读书人无人不知的《诗经》，是孔子"删述"而成的儒家"六经"之一。

刘勰《文心雕龙·明诗》云：大舜云："诗言志，歌永言。""在心为志，发言为诗。"三百之蔽，义归"无邪"。大禹成功，九序惟歌；太康败德，五子咸讽，顺美匡恶，其来久矣。又云：汉初四言，韦孟首唱，匡谏之义，继轨周人。

《诗经》的现实主义精神，"言志"抒情传统，风雅美刺精神，和赋、比、兴的表现手法，对于李白的创作影响都至为巨大。论者认为《诗经》是李白诗歌的"大源"之一，自然十分恰当。

李白弘扬了《诗经》的现实主义传统。李白的诗文，高度关注社会现实生活、关注时政世风、关注战争徭役、关注民生民瘼，抒写和记录了盛唐一代的政治状况、社会生活和风俗民情，与《诗经》"饥者歌其食，劳者歌其事"的精神传统，是非常一致的。

李白弘扬了《诗经》的言志抒情传统。刘勰说："《诗》主言志，诂训同《书》，摘风裁兴，藻辞谲喻，温柔在诵，故最附深衷矣。"（《文心雕龙》，王志彬译，中华书局2014年版，第11—13页）《诗经》主要是用来表达情志的，它分为

第十一章 独步千载的诗国天才

"风""雅""颂"三体,运用了"赋""比""兴"三种表现方法,辞藻华丽,讽喻委婉,诵读起来就能体会到它的温柔敦厚,所以《诗经》最能贴近人们的心灵和情怀。《诗经》中除了《大雅》中的史诗和《小雅》《国风》中的个别篇章外,几乎全是抒情诗。李白诗与《诗经》一样,以抒情诗为其主要形式,其赢得读者之最著名的诗篇,如《行路难》三首、《梁甫吟》《将进酒》《远别离》《经乱离后天恩流夜郎忆旧游书怀赠江夏韦太守良宰》等,也全部充满激情之作。

李白继承了《诗经》风雅精神。《诗经》表现出的以强烈的关注现实热情、强烈的政治意识、真诚积极的人生态度,被后人概括为"风雅"精神。李白一系列注重现实生活、干预时事政治、关心人民疾苦的诗作,如《答王十二寒夜独酌有怀》《丁都护歌》《秋浦歌十七首》《宿五松山下荀媪家》等等,都是对《诗经》"风雅"精神的弘扬。在后世诗人如陈子昂倡导"风雅"精神,来进行文学革新,感叹齐梁间"风雅不作"的时候,李白同样慨叹"大雅久不作,吾衰竟谁陈"。这都表明,"继承风雅",是陈、李用以纠正齐梁以来诗坛绮丽浮靡之风的武器。有意思的是,伟大诗人杜甫也有"别裁伪体亲风雅"的追求。

李白继承了《诗经》的"赋、比、兴"的表现手法。关于体裁和语言,刘勰说:"若秉经以制式,酌雅以富言,是即山而铸铜,煮海而为盐者也。故文能宗经,体有六义:一则情深而不诡,二则风清而不杂,三则事信而不诞,四则义贞而不回,五则体约而不芜,六则文丽而不淫。扬子比雕玉以作器,谓'五经'之含文也。夫文以行立,行以文传,'四教'所先,符采相济,迈德树声,莫不师圣,而建言修辞,鲜克宗经。是以楚艳汉侈,流弊不还,正末归本,不其懿欤!"(《文

411

心雕龙》，第12—14页）李白诗歌大量地吸取运用《诗经》创造的优美的艺术形式，学习《诗经》灵活多样的诗歌形式和生动丰富的语言，包括在创作中沿袭《诗经》的语言形式和《诗经》的节奏韵律。

更重要的是，《诗经》首开的写真的艺术风格，以其朴素、真切、生动的语言，逼真地刻画和表现了事物、人物及社会的特征，艺术地再现了社会的本质，为后世文学创作（尤其诗歌创作）提供了艺术写真的楷模与借鉴范式。李白重视《诗经》的"写实"精神，他把史学的"实录"概念，转化为文学思想的角度，表达了对诗文创作的真实性追求，从而为盛唐转折时期活画了一卷社会与历史图画，真实地反映了这一历史转折给人民带来的灾难，鞭挞了统治阶级的腐败、卑鄙、无耻，使自己的作品具有孔子《春秋》一样的史诗意义。

唐人孟棨《本事诗·高逸》说："白才逸气高，与陈拾遗齐名，先后合德。其论诗云：'梁陈以来，艳薄斯极，沈休文又尚以声律，将复古道，非我而谁与！'故陈、李二集，律诗殊少。尝言：'兴寄深微，五言不如四言，七言又其靡也。况使束于声律俳优哉！'"据此，钱志熙先生在《论李白诗歌的豪放与法理的关系》一文中指出："未被学者所深究的李白的'兴寄深微'之说，是我们重新思考李白诗歌艺术的关键。"（《中国李白研究》2019年集）钱先生认为，李白的"兴寄深微"，强调的是一种"浑朴自然、与人情物理毫无间隔的艺术效果，亦即风的效果，风的艺术，它不同于后世的修饰、藻采、雕琢、俳偶的作风。李白正是以风诗的精神与方法来进行创作。"

李白是一位现实主义的践行者。20世纪以来，国内研究李白的诗歌风格，基本形成了一个定论，即李白是一个伟大的浪

第十一章 独步千载的诗国天才

漫主义诗人,与"伟大的现实主义诗人"杜甫相并提,成为中国诗坛的"双子星"。但杜诗自晚唐以来,被称为"诗史",而对于李白诗,不但不入于"诗史"之列,而且受到许多奇怪的责难,如谓"白之诗,多在风月花草之间,神仙虚无之说,亦何补于教化哉"?(宋赵次公:《杜工部草堂记》)"李太白当王室多难、海宇横溃之日,作为歌诗,不过豪侠使气、狂醉与花月之间耳!社稷苍生,曾不系其心膂;其视杜少陵之忧国忧民,岂可同年语哉!"(宋罗大经:《鹤林玉露》)以此看,责难李白诗远离社会现实的观点,已经流行千年。近代以来指称李白"颓废"者,基本亦持此见。然而,倘若我们透过李白乐府等诗的"比兴"之类的外衣,触及李白的心灵,就会发现李白之诗常有"春秋笔法",他其实也是"现实主义"的践行者。李白大量的指陈时政的诗作,非常有力地证实了这一点。

李白是大唐玄宗皇帝的讽喻者。如李白《古风》其三:

秦王扫六合,虎视何雄哉!挥剑决浮云,诸侯尽西来。
明断自天启,大略驾群才。收兵铸金人,函谷正东开。
铭功会稽岭,骋望琅琊台。刑徒七十万,起土骊山隈。
尚采不死药,茫然使心哀。连弩射海鱼,长鲸正崔嵬。
额鼻象五岳,扬波喷云雷。鬐鬣蔽青天,何由睹蓬莱?
徐市载秦女,楼船几时回?但见三泉下,金棺葬寒灰。

就是讽刺唐玄宗穷兵黩武好大喜功之作。诗评家陈沆认为:"此亦刺明皇之词,而有二意,一则太白乐府所谓'穷兵黩武有如此,鼎湖飞龙安可乘';二则人心苦不足,周穆秦汉同一辙也。"(《诗比兴笺》)

李白是大唐宫廷腐败的揭露者。如《感寓二首》其二:

413

李白：融汇百川的杰出思想家

> 咸阳二三月，宫柳黄金枝。绿帻谁家子，卖珠轻薄儿。
> 日暮醉酒归，白马骄且驰。意气人所仰，冶游方及时。
> 子云不晓事，晚献长杨辞。赋达身已老，草玄鬓若丝。
> 投阁良可叹，但为此辈嗤。

这是一首讥讽宫廷外戚的诗。萧士赟说："此时戚里骄纵逾制，动致高位，儒者沉困下僚，是诗必有所感而作。"（《分类补注李太白诗》）玄宗晚年因宠杨贵妃，遂使杨氏兄弟姊妹飞扬跋扈，朝野侧目，终于导致安史之乱。

李白是大唐政治危机的警示者。且看《古风》其二十四：

> 大车扬飞尘，亭午暗阡陌。中贵多黄金，连云开甲宅。
> 路逢斗鸡者，冠盖何辉赫。鼻息干虹蜺，行人皆怵惕。
> 世无洗耳翁，谁知尧与跖。

唐玄宗宠信宦官，让他们占据京郊的甲第、名园、良田竟达一半；又酷爱斗鸡，当时王公贵族也都以斗鸡为乐，形成风气，有些人甚至靠斗鸡的本领而获得高官厚禄。作者写这首诗时正在长安，根据自己的见闻，刻画了宦官的显赫和斗鸡徒的骄横形象，从而对唐玄宗的腐朽政治进行了无情的揭露和谴责。

李白还是安史之乱的预言者。他在《忆旧游赠江夏韦太守良宰》诗中说：

"十月到幽州，戈鋋若罗星。君王弃北海，扫地借长鲸。呼吸走百川，燕然可摧倾。心知不得语，却欲栖蓬瀛。"天宝十二载，李白北上幽州，亲眼见到安禄山厉兵秣马、准备叛乱的景象，敏锐地觉察到大唐的政治危机。他的《君子有所思行》："歌钟乐未休，荣去老还逼。圆光过满缺，太阳移中昃。不敢东海金，何事西辉匿？无作牛山悲，恻怆泪沾臆。"

这也是"处江湖之远"的李白对统治者的警告。安史之乱的事实表明，李白是一位能见祸乱于未萌的智者。但这种明察与远见，得之于李白对大唐政治与复杂现实的关注和观察。

李白用自己的诗文，深刻而广泛地反映了盛唐社会的历史。他站在时代的前列，勇敢地用自己的作品干预生活，展示大唐帝国在盛装掩盖下的危机，展示人民在大唐由盛而衰转折时期的苦难，真实地书写诗人面对社会万象的喜怒哀乐。他不但是一个伟大的浪漫主义诗人，也是和杜甫一样伟大的现实主义文学家。李白可称为诗史类的作品，各体都有，尤以乐府歌行和《古风》为最。

三、继承楚辞范式，登上浪漫顶峰

屈平词赋悬日月，楚王台榭空山丘。

（《江上吟》）

我们从这句诗里看到，对于屈原和他的辞赋，李白怀有极大极高的崇敬。

屈原的《离骚》是一篇"奇文"。刘勰在《文心雕龙·辩骚》中说：

自《风》《雅》寝声，莫或抽绪，奇文郁起，其《离骚》哉！固已轩翥诗人之后，奋飞辞家之前，岂去圣之未远，而楚人之多才乎！昔汉武爱《骚》，而淮南作《传》，以为："《国风》好色而不淫，《小雅》怨诽而不乱，若《离骚》者，可谓兼之矣。蝉蜕秽浊之中，浮游尘埃之外，皭然涅而不缁，虽与日月争光可也。"

李白：融汇百川的杰出思想家

自从《离骚》问世：

名儒辞赋，莫不拟其仪表。所谓"金相玉质，百世无匹"者也。

又说：

固知《楚辞》者，体宪于三代，而风杂于战国，乃《雅》《颂》之博徒，而辞赋之英杰也。观其骨鲠所树，肌肤所附，虽取镕经意，亦自铸伟辞。故《骚经》《九章》，朗丽以哀志；《九歌》《九辩》，绮靡以伤情；《远游》《天问》，瑰丽而慧巧；《招魂》《大招》，耀艳而深华；《卜居》标放言之致，《渔父》寄独往之才。故能气往轹古，辞来切今，惊采绝艳，难与并能矣。

（王志彬译：《文心雕龙·辩骚》，中华书局2014年版，第20—22页）

刘勰认为，屈原"惊才风逸，壮志山高。山川无极，情理实劳。金相玉式，艳溢锱毫"。惊人的才华像风一样飘逸，雄壮的志趣像云烟一样高远，情志像山川一样悠远辽阔，质地像金玉一样美好，就是极细微处都充溢着艳丽。而楚辞的体制，仿效三代的经典；风格里夹杂有战国纵横家的风气；虽然汲取融合了经书的意指，也独创了奇伟瑰丽的文辞。气势能超越古人，文辞能横绝当代，文采惊人，华美绝伦，是"百世无匹"的！（王志彬译：《文心雕龙·辩骚》，中华书局2014年版，第25页）

屈原是战国时期伟大的爱国主义者。《离骚》是屈原的代表作，也是《楚辞》的代表作，是中国第一首由诗人自己独立完成的自传体长篇抒情诗。全诗从自叙身世、品德、理想写起，抒发了自己遭谗言被害的苦闷与矛盾，斥责了楚王昏庸、

第十一章　独步千载的诗国天才

群小猖獗与朝政日非，表现了诗人坚持"美政"理想，坚持正义和真理，抨击黑暗与丑恶，不与邪恶势力同流合污的斗争精神和至死不渝的爱国热情。《离骚》的风格，钱志熙先生称之为"哀怨愤激"。

李白一生，除了出身与身份，无论个人的品德与理想，经历的遭谗与放逐，遭遇群小与昏君，还是诗文的坚持正义抨击邪恶，坚持节操拒绝合污，坚持斗争至死不渝，都与屈原大致雷同。李白很像是屈原千年后的再生，其诗文的浪漫主义、比兴言志之手法，也与离骚颇为相近。历代的选诗家和诗评家，都注意到李白诗与《楚辞》的关系。与李白的同时代人殷璠在《河岳英灵集序》中说：《蜀道难》等篇，"奇之又奇，自骚人以来鲜有此体调"，即认为李白那些展示丰富想象力、造奇尽变的作品，是取法于《楚辞》。我们读李白的《远别离》，就会发现，此诗以古帝尧舜幽囚与娥皇、女英远别为内容，表达的正是李白自己"皇穹窃恐不照余忠诚"的怨意，基本情调与《楚辞》叩君门而不得入的主题非常一致。胡震亨在《李诗通》中评论说："盖体干于楚骚，而云调于汉铙歌诸曲，以成为一家语。参观之，当得其源流所自。"（转引自《中国李白研究》2019年集，第13页）道出了《楚辞》正是李白诗歌的源流之一。

那么，李白究竟从《楚辞》中继承了什么？钱志熙先生认为："风与骚，都是李白所追慕，并且也达到的两种重要境界。""李白诗歌兴寄深微出于国风雅颂，而哀怨愤激则出于楚辞。""李白歌行体近于骚，取骚体入乐府，是李白的专长。"（《论李白诗歌的豪放与法理的关系》，见《中国李白研究》2019年集，第10—11页）的确，像李白的《鸣皋歌送崔征君》（746），就是一首骚体诗：

若有人兮思鸣皋，阻积雪兮心烦劳。
洪河凌兢不可以径度，冰龙鳞兮难容舠。
邈仙山之峻极兮，闻天籁之嘈嘈。
霜崖缟皓以合沓兮，若长风扇海涌沧溟之波涛。
玄猿绿罴，舔倓岌危；
危柯振石，骇胆栗魄，群呼而相号。
峰峥嵘以路绝，挂星辰于崖嶅！
送君之归兮，动鸣皋之新作。
交鼓吹兮弹丝，觞清泠之池阁。
君不行兮何待？若返顾之黄鹤。
扫梁园之群英，振大雅于东洛。
巾征轩兮历阻折，寻幽居兮越巘崿。
盘白石兮坐素月，琴松风兮寂万壑。
望不见兮心氛氲，萝冥冥兮霞纷纷。
水横洞以下渌，波小声而上闻。
虎啸谷而生风，龙藏溪而吐云。
冥鹤清唳，饥鼯嚬呻。
块独处此幽默兮，愀空山而愁人。
鸡聚族以争食，凤孤飞而无邻。
蝘蜓嘲龙，鱼目混珍；
嫫母衣锦，西施负薪。
若使巢由桎梏于轩冕兮，亦奚异于夔龙蹩躠于风尘！
哭何苦而救楚，笑何夸而却秦？
吾诚不能学二子沽名矫节以耀世兮，固将弃天地而遗身！
白鸥兮飞来，长与君兮相亲。

全诗在语言、结构方面富于变化，以含混、暧昧、朦胧的意象形成梦幻般的艺术效果，设想奇妙，气势奔放，具有声势夺人的气魄。晁补之评论说："至《鸣皋歌》一篇，本末于楚辞也。"（见王琦《李太白全集》注）李白的许多诗作，都有楚骚"哀怨愤激"风格。

李白是浪漫主义的集大成者。刘大杰先生的《中国文学发展史》有"浪漫诗"一章，指出"在唐诗的发展史上，陈子昂是结束了初唐百年间的齐梁诗风，下开盛唐的浪漫诗派"的重要人物。而属于"浪漫派"的诗人，于子昂以外，有苏颋、张说、张九龄，"吴中四士"贺知章、张旭、包融、张若虚，有王孟诗派的王维、孟浩然、储光羲、裴迪、丘为、綦毋潜、常建、刘长卿、祖咏以及后来的元结、韦应物、柳宗元、顾况等人，有岑高诗派的岑参、高适、李颀、崔颢、王昌龄、王之涣、王翰等。而浪漫主义的集大成者，则是"诗仙"李白：

在上述的浪漫文学中，无论在诗的体裁、内容或其作品的风格上，兼有王孟、岑高二派之长，集浪漫文学的大成，使这一派的作品呈现着空前的光彩，而成为浪漫派的代表诗人的，是前人称为诗仙的李白。在他的作品里，有淡远恬静的山水诗，有气象雄伟的乐府诗，无论五言七言长篇短篇，他都写得极好，几乎任何体裁任何题材，他都无须选择。前人加于诗歌上面的种种格律，都被他的天才击得粉碎。在中国过去的诗人内，从没有一个他这么大胆的勇气和创造性破坏。在他的眼里，任何规律，任何传统和法则，都变成地上的灰尘，在他天才的力量下屈服了。他是当代浪漫生活、浪漫思想、浪漫文学的总代表。

（《中国文学发展史》，百花文艺出版社1999年版，第396页）

李白：融汇百川的杰出思想家

文学界以丰富的想象、大胆的夸张、强烈的抒情等三个方面来概括浪漫主义文学的主要特征，我们循此一观李白高度浪漫主义的诗歌艺术。

（一）丰富奇特的想象

李白诗歌的浪漫主义特色，首先体现在他以丰富而奇特的想象来描写形象，抒写感情。他有时借助梦境仙界，捕捉超现实的意象，创造出美丽的理想世界，抒写自己鄙弃黑暗，追求光明的思想感情。如在《梦游天姥吟留别》中，他借助梦境，描写天鸡高唱、海日升空、熊咆龙吟、霓衣风马等超现实意象，渲染了仙界的瑰丽和美好，映衬了现实的污浊和黑暗，表现了崇高的理想。

他有时借助神话传说驰骋想象，大胆夸张，贯以奔放的气势，描写雄伟神奇的山川形象，寄托自己开阔的胸襟和豪迈的气概。《蜀道难》就是这样的著名诗篇。诗中"六龙回日"的神话，黄鹤难飞的夸张，"扪参历井"的想象，多种手法迭互使用，融为一体，层层渲染山势高危，层层映衬蜀道难的艰险。接着又以悲鸟哀号、子规夜啼等苍凉气氛，烘托蜀道山水图，寄托了诗人对壮丽山河的赞叹之情和对现实政治的某种隐忧。李白当时的殷璠《河岳英灵集》称赞这首诗"奇之又奇"，并说"自骚人以还，鲜有此体调"。

除了著名的大诗，李白在许多"小诗"里也一样富有想象力：

危楼高百尺，手可摘星辰。不敢高声语，恐惊天上人。

（《夜宿山寺》）

花间一壶酒，独酌无相亲。举杯邀明月，对影成三人。

（《月下独酌》其一）

狂风吹我心，西挂咸阳树。

（《金乡送韦八之西京》）

雁引秋心去，山衔好月来。

（《与夏十二登岳阳楼》）

我寄愁心与明月，随君直到夜郎西。

（《闻王昌龄左迁龙标遥有此寄》）

孤帆远影碧空尽，唯见长江天际流。

（《送孟浩然之广陵》）

中国的诗歌历史上，论想象力之浩大雄奇，当首推李白。前人评价李白乃是"发想无端"，其想象力浩然而无边际，令人叹服。贺知章看了李白的诗歌之后，惊叹其为"谪仙人"，李白遂被称为"诗仙"。晚唐诗人皮日休说李白诗歌"言出天地外，思出鬼神表，读之则神驰入极，测之则心怀四溟，累累落落，莫非世间语者"（《刘枣强碑》），指的正是这类诗篇。

（二）巧妙的修辞运用

大胆的夸张，新奇的比喻，以及拟人的手法，是李白抒写浪漫主义情怀常用的艺术手法。有时，他既用夸张，又用比喻，"白发三千丈，缘愁似个长"（《秋浦歌》其十五），"燕山雪花大入席"（《北风行》），都是夸张中有比喻的名句。有时他又把丰富的想象和奇特的夸张结合起来，写自己强

李白：融汇百川的杰出思想家

烈的心潮激荡："狂风吹我心,西挂咸阳树"(《金乡送韦八之京》),把思念长安的心情表现得十分神奇别致而又形象贴切。"南风吹归心,飞坠酒楼前"(《寄东鲁二稚子》),思念儿女的骨肉之情也表现得淋漓尽致。"我寄愁心与明月,随风直到夜郎西"(《闻王昌龄左迁龙标遥有此寄》),愁心可寄,已是大胆夸张;寄予明月,更是奇特想象,对友人的思念便在诗中得到最好的表达。

李白常常用极度夸张的语言,表现豪迈、宏远的理想,显示诗人飞跃的精神状态和落拓不羁的情怀。譬如:

写黄河:黄河之水天上来,奔流到海不复回。

(《将进酒》)

写风雪:燕山雪花大如席,片片吹落轩辕台。

(《北风行》)

登庐山:登高壮观天地间,大江茫茫去不还。
　　　　黄云万里动风色,白波九道流雪山。

(《庐山谣寄卢侍御虚舟》)

写友情:回山转海不作难,倾情倒意无所惜。

(《忆旧游寄谯郡元参军》)

写胸怀:抚长剑,一扬眉。清水白石何离离。

(《扶风豪士歌》)

写性格:揄扬九重万乘主,谑浪赤墀青琐贤。

(《玉壶吟》)

写傲岸：黄金白璧买歌笑，一醉累月轻王侯。

(《忆旧游寄谯郡元参军》)

写醉酒：清风明月不用一钱买，玉山自倒非人推。

(《襄阳歌》)

写船行之快：两岸猿声啼不住，轻舟已过万重山。

(《早发白帝城》)

　　李白又善于拟人化手法使大自然具有个性，为抒写感情服务，"春风知别苦，不遣柳条青"。(《劳劳亭》)把无知无情的春风化为有知有情。他更善于以月拟人寄托情怀，"暮从碧山下，山月随人归"，把山月写成有情的同伴。"青天有月来几时？我今停杯一问之"(《把酒问月》)，把明月当成可以解答问题的挚友。《月下独酌四首》其一："花间一壶酒，独酌无相亲。举杯邀明月，对影成三人。"同样运用丰富的想象和拟人化的手法，把月影化成知己，以寄托自己的感情。

（三）强烈的主观色彩与抒情

　　李白诗歌绝大部分是抒情诗，在这些诗中，诗人不是冷静细致地表现生活，而是侧重于抒发个人炽热的内心情感，他以强烈的主观色彩与浪漫主义情调，表现出自己鲜明的独创性。他在抒写理想时总是十分自信，"天生我材必有用"(《将进酒》)，"长风破浪会有时"(《行路难》其一)，而在表达追求自由的心情时，更是十分狂放："何时腾风云，搏击申所能？"(《赠新平少年》)"大鹏一日同风起，扶摇直上九万里。"(《上李邕》)都表现出一种豪放不羁、傲岸不屈的精

李白：融汇百川的杰出思想家

神。他在批判政治黑暗时，愤怒地斥责"夷羊满中野，菉葹盈高门"（《古风》其五十一）。在批判安史叛乱时，沉痛地呼喊："白骨成丘山，苍生竟何罪！"（《赠江夏韦太守良宰》）表达他的强烈愤怒。当他的进步理想与黑暗现实发生无法解决的矛盾时，他的诗歌主观色彩就更强烈了，如《宣州谢朓楼饯别校书叔云》："弃我去者昨日之日不可留，乱我心者今日之日多烦忧！"这陡然的发端，直抒内心郁结，可见其精神苦闷的强烈。接着转入描写登楼所见所感，酒酣兴发，飘然欲飞，似乎所有的烦忧一扫而空。然而现实的黑暗依然存在，感情也未平静。所以，后面的诗句反跌入更大的苦闷，希望在消极避世中寻求解脱："抽刀断水水更流，举杯销愁愁更愁。人生在世不称意，明朝散发弄扁舟。"诗人就是这样抒写自己内心苦闷、抑郁以及追求与希望。

"登山则情满于山，观海则意溢于海。"（刘勰）炽热感情的抒发，使李白的诗歌具有一种强烈的自我表现的主观色彩，表现出鲜明的傲岸不屈的个性特征，体现了李白诗歌"壮浪纵恣，摆去拘束"（元稹语），以气夺人的特色。

四、接受乐府成果，强调比兴讽喻

李白诗歌艺术成就最高的是乐府诗。

（郁贤皓：《李太白全集校注·前言》）

唐时诗歌各体皆已成熟，五律、七律，这些诗歌"新贵"早已登上舞台搔首弄姿。大诗人如杜甫，就写了七律诗700多首，表现了"戴着镣铐跳舞"的才情能耐。但李白不，李白现

第十一章　独步千载的诗国天才

存诗千首，如七律者，仅8首（郁贤皓），不到其现存诗作的百分之一。其实，关于体裁的选择和运用，李白最是"量体裁衣"的高手。他的诗不论长篇短制，都很适合作品的内容，恰到好处。除七律外，他在各种体裁上都有很多佳作，而最拿手的则是乐府歌行和七言古诗。

郁贤皓先生认为："李白诗歌艺术成就最高的是乐府诗。诗人也认为自己擅长乐府，晚年在江夏还把古乐府之学传授给好友韦冰的儿子韦渠牟。李白现存乐府一百四十九首，多为旧题乐府。这些诗与古辞和前人创作已经形成的传统题材、主题、气氛、节奏有紧密联系。""李白乐府包括《静夜思》《宫中行乐词》等新题乐府在内，几乎都是写战争、闺怨、宫女、饮酒、思乡、失意等传统题材，而且在表现这些题材时，总是将个别特定的感受转化为普遍传统的形象表现出来。""他的伟大之处，并不在于扩大题材，改换主题，恰恰相反，他是在继承前人创作总体风格的基础上，沿着原来的方向把这个题目写深、写透、写彻底，发挥到淋漓尽致、无以复加的境地，从而使后来的人难以为继，再也无法在这一旧题内超过他的水准。"（《李太白全集校注·前言》，第20—21页）

千年以来，许多李白诗歌的研究者，都注意到李白乐府诗的巨大成就，并对此做出极高的评价。刘大杰在《中国文学发展史》中说：

乐府的精神与语气的运用，到了李白算是达到了最成熟最解放的阶段。在他的集中，乐府诗有一百四十几首，其他的诗（除了少数的律诗古诗以外），也都是乐府的变形。他从乐府里得到最纯熟的训练与良好的技术和意境，在他的各种作品里，充分地表现了这种新精神。在这一点岑、高、崔、李之流都比不上他。胡适之说："乐府到了李白，可算是集大成了。他的特别长处有三点，第一，乐府本起于民间，而文人受了六朝浮华文体的余毒，往往不敢充分运用民间语言与风趣，李白认清了文学的趋势，他是有意用清真来救绮丽之弊的。所以他大胆地运用民间的语言，容纳民歌的风格，很少雕饰，最近自然。第二，别人作乐府歌辞，往往先存了求功名的念头，李白却始终是一匹不受羁勒的骏马，奔放自由。故能充分发挥诗体解放的趋势，为后人开了不少生路。第三，开元天宝的诗人作乐府，往往勉强作壮语，说大话，仔细分析起来，其实很单调，很少个性的表现。李白的乐府有的是酒后放歌，有时是离筵别曲，有时是发议论，有时是颂赞山水，有时上天下地作神仙语，有时描摹小儿女情态，体贴入微。这种多方的尝试，便使乐府歌辞的势力，侵入诗的种种方面。两汉以来无数民歌的解放的作用与影响，到此才算大成功。"（《白话文学史》）他这一段批评非常精当，所以我全抄在这里。

（刘大杰：《中国文学发展史·上》，第402页）

那么，李白为什么对乐府歌行这种体裁情有独钟？王运熙先生认为：这和他的浪漫主义气质是分不开的。乐府歌行和七言古诗，一般篇幅较长，容量大，宜于表现丰富复杂的思想内容；除七言句外，且可以兼用长短不齐的杂言，形式自由，具有一种便于作者驰骋纵横、发扬蹈厉的优越条件。因此，李白常常用它来表达他那奔放豪迈的激情，塑造雄伟壮阔的艺术形象。《唐宋诗醇》卷六说："白诗才纵逸，至于七言长古，往往风雨争飞，鱼龙百变；又如大江无风，波浪自涌，白云从空，随风变灭。诚可谓怪伟奇绝矣！"（评《忆旧游寄谯郡元参军》）这是很能说明作者人格于作品风格之间的关系的。

李白的乐府歌行和七言古诗，以《蜀道难》《将进酒》《行路难》《梁园吟》《鸣皋歌送崔征君》《忆旧游寄谯郡元参军》《梦游天姥吟留别》《宣州谢朓楼饯别校书叔云》《远离别》《日出入行》等篇最为杰出。他把前代文学精华——无论是民间的或文人的，统统吸收过来，加以咀嚼消化，变为自己的营养，从而产生出更加富有生命力的作品。如《远别离》，胡震亨就说它"盖体干于楚骚，而韵调于汉《铙歌》诸曲，以成为一家语"（《李诗通》）。明王世贞《艺苑卮言》说："太白古乐府，杳冥惝恍，纵横变幻，极才人之致。"换句话说，李白用乐府，最适合他的性情、最适合他的内容和风格。（王运熙：《李白精讲》，第131页）

五、坚守汉魏风骨，扫荡齐梁浮华

自从建安来，绮丽不足珍。

（《古风·大雅久不作》）

对于汉魏法度尤其是"建安风骨"的肯定与继承，是李白诗歌成功的又一重要原因。"风骨"是内容与形式的结合体，与文采有着密切的关系。刘勰在《文心雕龙·风骨第二十八》中说：

《诗》总六义，"风"冠其首，斯乃化感之本源，志气之符契也。是以怊怅之情，必始乎风；沉吟铺辞，莫先于骨。故辞之待骨，如体之树骸；情之含风，犹形之包气。结言端直，则文骨成焉；意气骏爽，则文风生焉。若丰藻克赡，风骨不飞，则振采失鲜，负声无力。是以缀虑裁篇，务盈守气，刚健既实，辉光乃新,其为文用,譬征鸟之使翼也。

(刘勰:《文心雕龙》,中华书局2014年版,第166页)

"风"是文章教化、感染力量的本源,是作者思想感情和精神面貌的具体体现;而文辞依赖于"骨",犹如人体必须有躯干。那么"骨"是什么?就是"结言端直",词语端正有力。所以"风骨"就是作文要保持旺盛的志气,用刚健的文辞表达思想。它在文章中的作用,犹如征鸟远飞要使用它的翅膀。

故练于骨者,析辞必精;深于风者,述情必显。捶字坚而难移,结响凝而不滞,此风骨之力也。若瘠义肥辞,繁杂失统,则无骨之征也。思不环周,牵课乏气,则无风之验也。

(刘勰:《文心雕龙》,中华书局2014年版,第166页)

刘勰论文,注意到"风骨"与"文采"两个方面。首先强调"风骨"对文采的决定性影响,如果文章缺乏飞扬、灵动的风骨之力,即使辞藻华美,文章也不会富有文采和感染力量,所以风骨是运用辞采的基础。但文章如果只有"风骨"没有"文采"也不行。为什么呢?因为"翚翟备色,而翾翥百步,肌丰而力沉也;鹰隼乏采,而翰飞戾天,骨劲而气猛也。文章才力,有似于此。若风骨乏采,则鸷集翰林;采乏风骨,则雉窜文囿。唯藻耀而高翔,固文笔之鸣凤也"。如果只有风骨而缺乏文采,那就像猛禽集聚于翰墨之林;如果文采丰富而没有风骨,那就像五彩的野鸡乱窜于文笔之苑。结论是,只有辞采熠耀而又具有高飞远举的风骨之力,才是文场笔苑中鸣叫的凤凰!

李白在建安时代的作家群里,找到了这样的"凤凰":他们"情与气偕,辞共体并。文明以健,珪璋乃骋。蔚彼风力,严此骨鲠。才锋峻立,符采克炳"其中如"三曹""七子"。历代的李白研究者,也注意到李白对汉魏建安风骨的继承。唐人杜确云:"圣唐受命,斫雕为朴。开元之际,王纲复举,浅薄之风,兹焉渐革。其时作者凡十数辈,颇能以雅参丽,以古杂今。彬彬然,粲粲然。近建安之遗范矣。"(高棅:《唐诗品汇·历代名公序论》,上海古籍出版社1988年影印本)钱志熙先生尤其明确地指出,曹植是李白诗体的主要渊源:

> 除了骚人体调之外,李白对魏晋法度也多所汲取。其于《古诗十九首》、建安诗歌,取其比兴之意,散句之法。学习建安是盛唐诗人的共同做法……《全唐诗》小传评孟诗云:"当明皇时,章句之风大得建安体,论者推李杜为先,介其间能不愧者,盖浩然也。"李白是骈散并用,骈体取法于曹植、陆机以下,散句之法则以建安五言为主。其中曹植的骋词尚气而风骨矫厉,文质相兼,是李白诗体主要渊源之一。自曹植的游仙诗,以求仙寄托其现实之不遇,一变乐府游仙诗为文人游仙诗,更是李白的游仙诗的渊源之一。

(《论李白诗歌的豪放与法理的关系》,《中国李白研究》2019年集,第13页)

刘勰强调"风骨",不离"文采",是"风骨"与"文采"的统一。钱志熙论李白诗体的主要渊源,是曹植的"风骨矫丽,文质相兼"。两者与李白《古风》所谓的"文质相炳焕",完全一致。有人对曹植的《仙人篇》与李白《古风》其四十一"朝弄紫泥海"进行比较,发现李白诗的"基本体段"正出于曹植。请看曹植《仙人篇》:

> 仙人揽六箸,对博太山隅。湘娥拊琴瑟,秦女吹笙竽。

玉樽盈桂酒，河伯献神鱼。四海一何局，九州安所如。
韩终与王乔，要我于天衢。万里不足步，轻举凌太虚。
飞腾逾景云，高风吹我躯。回驾观紫微，与帝合灵符。
阊阖正嵯峨，双阙万丈余。玉树扶道生，白虎夹门枢。
驱风游四海，东过王母庐。俯观五岳间，人生如寄居。
潜光养羽翼，进趣且徐徐。不见昔轩辕，升龙出鼎湖。
徘徊九天下，与尔长相须。

李白《古风》其四十一"朝弄紫泥海"：

朝弄紫泥海，夕披丹霞裳。挥手折若木，拂此西日光。
云卧游八极，玉颜已千霜。飘飘入无倪，稽首祈上皇。
呼我游太素，玉杯赐琼浆。一餐历万岁，何用还故乡？
永随长风去，天外恣飘扬。

曹植是建安风骨的代表人物。李白学习曹植，取法其"风骨矫厉，文质相兼"。曹植文章的"文质相兼"，"彬彬然，粲粲然"，与李白的"文质相炳焕"，都指向文辞鲜明刚健、风力清新、骨力峻拔的体调和风格。可见，"风清骨峻"既是李白继承建安风骨的重要原因，也是李白审美追求的重要标准，是李白重要的文学思想之一。

六、博采众家之长，熔铸先贤之功

白也诗无敌，飘然思不群。清新庾开府，俊逸鲍参军。
（杜甫：《春日忆李白》）

第十一章 独步千载的诗国天才

自从诗圣杜甫称赞"白也诗无敌",千年来赞颂李白诗歌成就的诗人和文人可谓无法计数。与此同时,对于李白诗歌成就渊源的追踪,也成为无数后人探索的课题。安旗先生在《李白全集编年笺注·论李白》中说:

> 李诗渊源深广,多师我师。正如刘熙载所云:"太白诗以'庄''骚'为大源,而于嗣宗之渊放,景纯之俊上,明远之驱迈,玄晖之奇秀,亦各有所取,无遗美焉。"(《艺概》)其实刘熙载只是略举数例以概其余,但《风》《雅》这一大源是不能不标出的,子建之高华,渊明之淡远,也是不能不提到的。除此之外,李白又爱杂学旁收,他也一概"拿来",加以消化。正由于他从古代文化遗产中吸取了丰富的营养,所以李白取得了"长袖善舞,多钱善贾"的优势,取得了进行大胆创造所必须的广博的基础。

安旗先生指出李白诗歌不但学习和汲取"庄""骚"和《风》《雅》两"大源",不但对阮籍、郭璞、鲍照、谢朓、曹植、陶潜都"各有所取"而"无遗美",而且对"诸子百家,三教九流"亦"杂学旁收"。这是十分精辟的见解。过去,许多学者似乎只瞩目李白"天才"与"狂傲",似乎李白目空古人,睥睨一切。不对!李白是一个虚心学习的人,认真继承文学优良传统,虚心接受先贤艺术成就,既是他重要的文学思想,也是他成为伟大诗人的重要原因。与杜甫"转益多师是汝师"(《戏为六绝句》其六)一样,李白的文学老师,是一个很长的名单。他是一个古代优秀文学传统的集大成者!

李白：融汇百川的杰出思想家

（一）李白学习孔子——得诗歌之大源

孔子（前551—前479）是《诗经》的删定者，他实在是中国诗歌的奠基人。我们在本章第二节，谈到李白诗歌的第一大源是《诗经》，并从现实主义精神、"诗言志"、诗"无邪"、风雅颂、赋比兴等思想与艺术角度分析了诗经对李白创作的影响，实际上论证的正是李白对孔子诗学思想的继承与接受。孔子是李白政治思想之师，也是李白的文学艺术之师。

（二）李白学习庄子——得庄子之神思

庄子（前369—前286）名周，战国时期宋国蒙城人（今河南商丘北），史称"漆园傲吏"，与老子并为道家之祖。唐玄宗诏封"南华真人"，《庄子》一书被奉为《南华真经》。

《庄子》是一部哲学、社会学、伦理学著作，却对后世的文学产生了重大影响，其中的奥妙就在于庄子神妙无比的语言艺术。《庄子》语言艺术的特点有三：一是创造性的以寓言说理；二是丰富奇特的想象和体物入微的描绘；三是由大量寓言故事化出的明珠般的成语。庄子创造的渔父、屠夫等人物形象，描绘的太空、江海、风云、走兽等大自然奇观，"其意境之深邃玄妙，构思之奇特险峻，设喻之形象贴切，抒情之浓郁强烈，文意之飘逸飞动，均臻于尽善尽美的境界，令后世多少文人墨客'倾倒，醉心，发狂'"。（闻一多：《古典新义·庄子》，转引自陈庆惠《庄子选译·前言》，浙江文艺出版社2003年版，第3页）

庄子散文宏阔奇妙，超凡脱俗，虚实相生，想象非凡。其主要表现手法,是比喻、拟人、夸张和跳跃式思维的运用。轩颖在《南华经解·逍遥游》中说:庄子之文,"喻后出喻,喻后设喻,不啻于峡云层起,海市幻生,从来无人及得"。我们从李白诗中的"桃花潭水深千尺,不及汪伦送我情"(《赠汪伦》);"举杯邀明月,对影成三人"(《把酒问月》);"相看两不厌,只有敬亭山"(独坐敬亭山);"大道如青天,我独不得出"(《行路难》其二),可以看见他们之间的师承之迹。

尤其值得注意的是李白对庄子审美趣味的接受。庄子散文具有自然朴素、崇高壮大之美,这一审美趣味被李白完全接受。庄子讲大道、大人、大圣、大智、大用,写大鹏、巨鲲、大江、大河、大海、宇宙,几乎完全进入李白诗歌辞赋之中。

庄子不是诗人,但许多诗评家都注意到李白对庄子的学习。刘熙载在《诗概》中说:"诗以出于《骚》者为正,以出于《庄》者为变,少陵纯于《骚》,太白在《庄》《骚》之间,东坡则出于《庄》者十之八九。"清人东方树则尤其重视庄子的奇思:"大约太白诗与庄子同妙,意接词不接,发想无端,如天上白云,卷舒灭现,无有定型。"

(三)李白学习屈原——得屈原之浪漫

李白首先学习的古代诗人是伟大的屈原(前340—前278),无论在精神上和艺术创作上,屈原都给李白以重要的影响。在精神上,诗人继承和发扬了屈原的爱国主义精神和对美好理想执着追求的顽强斗争精神;在艺术上,诗人继承和发展了屈原的浪漫主义创作方法,作品中大量熔铸神话传说,大胆使用幻想夸张,常常是通过展示自我形象的高尚精神,来反衬不合理社会的黑暗和丑恶。李白诗直接承继屈原作品的诗篇有多种类型：

有直接揭露统治者的，如：

李白的《古风》其五十一（殷后乱天纪）与屈原的《惜诵》
李白的《答王十二寒夜独酌有怀》与屈原的《惜诵》

有采用譬喻表达爱憎的，如：

李白的《古风》其十二（"松柏本孤直"）与屈原的《离骚》
李白的《古风》其三十九、四十与屈原的《怀沙》
李白的《鸣皋歌送崔征君》与屈原的《涉江》

有运用历史题材影射现实，表达诗人不满的，如：

李白的《古风》其五十一（殷后乱天纪）与屈原的《涉江》
李白的《鸣皋歌送崔征君》与屈原的《惜往日》

如是等等。

李白不仅从屈原的诗歌中取得了古代诗人丰富的创作经验，而且正是在屈原身上找到了与种种邪恶势力做斗争的鼓舞和支持力量。明人胡震亨在《李诗通》中说："太白宗风骚，薄声律。"这个分析是颇为中肯的。

（四）李白学习相如——得相如之"宏大"

司马相如（前179—前118）号称"赋圣"，是李白小时即"私心慕之"（《秋于敬亭送从侄嵩游庐山序》）的文学大师。鲁迅在《汉文学纲要》称相如"不师故辙，自摅妙才，广博闳丽，卓绝汉代"。青少年时代的李白即以相如为榜样，出蜀后也以常相如之文才自炫。他在《上安州裴长史书》中称文豪苏颋曾经赞他"可与相如比肩",在《与韩荆州书》说自己"作赋凌相如",说明司马相如在李白心中具有崇高地位。

李白从傲岸性格、自由精神、浪漫情怀乃至文学造诣,都有取法相如之处,尤其是李白的赋作。葛洪《西京杂记》:"司马相如为上林、子虚赋……其友人盛览尝问以作赋,相如曰:合綦组以成文,列锦绣以为质。一经一纬,一宫一商,此赋之迹也。赋家之心,包括宇宙,总览人物。"论者以为,这种"文质之说""赋家之心"的理论,都给李白的诗赋之作以重要启发。比较二者之赋,在气魄上都归于宏大:司马相如之赋有"气号凌云"的声势,李白赋有"俊迈飘逸"之称誉。李白《大鹏赋》:"五岳为之震荡,百川为之崩奔。"《大猎赋》:"攉倚天之剑,弯落月之弓,昆仑叱兮可倒,宇宙噫兮增雄。河汉为之倒流,川岳为之生风,羽毛扬兮九天降,烈火燃兮千山红。"《明堂赋》:"势拔五岳,形张四维。轧地轴以盘根,摩天倪而创规。楼台崛岉以奔附,城阙崟岑而蔽亏。""层檐屹其霞矫,广厦郁以云布。掩日道,遏风路。阳乌转景而翻飞,大鹏横霄而侧度。近则万木森下,千宫对出。熠乎光碧之堂,炅乎琼华之室。锦烂霞驳,星错波沏。飒萧寥以飕飅,窅阴郁以柅密。含佳气之青葱,吐祥烟之郁律。"严羽评点《李太白诗集》卷二十二:"语清气雄,绝好布置。"祝尧《古赋辩体》卷七:太白明堂赋"实从司马、杨、班诸人之赋来,气豪辞绝,疑若过之"。说明李白诗赋在创作个性上,遵从相如的"包括宇宙,总览人物"之理念,气势豪雄,不但有承继,而且有超越。

（五）李白学习曹植——得"子建之高华"

曹植（192—232），字子建，三国沛县（今安徽亳县）人，曹操第三子。被谢灵运称为"才高八斗"的天才人物。曹植是建安时期的代表作家，诗歌创作丰富，词采华茂，感情曲折，对五言新诗体发展影响很大。李白认为，"曹植为建安之雄才"（《上安州李长史书》），故对曹植十分推崇。李白厌恶齐梁浮靡诗风，而对刚健雄浑、慷慨多气的建安诗歌倍加称赞。曹植和李白一样，胸怀大志而备受压抑，作品中充满对最高统治者的牢骚和不满。李白学习曹植主要是他追求理想和反抗礼法的积极浪漫主义精神，同时借鉴曹植的一些艺术手法来表现他们共同的生活理想和爱憎感情。李白直接取法曹植的诗篇如：

李白的《白马篇》与曹植的《白马篇》
李白的《古风·美人出南国》与曹植《杂诗·南国有佳人》
李白的《古风·燕赵有秀色》与曹植的《美女篇·媒氏何所言》
李白的《东海有勇妇》与曹植的《精微篇》
李白的《妾薄命》与曹植的《妾薄命》

这些篇目，在内容和形式上都有共同之点，有的诗不仅篇名相同，题材、主题和风格都很接近，明显表现出李白和曹植之间的继承关系。晚唐诗人皮日休在《郢州孟亭记》中说道："明皇世章句之风，大得建安体，论者推李翰林、杜工部为尤。"可知李白受曹植的影响之大。

（六）李白学习阮籍——得"嗣宗之渊放"

阮籍（210—263），字嗣宗，三国魏陈留尉氏（今河南开封）人。建安七子阮瑀之子。做过步兵校尉，世称"阮步兵"，"竹林七贤"之一。阮籍的《咏怀诗》八十二首具有很高的艺术成就，刘熙载称嗣宗"渊放"，乃指其诗深远狂放。《咏怀诗》成就之一是忧愤深广，表现出了深刻的理性思考和尖锐的人生悲哀；二是意旨隐微，寄托遥深，并且开创了中国文学史上政治抒情诗的先河；三是首创了我国五古抒情组诗的体例。《咏怀诗》继承了我国历史上有名的建安文学的优良传统，进一步开拓了五言诗的写作范围，在体例和技巧等方面有不少创新，对后世产生了很大的影响。

阮籍的诗，是李诗的重要渊源之一。李白《古风》五十九首，整体学习阮籍。如李白的《古风·羽族禀万化》，其意境即出于阮氏诗《咏怀》其十：

羽族禀万化，小大各有依。周周亦何辜？六翮掩不挥。愿衔众禽翼，一向黄河飞。飞者莫我顾，叹息将安归？

阮氏诗《咏怀》其十：

灼灼西隤日，馀光照我衣。回风吹四壁，寒鸟相因依。周周尚衔羽，蛩蛩亦念饥。如何当路子，磬折忘所归！岂为夸誉名，憔悴使心悲。宁与燕雀翔，不随黄鹄飞。黄鹄游四海，中路将安归？

李白《古风》出于阮诗者有多首，如《古风·八方驰惊飙》对阮籍《咏怀》其四十七，《古风》其五十八对《咏怀》

其十三,都有明显的传承之迹。

(七)李白学习左思——得"太冲之风骨"

左思(约250—305),字太冲。西晋齐国临淄(今山东)人。出身寒微,博学能文,大赋《三都赋》"洛阳为之纸贵"。左思是一位杰出的浪漫主义诗人,其诗歌代表作《咏史》八首,气概高昂,风骨遒上,可谓最得"汉魏风骨"。沈德潜《古诗源》评:"太冲胸次高旷,而笔力又复雄迈,陶冶汉魏,自制伟词,故是一代作手,岂潘陆辈所能比埒。"李白集中不少篇什,都有左思《咏史》的痕迹:

李白的《古风·齐有倜傥生》与左思的《咏史》第三
李白的《梦游天姥吟留别》与左思的《咏史》第六
李白的《忆旧游寄谯郡元参军》与左思的《咏史》第五
李白的《古风·咸阳二三月》与左思的"咏史"第四

如是等等。

对鲁仲连的仰慕,对扬雄的赞美,对利禄富贵和当权者的鄙视,对贤士沉沦下僚现实的不满,以及借历史题材托古讽今和比兴手法的运用,李白与左思有惊人的一致,左思对李白的影响是毋庸置疑的。

(八)李白学习郭璞——得"景纯之隽上"

郭璞(276—324),字景纯,东晋河东郡闻喜(今山西闻喜县)人。郭璞博学高才,擅诗赋,精天文,还是"游仙诗"的祖师。郭璞的《游仙诗》十四首,超卓过人,使游仙诗成为南北朝文学中一个不可忽视的主题。借游仙反映现实黑暗、仕途失意，发出牢骚不满，以游仙之名感慨时光流逝，感慨不能在有限的生命中为国效力，都是忧世而为，并非真想成仙，也非摈弃仕途。

李白的游仙诗，秉承郭璞诗的主旨与手法，有郭璞的浓浓影子。如：

李白的《梦游天姥吟留别》与郭璞的《游仙诗》其三
李白的《古风·西上莲花山》与郭璞的《游仙诗》其六

其中的"以仙比俗"的手法，情景事理相交融的结构，两位诗人都"心有灵犀一点通"；而郭璞游仙诗对意象的选择，如蓬莱、昆仑、九垓、羲和、赤松、王孙等比较"虚"，却为李白所改造，扩大为带有"实景"的新意象，诸如洞天、天峰、白鹿、青崖、飞龙、鸾车、长风，并加以泰山、华山、黄山、嵩山、庐山等实在的背景。李白以幻想的仙境寄托理想和情思，针砭现实的黑暗和统治者罪恶，以创造性的学习，把游仙诗推向一个新的高峰。说李白得"景纯之隽上"，十分恰当。

（九）李白学习陶潜——得"渊明之淡远"

陶潜（365—427），即陶渊明，字元亮。东晋浔阳柴桑（今江西九江市）人。

曾任江州祭酒、镇军参军、彭泽令，不满官场黑暗，去职归隐。他是"田园诗"代表人物，作品语言清新、意境深远、抒写自如、风格独特，自然淡远。应时《李诗纬》评李白的《赠崔秋浦三首》其二："从陶诗来，有自然之致。"

钱志熙先生认为，李白于古人"汲取甚深者，就是陶诗"。

一是陶、李两家都能摆脱当时过重形式、过重世俗功利的各种作风，而坚持比较理想的抒情言志的原则。二是李白与陶潜性情、审美趣味相近，其诗歌以自然清真为体，最近于陶。三是李诗豪放，节奏奔快，陶诗平淡，以散缓为体，但根据朱熹的说法，陶平淡中有豪放，李则豪放中有和缓。四是陶、李诗都是以简为神，陶诗简而平淡，李诗简而豪放。"总之，陶诗是李氏诗法，尤其是五言诗法的主要渊源之一。五古之外，五律之能超脱当时俳偶、雕刻、软弱之气，受陶诗沾溉甚多。"（《论李白诗歌的豪放与法理的关系》，《中国李白研究》2019年集，第17—18页）

（十）李白学习谢灵运——得"清新秀发之格"

谢灵运（385—433），名公义，字灵运。陈郡阳夏县（今河南省太康县）人，生于会稽郡（今属绍兴市）。东晋至刘宋时期大臣，袭封康乐县公。他是中国诗史上第一位全力创作山水诗的诗人，被称为山水诗派鼻祖。谢灵运热爱山水行，开创了白描式写诗大法，世称为山水诗派。鲍照曾说：谢五言如初发芙蓉，自然可爱。因此，王维、杜甫、孟浩然都曾"偷师"谢灵运。

读谢灵运的诗，常见神来之笔：池塘生春草，园柳变鸣禽《登池上楼》；野旷沙岸净，天高秋月明《初去郡》；春晚绿野秀，岩高白云屯《入彭蠡湖口》；林壑敛暝色，云霞收夕霏《石壁精舍还湖中作》；明月照积雪，朔风劲且哀《岁暮》；密林含余清，远峰隐半规《游南亭》；白云抱幽石，绿筱媚清涟《过始宁墅》；鸟鸣识夜栖，木落知风发《石门岩上宿》；近涧涓密石，远山映疏木《过白岸亭》；等等名句，都有鲍照所称的"初发芙蓉,自然可爱"之特点,或谓"清新秀发、雅致蕴藉"的风格。

李白于前代诗人,对大小谢赞誉、缅怀最多。如"谢公之彭蠡,因此游松门。余方窥石镜,兼得穷江源。将欲继风雅,岂徒清心魂"。(《入彭蠡经松门观石镜,缅怀谢康乐题诗书游览之志》)"昨夜梦惠连,朝吟谢公诗。东风引碧草,不觉生华池。"(《书情寄从弟邠州长史昭》)李白有时将谢诗成句引入自己的诗,如《酬殷明佐见赠五云裘歌》:

> 故人赠我我不违,着令山水含清晖。
> 顿惊谢康乐,诗兴生我衣。
> 襟前林壑敛暝色,袖上云霞收夕霏。

此诗中"山水含清晖""林壑敛暝色""云霞收夕霏"都是谢诗《石壁精舍还湖中作》中句。李白六句诗中引用谢诗三个成句,可见李白对谢诗的酷爱。

太白的审美理想在清新。谢诗钟情于山水,是清新风格的奠定者;谢诗常于山水中寓怨愤之情、发求仙之志;谢诗既有清新、骚怨之韵,亦兼豪放、飘逸之格:凡此种种,足见谢诗对李白之影响。

(十一)李白学习鲍照——得"明远之驱迈"

鲍照(约414—466),字明远。南朝宋东海(今江苏连云港市)人,曾任中书舍人等,是南朝具有独创精神的杰出诗人。其诗揭露黑暗统治,反映人民苦难,笔力遒劲,文辞清峻,艺术成就很高。明王世贞《艺苑卮言》卷三:"明远得景阳(张协)之诡诮,含茂先(张华)之靡嫚,骨节强于谢混(谢安孙），驱迈疾于颜延，总四家而并美，跨两代而孤出。"刘熙载在《诗概》中特指鲍照诗之优点在"驱迈"（即奔放），而李白正继承了鲍照这一优点。

鲍照是刘宋时期的积极浪漫主义诗人，李白学习他的地方主要有三：一是鲍照的乐府诗；二是七言歌行；三是鲍照作品的俊逸风格。鲍照的诗有一种纵横变幻的特色，这种奇幻多变的艺术风格，李白十分喜爱，并在自己的作品中得到了继承。李白乐府诗中有不少全拟鲍照的作品。试举一例：

朱唇动，素腕举，洛阳年少邯郸女。
古称渌水与白纻，催弦急管为君舞。
穷秋九月荷叶黄，北风驱雁天雨霜，
夜长酒多乐未央。

（鲍照《代白纻曲》其一）

扬清歌，发皓齿，北方佳人东邻子。
且吟白纻与渌水，长袖拂面为君起。
寒云夜卷霜海空，胡风吹天飘塞鸿，
玉颜满堂乐未终。

（李白《白纻曲》）

杜甫赞李白诗"清新庾开府，俊逸鲍参军"，俊逸即超群拔俗。可见在当时人们已经注意到鲍、李之间在创作上的联系。后来，更有人指出："或云太白诗，其源流出于鲍明远，如乐府多用白纻。"（《苕溪渔隐丛话》引《雪浪斋日记》）沈德潜《古诗源》说："明远乐府如五丁凿山，开人世所未有。后太白往往效之。"

（十二）李白学习江淹——得"文通之骨力"

江淹（444—505），字文通，少年天才，六岁能诗，是与鲍照齐名的南朝著名辞赋大家。现存辞赋28首，其中见于《昭明文选》的《恨赋》《别赋》，都是李白年轻时模拟过的作品。李白集中现有《拟恨赋》，拟的即为江淹之作。郁贤皓在《拟恨赋》题解中说：

王琦曰："古《恨赋》，齐、梁间江淹志愿未遂所作，为古人抱恨而死者致慨。太白此篇，段落句法，盖全拟之，无少差异。《酉阳杂俎》：李白前后三拟《文选》，不如意辄焚之，惟留《恨》《别》赋。今《别赋》已亡，惟存《恨赋》矣。"李白此赋，写汉高长辞，项羽别姬，荆轲刺秦不成，陈后失宠长门，屈原被放，李斯受戮，征夫迁客，富贵电灭八事，虽与《恨赋》所写具体事件不同，但其意旨和文章段落、句法完全相同，萧士赟谓"终篇拟之"，甚是。此赋当是青年时代拟《文选》而作。

（《李太白全集校注》，第3556页）

以此看，这位李白诗中出现不多的"江郎才子"，也是李白敬重的文学老师！

（十三）李白学习谢朓——得"玄晖之奇秀"

谢朓（464—499年）是南齐的著名诗人，南齐明帝建武年间任宣城太守。他"视事高斋，吟啸自若，而郡亦治"，为官清廉，劝民教士的惠绩较多，世称"谢宣城"。谢朓诗被认为有"继汉开唐之功",与他同时代的诗人沈约(永明体创始人)称谢诗为"三百年来无此作也",诗圣杜甫自称"诗接谢宣城"。

李白一生怀念谢朓,在诗中引用谢朓诗句很多,以至于清人王士祯认为李白"一生低首谢宣城"。兹举几例:

《游敬亭寄崔侍御》:我家敬亭下,辄继谢公作。想去数百年,风期宛如昨。

《秋登宣城谢朓北楼》:谁念北楼上,临风怀谢公。

《谢公亭·盖谢朓范云之所游》:谢亭离别处,风景每生愁……今古一相接,长歌怀旧游。

《秋夜板桥浦泛月独酌怀谢朓》:玄晖难再得,洒酒气填膺。

《寄崔侍御》:高人屡解陈蕃榻,过客难登谢朓楼。

《三山望金陵寄殷淑》:三山怀谢朓,水澹望长安。

《新林浦阻风寄友人》:明发新林浦,空吟谢朓诗。

《题东谿公幽居》:宅近青山同谢朓,门垂碧柳似陶潜。

《酬殷明佐见赠五云裘歌》:我吟谢朓诗上语……谢朓已没青山空。

李白为何如此倾倒谢朓?一方面是因为诗人与谢朓有着共同的游历生活,然而更重要的因为喜爱谢朓清新天真的艺术风格。李白诗曾经指出:《送储邕之武昌》:"诺谓楚人重,诗传谢朓清。"《宣州谢楼饯别校书叔云》:蓬莱文章建安骨,中间小谢又清发。《金陵城西楼月下吟》:月下沉吟久不归,古来相接眼中稀。解道澄江静如练,令人长忆谢玄晖。论者以为,玄晖诗是唐人近体风格的主要开启者,但整体上呈现清新流畅的风格。其诗致思新奇,发端惊挺,语言清丽且有"笔落惊风雨"的奇逸、飞动之势。李白的许多山水登览之作，词语、意象、句法乃至诗意、诗境和抒情方法，多有取法谢诗者，不烦列举。谢朓诗是李白清新俊逸风格的主要渊源之一，故刘熙载称李白得"玄晖之奇秀"。

（十四）李白学习庾信——得开府之"清新"

杜甫有诗赞李白："白也诗无敌，飘然思不群。清新庾开府，俊逸鲍参军。"（《春日忆李白》）杜甫热烈赞扬李白之诗冠绝当代，无人可敌，同时指出李诗像庾信那样清新，像鲍照那样俊逸。依照杜甫这位诗坛最大权威看来，庾信乃是李白诗歌所以"无敌"的源头之一。

庾信（513—581），南北朝文学的集大成者，他出身于一个"七世举秀才，五代有文集"的文学世家，"幼而俊迈，聪敏绝伦"。庾信诗赋的清新淳朴、明快流丽风格，甚至大型组诗的体裁形式，都对李白有重要影响。李白的不少诗篇，都有对庾信的传承之迹，如：

李白《系浔阳上崔相涣三首》（之三），有化用庾信《吟画屏风诗二十四首》（之三）之句；

李白《挂席江上待月有怀》，神似庾信《舟中望月》；

李白《秋登宣城谢朓北楼》，似庾信《奉和山池》而又"青出于蓝"；

李白《乌夜啼》，与庾信《怨歌行》一脉相承；

李白《静夜思》，可见庾信《重别周尚书二首》痕迹；

李白的大型组诗《古风》五十九首，明显继承庾信《拟咏怀二十七首》中托喻寄兴、忧愤深广的艺术传统，见物抒怀、感物起兴的艺术手法。

（十五）李白学习子昂——得"革新之大道"

谈到陈子昂，我们会立即想到杜甫的诗："有才继骚雅，哲匠不比肩。公生杨马后，名与日月悬。"（《陈拾遗故居》）彭庆生先生在《陈子昂诗注》序中说：

当李白、杜甫在诗国的顶峰引吭高歌的时候，当韩愈、柳宗元领导的古文运动取得辉煌成就的时候，他们都铭记着先驱的勋劳。李白称陈子昂为"麟凤"；杜甫赞陈子昂为"雄才"；韩愈说："国朝盛文章，子昂始高蹈"；柳宗元认为：唐兴以来，兼工著述和比兴者，唯子昂一人而已。这些文学大师们的颂扬，陈子昂是当之无愧的。

陈子昂（658—700）是梓州射洪人，李白的蜀中老乡，其逝世之年（702）与李白出生之年（701）相近。李白与陈子昂的政治主张、文学思想、创作风格，乃至个性、行为，都非常相类。李白称颂陈子昂为"麟凤"（《赠僧行融》），推崇《感遇》风骨峥嵘、寓意深远、苍劲有力的诗风，响应子昂扫除齐梁浮华的诗歌"革新"运动，晚唐人孟棨《本事诗·高逸》载："白才逸气高，与陈拾遗子昂齐名，先后合德。其论诗云：梁陈以来，艳薄斯极，沈休文又尚以声律，将复古道，非我而谁欤！"说明陈与李的传承和"先后合德"，早为大唐诗家所注意。子昂应是李白最近的一位文学老师。

关于李白的文学导师，还有大文豪司马迁。司马迁虽不以诗名世，但那部被鲁迅称为"史家之绝唱，无韵之离骚"的划时代巨著《史记》，对李白政治思想、文学思想和艺术风格的影响都十分巨大。

第十一章　独步千载的诗国天才

一个诗歌天才是怎样练成的？我们原来只是无比叹服李白的天才异禀，而在梳理了这位天才的16位文学老师以后，笔者却在钦仰他的天才之外，叹服他呼吸百川的大海胸怀和熔铸传统的惊人睿智！由于李白诗文"十丧其九"，李白实际上的文学老师，恐怕还要更多。

七、崇尚清真自然，造就阳刚之气

圣代复元古，垂衣贵清真。

（《古风·大雅久不作》）

在讨论李白的艺术主张或美学追求的时候，雄奇，奔放，豪放，飘逸，清新，自然，浪漫，都成为论者的选项。但李白用自己的诗语言告诉我们，他最崇尚的风格是"清真"，即所谓"圣代复元古，垂衣贵清真"。周勋初先生亦认为："李白的美学追求可用'清真'一词来表达。"（《李白评传》，第361页）

"清真"一词，是李白集中频频出现的词句。如《王右军》："右军本清真，潇洒在风尘。"《南陵五松山别荀七》曰："俄成万里别，立德贵清真。"《避地司空原言怀》曰："倾家事金鼎，年貌何常新。所愿得此道，终然保清真。"《送韩准裴政孔巢父还山》："裴子含清真。"《鸣皋歌奉饯从翁清归五崖山居》："我家仙公爱清真，才雄草圣凌古人。"李白以"清真"一词论人品、论道德、论才气、论风貌、论人生，可见李白对"清真"的追求，不论精神世界，抑或物质世界，均以此为极则，不仅于文学一端。

447

"清真",有"清"和"真"两义。

李白爱"真"。"真"是不虚不假,不伪装不虚饰。李白为人直率、真诚、真实,光明磊落,表里如一。我们现在看到的他的诗文,往往是他真率性情和面貌的重现。他以诗文反映自己的所思所想、所作所为,省略了中间的掩饰与伪装。一些今人拿来攻击、恶贬其人品的行为,如携妓纵酒之类做派,他都毫无顾忌地写在诗中,至如《寄远》诗中有句"何由一相见,灭烛解罗衣"这样的话,若是李贺、李商隐,打死他也不会在诗里出现,但李白不同,他大胆地突破古人以为闺帏内私情不能形诸笔墨的老章法,被明朝的诗评家朱谏批为"亵漫之甚"。但我们由此正可见其为人真诚直率、不做任何矫饰的特点,他的创作是任情率真,重即兴感受,不受绳束,自然洒脱,一片天真烂漫。

李白强调"真"的同时,又强调一个"清"字。"清"是清淳澄澈,不浊不俗,不矫揉造作。在李白集中,我们可以看到和"清"结伴的词汇极多,诸如:清泉、清川、清流、清江、清溪、清露、清风、清秋、清夜、清旦、清晓、清香、清响、清音、清兴、清思、清弦、清猿、清源、清远,等等,可见李白对"清"和"真"一样,颇有"情结"。"清"是一个与天然、天真、自然、清丽相同相近的美学范畴。李白敬重谢朓,与谢朓诗具有"清新、清丽、自然"的特点有关:"若谓楚人重,诗传谢朓清"(《送储邕之武昌》);"蓬莱文章建安骨,中间小谢又清发"(《陪侍御叔华登楼歌》),历代论者亦多称赞谢朓诗歌清丽。同时,"清"还有摆脱世俗价值观念束缚的意义,是不俗的人格和自然诗风的高度统一。李白欣赏清淳澄澈之美,天然、自然,不杂一丝杂质。

在文学上,与"清真"对立的,就是"绮丽"。李白在文学上提倡"清真",是因为"自从建安来,绮丽不足珍"。六朝文风,日趋雕琢,也就有损于"真"。李白推崇谢灵运的诗,举"池塘生春草"句为范例;推崇谢朓的诗,则举"澄江静如练"句为范例。这类诗句,自然清远,没有一些人为的雕饰,没有六朝诗歌的弊端,因此,李白将"清"与"真"字结合,提出一种新的美学追求。他在《经乱离后天恩流夜郎忆旧游抒怀赠江夏韦太守良宰》中,称韦良宰的诗有"清水出芙蓉,天然去雕饰。逸兴横素襟,无时不招寻"的优点,实则正表达了他自己的美学追求。诗评家、清人刘熙载《艺概·诗概》中说:"学太白者,常曰'天然去雕饰'足矣!"真正打到了点子上!

"清真"是李白文学思想的核心内容,这从其他诗篇中透露的思想,以及他全部创作中透露的美学追求,都可以与此印证。因为,一位诗人的美学追求,是其思想、作风、秉性在文学领域中的具体体现。李白的作风和秉性,可用真率一词来表达。"清真"与"真率"是表与里的关系。因此,李白在文学上的"清真"特色,是由其"真率"的性情所决定。

李白不仅提出新诗风的要求,而且实践自己的创作主张。杨海波先生认为,李白的诗作,从内容上总饱含真情实感,是诗人爱憎情感的实录。或纵横激荡,表现豪放飘逸;或情思如水,风貌淳朴自然。如《静夜思》,几乎没有一点雕饰渲染。149首乐府诗,拟用古题,却每篇都是诗人情感的真实写照。既指明了诗人创作的自然率直的风格,也道出了诗人反对雕章琢句、提倡天真自然的创作主张。

我们知道,古乐府乃是古代的民歌。李白认为,扫除齐梁余风,建立天真自然的新诗风,除了借鉴于古代优秀诗人及其作品外,还要从清新质朴的民间诗歌中吸收营养。安旗先生非

李白：融汇百川的杰出思想家

常精辟地阐述了李白与当代民歌的关系：

在"仗剑去国，辞亲远游"途中，李白一接触到民歌，就被它们引入了一个新天地。据他传世的作品来看，开元十二年作于渝州的《巴女词》是他最早学习民歌之作。自此以后，他到了荆州，就学习当地的民歌，写了《荆州歌》。他到了江夏，就学习当地民歌，写了《长干行》。到了越中，就学习当地的民歌，写了《越女词》。到了襄阳，就学习当地的民歌，写了《襄阳歌》《大堤曲》。可以说，他走到哪里就学习哪里的民歌。从他此期所写的《杨叛儿》《白纻辞三首》，还可以看出，他在随时随地学习当代民歌的同时，又上溯汉魏六朝乐府，学习古代民歌，因此在开元十八年一入长安时期，他的作品中就出现了大量的乐府诗，如《侠客行》《少年行》《白马篇》《行路难》《蜀道难》。这时，李白就从简单地模拟乐府民歌发展到创造性运用乐府民歌。当我们读到《白纻辞三首》时，还看到他跟在鲍照后面亦步亦趋；当我们读到《侠客行》《白马篇》《行路难》时，就看到他已和古代杰出的诗人并肩颉颃；当我们读到《蜀道难》时，就看到他已是横空出世，无与伦比了。《蜀道难》的出现是一个飞跃，这个飞跃标志着李白创作的成熟。以后接踵而来的《梁园吟》《梁甫吟》《襄阳歌》《将进酒》……又继续使李白创作出现了群峰竞秀的奇观。于是李白就以这一系列的作品形成了自己的风格，开拓了自己的道路。仅就开元间这些重要的作品看来，我们已经可以发现，高翔在盛唐诗坛上的不是一只仅有"彩质与锦章"的凤凰，而是一只挟带着风云雷电的大鹏。

（安旗：《李白全集编年笺注》，第24—25页）

王运熙先生同样强调民歌对李白诗歌语言的影响，他说：

第十一章 独步千载的诗国天才

　　李白诗歌的语言非常流畅自然，朴素简洁，而又活泼生动，音节和谐协调，具有口语化、民歌化的特色。李白主张写诗要"清水出芙蓉，天然去雕饰"，反对华丽雕琢，在他自己创作中，也完全实践了这一主张。诗人非常重视学习民歌，民歌里包含的真挚淳朴的思想感情，大胆直率的表现手法，李白都很好地加以学习。特别在语言上，李白更是努力学习民歌通俗明净的风格。如"巴水急如箭，巴船去若飞。十月三千里，郎行何时归"？（《巴女词》）"愁作秋浦客，强看秋浦花，山川如剡县，风日似长沙。"（《秋浦歌十七首》其六）"蜀国曾闻子规鸟，宣城还见杜鹃花。一叫一回肠一断，三春三月忆三巴。"（《宣城见杜鹃花》）"三朝上黄牛，三暮行太迟。三朝又三暮，不觉鬓成丝。"（《上三峡》）这些诗，都非常接近民歌，甚至可以说与民歌没有什么区别。在《赠汪伦》中，诗人用通俗平易的语言，表达他对劳动人民真挚的感情："李白乘舟将欲行，忽闻岸上踏歌声。桃花潭水深千尺，不及汪伦送我情。"这首诗是李白送给桃花潭村里一个叫汪伦的村民的。诗人朴素的语句，和汪伦岸上的踏歌，唱和着深厚的友情。（《李白精讲》，第135页）

　　李白一方面学习了民歌清新的风格，另一方面吸收了前代文人诗歌语言的成就，熔炼成为一种清新加明丽的色彩。杜甫赞李白诗"李侯有佳句，往往似阴铿"（《与李十二白同寻范十隐居》），"清新庾开府，俊逸鲍参军"（《春日忆李白》），都是赞誉李白诗歌语言的清新明丽，而它的主要渊源，却得之于民歌。

八、树立宇宙境界，追求壮柔并美

黄河落天走东海，万里写入胸臆间。

（《赠裴十四》）

就凭李白这两句诗，我们已经可以感觉到李白的胸襟、视野，了然他的雄阔意境。后人研究李白诗歌风格，称其"雄奇"，颂其"豪迈"，论其"真率"，赞其"飘逸"，其中无不蕴含两个字：壮美。

我们在前面讨论李白十六位文学老师的行文中，已分别谈到李白从诗经楚骚学得比兴深微、寄讽言外，从建安魏晋学得刚健豪迈、风骨清俊，从陶诗、谢诗学得清真流丽、自然淡远；这里，我们再谈谈李诗对于壮美与柔美并举的审美追求。

袁行霈先生《李白的宇宙境界》一文，为李白诗的雄壮之美，提供了新的视角。他认为中唐诗人张碧说的"及览李太白辞，天与俱高，青且无极，鲲触巨海，澜涛怒翻"。晚唐皮日休说的"言出天地外，思出鬼神表，读之则神驰八极，测之则心怀四溟，磊磊落落，真非世间语者，有李太白"。这"两段话形象地描写了李白诗歌的境界，这境界高大雄伟，超出人世，足以引导读者进入一个无比寥廓的想象世界，这就是宇宙境界"。李白心里装着整个宇宙，并以这种气魄看待社会与人生。他似乎常常站在高处鸟瞰世界，能看到大景观、大气象。袁先生同时指出，李白诗歌宇宙境界的形成，跟诗中运用的意象有很大关系。的确，认真探讨李白诗歌中的意象创造艺术，对于我们理解李白诗的壮美，具有重要意义。

第十一章　独步千载的诗国天才

当然，李白树立宇宙境界、创造壮美风格的艺术手法，是多方面的。

（一）李白以万里山河入诗，使诗歌具有无限广阔的地理意象，从而链接起广袤神州的壮丽场景，使读者"视通万里"

我们从《游士》一章，看到了李白以自己的神腿铁足，征服了半个大唐的山山水水。于是我们仿佛结伴李白，来到了西蜀三巴、淮南江左、关中陇西、河洛江汉、河北山东、东南吴越等地，又以历史典故带着我们穿越时间之河，来到春秋、战国，拜会了当时叱咤风云的英雄人物，据《李白诗歌中地名的运用》作者的统计，现存李白诗集中涉及古地名高达776次，其中齐47次，鲁76次，秦118次，晋17次，燕81次，赵46次，楚99次，荆29次，巴51次，蜀24次，吴128次，越70次。这样，读者李白的诗，一个风云激荡、英雄际会的中国，无比雄浑开阔的景象，便自然地印入心底。

李白不仅用令人遐思的古朴地名来拓宽读者视野，而且通过威武雄壮景观的出色描绘，赋予读者以雄壮之美。有人依据王琦《李太白全集》为底本统计，李白诗集中出现：

江河：黄河22次；长江11次；东海21次；

湖山：洞庭31次；嵩山32次；峨眉20次；

闹市：长安36次；洛阳25次；金陵60次。

这些本来就崇高伟大的风景名胜，到了李白笔下，无不产生超凡的美感：

黄河落天走东海，万里写入胸怀间。

（《赠裴十四》）

453

李白：融汇百川的杰出思想家

西岳峥嵘何壮哉，黄河如丝天上来。

（《西岳云台歌送丹丘子》）

长安大道横九天，峨眉山月照秦川。

（《峨眉山月歌送僧晏入京》）

金陵昔日何壮哉，席卷英雄天下来。

（《金陵歌送别范宣》）

黄河西来决昆仑，咆哮万里触龙门。

（《公无渡河》）

峨眉高出西极天，罗浮直与南溟齐。

（《当涂赵少府粉图山水歌》）

孤帆远影碧空尽，唯见长江天际流。

（《黄鹤楼送孟浩然之江陵》）

太山嵯峨夏云在，疑是白波涨东海。

（《早秋单父南楼酬窦公衡》）

登高壮观天地间，大江茫茫去不还。
黄云万里动风色，白波九道流雪山。

（《庐山谣寄卢侍御虚舟》）

平明登日观，举手开云关。精神四飞扬，如出天地间。

（《登泰山六首》其三）

飞流直下三千尺，疑似银河下九天。

（《望庐山瀑布》其二）

危乎高哉,蜀道之难难于上青天!

(《蜀道难》)

激三千以崛起,向九万而迅征。

喷气则六合生云,洒毛则千里飞雪。

(《大鹏赋》)

李白诗中,这类具有雄奇奔放的诗句极多,不烦赘引。

(二)李白以浩瀚天文入诗,使诗歌具有无限高远的空间意象,从而超越人间世俗的艰难苦厄,令读者感到"空灵飘逸"

天文、天象,是人们常见的地理意象外的又一壮观意象,它以无比巨大的体积、容量和无比伟大的力量,而显示出其特有的壮美、崇高、浑茫、浩渺的意象。袁行霈先生在《李白的宇宙境界》文中统计了李白诗集中,主要天文意象(如天、日、月、风、云、雪)出现的次数,计有:

天象类556次。其中:

天129次;青冥49次;天地35次;天山(河、津、关、门)24次;共188次。

白日、海日各50次,共100次;明月74次;共174次。

风24次;云、云霄、云山分别为141、33、20次;共194次。

地理类270次。其中,江60,河41,川11,波74,溟20,海64次。

一个无比壮美的诗歌意境,就从浩渺无垠的天文描写中跃出。

（三）李白以千年的人文入诗，使诗歌具有无限深远的时间意象，从而链接起历史长河的百代变迁，令读者"思接千载"

李白胸怀不但拥有浩瀚的天文与广袤的地理意象，还常常打开中国历史档案库，从近及远地把数千年历史造就的无比丰赡的人文资源，装进自己的诗文袋。据统计，李白在诗句中直接写到历史人物的诗篇有440多首（赵斌），重要的历史人物158位（裴斐）。其中所涉的历史人物，既有古代的部落首领、前朝的历代帝王，更有建功立业名垂青史的文臣武将；既有万古流芳的文人名士，也有神龙见首不见尾的神仙隐士；既有倾国倾城的美人，也有红颜误国的妖姬；既有慷慨赴死的侠客义士，也有精通音乐、书法、剑术、佛理的技能之士；既有姓名事迹皆明确可靠的历史人物，也有有姓无名或有名无姓或姓名均不详，但事迹却千古流传的看似平凡又并不平凡的一些人物（赵斌）。

不少李白所追慕的理想人物，在诗中出现10次以上。诸如政治家中的吕尚、管仲、范蠡、鲁仲连、张良、诸葛亮、谢安等，这些人，胸怀王霸之术和经济之策，风云际会成就大业，并有由布衣一举成为帝王师或位登宰辅的传奇故事：

写吕尚，令人想到他"三代"时期助周文王的成功；

写管仲，令人想到春秋时期齐桓公"九合诸侯"的霸业；

写范蠡，令人想到春秋时期助勾践灭吴的妙计和"功成身退"的智慧；

写鲁仲连，令人想到他"功成不受赏"的倜傥和高贵品质；

写张良，令人想到刘邦大汉成功的"三杰"；

写诸葛亮，令人想到无人不知的智慧化身；

写谢安，令人想到其谈笑间大败苻坚的"淝水之战"；

……

读着李白的诗，我们的视野和思维便随着李白的诗句而进入历史，重温那些波澜壮阔的历史场面，无数宏大的叙事便接踵而来，秦皇神威、汉武雄姿、楚汉决斗、赤壁争雄、淝水之战，等等，都跨越深邃悠远的时间隧道，呈现到我们的大脑屏幕，构成雄伟壮阔的意象。这样的诗篇，并不需要任何的夸张，已经"惊风雨、泣鬼神"了！

（四）李白以"大我"的感情入诗，使其诗歌具有巨大的感情激流，从而激起了无数布衣士子的心理共振和精神共鸣

李白的诗主要是抒情诗，抒情是诗歌的共性。但抒什么情？抒谁的情？析而论之有"大我""小我"之分。我们阅读李白的"豪情诗"，可以获得"豪壮美"；读他的"悲情诗"，也可以获得"悲壮美"！因为他诗中的"情"（特别是在赐金还山之后），常常不是李白个人——"小我"所独有，他用"大我抒写"的情，具有一种"豪壮"或"悲壮"的力量，而这种情感的力量又与读者息息相通。我们看到李白在《行路难》中以"大道如青天，我独不得出"大呼怀才不遇，但这是他个人的"情"吗？不是！他在《古风》其十五中歌颂燕昭王筑黄金台而招贤士，这种浓厚的"尚贤"之心是李白个人的情吗？也不是。他在《古风》其五十一抨击"殷后、楚怀王"，歌颂比干、屈平、彭咸，抒的是个人的愤怒吗？同样不是。他在《天马歌》中歌颂寒风子、伯乐、田子方、周穆王等历史上善于相马、爱惜良马的人物，不仅仅是自叹，而是诗人"为逸群绝伦之士不遇知己者叹"(萧士赟语)。

李白以抒"大我"之情为能事,他以诗为民请命、代人言心,感情犹如喷薄的激流、时代的洪钟,澎湃磅礴,无论豪情壮志、悲情怒火,都洋溢着雄壮之美,说出了历代正直知识分子想说的话,因而得到了他们的响应与共鸣。李白屹立于盛唐诗坛,独步千古,其因在此。

九、突破形式束缚,追求自由创造

中国的诗歌,从春秋到唐朝,经历从自由体式的民谣,到宫廷化的乐歌,到文辞铺张的楚辞,到南北朝萧齐时期出现的"永明体",到盛唐时期格式严谨的"近体诗",是一个逐步"律化"的过程。近体诗格律的严谨和烦冗,不仅诗人们眼花缭乱,甚至使让研究格律的"专家"也莫衷一是,有时为论证某诗是否符合格律而发生"口水大战"。以我们口头常说的"七律"为例,其规矩就有限字、限句、限韵、四声、平仄、对仗、粘对、拗救、孤平的避忌、一三五不论、二四六分明,以及意境、气象等十余项。其中的每一项,又都是一篇大文章。比如关于"对仗",按词性对就有:名词对、形容词对、数词对、颜色词对、方位词对、动词对、副词对、虚词对、代词对、联绵词对等十类。细化到"名词对"一目,又有天文对、时令对、地理对、宫室对、服饰对、器用对、植物对、动物对、人伦对、人事对、形体对等11类。此外,还有"工对""邻对""宽对"之分,等等。因此,要做出一首完全符合"近体诗"格律的"七律"诗,即使大诗人也并非手到擒来,遑论"斗酒百篇"!我们现在看到的研究近体诗格律的书，光是王力先生所著，就有《诗词格律》《诗词格律概要》《诗词格律十讲》《诗词格律启蒙》《王力近体诗格律学》等许多部，可见"格律"理论之复杂。

实际上，"近体诗"的格律定型以后，无数诗人都深陷其中，人们"乐于"（或"苦于"）在格律的笼子里戴着"镣铐"跳舞，逞才斗胜，陶醉于（或纠结于）"一字之巧、一韵之奇"的表演中。杜甫在《江上值水如海势聊短述》中说"为人性僻耽佳句，语不惊人死不休"；卢延让在《苦吟》中说"吟安一个字，捻断数根须"，虽然说的是斟酌"字""句"和语言，表现出古人创作的严谨，其实说的都是苦于寻找符合格律要求的"字"和"句"，为此不得不付出"捻断数根须"，甚至"至死不休"的代价。

格律严密的近体诗，从诗歌艺术形式的发展而言，可谓到达了它的顶峰，它在文学审美方面的贡献是无法否定的。然而它同时对诗人思想感情的表达、篇章结构的选择，形成了巨大的束缚。从唐朝而后，人们创造了缤纷多彩的词、曲，以至20世纪以后提倡白话诗，都是对近体诗格律的逐渐松绑，或者说，是对诗歌形式束缚的解放。

李白精于格律。前人论李白诗，认为他的乐府诗，七言歌行，五言古风，五、七言绝句，都冠绝盛唐，而"唐人特长近体，青莲缺焉"（胡应麟：《诗薮·外编》卷四），意谓李白不擅唐人所专的格律诗。郁贤皓先生在《李太白全集校注》（凤凰出版社2015年版）的前言中指出："李白的律诗现存一百一十八首，绝大多数为五律，七律仅八首。诗人早年曾花相当工夫攻五律，现存最早诗篇之一《访戴天山道士不遇》，就是一首工稳整饬的五律。开元年间写的《渡荆门送别》《送友人入蜀》《江夏别宋之悌》《太原早秋》《赠孟浩然》等等，平仄对仗都合律，意境也是律诗气象。天宝初应制立就的《宫中行乐词》，律对非常工切，也可说明李白五律是颇有功力的。即使在后期，李白也还有格律严整的佳构如《秋登宣城谢朓北楼》等作。"因此，《唐诗品汇·五言律诗叙目》说："盛唐律句之妙者，李翰林气象雄逸。"沈德潜《唐诗别裁集》说李白五律"逸气凌云，天然秀丽"。李白的绝句今存九十三首，历来公认"冠古绝今"。

所以，说李白不擅格律，显然不对。

李白是一个极有天才的诗人，自是驾驭格律的能手。他的许多严密的格律诗，像《送友人入蜀》《送友人》《谢公亭》《秋登宣城谢朓北楼》等，音调和谐、对偶工稳，而又没有纤细雕琢的痕迹，真正达到"大匠运斤，自成规矩"的境地。但比较而言，李白集中律诗（尤其是七律）占比确实不高。这是为什么呢？

赵翼认为"盖才气豪迈，全以神运，自不屑束缚于格律对偶、与雕绘者争长。然有对仗处仍自工丽，且工丽中别有一种英爽之气，溢出行墨之外"（《瓯北诗话》）。李白的才情太奔放恣肆了，有时他不愿让严密的格律来阻碍他的行云流水般的尽情自由的歌唱。李白的审美主张，重点在内容，而形式则服从内容，为内容服务。李白处理内容与形式的关系，有三种方式：

第一种，选择适合的形式。我们在前面已经谈到，李白诗歌艺术成就最高的是乐府诗。李白现存乐府诗149首，多为旧题乐府。李白选择前人创作已经形成的传统题材和体式，表达自己的豪迈之情，文笔纵横，感情丰沛，具有震撼人心的艺术魅力。郁贤皓在《李太白全集校注·前言》中指出："他的伟大之处，并不在于扩大题材、改换主题，恰恰相反，他是在继承前人创作总体风格的基础上,沿着原来的方向把这个题目写深、写透、写彻底,发挥到淋漓尽致、无以复加的境地,从而使后来的人难以为继,再也无法在这一旧题内超越他的水准。"

选择最擅长的乐府诗歌形式,来适应自我表情达意的需要,的确使李白的《将进酒》《蜀道难》《梁甫吟》等作品冠绝全唐。王世贞在《艺苑卮言》中称:"太白古乐府,窈冥惝恍,纵横变幻,极人才之至。"正道出了李白根据内容需要来选择表现形式而成功的秘密。李白古风、歌行,五、七绝的成功,是同一道理。

第二种,变革既有的形式。许多论者都注意到李白许多律诗是"变体"。葛景春先生分析李白的五律,认为李白五律诗合律的三种情况:一是全合平仄声律,有两联以上对仗者(52首),如《宫中行乐词》八首,连对评点诗歌多所挑剔的纪昀,也在总批中连连赞道:"丽语难以超秒,太白固是天才。"二是基本合律,有一联以上对仗者(46首),约占李白律诗的三分之一。如《宿五松山下荀媪家》,王力先生说,这类诗"在平仄上已是近体,但在对仗是还喜欢仿古"。三是平仄粘对都合律,全无对仗者(14首),如《夜泊牛渚怀古》,但严羽《沧浪诗话》却赞它"文从字顺,音韵铿锵,八句皆无对偶"。至于"失粘失对"的,完全失粘的,完全失对的,犯"孤平""三平"的,都有例证。难怪有人说"太白五律犹为古诗之遗"(应泗源:《李诗纬》)。

形式上的某些不合,实在是对"近体诗"的变格,经李白"变革"的律诗,并不因为"变"而降低品位,有的反而因其内容的高贵而取胜。李白《凤凰台》一诗,首联、颔联、颈联皆失粘,"凤凰"二字两出,"凤"字三出,也有违律诗规矩,但诗评家却认为"通篇览古伤今,忧国忧时,情景交融,格调高旷"而超越崔颢的《黄鹤楼》。

　　第三种，自创适合内容的新形式。李白有的诗，完全根据表达内容的需要，脱出格律束缚，不让内容为形式所拘，如行云在天，舒卷自如；流水行地，依势成形：走向无拘无束、自由自在的境界。我们以《远别离》一诗为例。

　　　　远别离，古有皇英之二女，
　　　　乃在洞庭之南，潇湘之浦。
　　　　海水直下万里深，谁人不言此离苦？
　　　　日惨惨兮云冥冥，猩猩啼烟兮鬼啸雨。
　　　　我纵言之将何补？
　　　　皇穹窃恐不照余之忠诚，雷凭凭兮欲吼怒。
　　　　尧舜当之亦禅禹。
　　　　君失臣兮龙为鱼，权归臣兮鼠变虎。
　　　　或云尧幽囚，舜野死。
　　　　九疑联绵皆相似，重瞳孤坟竟何是？
　　　　帝子泣兮绿云间，随风波兮去无还。
　　　　恸哭兮远望，见苍梧之深山。
　　　　苍梧山崩湘水绝，竹上之泪乃可灭。

　　王运熙评论说：《远别离》没有格律的约束，句法音韵的变化，极其突然。而变化之后，恰又那么和谐自然，完整而统一！我们读着这首诗，仿佛航行在波涛起伏的感情的江河里，正在顺流而下，忽然遇到一个有着飞湍急流的陡湾子；幸而舺公技艺高超，猛然机警地推一下舵，又复把我们带上平稳的道路。如此者凡数次，次次都出乎我们意外，次次都激动我们的心弦；而每次之后又觉得应该如此，非如此不足以表达诗人丰富复杂的思想。《唐宋诗醇》引杨载评此诗说："波澜开阖，如江海之波，一波未平，一波复起。又如兵家之阵，方以为正，又复为奇；方以为奇，忽复是正。出入变化，不可纪极。"恰是道出了这首诗的好处。李白这位浪漫主义的艺术大师，委实像个精通韬略的指挥员，他驱使文字，制作体裁，宛如调兵遣将、布阵安营，处处得心应手、运转自如。（《李白精讲》，第132页）"他只知道怎样把内容表达得更好，而不屑于削足适履，迁就形式。"（《李白精讲》，第134页）

主张个性解放的李白，敢于轻视诗歌形式的外表，不愿受它的束缚，就诗歌的内容与形式的关系、传统形式如何继承发扬这样的重大问题，为我们提供了一个重要的范式：形式要为内容服务。而格律，正是诗歌形式的一部分。

李白博采众长的学习和突破束缚的创作，成就了"光焰万丈"的诗篇和"千载独步"的成就。李白在世时，即以诗名扬宇宙，以匹夫动九重。贺知章称他为"谪仙人"，杜甫说"白也诗无敌，飘然思不群"。（《春日忆李白》）"笔落惊风雨，诗成泣鬼神"（《寄李白十二韵》）。魏颢称他是"蜀之人无闻则已，闻则杰出，是生相如、君平、王褒、扬雄，降有陈子昂、李白，皆五百年矣"。（《李翰林集序》）李阳冰称他是"自三代以来，以《风》《骚》之后，驰驱屈、宋，鞭挞扬、马，千载独步，唯公一人"。（《草堂集序》）白居易称李白"曾有惊天动地文"。（《李白墓》）皮日休称他"惜哉千万年，此俊不可得"！（《七爱诗》）杜荀鹤称他是"千古一诗人"。（《经谢公青山吊李翰林》）韩愈则称"李杜文章在，光焰万丈长"。等等，这些评价，皆来自唐人。

宋明之际，李白声誉不衰。北宋初徐积称李白："自开辟以来，不知几千万余年，至于开元间，忽生李诗仙。是时五星中，一星不在天。不知何物为形容，何物为心胸。何物为

李白：融汇百川的杰出思想家

五脏，何物为喉咙，开口动舌生云风。当时大醉骑游龙，开口向天吞玉虹。玉虹不死蟠胸中，然后吐出光焰万丈凌虚空。盖自有诗人以来，我未尝见大泽深山，雪霜冰霰，晨霞夕霏。万化千变，雷轰电掣。花葩玉洁，青天白云，秋江晓月。有如此之人，有如此之诗。屈生何悴，宋玉何悲。贾生何戚，相如何疲。人生胡用自缧绁，当须荦荦不可羁。乃知公是真英物，万叠秋山耸清骨。当时杜甫亦能诗，恰如老骥追霜鹘。戴乌纱，著宫锦，不是高歌即酣饮。饮时独对月明中，醉来还抱清风寝。嗟君逸气何飘飘，枉教谪下青云霄。大抵人生有用有不用，岂可戚戚反效儿女曹。采蟠桃于海上，寻紫芝于山腰。吞汉武之金茎沉瀣，吹弄玉之秦楼凤箫。"（《李太白杂言》）苏轼称李白："李太白、杜子美以英玮绝代之姿凌跨百代"（《王定国诗集序》），又称他"气盖天下"（《李太白碑阴记》）。明方孝孺说李白："泰山高兮高可量，沧海深兮深可涠；唯有李白天才夺造化，世人孰能窥其作？我言李白无古双，至今采石生辉光。"（《吊李白》）明王世贞称李白："太白以气为主，以自然为宗，以俊逸高畅为贵；子美以意为主，以独造为宗，以奇拔沉雄为贵。"（《艺苑卮言》）

李白去世不久，对于其间"群儿"的谤伤，文起八代之衰的韩愈（768—824）予以迎头痛击："李杜文章在，光焰万丈长。不知群儿愚，那用故谤伤。蚍蜉撼大树，可笑不自量。"（《调张籍》）韩愈高度赞扬李杜诗歌的成就，认为李杜的文章犹如太阳的万丈光焰照耀了诗坛。同时毫不留情地斥责无知小辈谤伤前贤的可笑行经，他们对李杜的谤毁中伤，就像那蚂蚁企图去摇撼大树，可笑他们是多么的不自量！诗人舒芜在《韩愈诗选》（陈迩冬选注）"序"中指出："这不仅是赞颂，不仅是捍卫，而且是对于李杜的双悬日月照耀乾坤的崇高

地位和相互关系第一次做出明确的评价,并为千秋万世所公认。"(引自金涛声:《韩愈诗传》,第242页)

李白伟大的文学成就与系统的文学思想,永远值得我们学习和研究。

郁贤皓先生《李白大辞典》,介绍了迄今所知现存的李白五言古诗选本、成书于清同治六年的《瑶台风露》。该书选李白五言古诗179首,末有桐华舸跋,指出了李白之诗有如下卓异闪光之处:

    雄浑,则超以象外、得其环中也;
    高古,则太华夜碧、人闻清钟也;
    洗练,则空潭泻春、古镜照神也;
    绮丽,则月明华屋、画桥碧阴也;
    自然,则幽人空山、过雨采蘋也;
    豪放,则晓策六鳌、濯足扶桑也;
    精神,则青春鹦鹉、杨柳池台也;
    清奇,则晴雪满竹、隔溪渔舟也;
    超诣,则乱山乔木、碧台芳晖也;
    飘逸,则后山之鹤、华顶之云也。

我们习惯用"雄奇飘逸"来概括李白诗歌的风格,而李白却以"独备众体"和"熔铸古今"来展现他的伟大。

十、高擎革新大旗,领导群雄建功

群才属休明,乘运共跃麟。文质相炳焕,众星罗秋旻。

             (《古风》其一)

李白：融汇百川的杰出思想家

历来论者都认为，李白是一个个人英雄主义者，因为李白诗抒发的只是个人感情，因此从王国维以来，都论定他是一个"主观诗人"。然而我们从李白的《古风》其一这首诗看李白，看到的却是一个高举大雅旗帜反对齐梁浮华的伟大旗手。他立志和"群才"组成"乘运共跃麟"的大军，掀起"复古"（即革新）的狂飙，创造"文质相炳焕"的奇迹，把"圣朝"变成万里无云的诗国，并成就一批在辽阔秋空中光辉璀璨的"明星"。由此可见，李白在《大雅久不作》这首诗里所说的"吾志在删述"，并非李白为了个人"垂辉映千春"，而是他在政治前途幻灭情况下，决心要干的一件文化大事业。杨海波先生指出了李白此举的"可贵"：

李白对于齐、梁余风充斥当代诗坛甚感不安，怎样来实现这一目标？诗人认为光靠个人的力量是不足的，需要众星齐放光辉。因此，他对诗友有一个希望，在他个人也有一个宏伟的抱负。他盼望诗友在廓清齐梁妖雾斗争中，能乘时而起，协同作战，创造出内容与形式均放异彩的优秀作品。

（《李白思想研究》，第150—151页）

李白一改文人相轻的积习，提出"群才属休明，乘运共跃麟。文质相炳焕，众星罗秋旻"的主张，希望"众星""乘运"齐放光辉，共创大唐诗坛新的局面，十分难能可贵。那么，李白真有作为"旗手"的能量吗？有！

我们在前面谈到，李白不但是一个伟大诗人，也是一位卓越的社会活动家。他自称"四海豪俊，相识如浮云"，是组织队伍、形成高端人物圈圈的顶级好手。他用自己的一身侠气和轻财好施、存交重义，成为当朝少见的既受长者喜欢又受后生爱戴的"流量明星"，其能量不但"名动京师"、上达圣听，

也为九流十家的社会各界所接受。他以前无古人的诗歌和出色的交际能力,聚集、加入或影响了若干当时著名的"人物圈",如:

"吴中四士":贺知章、张若虚、张旭、包融。其中的贺知章与张旭,都是屡次见于李白诗集的李白好友。

"饮中八仙":李白、贺知章、李适之、汝阳王李琎、崔宗之、苏晋、张旭、焦遂。别以为"饮中八仙"是什么"酒鬼",他们全是和李白一样的才气纵横者。

"仙宗十友":陈子昂、卢藏用、宋之问、贺知章、王适、毕构、李白、孟浩然、王维、司马承祯。这些"明星"人物虽非同时人,却是名扬全国的宗仙同道的"高端"人物圈。

"竹溪六逸":李白、孔巢父、韩准、裴政、张叔明、陶沔。是李白移家东鲁后,在徂徕山同隐的名士群落。

这些"圈圈",或"才"或"饮",或"道"或"逸",共同之处是圈内人物都富有"诗酒才情"。他们有的是朝廷大员,有的是诗中豪杰,有的既是官员又是诗国大家。而为李白的诗人"同道",则是一个更长的名单,例如:

曾经为李白取名"谪仙"的贺知章(659—744),是一个官场不倒翁型的资深老诗人;比李白大12岁孟浩然(689—740),是盛唐著名的田园诗人首领;李白深交的张旭,是与李白同被唐文宗称为唐朝"三绝"的诗人书法家;与李白交情甚笃的王昌龄(698—757)则是大唐七绝、五绝的圣手;曾与李白在梁宋同游数月的高适(704—765),是"边塞诗人"的冠冕。一些年龄小于李白而崇拜李白的"后辈"诗人,有当今无人不知的"诗圣"杜甫,有因袭"国公"爵位的宰相崔日用之子崔宗之(字成辅),有被称为"五言长城"的诗人刘长卿(709—786),有狂追三千里拜见李白的魏颢,有古文运动的首倡者李华（715—766）、贾至（718—772），以及从诗风、为人都追慕李白的任华、张继（715—779）、元结（719—772）、独孤及（725—777）等等。

李白以追踪孔子的抱负，勇担重振"大雅"之责，成果究竟如何呢？李阳冰在《草堂集序》中指出：

（李白）凡所著述，言多讽兴，自三代以来，《风》《骚》之后，驰驱屈、宋，鞭挞扬、马，千载独步，唯公一人。故王公趋风，列岳结轨，群贤翕习，如鸟归凤。卢黄门云："陈拾遗横制颓波，天下质文翕然一变。"至今朝诗体，尚有梁、陈宫掖之风，至公大变，扫地并尽。今古文集遏而不行，唯公文章，横被六合，可谓力敌造化欤！

李阳冰说，李白所写的文章，言语之中多含寄寓之意。从夏、商、周以来，《国风》《离骚》之后，像驱使仆人一样驱使屈原、宋玉，像鞭打仆人一样对待扬雄、司马相如，雄视千载无人抗衡。所以王公贵族纷纷倾倒于他，名流也纷纷与他交游；学子们纷纷向他学习，就像鸟儿拥戴凤凰一般。卢黄门说：陈拾遗（陈子昂）提倡改变颓靡的文风，天下的文章忽然就变了风格。可到如今诗歌还是有梁、陈时代宫廷的靡靡之风，但到李白时才真正有了本质变化，靡靡之风如同扫地一样被扫得干干净净。古人今人的文集，都没人看了，只有李白的文章，流行于天下，真说得上是他的能力可与大自然相抗衡啊！

李阳冰对李白一生的"著述"之评价，高度肯定了李白弘扬"大雅"之风的卓然功勋。无独有偶，明高棅在《唐诗品汇·总序》中同样肯定了这一点："开元、天宝年间，则有李翰林之飘逸，杜工部之沉郁，孟襄阳之清雅，王右丞之精致，储光羲之真率，王昌龄之声俊，高适、岑参之悲壮，李颀、常建之超凡,此盛唐之盛者也。"

看官请注意,高棅在这里所举十位"盛唐之盛者",竟无一位是"绮丽浮华"之辈,说明李阳冰所说的齐梁余风"扫地并尽",确有李白"横被六合,力敌造化"之功!

本章小结

前面我们从十个小侧面展示了李白的文学思想,由此得到许多不同于以往"定论"的新结论——

第一,人们本以为李白没有什么文学理论,但实际上他却是具有丰富而系统文学思想的文学批评家。第二,人们本以为李白是一个伟大的浪漫主义者,但实际上他却同时是一个伟大的现实主义者。第三,人们本以为李白的诗歌重内容轻形式,尤其不重声律,但实际上李白却精通声律,且是五律、五绝的登顶者。第四,人们原以为李白诗的风格只是雄奇豪放,但实际上李白也有雍容和缓的作品,是壮柔并举。第五,人们原来以为李白的成就主要来自天才卓异,但实际上他多师我师,博采广览,下过"铁杵磨针"的真功夫,其文学老师竟有16位之多。第六,人们原以为李白批评六朝绮丽不足珍,是轻视六朝作品作者的,但实际上他苦学《文选》,膜拜六朝先贤,六朝大师占据其文学老师的一半还多。第七,人们原以为李白反对邯郸学步、东施效颦,但实际上李白却曾"三拟文选",从学习中积累,在模拟中创新。第八,人们本以为李白的审美观念爱走偏锋,"有文无质",但实际上他的审美追求却是"文质相炳焕",文质并重。第九,人们原以为李白的宗教信仰不过是挥斥幽愤、逢场作戏,但实际上他却将宗教思想、表现手法及智慧融入了诗歌创作。第十，人们原以为李白轻视格律、不讲法度，但实际上他却兼收千载，拥抱万物，"出新意于法度之中，寄妙理于豪放之外"，善学能化，是把自由创造游刃于法度之中。

总之，李白是以天纵之才熔铸百家、汇流百川，从而把自己"练"成一个集大成的诗人和文学家。他用自己的创作实践和伟大成就告诉我们，他有十分宝贵的理论建树，有体系性的文学思想，许多观点至今仍光芒四射，具有现实的指导意义。兹列表13和表14如下。

表13 李白的文学思想体系

序号	项目	目	主张	反对	备考
1	关于诗源	《诗经》《楚辞》	大雅国风，兴寄深微；楚辞奇丽，哀怨愤激	大雅不作，王风衰歇	
2	关于内容	题材、思想、感情、时政	关注社会现实；抒发主观感情；敢于讽喻时政	反对内容空洞；反对无病呻吟；反对脱离时政	
3	关于形式	体裁、辞采、音韵、平仄、对偶等格律	遵守宪章，运用法度；超越法度，获取自由	反对语言绮丽；反对格律烦琐；反对雕琢失真；反对形式束缚	
4	内容与形式之关系	统一性 适合性 矛盾性	依据内容，选择形式；驾驭形式，服务内容；专擅数体，熔铸伟词	反对有文无质；反对有质无文；反对重形式而轻内容；反对内容为形式所缚	

续表

序号	项	目	主张	反对	备考
5	关于学习与继承	学习内容继承方法	继承诗经风雅,继承离骚浪漫,继承汉魏风骨,继承初唐豪放,取先贤之长为己有,立巨人之肩求创新	反对轻视传统;反对鄙薄先贤;反对邯郸学步;反对东施效颦	
6	关于总体风格	雄奇、奔放、飘逸	崇尚浪漫主义之奇丽兼备现实主义之沉雄	反对脱离现实之空洞;反对言而无文之古拙	
7	关于审美追求	清真自然壮柔并美	宇宙境界,意象伟大清真自然,明朗刚健豪放飘逸,壮柔并美辞采炳焕,文质彬彬	反纤弱、反绮丽、反淫靡、反浮华、反雕琢、反模仿、反形式束缚内容	
8	关于变革与创新	创新内容创新形式创新高度	扩大题材丰富内容创造新的表现形式继承先贤创造极致	反对泥古不化;反对朴拙无文;反对徒废精神	
9	关于创作风格	自由抒写	不为体裁、形式所拘不为格律、程式所缚		
10	关于志向抱负	步武孔子立言垂世	举旗复古,重振大雅;群雄并跃,扫除浮华;步武孔圣,志在删述;立言垂世,辉映千秋	反对文人相轻;反对单枪匹马;反对无功于社会	

表14 李白的10大文学课程与16位文学导师

李白的十大文学课程与典籍	李白的文学导师与从学所得
1. 儒家经典 ——《诗经》《易经》《左传》等 2. 道家经典 ——老子、庄子、列子等 3. 佛教经典 ——禅宗等中国化之佛教经典 4. 楚辞离骚 ——《离骚》等，楚文化之代表 5. 汉赋乐府 ——汉赋、乐府及古诗十九首等 6. 昭明文选 ——"七百篇"汉魏六朝文章之渊薮 7. 历史典籍 ——《史记》《汉书》《三国志》《后汉书》《晋书》《南史》，及《战国策》等，总览历史与人物 8. 神话传说 ——《山海经》《淮南子》《神仙传》等 9. 世说新语 ——魏晋名士教科书 10. 民歌民谣 ——蜀中、楚汉、吴越等民谣民歌	1. 孔子（前551—前479） ——得"诗经之兴寄深微" 2. 庄子（前369—前286） ——得"庄周之奇思" 3. 屈原（前340—前278） ——得"离骚之哀怨愤激" 4. 司马相如（前179—前118） ——得"长卿之宏丽" 5. 曹植（192—232） ——得"子建之高华" 6. 阮籍（210—263） ——得"嗣宗之渊放" 7. 左思（250—305） ——得"太冲之风骨" 8. 郭璞（276—324） ——得"景纯之隽上" 9. 陶潜（365—427） ——得"渊明之淡远" 10. 谢灵运（385—433） ——得"清新秀发之格" 11. 鲍照（416—466） ——得"明远之驱迈" 12. 江淹（444—505） ——得"文通之骨力" 13. 谢朓（464—499） ——得"玄晖之奇秀" 14. 庾信（513—581） ——得"开府之清新" 15. 陈子昂（658—700） ——得"革新之大道" 16. 司马迁（前145—？） ——得其"爱奇与实录"

第十二章

融汇百川的杰出思想家

一、李白的主导思想与体系

（一）建功济世的主导思想

李白的主导思想或核心思想究竟是什么？是近一个世纪以来人们一直在探求的课题。

讨论李白的主导思想，无疑需要全面了解李白的思想观点、观念和主张，了解这些观点、观念和主张的渊源及其在李白身上的表现，尤其是要强调"主导思想"与其他思想有层位上的区别，经得起以下"五道拷问"：

是一贯性思想还是一时性思想？

是稳定性思想还是变动性思想？

是处于支配地位还是服从地位的思想？

是口头理论还是指导行动实践的思想？

是真实性的表达还是艺术性的表达?

这最后一点尤需特别注意。李白思想主要见于他的诗歌,而诗歌所寄寓的思想内涵,往往穿着"艺术的外衣",这为探求其真实思想带来困难,有时对诸如《蜀道难》《将进酒》《梦游天姥吟留别》这样的名篇之题旨,也是见仁见智,千年难解。研究李白的专家多认为李白是虔诚道士、道教徒,但清人刘熙载(1813—1881)在《艺概》中说:"太白与少陵同一志在经世,而太白诗中多出世语者,有为言之也。屈子《远游》曰:'悲时俗之迫厄兮,愿轻举而远游。'使疑太白诚欲出世,亦将疑屈子诚欲轻举耶!""太白诗虽若升天乘云,无所不之,然自不离本位。故放言实是法言,非李赤之徒所能托也。""太白诗言侠、言仙、言女、言酒,特借用乐府形体耳。读者或认作真身,岂非皮相。""太白早好纵横,晚学黄老,故诗意每托之以娱。少陵一生只在儒家界内。"徐中玉先生评介刘熙载的这四段话,认为"李、杜均志在经世。李多放言,无所不之,但本位仍在经世,并非真正出世。……李诗言侠、仙、女、酒,非其真身,李诗的纵横、黄老色彩,是他艺术表现上的应用,感到这样写畅快。刘氏这些议论,不仅很有见解,确是深谙诗艺的。"(转引自《李白思想研究·序言》)

徐中玉先生的观点,与安旗先生不谋而合。安旗先生在《论李白》一文中,分别驳斥了有人认为"李白似乎是一个无所事事的安乐公子、富贵闲人","只知狂醉于花月之间,苍生社稷曾不系其心膂的人","以为李白思想中存在入世和出世的矛盾"等三种看法。对于有人以为李白思想中存在出世思想,她说:"这种看法也是似是而非。……他几乎是一边说着出世的话,一边又在做着用世的打算。使人感到他所谓出世云云，往往是作为暂时的自我缓解，说说而已，甚至是其言愈冷，其心愈热。""李白的出世思想当作如是观，李白的及时行乐的思想和行径，亦当如是观。这都是他的政治抱负不能实现，政治热情无处寄托，特别是在遭受失败和打击之后，一种无可奈何的发泄。细心的读者不难在他的寻欢作乐、放浪形骸的诗篇背后，发现他充满痛苦和愤懑的心灵。"她的结论是：

总而言之，李白的思想无论多复杂，自有他的主心骨；李白的性格再是多侧面，自有他光辉的一面；李白的情绪尽管多反复，却是万变不离其宗。

归根到底，李白是一个抱有伟大理想的人、富有用世热情的人、对国家和人民的命运极为关心的人。为了实现他的理想，他一生追求不已，奋斗不止。虽然屡遭失败，历尽坎坷，却是九死不悔，直到生命最后一息。中国历史上的伟大人物，都具有这样的思想品格。正是这样的思想品格，使他们成就了不朽的事业。即使失之东隅，也必定收之桑榆。李白虽然未能成为伟大的政治家，却成了伟大的诗人。

只有掌握李白思想中这根巨大的贯穿始终的红线，我们才能认识真正的李白，而不至于抓住他的嘲笑儒家的片言，就说他是"法家"；抓住他入道和奉佛的侧面，就说他"迷信道教""甘心自缚于枯禅"；抓住他某些表面现象或生活小节，就说他是"颓废文人"。

（《李白全集编年笺注》，中华书局2015年版，第16页）

笔者赞同安旗先生客观而深刻的分析。

"五道拷问"的结果是：不能把李白思想简单归为先秦诸子某一学派的思想；不能把诗人以艺术语言的某一表白作为李

白的主导思想；不能忽略李白的成长过程（阶段性）而把其某一时的情绪性表达作为其主导思想；也不能把李白在家庭、社会和某一环境下的语言或行动作为他的主导思想。而纵观其一生，具有"一贯性""稳定性""行动性"的主导思想，是其建功济世、功成身退思想。

李白建功济世思想的最早表述见于《上李邕》（720）诗："大鹏一日同风起，扶摇直上九万里"；次见于《别匡山》（724）诗："莫怪无心恋清境，已将书剑许明时"；比较系统的表述见于《代寿山答孟少府移文书》（727）："达则兼济天下，穷则独善一身。……申管晏之谈，谋帝王之术。奋其智能，愿为辅弼，使寰区大定，海县清一。事君之道成，荣亲之义毕，然后与陶朱、留侯，浮五湖，戏沧州。"李白一生对建功济世理想的表述极多，他不断地宣示自己是以"济世""济时""安社稷""济苍生""济沧海""济天下"为使命，而不是追求个人功名利禄。今天有人却说李白是"官迷"，是"极端个人主义"，是"杨朱第一"等等，那都不是李白的错，而是论者自己见了鬼。

郁贤皓先生在《论李白思想的形成与发展》也认为：

李白一生的思想确实是复杂的，但这些思想并不是并列和始终不变的，而是有主次之分，并且随着环境和经历的变化而起伏的。总的来说，李白思想的渊源，从先秦各家思想中只是各吸取其中一部分，并赋予时代的新意。如对墨家只取任侠仗义，对纵横家只取游说诸侯的方法，对道家只取其隐逸放达、访道求仙和功成身退，对儒家只取兼济天下的主张等等，融会成自己的理想。在李白一生中，曾经有一度以仗义行侠（青少年时期）或入道出世（漫游梁宋齐鲁时期）思想占了上风，但那毕竟是短暂的。贯串李白一生的主导思想，无疑是儒家兼济天下的思想。"一生欲报主，百代期荣亲"，要求建功立业，为社稷、苍生做一番事业，然后功成身退，这是李白一生为之奋斗的理想。

李白出蜀前为建功济世做的"八项准备"（博览群书、坚定志向、研究英雄、修养品性、猛攻诗赋、苦练武功、潜心纵横术、准备荷包）和"六大自信"（时代自信、才学自信、武功自信、策士自信、品行和声誉自信、财富自信）；出蜀后为谋取政治平台的"五道并举"（遍干诸侯、历抵卿相；存交重义、行侠仗义；四海会友、广交豪俊；访仙学道、踏遍名山；啸傲山林、隐逸养誉）；"赐金还山"后希冀以武立功的"四投军门"（幽州之行、从璘东巡、入宋中丞军幕、暮年请缨投军李光弼）：都是统一于建功济世这个崇高理想下的行动与实践。

（二）务实致用的博大体系

李白不但以建功济世作为主导思想，而且围绕这个主导思想建立了内容博大的思想体系。

不少论者都以为李白诗文只有零星思想，没有什么思想体系，所以不是思想家。我们通过前面各章，已经揭示李白用诗的语言，构筑了一个以"安社稷、济苍生"为目标，以"辅弼明主（帝王）"为途径，以"功成身退"为个人归宿的"治国理政"思想体系，这个体系涵盖广泛，内容务实而博大。

三年前，笔者曾在拙著《李白：匡时济世的悲剧政治家》一书中谈到，我们如果要简单概括李白作为一个思想家的内

李白：融汇百川的杰出思想家

容，约略有：

　　事君荣亲、建功济世的爱国思想；
　　兼济苍生、终安社稷的拯民思想；
　　厚生保民、万物顺成的王道思想：
　　反对礼教、追求自由的平等思想：
　　爱护生命、慎重用兵的墨家思想；
　　雄才大略、一统四方的法家思想；
　　治乱解纷、纵横捭阖的纵横家思想；
　　存交重义、轻财好施的侠士思想；
　　开放交流、汇融各族的民族思想；
　　道法自然、功成身退的道家思想；
　　兼收并蓄、创新发展的文艺思想；
　　自然率真、复古大雅的创作思想；
　　审时度势、随时应制的变通思想；
　　弃奸用贤、礼遇下士的人才思想；
　　轻徭薄赋、与民生息的民本思想；
　　兄弟和睦、王室安宁的和衷思想；
　　以德绥远、睦邻和蕃的安边思想；
　　讽谏畋猎、俭约惜生的仁爱思想；
　　君臣有制、慎权旁落的君体思想；
　　蔑视权贵、追求自由的名士思想；

　　此次重新探索，发现过去表述犹嫌粗糙，特重新梳理，综合为表15。

表15 李白的思想体系简表

序	纲	目	观点与主张
一	政治思想	励精图治的内政思想	1. 安社稷济苍生，志在寰区大定海县清一 2. 追求"大同"理想 3. 愿为"辅弼"之臣 4. 主张清明政治 5. 主张重用贤才 6. 主张广开言路 7. 主张抑制权臣 8. 主张无为而治 9. 主张和衷安宁 10. 主张宽猛相济 11. 主张王霸之道 12. 主张爱民为本 13. 主张自由解放 14. 主张平交王侯 15. 主张公平正义 16. 敢言国家兴亡 17. 终生忧国忧民 18. 反对玄宗迷信 19. 反对君主淫乐 20. 反对朝廷树党 21. 反对奸臣当道 22. 反对君权旁落 23. 反对宫廷腐败 24. 反对皇帝昏庸 25. 反对虚伪礼教 26. 预警国家危机

续表

序	纲	目	观点与主张
二	经济思想	富民强国的经济理念	1. 主张体察民苦 2. 主张俭约惜生 3. 主张经世务实 4. 主张轻徭薄赋 5. 主张善本起末 6. 主张安居乐业 7. 主张富民强国
三	外交思想	以德绥远的外交理念	1. 主张以德绥远 2. 主张中外融合 3. 追求边疆平静 4. 反对擅开边衅
四	军事思想	慎重用兵的军事理念	1. 不忘战争的战略思想 2. 御敌戍边的建功思想 3. 兵是凶器的慎战思想 4. 睦邻和蕃的安边思想 5. 择将用贤的强军思想 6. 谋略制胜的作战思想 7. 约束边将的治军思想 8. 反对不义的穷兵黩武
五	谋略思想	谋略制胜的强国理念	1. 安民富国的"经济策" 2. 强国弱敌的"五饵策" 3. 见于未萌的"绕朝策" 4. 克敌制胜的"龙韬策" 5. 攻心为上的"七擒略" 6. 适时通变的"五兵权" （李白之策极多，以上"策"名系示意性的）

续表

序	纲	目	观点与主张
六	为官思想	勤政清廉的为官思想	1. 事君荣亲思想 2. 立功报国思想 3. 为民请命思想 4. 为官廉洁思想 5. 清静息讼思想 6. 宽猛相济思想 7. 奋其智能，辅弼明主，成为： "萌芽未动独见存亡之机"的"圣臣" "谕主以长策，顺美匡恶"的"大臣" "数往古之行事以厉主意"的"忠臣" "明察成败，早防而救之"的"智臣" "国家昏乱，敢犯颜直谏"的"直臣" 8. 功成身退思想
七	修身思想	诚意正身的修身思想	1. 认同儒家"三纲八目" 2. 以修身为基治平为志 3. 修炼光明磊落之心地 4. 崇尚松柏兰蕙之品格 5. 宏放兼济天下之胸怀 6. 养成百折不挠之性格 7. 铁杵磨针博览天下书 8. 报效君国学就文武艺

续表

序	纲	目	观点与主张
八	伦理思想	平等正义的社会伦理思想	1. 认同尊老爱幼 2. 提倡和谐友爱 3. 崇尚兼爱天下 4. 主张兄弟相安 5. 主张事君荣亲 6. 主张存交重义 7. 主张轻财好施 8. 主张平等正义 9. 主张除暴安良 10. 主张重信然诺 11. 主张济贫扶弱 12. 主张尊重女性
九	哲学思想	顺应自然的哲学思想	1. 辩证唯物理念 2. 运动变化理念 3. 天人合一理念 4. 顺应规律理念 5. 超越世俗理念 6. 自然为宗理念 7. 融合道佛哲学

续表

序	纲	目	观点与主张
十	文学思想	继承创新的文学思想	1. 弘扬大雅传统 2. 承继楚骚源流 3. 接受乐府成果 4. 坚守汉魏风骨 5. 博采先贤之长 6. 追求文质炳焕 7. 追求豪放飘逸 8. 追求柔美清丽 9. 追求清真自然 10. 追求纵横奇正 11. 坚持自由创造 12. 主张文学革新 13. 吸收道家脱俗 14. 吸收禅宗空灵

李白建功济世的崇高理想，博大务实的思想体系，竟长期隐匿在李白雄奇飘逸的诗文之中，千百年来为"诗仙"自己的光环所掩盖，也为千千万万李白研究者、爱好者所轻忽，令人匪夷所思！

二、李白思想的形成和特点

阅读经典、接受传统、时代环境、个人经历无疑是一个人思想形成与发展的重要因素，然而同具这四大因素的许多大唐诗人，为何无人具有李白相同的思想体系，说明形成李白丰富思想的决定性因素，在其自身。

（一）开放包容、兼收并蓄

公元前374年，即在约2400年前，在当时齐国都城临淄（今山东省淄博市），有一座在东方产生巨大影响的文化殿堂——稷下学宫正式诞生。这是中国第一所由官方举办、私家主持的特殊形式的高等学府。这里演绎了中国思想史上波澜壮阔的"百家争鸣"，孟子、邹子（衍）、荀子、申子（不害）等诸多先哲在此驻留，为动荡时代的国家提供不同的解决方案，智慧的光芒至今仍在闪耀。郭沫若说："这稷下之学的设置，在中国文化史上实在是有划时代的意义。"

稷下学宫存续150多年，随着秦灭六国，终于淹没在历史的长河中。当其繁盛之时，学者"数百千人"，儒、道、法、阴阳、农、名、兵等各家云集，著书讲学、切磋驳难，在当时思想界掀起巨大波澜。北宋著名史学家司马光在《稷下赋》中盛赞："致千里之奇士，总百家之伟词。"这就是后世所称羡的"百家争鸣"。

从春秋末期到战国时期，伴随着社会的大动荡、大变革，出现了中国历史上第一次思想大解放、文化大繁荣的黄金时期。稷下学宫不但是"百家争鸣"之场所，也是各派学术思想的融汇之地。由于思想解放、地位平等、学术活跃，各派学者尽管有不同甚至相反的主张，却都能在此立足、讲学、争鸣，吐纳吸收，提升发展。最终成为中华文明思想文化主干的儒学，也正是与其他诸子的争鸣、交流、碰撞、融合中，丰富和发展起来的。从公元前374年起步的稷下学宫的百家争鸣，到李白生活的盛唐时代，时间之旅已跨过了1000余年。千年的历史长河，孕育了众多的思想家，其中一位就是李白。

分析李白与儒家、道家、释家、墨家、纵横家、游侠、兵家以及魏晋名士等中华传统思想文化流派的关系，用100个细分的角度观察李白，发现正是从稷下发端的"诸子百家"思想源流，汇成了李白思想的丰富。李白用一种开放包容之胸怀，冲决门派的围墙，兼收诸子之优长，因此用简单的"门派"理念划定李白为"某家"，显然不当。

开放包容、兼收并蓄的恢宏气度，是李白成为杰出思想家的第一个要诀。在中国思想家队伍中，也许没有第二个像李白这样广开门户、完全不守门派的思想家。同时我们还应看到，前面所列李白从中国古代思想家那里接受传承的丰富思想，并非李白思想的全部。李白思想的源流，"有字书"只是其中之一，大量的"无字书"如家庭教育、成长环境、业师教导、友朋影响、社会潮流、时风时尚，以及踏遍神州名山秀水的阅历经历等等，对于李白思想的形成和发展都具有重要意义。踏遍千山万水，方能海纳百川。

（二）取其精华、去其糟粕

取其精华、去其糟粕，是李白成为杰出思想家的第二个要诀。

我们在前面追踪了李白对"九流十家"思想的接受，发现李白对于前人（包括先秦诸子到初唐）的思想，都有学习和承继，然而李白思想并非是前人思想的集合和堆积。李白善于围绕自己的政治理想和人生目标，从"万物皆备于我"的高度，用自己的独立审视和选择，对各种思想进行取其精华、去其糟粕的"扬弃"和改造，从而形成独特的思想体系。

李白：融汇百川的杰出思想家

以李白与儒学的关系为例。李白研究专家多数认为，李白自称"小儒"，有家门定位，又从儒家学说中吸收了积极入世思想，终生致力于建功报国，事君荣亲，所以属于儒家；但认为李白非圣无法、平交王侯、突破夷夏之防，"背违"了儒家传统，"断非儒家中人"，也非无据。而当我们认真展开李白的思想表现时，就会发现李白在"兼收并蓄"之后，是以自己的"选择"来吸收先贤思想的。他从儒家学说中吸取了正心诚意的修身思想，志在四方的出仕思想，文武双全的报国思想，事君荣亲的建功思想，忧国忧民的济世思想，兼善天下的拯民思想，逆鳞敢谏的忠贞思想，鞭挞腐败的廉洁思想，威武不屈的节操思想，官民和谐的仁政思想，捐躯赴难的治平思想，终生不渝的爱国思想，挑战腐儒的革新思想，以及追随孔圣的立言之志，等等。同时，李白又反对或摈弃了儒家的等级专制，儒家的中庸之道，儒家的虚伪礼教，儒家对个性与自由的束缚，儒家对个体与独立的否认，儒家的愚忠和愚孝，儒家的皓首穷经和经世无能，儒家的安贫受苦和矫揉造作，儒家的复古倒退思想和儒家的夷夏之防观念。

同样，李白对道学和道教思想的继承，也是接受与摈弃并用。其吸收的如唯物辩证的哲学思想；无为而治的政治理想；功成身退的功业思想；平交王侯的伦理观念；蔑视权贵的凛然风骨；傲视传统的批判精神；自由开放的人生追求；乐观自信的思想性格。而被否定、拒斥和摈弃的道家思想其实也很多，诸如隐遁山林的出世思想；长生不死的神仙思想；逃避现实的虚无思想；享乐主义的颓废思想；绝圣弃智的愚民思想；小国寡民的倒退思想；贵柔避刚的人生哲学；阴谋诡诈的统治权术；等等。

李白作为思想家的进步性，正从其选择性中体现出来。从当时来看，李白的选择性吸收与摈弃，可谓大胆；而用今天的观点看，李白的选择性，可谓高明——他选择和吸收了儒家和道家思想中具有进步价值的一面，而批判与抛弃了儒家和道家思想中消极落后的另一面。李白的这种"扬弃"之术，同样闪耀在对佛家、墨家、纵横家、侠士、魏晋名士风度等等思想和时尚世风的鉴别中。本书每章之后列有简表，展示了李白这种宝贵的选择性之大概。

值得一提的是，李白不但敢于从当时社会尊崇的儒道释三教中摈弃他所认为的"糟粕"，而且敢于从常人认为"落伍"的纵横家、墨家身上吸收他所认可的"精华"。以纵横家思想为例，从班固以降，史学家对纵横家多取贬义，认为他们是极端的功利主义，完全的机会主义，朝秦暮楚的无信，波诡云谲的阴谋，背信弃义的骗局，汲汲于名利的自私，强调的似乎多是纵横家思想的负面。而李白则以历史上著名的纵横家为例，认同和赞扬纵横家大济苍生的英雄意识，与世迁移的通变理念，刑德并用的王霸之略，礼贤下士的强国之道，奇谋妙策的取胜之术，悬梁刺股的奋斗精神，布衣卿相的取仕之路，以身殉志的浩然之气，舌敌雄师的辩才之功，兼收并蓄的百家之学。李白用自己的"选择"，把宗于儒学的历史学家所贬斥的纵横家，"净化"为大济苍生的英雄，高标为令人敬仰的榜样，寄托着自己的功业理想。

李白的"取其精华、去其糟粕"的功夫，不但见于对诸子百家思想的选择性吸收，而且见于对历史人物思想细致入微的分析取舍。《古风》其三"秦皇扫六合"一首，用120字系统分析了秦始皇的历史功绩，同时抨击了他的残暴、迷信和愚昧！李白这种既歌颂又批评的分析家风格，在尧舜、孔子、陶潜、诸葛等人物的评价上都有运用，为此常常被后人误以为是

李白：融汇百川的杰出思想家

李白思想有什么"自相矛盾"，而其实正是李白善于分析取舍的一种可贵做法。继承历史和传统，"取其精华、去其糟粕"无疑是最正确的方针。令人讶异的是：诞生于1300多年前的李白，竟然已自觉而熟练地做到了这一点。

（三）吞吐百川、融汇一体

具有"吞吐百川，融汇一体"的超人本领，是李白成为杰出思想家的第三大要诀。

"开放包容，兼收并蓄"让"诸子百家"和"轩辕以来"所"得闻"的知识进入李白大脑；"取其精华、去其糟粕"，使李白因"选择"而得到"诸子百家"和博学多闻的精华。然而，李白的思想并非这些经典或见闻的"仓库"。在中国历史上，诸子百家因为观点、概念、语言的不同，"治国"思路、方法、途径的不同，以强烈的"排他性"互相批判，斗争不休。李白却看到这些思想具有"殊途同归"的互补性，于是对各种思想进行了"熔铸""融汇"和"加工"，从而使各种优秀思想以"结晶"的方式，"统一于"自己的思想体系，成为李白思想的一部分。我们分析李白思想中许多著名的观点和理念，即可发现这些思想观点理念几乎都具有明显的多元结晶特点。例如：

其一，李白积极入世、建功报国的思想，来源于盛唐昂扬的精神状态+儒家+纵横家+侠士等思想的综合；

其二，李白寄望际遇、布衣卿相的出仕思想，是基于卓越才能的自信+纵横家+侠士之风+姜太公、诸葛亮等历史榜样的鼓励；

其三，李白立功不居、功成身退的人生规划，不但有道家+

名士+英雄意识的背景，更有范蠡、鲁仲连等高士之榜样和当朝现实教训的加持；

其四，李白平交王侯、蔑视富贵的思想源流，有儒家+道家+纵横家+侠士的影子，更有名士风度的参与；

其五，李白追求自由、及时行乐的思想，既有道家+名士+侠士之风的影响，也有如谢安等历史人物的榜样示范和自身个性的呈现；

其六，李白热爱自然、任情山水，即来自道家+名士+时风+历史榜样及其个性，与其追求自由的思想，基本上出于同源；

其七，李白存交重义、广结豪杰的思想性格，主要来自道家+侠士+纵横家；

其八，李白嗜酒放情、旷达任诞，不但见之于侠士+魏晋名士影响和个人嗜好的因素，更有挥斥幽愤的必须，还有据以达成成功创作的体验；

其九，李白自信自负、恃才傲物，主要来自才能卓荦，也有社会赞誉+纵横家之风+英雄主义和个性张扬性格的影响；

其十，李白尊重妇女、同情弱者，不但表现他的儒家济世情怀+墨家的兼爱天下+侠士的英雄意识，也因为李白具有朴素的民主意识与善良之心。

如是等等。

许多李白研究专家都注意到李白思想的兼收并蓄、多元结晶，自主选择、为我所用的特点。詹福瑞先生认为："青少年时期的李白，受到的是一种比较特殊的教育。儒、道、纵横，兼收并蓄，接受各家思想的态度通脱随意，思想结构的形成就呈多元。李白一生积极入世，立业建功的理想始终不泯，是为儒家思想。尚气任侠，喜谈王霸之术，是为纵横家思想。蔑视爵禄，粪土王侯，寻仙访道，追求自由，是为道家思想。李白思想结构的多元特点，虽然是在他一生坎坷经历中逐渐形成的，但其青少年时期接受的教育，显然奠定了重要基础。"（《李白诗全译·前言》）葛景春先生在谈到李白的自由精神时，也认为："（李白）将道家的自由精神与儒家的理想主义、道家的浪漫思想与儒家的求实精神、道家的个性解放与儒家的兼善天下、道家的功成身退与儒家的入世态度融汇结合，又对佛教、纵横、任侠、兵、杂等百家思想兼收并蓄，熔铸一体，形成一个开放型的思想体系……其核心是自由主义和理想主义。"（《李白思想艺术探骊》，第3页）

包容性（开放包容、兼收并蓄），选择性（取其精华、去其糟粕），融汇性（吞吐百家、熔铸一体），使李白形成了开放型的思想体系，他是一位善于取精用宏、推陈出新的思想家。

中国思想史证明，思想领域的包容开放和百家融汇，是人类文明发展的康庄大道。司马谈在《论六家要旨》中谈道："《易大传》：'天下一致而百虑，同归而殊途。'夫阴阳、儒、墨、名、法、道德，此务为治者耳。直所从言之异路，有省不省耳。"（《史记·太史公自序》）就是说，战国时诸子百家的目的都是"为治"，即为了经世济用。与诸子偏于一隅不同，杂家兼儒墨之善，撮名法之要，取各家所长，兼容并包、融为一体，"执古始之道，以御今之有"。纵观中国传统，所谓治道与政道，就是"因循而治、杂采诸术、阳儒阴法、以道御之"。纯粹以一家之术治国而成功，古今无有。

三、李白思想体系的进步意义

李白思想体系的进步意义主要在于：

第十二章 融汇百川的杰出思想家

（一）现实性

李白的许多诗文（不是全部），是以文学作品为形式，以政治理念为内容，表达其治国政见之作。李白丰富而深远的"治国理政"思想，不是空洞的理论，而是务实的政见。有人认为李白经常言"策"，不过"说说而已，当不得真"，而实际上李白一生言"策"，倾注了他高昂的政治热情和伟大的爱国之心。我们在"纵横家"（第二章）与"兵家"（第六章）两章，曾谈到李白诗中的"12策"，列举了李白老师赵蕤《长短经·七雄略》中的39策，指出李白熟读过《战国策》中的460策，这些都是李白自称胸有"良图""长策"的依据。表15第五项"谋略思想"中强调了李白的"四策"——安民富国的"经济策"，强国弱敌的"五饵策"，见于未萌的"绕朝策"，克敌制胜的"龙韬策"——即涵盖了具有现实意义的治国之方、克敌之计、先见之谋、用兵之略。

即使从诗歌创作而论，李白的现实主义精神也非常突出。程千帆先生指出：

> 自从贺知章称之为谪仙人，后人又尊为诗仙，这就构成了一种错觉，好像李白之所以伟大，就在于他的人和诗具有他人所无的超现实性。这是可悲的误会。事实上，没有一个伟大的浪漫主义者是超现实的，李白何能例外？开元、天宝时代的其他诗人往往在高蹈与进取之间徘徊，以包含希冀的痛苦或欢欣来摇荡心灵、酝酿歌吟。李白却既毫不掩盖他对功名事业的向往，同时又因为自己绝对无法接受那些取得富贵利禄的附加条件而弃之如敝屣。他热爱现实生活中一切美好的事物，而对其

中不合理的现象毫无顾忌地投之以轻蔑。这种已被现实牢笼，却不愿意接受，反过来却想征服现实的态度，乃是后代人民反抗黑暗势力与庸俗风习的一股强大的精神力量。这也许就是李白的独特性，和杜甫那种始终以严肃的、悲悯的心情注视、关心和反映祖国、人民的命运那种现实主义精神，是相反而又相成的。

（程千帆：《唐诗鉴赏辞典》序言，上海辞书出版社2013年版）

（二）批判性

李白思想体系中的各种理念、观点、策谋，对盛唐社会现实有强烈的批判性。从"政治""经济"到"军事""外交"，都是因情而发、因事而发、有目的而发，绝非从古书抄录几句以炫己博。如李白"军事思想"中有"择贤用将"和"谋略制胜"等条，原诗为"李牧今不在，边人饲豺虎"（《古风》其十四）和"将无七擒略，鲁女惜园葵"（《书怀赠南陵常赞府》），所论似乎跟一位大诗人八竿打不着，然细一检点，就发现皆语出有因。柏杨在《中国人史纲》中说："历史上有一个现象，腐败的政府很难产生杰出的统帅。当时（如两次征伐南诏）所派遣的将领，全是用不尊严的手段达到尊严地位的饭桶，根本没有取胜的可能。"酒肉宰相杨国忠"为了张虔陀和鲜于仲通两个酷吏，使中国所能征调的最精锐部队，死亡殆尽"。（《中国人史纲》第五版下，第410页）李白的军事思想，正是针对天宝期间的开边惨败，针对那些毫无谋策的"饭桶"而发。李白军事思想之意义非常深远，因为大唐军事政策大误，是安史之乱爆发乃至李唐一朝从此一蹶不振的重要原因。

有论者以为李白所谓"申管、晏之谈，谋帝王之术"，是"极其自负"的"大话",而实际上管仲富民强国的政治思想、善本(农)起末(商)的经济思想、爱民顺民的民本思想、重德教民的社会伦理思想、晏子对内的仁政爱民政治学说、对外的和平相处外交思想、对己的廉洁从政为官原则,全部都呈现在上述李白的思想体系之中,并被作为其揭露和批判当时社会黑暗、宫廷腐败的重要参照。

(三)行为导向性

李白的思想和精神,是其一生的政治活动与文学创作的方向、源泉和动力。李白在《代宋中丞自荐表》中,自谓"怀经济之才,抗巢由之节。文可以变风俗,学可以究天人"。他是一个道德高尚、博学多闻的思想者,又是一个怀抱理想、济世安民的实践家。李白崇高的政治理想和博大的思想体系,不但为其坎坷的政治活动提供动能,而且为其旺盛的诗歌创作提供指南。不少李白研究专家都指出他崇高而宏伟的政治思想,是其文学成就登峰造极的强大支柱。金涛声先生在他的《李白诗传》中说:

太白能写出惊天动地的诗文,在文学上取得彪炳千秋的成就,首先取决于他有报效国家、济世安民的宏伟政治思想,并为之奋斗终生,而政治上的沦落不遇,追求理想过程中的坎坷挫折,在某种意义上也成就了诗人的创作事业。理想和现实的矛盾冲突,激发了诗人的创作冲动与才智发挥,推动着诗人思想认识和艺术表现力的不断提高,诚如有的学者指出:"李白诗歌是随着他身世坎坷逐渐成熟的,政治上的重大挫折也是创作上的新起点。"

(第216页)

李白：融汇百川的杰出思想家

李白诗歌的"奇""气""豪""逸"之特色，在中国文学史上独步千年，无数人在追踪李白这些"特色"的来源，多从"庄骚"那里寻根。但实际上，李白诗文的成功之根，如同李白的浪漫主义成就并非仅源于"庄骚"之"合"一样，李白诗歌创作的伟大成就得力于其有兼收并蓄的多元思想之助，上表所列的"李白思想体系"之各项，都以其不同的面貌和功能，闪耀在李白的诗文中。这里试举人们不大在意的纵横家为例。

纵横家高屋建瓴、气势逼人，字里行间回旋着雄辩劲健的力量。如范雎的倡远交近攻，明快犀利；虞卿的辨析楼缓，咄咄逼人；蔡泽的论功成身退，有理有据；鲁仲连的义不帝秦，雄辩恣肆，大义凛然。——李白对理想的执着追求，对自己才能的自信自负，对现实和遭遇的愤怒，使他的诗文具有"飞流直下三千尺"的气势和"砯崖转石万壑雷"的力量。功业心和自信心，是沟通战国纵横家文与李白诗文之气势和力量的基础。

战国纵横家为增强游说力量，好铺陈其事，夸张其理，征引古今，排比其文，其说辞具有铺张扬厉、雄隽恢宏的风格。——李白为抒发他海涵地负般的胸怀和火山迸发似的激情，发展了纵横家的夸张手法，把夸张与天马行空般的想象结合起来，因而他的诗具有震撼人心的力量。

纵横家是说理能手，他们深知说理忌抽象，而贵生动形象；忌肤浅，而贵深刻剀切。他们在游说中巧设譬喻，善讲寓言，博引典故，有的小中见大，有的似浅实深，有的精辟警策，有的富于哲理，大大增强说辞的生动性和感染力。——李白诗中，以上天入地的想象、纵横古今的神话传说和史实，取材于自然界与人类社会的比喻，组合成一个五光十色、缤纷斑斓的诗境，令人心迷神醉、流连忘返。

又如李白爱好兵略,其诗文即有兵家"奇正出入"之妙。唐人殷璠在《河岳英灵集·序》中称李白诗《蜀道难》"奇之又奇",元人范德机评李白诗:"又如兵家之阵,方以为正,又复为奇;方以为奇,忽复是正,奇正出入,变化不可纪极。备此法者,唯李杜也。"(转引自《李白思想艺术探骊》,第96页)可知兵家思想对于李白的诗歌创作也有贡献。

总之,正是融汇百川的思想,成为李白文学创作的指南和取之不尽、用之不竭的力量源泉,引导和支撑李白登上中国文学的顶峰。

(四)历史进步性

李白思想之最大意义,在于提出了积极进步、领先时代的价值观体系。李白于8世纪建立的思想体系,对比当时正陷于"中世纪黑暗"(5—14世纪)的欧洲和全世界,都具有无可比拟的先进性。尤其是白思想体系穿越1200多年的时空,直接与中华民族当代社会主义核心价值观体系相契合,表现了李白思想在中华民族优秀传统文化中的特殊地位和价值。我们今天提倡的社会主义核心价值观,无论国家层面的价值目标——富强、民主、文明、和谐;社会层面的价值取向——自由、平等、公正、法治;公民个人层面的价值准则——爱国、敬业、诚信、友善,都为1200年前的李白所认同、赞美、讴歌并践行。这一令人惊异的事实,对于无视李白思想识见的古代名人,对于否定李白思想进步性的当代学者,真是莫大的讽刺!

以下,我们把李白思想体系与当代社会主义核心价值观体系作一对照,详见表16。

表16　李白思想体系与我国当代社会主义核心价值观之契合点

层面	社会主义核心价值观	对应的李白思想观点与理念	李白诗文举例
国家层面的价值目标	富强	李白志在"安社稷，济苍生"，"使寰区大定，海县清一"。其文武双全的报国理想，游说万乘的策士理想，逆鳞敢谏的忠贞思想，刑德并用的王霸之略，去奸用贤的强国之道，重谋择将的强军思想，谋略制胜的作战思想，奇谋妙计的取胜之术，舌战雄师的辩才之功，批判腐儒的革新思想：皆以国家之富强为准的。	我国当代社会主义核心价值观三个层面12项指标，李白诗文都有相应或相类的表达。因前面各章皆详有例文，故从略。
	民主	李白关注民本民苦民生，主张爱民重民拯民。兼利天下的博爱思想，不畏权势的英雄主义，蔑视礼法的反抗精神，再复鲁道的仁政思想，忧国忧民的忧患意识，利民安生的反战思想，反奢节用的非儒思想，都以黎民百姓为关注对象，内含朴素民主思想。	
	文明	李白尊重传统文化，关注历史进步，广纳诸子百家思想成果，继承历史先贤功业勋绩，赞美英雄之高风亮节，歌颂现实之美俗良序，内有传承弘扬创新文明之内核。	

续表

层面	社会主义核心价值观	对应的李白思想观点与理念	李白诗文举例
国家层面的价值目标	和谐	李白尊老爱幼的伦理思想，兼爱非攻的爱民思想，无为而治的政治思想，怀德绥远的睦邻思想，兵是凶器的慎战思想，均与和谐价值观相契合。	
社会层面的价值取向	自由	李白追求独立自尊，追求自由开放，爱慕神仙生活，追求享乐主义，追求超世脱俗，追求奇才巧艺，享受自然情趣，反对专制束缚，反对虚伪礼教，都充满人类自由解放之追求。	
	平等	李白的平交王侯思想，关爱女性思想，同情卑贱思想，民贵君轻思想，睥睨礼法思想，蔑视权贵思想，威武不屈思想，反映了布衣平民的政治经济之平等要求。	
	公正	李白歌颂清明政治，歌颂惩恶扬善，歌颂除暴安良，赞美路见不平拔刀相助的侠风，赞美扶持弱者的正义行为，反映李白富有向往公平正义的社会观。	

李白：融汇百川的杰出思想家

续表

层面	社会主义核心价值观	对应的李白思想观点与理念	李白诗文举例
社会层面的价值取向	法治	李白关于寰区大定、海县清一的理想，对儒家"大同世界"的赞美，对国家政治统一的认同，赞扬宽猛相济的社会治理，强调应时变通、与时俱进的王霸之略，反映其有一定的法治理念。	
公民个人层面的价值准则	爱国	李白大济苍生的英雄理想，九死无悔的建功追求，敢于牺牲的幽州探险，敢逆龙鳞的朝廷建言，不顾风险的抨击黑暗，勇捐微躯的从璘军幕，暮年请缨的壮士之行，身在江湖而心忧魏阙等等，证明他有最强烈的爱国思想。	
	敬业	李白具有铁杵磨针的博学精神，悬梁刺股的奋斗精神，席不暇暖的政治活动，不知疲倦的国策谋划，登峰造极的文学创作，可见李白具有强烈的使命感和事业心。	
	诚信	儒家"八目"中的正心、诚意、修身，儒家教条中的仁义礼智信，侠士风尚中的重信然诺、知恩必报、存交重义，在李白社会交往观中具有重要地位。	

续表

层面	社会主义核心价值观	对应的李白思想观点与理念	李白诗文举例
公民个人层面的价值准则	友善	儒家的仁爱思想,墨家的兼爱思想,侠士的笃于友谊广交豪俊、轻财好施扶危济困、拯人急难不求回报思想,以及励人向上、助人为乐精神,是李白与人友善的突出标志。	

李白"安社稷、济苍生"的政治理想和"治国平天下"用世之心,长于"谋策"建功而不做碌碌琐事的才能特长,为当时所称许。宰相崔日用之子、曾任朝廷左司郎中(从五品)的崔宗之,在《赠李十二白》诗中称李白"分明楚汉事,历历王霸道",赞其有王霸之略;曾任监察御史和吏部员外郎的李华(715—766,中唐古文运动的先驱)在《故翰林学士李君墓志并序》中称李白"宜其上为帝师,下为伯友",称其有帝师之才,都非溢美。

四、李白思想精神万古流芳

李白四十余年的政治活动和文学创作,给中华民族留下了十分丰富的精神遗产。他的政治理想,他的思想体系,他的精神品格,他的文学巨著,以及千年以来愈演愈烈的"李白文化现象",都是这种遗产的组成部分。

在展示了李白理想与思想体系之后,我们有必要进一步

李白：融汇百川的杰出思想家

走进李白的精神世界。和李白的思想体系一样，李白的精神世界同样是一个值得我们挖掘的宝库。一个出生和成长在壅蔽之地的"草野之士"，为"安社稷、济苍生"的政治理想历尽坎坷，创造了卓然独立的思想体系，登上了中国文学艺术的顶峰，在中国思想史、文化史上创造了常人难以企及的奇迹。奇迹的背后，必有无比强大的精神力量支撑。许多李白研究者都注意到李白精神的可贵，并有多种不同的表达。

袁行霈先生认为李白有"三种精神"：英雄精神、解放精神、人性精神；赵斌先生认为李白有"四种精神"：积极进取精神、青春精神、崇文精神、创新精神；还有的认为李白精神是"天真精神""叛逆精神""自由精神""批判精神""奋斗精神"——种种表述，皆有理由，说明李白精神与其思想一样丰富多彩。笔者以"兼容并蓄"来处理，综合为以下"李白精神谱系"：

1. 爱国主义精神——匡时济世，建功报国。
2. 英雄主义精神——经世安民，兼济天下。
3. 个性解放精神——风流飘逸，功成身退。
4. 人道人性精神——播扬人道，尊重人性。
5. 包容开放精神——不拘门派，学宗百家。
6. 勤奋苦学精神——博览古今，三拟文选。
7. 自信自尊精神——自信才能，傲然独立。
8. 自由平等精神——平交王侯，蔑视权贵。
9. 追求理想精神——终生执一，不改初心。
10. 顽强奋斗精神——屡败屡战，百折不挠。
11. 勇于批判精神——批判传统，扬弃诸子。
12. 创新创造精神——与时通变，推陈出新。等等。

上述之李白精神，在本书前面各章多有例证，限于篇幅，不再展开。这个谱系看起来似乎琐细，实际上正如李白的思想一样，它是一个以李白的爱国主义和英雄主义为核心的精神体系。正是这个精神体系，使李白的个性和才能在不同领域、不同时段、不同事件面前，都有不同凡响的表现。李白精神不但使他的诗文具有激动人心的力量，而且使他成为中国历史上最受人民喜爱的伟人。

李白是不朽的。他的文章不朽——他有"光焰万丈长"的1000余篇作品流传至今，"千载独步"，古今"无敌"；他的思想不朽——他的思想跨越千年与我国社会主义核心价值观高度重合的事实，证明其思想体系具有历史进步性与不朽价值；他的精神不朽——时至今天愈演愈烈的"李白文化现象"，证明李白精神是值得中华民族永远挖掘和弘扬的宝藏。

我们在《序章》中曾经谈到，历史上，不少人对李白思想、才能、性格、精神等方面有"隔膜的认识"（钱志熙语）。在对李白思想和精神作了全面系统的展示以后，我们终于发现，那些"隔膜的认识"如果不是出于对李白不够了解，就是出于故意——故意的贬损、诋毁、污蔑和恶搞。

现对各种"隔膜的认识"作一简单评价，结论见表17。

表17 对李白"隔膜认识"的简单评价

序	人名	对李白的隔膜认识	评价	评价依据
1	元稹	对李白的隔膜认识：至若铺陈终始，排比声……属对律切而脱弃凡近，则李尚不能历其（指杜甫）藩翰，况堂奥乎？	误	李杜文章在，光焰万丈长。元稹评价有"攻其一点，不及其余"之嫌

李白：融汇百川的杰出思想家

续表

序	人名	对李白的隔膜认识	评价	评价依据
2	白居易	白诗风雅比兴十无其一	误	李白乐府诗大量比兴，或未计入
3	王安石	识见污下，诗词十九言妇人酒耳	误	李白女性诗与酒诗多蕴幽思密旨
4	苏轼	从璘失节	误	李白有从璘之事，无失节之实
5	苏辙	华而不实，不知义理	误	礼教之奴无法衡量思想解放之李白
6	罗大经	社稷苍生曾不系其心膂	误	安社稷济苍生实为李白思想之核心
7	陆游	识度甚浅，只是其辞豪俊	误	未能深考李白之识度
8	李纲	李白诗"文而无质"	误	白诗"文质相炳焕"
9	赵次公	白诗多言风月草木无补教化	误	白大有切近现实讽喻朝廷之作
10	朱熹	白"从臾"李璘反，没头脑	误	白以捐躯报国之心从璘，实审无辜
11	徐嘉瑞	颓废文人	误	李白从不沉沦颓废（周勋初）
12	刘大杰	酒徒、色鬼	误	李白嗜酒有因，色鬼无据（安旗）
13	刘大杰	一生未做过一件正经事	误	白席不暇暖从政，独步千载为诗

续表

序	人名	对李白的隔膜认识	评价	评价依据
14	刀尔登	牛皮大王	误	此乃牛皮大王之眼藐视伟人者
15	檀作文	大唐第一古惑仔（黑社会）	误	檀为耸人听闻而恶搞，已公开道歉
16	马睿	政治白痴	误	未细审李白生平
17	毛志成	文人作秀	误	乌鸦世界的认知，天鹅也是有罪的

二十多年前，在纪念李白诞生1300周年祭典仪式上，中国李白研究会副会长、新疆师范大学教授薛天纬先生有一篇祭文。祭文"铭德纂行，光彩允集，观风似面，听辞如泣"（刘勰语），表达了作者对李白的无限钦仰和感佩。谨抄录于此，为本书作结。祭文云：

适值唐诗人李白诞生一千三百年之际，海内外学界同人及各界人士齐集马鞍山李白纪念馆前，追念前贤之盛事，感怀太白之精神。信知其光焰万丈，历久不废；风流千载，与时俱新。盖太白生逢大唐盛世，怀抱宏伟理想。自信天生我材必有用，奋其智能，愿为辅弼。身为诗人，心系庙堂。干政之事几经坎坷，人生之路历尽艰难。欲渡黄河冰塞川，将登太行雪满山。矢志而不渝，九死而无悔。此乃中华民族文化人之家国责任感，济世爱人心；传统悠久，于白为烈。然建功立业固其所望，精神自由更其所珍。傲骨嶙峋，豪气纵横；鄙夷权势，超凡脱俗；坚守自我，崇尚天然。其理想追求如鹏戾九天，自由欲望如鹤度沧海。庄屈为心，二美俱并；儒道互补，人性贯之。太白精神，至为壮丽！然光明盛世，岂无阴翳；美妙理想，固难成真。太白一生，良可叹焉。待诏翰林，未获实封；从军永王，竟遭严谴。江南流落，身殁始授拾遗；布衣终老，后世但称名贤。韩退之诗云：帝欲长吟哦，故遣起且僵。白乐天诗云：天意君须会，人间要好诗。李白以赤子之天性，运如椽之巨笔，抒人间之真情，留不朽之诗篇。盛唐气象，发为青春少年之歌唱；谪仙才调，铸成豪放飘逸之诗风。痛饮狂歌，飞扬跋扈；青天揽月，碧海掣鲸。五岳为辞锋，四海作胸臆；笔落惊风雨，诗成泣鬼神。无敌之誉，雄视一代；诗仙之名，遍播人寰。采石矶头，高悬明月；青山脚下，长栖诗魂。日月经天，江河行地；诗人李白，万古芳馨。

（转引自《中国李白研究》2001—2002年集，第784页）

2023年6月30日第三稿

引注说明

1.本书所引用的诗句及引注括弧中的诗文篇目,除注明者外,均为李白作品。

2.本书关于李白作品的原文,主要参照郁贤皓校注的《李太白全集校注》,王琦注《李太白全集》,1977年版,凤凰出版社(原江苏古籍出版社)2015年版。

3.编年,参照安旗主编的《李白全集编年笺注》,中华书局2015年版;詹锳《李白诗文系年》,作家出版社1958年版。

参考文献

李白著作

1. 郁贤皓校注.李太白全集校注[M].南京：凤凰出版社，2015.
2. 安旗主编.李白全集编年笺注[M].北京：中华书局，2015.
3. 王琦注.李太白全集[M].北京：中华书局，2011.
4. 詹福瑞，刘崇德，葛景春.李白诗全译[M].石家庄：河北人民出版社，1997.

李白研究论著

1. 周勋初.李白评传[M].南京：南京大学出版社，2005.
2. 詹锳编著.李白诗文系年[M].北京：作家出版社，1958.
3. 安旗.李白传[M].北京：文化艺术出版社，1984.
4. 安旗.李太白别传（增订版）[M].西安：西北大学出版社，2005.

5.金涛声.李太白诗传[M].成都：巴蜀书社，2018.

6.王运熙.李白精讲[M].上海：复旦大学出版社，2008.

7.裴斐.李白十论[M].成都：四川人民出版社，1981.

8.葛景春.李白思想艺术探骊[M].郑州：中州古籍出版社，1991.

9.杨海波.李白思想研究[M].上海：学林出版社，1997.

10.郭沫若.李白与杜甫[M].北京：人民文学出版社，1971.

11.李长久.李白传[M].天津：百花文艺出版社，2010.

12.王慧琴编著.李白传[M].北京：北京联合出版公司，2003.

13.林庚.诗人李白[M].上海：古典文学出版社，1956.

14.王辉斌.李白研究新探[M].合肥：黄山书社，2013.

15.复旦大学古文教研组编.李白诗选[M].北京：人民文学出版社，1983.

16.赵昌平.李白诗选评[M].上海：上海古籍出版社，2019.

17.张书城.李白家世之谜[M].兰州：兰州大学出版社，1994.

18.吕华明等.李太白年谱补正[M].北京：中华书局，2012.

19.薛天纬.李白 唐诗 西域[M].上海：上海古籍出版社，2011.

20.金涛声，朱文采编.李白资料汇编（唐宋之部）[M].北京：中华书局，2007.

21.裴斐，刘善良编.李白资料汇编（金元明清之部）[M].北京：中华书局，1994.

22.何念龙.李白文化现象论[M].武汉：湖北人民出版社，2009.

23.张瑞君.李白精神与诗歌艺术新探[M].上海：上海古籍

出版社，2012.

24. 康震.唐诗的故事——李白[M].百家讲坛，2011.

25. 李秋弟.诗仙游踪（三册）[M].北京：清华大学出版社，2011.

26. 林东海.李白游踪考察记[M].北京：人民文学出版社，2021.

27. 赵斌.李白的意义——李白的人文贡献及当代价值研究[M].成都：西南交大出版社，2020.

28. 王国巍.敦煌及海外文献中的李白研究[M].成都：巴蜀书社，2010.

李白研究论文集

1. 马鞍山李白研究所，中国李白研究会合编.20世纪李白研究论文精选集[M].西安：太白文艺出版社，2000.

2. 马鞍山李白研究所，中国李白研究会合编.中国李白研究集萃（上下册）[M].合肥：黄山书社，2017.

3. 中国李白研究会、马鞍山李白研究所编，《中国李白研究》年集，自1990—2021年，先后由江苏古籍出版社、黄山书社出版。

4. 朱玉麟，孟祥光编.李白研究论著目录[M].北京：国家图书馆出版社，2015.

5. 网络文章：百度网、李白诗词网、古诗词网。

思想史与思想家评传

1. 张岂之主编.中国思想史（修订本）[M].西安：西北大学出版社，2016.

2. 罗宗强.魏晋南北朝文学思想史[M].北京：中华书局，

2016.

3.罗宗强.隋唐五代文学思想史[M].北京：中华书局，2016.

4.谢承仁.中华传统思想文化渊源[M].北京：人民出版社，2004.

5.吴云，冀宇校注.唐太宗全集[M].天津：天津古籍出版社，2004.

6.匡亚明.孔子评传[M].南京：南京大学出版社，1990.

7.王兴国.贾谊评传[M].南京：南京大学出版社，1992.

8.余明侠.诸葛亮评传[M].南京：南京大学出版社，2004.

9.莫励锋.杜甫评传[M].南京：南京大学出版社，1993.

相关古代文学研究

1.储斌杰，袁行霈，李修生编著.中国古代文学指要[M].沈阳：辽宁教育出版社，1987.

2.陈宏夫等主编.昭明文选译注[M].长春：吉林文史出版社，1988.

3.袁行霈撰.陶渊明集笺注[M].北京：中华书局，2011.

4.杜晓勤选注.谢朓　庾信诗选[M].北京：中华书局，2005.

5.彭庆生注释.陈子昂诗注[M].成都：四川人民出版社，1981.

6.廖仲安，李华，李景华主编.唐诗一万首[M].北京：北京燕山出版社，1996.

7.中国社科院文学所编.唐诗选[M].北京：人民文学出版社，1978.

8.刘开扬.唐诗通论[M].成都：四川人民出版社，1981.

9.王达津选注.王维　孟浩然选集[M].上海：上海古籍出版

社，2012.

10.刘开扬选注.高适诗选[M].成都：四川人民出版社，1983.

11.金涛声.杜甫诗传[M].成都：巴蜀书社，2019.

12.邓魁英等选注.杜甫选集[M].上海：上海古籍出版社，1983.

13.（清）仇兆鳌注.杜诗详注[M].北京：中华书局，2015.

14.金涛声.韩愈诗传[M].成都：巴蜀书社，2019.

15.孟二冬选注.韩愈　柳宗元诗选[M].北京：中华书局，2006.

16.金涛声.白居易诗传[M].成都：巴蜀书社，2020.

17.孙明君评注.白居易诗选[M].北京：人民文学出版社，2015.

18.沈祖棻.唐人七绝诗浅释[M].北京：中华书局，2008.

19.蒋勋.蒋勋说唐诗（修订版）[M].北京：中信出版社，2014.

20.王宝华主编.唐宋八大家全集（珍藏本）[M].南昌：百花洲文艺出版社，2012.

21.萧涤非，程千帆等撰写.唐诗鉴赏辞典[M].上海：上海辞书出版社，1983.

22.杨旭辉主编.唐诗鉴赏大辞典[M].北京：中华书局，2011.

23.欧阳询撰.艺文类聚（二册）[M].上海：上海古籍出版社，1999.

24.汪聚应.唐代侠风与文学[M].北京：中国社会科学出版社，2007.

相关历史典籍

1. 司马迁撰.史记[M].北京：中华书局，1959.

2. 班固撰.汉书[M].北京：中华书局，1962.

3. 范晔撰.后汉书[M].北京：中华书局，2016.

4. 陈寿撰.三国志[M].北京：中华书局，2000.

5. 司马光编纂.资治通鉴（3—4卷）[M].北京：线装书局，2007.

6. 范文澜.中国通史简编（修订本第二编）[M].北京：人民出版社，1964.

7. 范文澜.中国通史简编（修订本第三编）[M].北京：人民出版社，1965.

8. 柏杨.中国人史纲（上下册）[M].太原：山西人民出版社，2008.

9. 吕莺编著.中华圣贤经[M].北京：台海出版社，2006.

10. 左言东编著.中国政治制度[M].杭州：浙江古籍出版社，1986.

诸子思想研究及其他文献

1. 陈佩雄主编.十三经[M].长春：吉林文史出版社，2006.

2. 李山、轩新丽译注.管子[M].北京：中华书局，2019.

3. 吴则虞.晏子春秋集释[M].北京：中华书局，1962.

4. 扬天才，张善文译注.周易[M].北京：中华书局，2011.

5. 夏于仝，朱立春主编.周易全书[M].长春：吉林摄影出版社，2003.

6. 李立成.诗经直解[M].杭州：浙江文艺出版社，2004.

7. 金忠林译注.尚书[M].乌鲁木齐：新疆人民出版社，2002.

8. 陈晓芬，徐儒宗译注.论语·大学·中庸[M].北京：中华书局，2015.

9. 彭林译注.仪礼[M].北京：中华书局，2012.

10. 王国轩，王秀梅译注.孔子家语[M].北京：中华书局，2011.

11. 潘新国等校注.孟子选注[M].杭州：浙江文艺出版社，2003.

12. 方勇，李波译注.荀子[M].北京：中华书局，2015.

13. 汤一介.儒学十讲[M].北京：北京出版社，2019.

14. 管锡华译注.尔雅[M].北京：中华书局，2014.

15. 水渭松直解.墨子直解[M].杭州：浙江文艺出版社，2003.

16. （清）李宝洤编纂.诸子文粹[M].长沙：岳麓书社，1991.

17. 赵一生，朱宏达主编.诸子百家格言警句[M].杭州：浙江古籍出版社，1995.

18. 汤漳平，王朝华译注.老子[M].北京：中华书局，2014.

19. 余培林编著.老子——生命的大智慧[M].北京：中国友谊出版社，2013.

20. 张庆利注释.庄子[M].武汉：崇文书局，2010.

21. 陈庆惠，周晓音注译.庄子选译[M].杭州：浙江文艺出版社，2003.

22. 叶蓓卿译注.列子[M].北京：中华书局，2015.

23. 方韬译注.山海经[M].北京：中华书局，2011.

24. 干宝著；马银琴译注.搜神记[M].北京：中华书局，2012.

25. 刘安著；陈广忠译注.淮南子[M].北京：中华书局，2022.

26. 朱碧莲，沈海波译注.世说新语[M].北京：中华书局，2011.

27. 刘立夫，魏建中，胡勇.弘明集[M].北京：中华书局，2013.

28. 金刚经·坛经·心经[M].北京：大众文艺出版社，2009.

29. 赵蕤.反经[M].呼和浩特：内蒙古人民出版社，1997.

30. 许宏富译注.鬼谷子[M].北京：中华书局，2012.

31. 缪文远，缪伟，罗永莲译注.战国策[M].北京：中华书局，2012.

32. 梁满仓译注.人物志[M].北京：中华书局，2014.

33. 陈桐生译注.国语[M].北京：中华书局，2013.

34. 天人主编.中国传世奇书[M].呼和浩特：内蒙古人民出版社，2002.

35. 郭红霞编著.读史识权谋[M].南昌：百花洲文艺出版社，2006.

36. 俞琳编著.经世奇谋[M].武汉：崇文书局，2009.

37. 冯梦龙编著；栾保群等校注.智慧全集[M].北京：中华书局，2007.

38. 赤军.宰相的非正常死亡[M].北京：线装书局，2007.

39. 邵祖平.观人学[M].长春：长春出版社，2001.

40. 石磊译注.商君书[M].北京：中华书局，2011.

41. 高华平，王齐洲，张三夕译注.韩非子[M].北京：中华书局，2010.

42. 刘向著；马世年译注.新序[M].北京：中华书局，2014.

43. 吕不韦著；高诱，毕沅校正.吕氏春秋[M].上海：上海古籍出版社，2014.

44. 孙启治译注.政论·昌言[M].北京：中华书局，2014.

45. 骈宇骞译注.贞观政要[M].北京：中华书局，2011.

46. 姜太公等撰.六韬·三略·唐李问对[M].长春：吉林大学出版社，2004.

47. 陈曦译注.孙子兵法[M].北京：中华书局，2012.

48. 黄石公等.素书·权书·心书·间书（先秦）[M].长春：吉林大学出版社，2004.

49. 赵蕤.长短经·兵权[M].呼和浩特：内蒙古人民出版社，1997.

50. 刘基等撰.百战奇略·乾坤大略[M].长春：吉林大学出版社，2004.

51. 刘大杰.中国文学发展史（上下卷）[M].天津：百花文艺出版社，1999.

52. 钱穆讲述；叶龙记录整理.中国文学史[M].成都：天地出版社，2015.

53. 《中国文学简史》编写组编.中国文学简史[M].北京：世界图书出版公司，2015.

54. 林家骊译注.楚辞[M].北京：中华书局2010.

55. 萧统编著.昭明文选[M].长春：吉林文史出版社，1988.

56. 刘勰著；王志彬译注.文心雕龙[M].北京：中华书局，2012.

57. 王洪主编；褚斌杰分卷主编.先秦散文精华分卷[M].香港：中国文学出版社，1991.

58. 王洪主编；朱靖华分卷主编.唐宋散文精华分卷[M].香港：中国文学出版社，1992.

59. 王洪主编；吴云分卷主编.汉魏六朝散文精华[M].香港：

中国文学出版社，1995.

60.欧阳询撰.艺文类聚[M].上海：上海古籍出版社，1999.

61.俞陛云.诗境浅说[M].北京：中华书局，2010.

62.刘熙载.艺概[M].杭州：浙江人民美术出版社，2017.

63.长北编著.中国古代艺术论著集注与研究[M].天津：天津人民出版社，2008.

64.王宁编著.散文经典[M].北京：西苑出版社，2011.

65.张岱编著.夜航船[M].成都：四川文艺出版社，1996.

66.郭绍虞主编.中国历代文论选[M].上海：上海古籍出版社，1979.

后　记

　　三年前，拙作《李白：匡时济世的悲剧政治家——兼谈李白诗文以外的卓越才艺》出版，那本书主要谈李白作为悲剧政治家的一面，而本书则专谈李白作为杰出思想家的另一面，所以本书可谓前书的续篇。

　　上本书是在抗击新冠肺炎、社区几乎封闭的情况下写成的。无独有偶，去年国庆节前，当我从浙江的企业回到北京时，竟又一次被新冠疫情锁住。这使我重新想起探索"李白思想"，捡起这个本来已经放下的老题目。

　　关于李白思想，近百年来学界多有讨论，观点却很分歧。《中国思想家评传丛书·李白评传》早已出版，但李白的思想家身份却几乎无人提及。相反，对于李白的"隔膜"认知甚至故意的恶搞却有增无减，"识见污下""颓废文人""政治白痴"等等污蔑诋毁，不但依然充斥书报网络，而且堂而皇之地登上《中国李白研究》年集。尽管我已经读过几本李白研究专家关于李白思想的专著，然而李白到底有哪些思想？这些思想构成了怎样的体系？李白思想的源泉究竟是何？那些贬损和污蔑李白的言论是否真有确据？这些多年存于心底的谜团，不但没有得到真正的澄清破解，而且趁着因疫情而封闭的时光，成为敦促我重新阅读李白的强大力量。

如何探索和评价一个古代伟大诗人的思想，于我是一个十分艰深的课题。难点主要有四：一是真意难辨——李白诗意豪迈的语言，容易使人联想到修辞的"夸张"。其豪迈诗句中哪些是真意？哪些是艺术？在探其思想时，哪些可以信？哪些不必信？至如《蜀道难》真意是何？"游仙诗"真义是啥？都是千年古题，非我能决。二是实情难求——李白的家世、身世如何？祖上的背景是啥？他的博学从何而得？天才从何而来？大事求贤的盛唐因何不用李白？自许大才的李白为何总是碰壁？世人虽孜孜以求，但实锤难得。三是轻重难度——李白思想的源泉有盛唐时代精神、家庭师长教养、诸子思想影响等多项，大源之一是"诸子百家"即儒、道、释、纵横、墨、法、侠等等的影响，但从李白的接受而论，孰重孰轻？谁主谁从？颇难定论。四是价值难断——李白思想涉及政治、军事、文学、哲学、伦理、宗教等多个领域，他有一个思想体系吗？这个体系的贡献在哪里？从新时代社会主义文明建设的角度看，有哪些积极面和进步性？弘扬的价值和意义是什么？都有待更深入的探究。

尽管笔者努力学习前贤研究中的较好方法，即把李白思想当作一个多面的、发展的动态系统来研究，有意识地避免分割、对立、简单化、片面化、僵化等等毛病；尽管笔者通过先微观细分、后宏观综合的方法，对李白思想的体系性、进步性，及其对新时代社会主义文明建设的意义与价值，努力进行了发掘；但由于本人学识谫陋和条件限制，十年探求之所得，终究是一孔之见。衷心期待前辈、专家及广大读者朋友的批评教正。

李白：融汇百川的杰出思想家

　　回首拙作的成书过程，心中泛起的是一片感恩感激之情。

　　首先要感谢从事李白研究的先贤们。他们编辑的李白全集、编年笺注和诗文系年，他们的李白诗选注、李白诗赏析、李白诗全译、李白生平考证，以及各种版本的李白传、李白诗传、李白研究参考资料、《中国李白研究》年集等等，给我提供了方向的指导与丰富的资料。本书"参考文献"详细列出他们的大名及著作，即为表达我对他们的崇高敬意。

　　其次要感谢各位领导、朋友的大力支持和帮助。热情为本文写序的新华通讯社原副社长、新华诗叶社长何东君先生，慷慨地用四条"贡献"来评价本书价值，对笔者无疑是莫大的鼓励！全国政协文史办原主任，著名作家、诗人、出版家和书画家李松晨先生，不但为本书点评鼓励，而且以墨宝"翰逸神飞"为本书题词祝贺，也使笔者分外感激。杭州市作家协会陈博君副主席是我上一本论李白之作的鼓励者，此次又为本书热情点评，再次支持。冒三伏大热之天为本书审稿提出宝贵意见的还有宁波工程学院教授竹潜民先生、特级教师王朝林先生以及胡韶良、祝龙光、戴明桂、毛武德、郑学文等文友。余和妹、罗锋两位女士以及年轻律师李震先生不但逐章逐节审读拙稿，而且从思想观点到谋篇与用典都提出了修改意见。以上各位老师和朋友的宝贵意见均已纳入文稿修改，在此谨向他（她）们致以最诚挚的感谢！

　　我还要感谢我的家人。我的妻子对于一个冠心病患者伏案工作常常无法容忍，而为此书稿的完成，却再次忍耐数年。我的儿媳多年来为我采购各种书籍资料，本书"参考文献"书目中的许多书籍多为她的采购之功。而我的儿子往往在我打退堂鼓的时候，吹几段进军号。

后　记

　　应该感谢的还有四川悟阅文化传播公司的彭雪女士，她为本书的文字审核、编辑、装帧设计及校对、印刷等各环节付出了艰辛的劳动，她的认真负责态度、精益求精精神和娴熟精湛的专业能力，是本书质量的保证。

吴达云
2023年8月18日于北京海淀翠微北里